本书为郑州大学新媒体研究中心新媒体公共传播项目成果

ЭКОЛОГИЧЕСКИЕ СРЕДЫ И СИСТЕМЫ СМИ В ПОСЛЕДНЕМ ПЕРИОДЕ СССР

苏联晚期媒介生态与体制

张举玺 等著

中国社会科学出版社

图书在版编目(CIP)数据

苏联晚期媒介生态与体制/张举玺等著.—北京:中国社会科学出版社,2016.1

ISBN 978-7-5161-7485-2

Ⅰ.①苏… Ⅱ.①张… Ⅲ.①传播媒介—研究—苏联 Ⅳ.①G219.512.9

中国版本图书馆 CIP 数据核字(2016)第 017935 号

出 版 人	赵剑英
选题策划	刘 艳
责任编辑	刘 艳
责任校对	陈 晨
责任印制	戴 宽

出 版	中国社会科学出版社
社 址	北京鼓楼西大街甲158号
邮 编	100720
网 址	http://www.csspw.cn
发 行 部	010-84083685
门 市 部	010-84029450
经 销	新华书店及其他书店
印刷装订	三河市君旺印务有限公司
版 次	2016年1月第1版
印 次	2016年1月第1次印刷
开 本	710×1000 1/16
印 张	26.25
插 页	2
字 数	458千字
定 价	99.00元

凡购买中国社会科学出版社图书,如有质量问题请与本社营销中心联系调换
电话:010-84083683
版权所有 侵权必究

前　言

本书是在2011年度国家社科基金项目"新闻自由化与苏共亡党关系研究"（11BXW002）的最终研究报告基础上编写而成，以《苏联晚期媒介生态与体制》为名出版。

项目于2011年6月立项后，课题组立即梳理了既有的俄文研究文献，初步编制了拟选用范围，并于8月初向俄罗斯国家图书馆递交了课题研究资料检索申请。2011年10月中旬，在河南大学召开了"新闻自由化与苏共亡党关系"专题研讨会，邀请俄罗斯人民友谊大学代表团前来参会。2011年11月底，课题组收到了俄罗斯国家图书馆提供的与课题研究内容相关的1986—2011年资料检索清单。随后，课题组马上通过各种途径，购买或复制了检索单上的文献资料。

为了保证项目进度，主持人积极制订科研计划，认真编制了研究提纲。经课题组会议多次研讨完善后，于2012年4月底开题，到2014年5月底，课题任务全面完成，10月份顺利通过结项。

本书对苏联晚期执政生态、媒介生态、公开性、舆论多元化、苏联报刊与大众传媒法的制定与颁布等核心问题进行了系统研究。本书结构由前言、目录、导论、第一章、第二章、第三章、第四章、第五章、第六章、结论与启示、参考文献、附录和后记组成。

第一章分析研究了苏共晚期执政生态。从外部环境看，由于苏美陷入激烈的军事竞备，其经济从发展到停滞。从内部环境看，苏共领袖大搞个人崇拜，专断独行，政治体制僵化。高度集中的计划经济体制，片面重视重工业和军事工业，忽视农业和轻工业，导致民族发展不平衡，人口出生率下降，干部队伍老化，以权谋私之风盛行，党内出现改革的呼声。

第二章分析研究了苏共晚期媒介生态。苏联建立了独具社会主义特色的媒介政策与新闻体制，无论从规模上还是影响力上，都称得上世界传媒资源大国。苏联历任领导人都特别重视发展媒介技术，并通过控制媒介，制造出一派欣欣向荣的拟态环境。政治力量对媒介系统的过度支配，直接导致媒介系统功能异位，进入自闭状态。

第三章分析研究了苏共晚期的新闻自由化。苏共新闻自由是伴随着苏共新闻体制产生而逐步形成的，但是苏共晚期推行的新闻自由化与此前的新闻自由性质根本不同。为了全盘开放舆论阵地，新闻自由化改革从提倡公开性，到发展舆论多元化，最后不得不颁布大众传媒法来约束媒介行为。就是在这"三级跳"的过程中，苏共丧失了对媒介的控制权。

第四章分析研究了苏共推行新闻自由化的动因与构想。苏共之所以要推行新闻自由化改革，有其复杂的政治、经济和文化背景。期望借大众传媒的公开性手段，改变僵化体制，撬动经济格局，为改革营造氛围，实现社会主义内部的自我修复和完善。表面看，推行新闻自由化是摆脱困境的一场主动性改革，但事实上却被当成了推行政治经济改革的工具。

第五章分析研究了苏共新闻自由化演进过程。在新闻自由化改革初期，大众传媒呈现出积极向上的良好局面，成效显著。由于媒介过度公开还处于保密期内的事实和揭露社会负面新闻，引起民众对现实不满。为了规范和约束大众传媒的行为，形同虚设的《苏联报刊与其他大众传媒法》出台。苏联大众传媒活动从此无所禁忌，完全进入无政府主义状态。

第六章分析研究了苏共新闻事业在自由化浪潮中的沉没过程。苏共丧失媒介舆论阵地，不是从《苏联报刊与其他大众传媒法》颁布之日开始的，而是从戈尔巴乔夫主导政治体制改革之初就开始了。大众传媒在改革初期由单纯的改革宣传工具，逐步演变成了怀疑社会主义，否定共产党的舆论阵地。苏共最后无力应对，只好主动偃旗息鼓，退出媒介舆论阵地。

本书的突出特色和主要建树在于，从新闻传播学角度，系统研究了新闻自由化与苏共亡党关系，厘清了新闻自由与苏联新闻自由化之间的区别，论述了苏共亡党与之推行的新闻自由化之间的关系，分析了苏共亡党的根本原因等。

因篇幅所限，本书没有涉及新闻自由化对后苏联时代俄罗斯传媒业的影响。好在《中俄现代新闻理论比较研究》（2008年度国家社科基金项目）曾对该内容进行过系统翔实的论述，且研究成果已经于 2011 年 6 月由社会科学文献出版社出版发行，两著作内容可直接对接，形成互补与佐证。

《苏联晚期媒介生态与体制》编委会

2015 年 8 月 17 日

目 录

导论 …………………………………………………………………（1）

第一章 苏共晚期执政生态 ……………………………………（10）
  第一节 20世纪70—80年代苏联所处的世界环境 ……………（10）
    一 苏联与美国"冷战"达到顶峰 ……………………………（10）
    二 美国经济下滑，苏联经济开始崛起 ………………………（18）
    三 苏联扭转军事劣势，军事力量开始与美国抗衡 …………（24）
  结语 …………………………………………………………………（27）
  第二节 20世纪70—80年代苏联国情 …………………………（29）
    一 领导人个人作风滋长 ………………………………………（29）
    二 高度集中的计划经济体制弊端开始在苏联暴露 …………（32）
    三 民众生活受到政治改革和经济发展的影响 ………………（35）
  结语 …………………………………………………………………（38）
  第三节 20世纪70—80年代苏联共产党党情 …………………（39）
    一 苏联共产党的纲领 …………………………………………（39）
    二 苏共党组织的加盟构成和垂直体系 ………………………（46）
    三 苏共党章党纲的发展方向 …………………………………（48）
  结语 …………………………………………………………………（54）
  第四节 20世纪70—80年代苏联民情 …………………………（55）
    一 苏联各民族的分布状况和欧亚的居住状况 ………………（55）
    二 苏联民众婚姻生育状况 ……………………………………（60）
    三 生活水平体现市场对消费的需要 …………………………（66）
  结语 …………………………………………………………………（70）
  第五节 20世纪70—80年代苏共主导的改革 …………………（71）

一　勃列日涅夫主导的改革（1964—1982年）……………（72）
　　二　安—契主导的改革（1982—1984年）………………（75）
　　三　党内外出现深度改革的呼声…………………………（77）
　结语……………………………………………………………（78）

第二章　苏共晚期媒介生态……………………………………（80）
　第一节　苏共晚期媒介政策………………………………………（80）
　　一　媒介政策内涵…………………………………………（80）
　　二　苏共当年推行的媒介政策……………………………（83）
　　三　苏共不同领导人时期推行的媒介政策………………（86）
　结语……………………………………………………………（96）
　第二节　苏共晚期媒介资源………………………………………（97）
　　一　媒介资源………………………………………………（97）
　　二　苏共晚期报刊、广播、电视的形态和状况…………（100）
　　三　媒介作为党的喉舌，驾驭社会舆情…………………（108）
　结语……………………………………………………………（114）
　第三节　苏共晚期媒介技术环境…………………………………（116）
　　一　媒介技术的内涵………………………………………（116）
　　二　苏联广播、电视、报纸媒介的技术…………………（121）
　　三　媒介技术对苏共发布政策的作用和社会效果………（128）
　结语……………………………………………………………（134）
　第四节　苏共晚期媒介生存环境…………………………………（136）
　　一　媒介环境概述…………………………………………（136）
　　二　苏共晚期媒介生存环境………………………………（141）
　　三　苏共晚期的媒介生存状态……………………………（150）
　结语……………………………………………………………（154）

第三章　苏共晚期的新闻自由化………………………………（156）
　第一节　新闻自由特征……………………………………………（156）
　　一　新闻自由的概念………………………………………（156）
　　二　新闻自由的特征………………………………………（158）
　　三　苏共改革前新闻自由的性质…………………………（160）

  结语 …………………………………………………………（166）
 第二节　苏共改革后推行的新闻自由化 ………………………（167）
  一　苏共改革推行新闻自由化的概念 ………………………（167）
  二　苏共改革推行新闻自由化的实质 ………………………（169）
  三　苏共改革前新闻自由与改革后新闻自由化的区别 ………（173）
  结语 …………………………………………………………（177）
 第三节　苏共改革推行新闻自由化的核心内容 …………………（178）
  一　公开性 ……………………………………………………（178）
  二　舆论多元化 ………………………………………………（189）
  三　《苏联报刊与其他大众传媒法》 ………………………（197）
  结语 …………………………………………………………（208）

第四章　苏共推行新闻自由化的动因与构想 ……………………（211）
 第一节　苏共推行新闻自由化的背景 ……………………………（211）
  一　推行新闻自由化的政治原因 ……………………………（211）
  二　推行新闻自由化的经济原因 ……………………………（216）
  三　推行新闻自由化的文化原因 ……………………………（222）
  结语 …………………………………………………………（227）
 第二节　苏共推行新闻自由化的战略构想 ………………………（228）
  一　推行新闻自由化的目标 …………………………………（228）
  二　推行新闻自由化的措施 …………………………………（232）
  三　推行新闻自由化的发展状况 ……………………………（237）
  结语 …………………………………………………………（242）
 第三节　苏共推行新闻自由化的价值与意义 ……………………（243）
  一　加强舆论监督功能 ………………………………………（243）
  二　刺激僵化体制，提高反腐能力 …………………………（248）
  三　促进苏共政治改革 ………………………………………（252）
  结语 …………………………………………………………（256）

第五章　苏共新闻自由化演进过程 ………………………………（258）
 第一节　苏共新闻自由化的初始阶段及角色 ……………………（258）
  一　苏共新闻自由化初始阶段的任务 ………………………（258）

二　苏共推行新闻自由化之后新闻媒体的作用 …………（262）
　　三　苏共新闻自由化扮演的角色 …………………………（266）
　结语 ……………………………………………………………（269）
　第二节　苏共新闻自由化的展开阶段及角色 …………………（270）
　　一　新闻自由化倡导新闻公开性 ………………………（271）
　　二　新闻自由化展开之后舆论的作用 …………………（276）
　　三　新闻自由化在展开阶段所扮演的角色 ……………（279）
　结语 ……………………………………………………………（282）
　第三节　苏共新闻自由化的发展阶段及角色 …………………（283）
　　一　《苏联报刊与其他大众传媒法》的颁布 …………（283）
　　二　《苏联报刊与其他大众传媒法》的实施 …………（287）
　　三　《苏联报刊与其他大众传媒法》对传媒产业产生的
　　　　作用 ………………………………………………………（291）
　结语 ……………………………………………………………（294）
　第四节　新闻自由化的失控阶段及角色 ………………………（295）
　　一　新闻自由化进入失控状态 …………………………（295）
　　二　失控时期新闻自由化的表现 ………………………（298）
　　三　新闻自由化在失控阶段扮演的角色 ………………（301）
　结语 ……………………………………………………………（306）

第六章　苏共新闻事业在自由化浪潮中沉没 …………………（307）
　第一节　苏共丧失对媒介的控制权 ……………………………（307）
　　一　颁布《传媒法》，主动放弃"把关人"的地位 ……（307）
　　二　"人人办报"合法化 …………………………………（312）
　　三　苏共彻底丧失舆论阵地 ……………………………（318）
　结语 ……………………………………………………………（323）
　第二节　苏联晚期大众传媒所有制呈现多元化 ………………（324）
　　一　改革中的苏联大众传媒所有制 ……………………（325）
　　二　大众传媒呈现多元化业态 …………………………（329）
　　三　所有制变革引发大众传媒功能转变 ………………（334）
　结语 ……………………………………………………………（337）
　第三节　苏联晚期多党制传媒结构 ……………………………（338）

一　苏联晚期传媒结构 ································ (338)
　　二　多党制传媒涌现 ···································· (343)
　　三　苏共传媒在党派争斗中迷失 ···················· (349)
　结语 ·· (355)

结论与启示 ·· (357)

附录一　苏联报刊与其他大众传媒法 ······················ (367)

**附录二　ЗАКОН СССР О ПЕЧАТИ И ДРУГИХ СРЕДСТВАХ
　　　　МАССОВОЙ ИНФОРМАЦИИ 12 июня 1990 года** ········ (377)

俄文参考文献 ·· (394)

中文参考文献 ·· (401)

后记 ·· (407)

导　论

近年来，我国学者对苏共亡党历史原因及教训进行了深入探讨与研究。

学者黄苇町的《苏共亡党十年祭》、肖德甫的《世纪悲歌——苏联共产党执政失败的前前后后》、周新城和张旭的《苏联演变的原因与教训——一颗灿烂红星的陨落》、李慎明的《居安思危——苏共亡党的历史教训》等专著都在论述苏共亡党原因与教训。其中，中国社会科学院李慎明主持完成的国家社科基金项目成果《居安思危——苏共亡党的历史教训》，用马克思主义基本原理及阶级分析方法，深入系统地研究了苏共衰亡、苏联解体的深层次原因和教训，其学术价值影响深刻。

除此之外，还有一批学者如周华玲的《从文化自觉角度看苏共兴亡原因及对中共文化建设的启示》，祝沛章的《民主建设与苏共亡党苏联解体》，张振、刘炜的《苏共丧失政权原因新论》，贾志军的《苏联共产党丧失执政地位的根本原因及其启示》，思源的《苏联亡国的原因》，姜长斌、左凤荣的《应该科学地总结苏共亡党的历史教训》，左凤荣、姜长斌的《电视政论片〈居安思危——苏共亡党的历史教训〉史实质疑》，罗文东的《正确认识苏联解体的原因与教训》，潘正祥、谭晓林的《致命的蜕变：戈尔巴乔夫时期苏共执政能力问题研究》等以论文形式从多种角度关注并分析了苏共亡党、苏联解体的原因。

学者们的上述研究成果一般是从马列科社、党史党建、政治民主、历史文化等角度对苏共亡党的原因进行了关注。

但是，从新闻传播学角度对苏联晚期新闻事业和苏共亡党原因进行系统而深入的研究则比较薄弱。学者吴非和胡逢瑛的《俄罗斯传媒体制创新》、贾乐蓉的《当代俄罗斯大众传媒研究》在相关章节中涉及了苏联晚期新闻事业和戈尔巴乔夫推行新闻自由化运动的内容，但由于这不是其研究命题的核心，没有深入论述。

其他涉及该内容的研究成果还有《俄罗斯大国转型之道》《中俄新闻文体比较研究》《中俄新闻功能比较研究》《中俄现代传媒文体的比较研究》《中俄现代新闻理论比较》等，但都对苏共亡党与新闻自由化命题缺乏系统而深入的研究。

戈尔巴乔夫为什么要推行新闻自由化运动，并极力主张颁布《苏联报刊与其他大众传媒法》，这与苏共亡党之间存在什么关系，苏共在什么情况下放弃了新闻舆论阵地等，这些研究内容对我国新闻事业进一步改革开放具有十分重要的参考价值。

与我国学界相比，俄罗斯新闻学界在沉默10多年之后，近年来有一批学者开始对苏共亡党的原因进行反思与探讨。本来是有利于苏共建设与发展的改革，怎么在短短的五六年时间内就导致了苏共亡党的结局呢？这个问题至今依然困扰着诸多俄国新闻学者。

К. 韦特罗夫（Ветров К.）、А. 格拉别利尼科夫（Грабельников А.）、Я. 扎苏尔斯基（Засурский Я.）、С. 科尔科诺先克（Корконосенко С.）、И. 库兹涅措夫（Кузнецов И.）、Б. 鲁坚科（Руденко. Б.）等教授、学者先后在自己的论著中对苏共亡党原因进行了思考，大致上形成了下面几种观点：

其一，在苏共政治腐败、国民经济严重衰退的大环境中，用"溃坝"方式对新闻舆论解禁，加速了苏共丧失民心的过程。

其二，试图用"公开性"新闻手段，去推动苏共积弊如山的政治体制改革，是愚蠢行为。

其三，苏共亡党纯粹是因为自身的腐败而无力回天的，跟《苏联报刊与其他大众传媒法》的颁布没有直接关系。

其四，苏共晚期的失败是因为只注重对政治体制改革，忽视对经济体制改革造成的，新闻自由化运动只是一件工具而已。

其五，苏共亡党原因是多方面的，但主要错误是总书记戈尔巴乔夫在导演政治体制改革的同时，主动放弃了对新闻舆论的操控，使舆论导向权落入了反对派手中。

上述诸多观点散见于《Средства массовой информации постсоветской России: пятнадцать лет спустя》（2008）、《Средства массовой информации постсоветской России》（2002）、《Основы журналистики》（2009）、《История отечественной журналистики（1917~2000）》(2003)、《Введение в теорию журналистики》(2009)、《Гибель четвертой власти》(1995)等文献中。

也就是说，俄国新闻界虽然有一批学者从新闻学角度去关注和思考苏共亡党原因，但至今尚未形成系统的研究论著。

在2010年春季国家社科基金一般项目——"中俄现代新闻理论比较研究"（08BXW001）最终研究成果结项鉴定中，有一位鉴定专家特别强调了研究"戈尔巴乔夫倡导的新闻自由化与苏共亡党的关系"，对我国新闻事业进一步改革开放具有十分重要的参考价值。于是，在2011年度国家社科基金项目申报中，受这位鉴定专家的启发，课题组根据手中掌握的研究文献，设计并论证了自选项目——"新闻自由化与苏共亡党关系研究"，得到通讯评委和会议评审专家的重视与支持，获批2011年度国家社科基金一般项目。

1985年，戈尔巴乔夫入主苏共中央，从上任起他就立志要推行新政，改革苏共过于僵化且脱离国情的政治体制，以重新振兴苏联经济，建设高度文明的现代化社会主义国家。

于是，戈尔巴乔夫在1986年初推行"公开性"政策，提倡新闻界要公开报道情况、公开揭露问题、公开批评、公开讨论问题，还民众信息知情权和社会政治参与权。苏联新闻界从此进入畅所欲言，百家争鸣，谣言泛滥时期。为了规范新闻舆论界的无序状态，使其更好地为国家服务，苏联政府于1990年6月颁布了《苏联报刊与其他大众传媒法》。

该法典颁布的结果与初衷大相径庭，它纵容了反对派媒体的大肆泛滥，不但没有改变新闻界的无序状态，反而使其混乱局面有增无减。那些颠倒黑白的新闻舆论，使人民丧失了是非观念和美丑观念，丧失了社会主义信念，也丧失了民族自尊心。苏联的新闻媒体再也不是党和人民的喉舌，而俨然成了苏共过去历史的"审判者"[1]，并最终彻底瓦解了苏联社会主义新闻事业。

这直接导致了一种错觉，即"苏联搞新闻自由化搞得国家一片混乱"。事实上，戈尔巴乔夫倡导新闻界大鸣大放，放而失控的"公开性"，对苏共亡党和苏联解体起到了一定的推波助澜作用。

---

[1] 谢飞：《转型期俄罗斯传媒业改革观察》，《青年记者》2006年第4期。参见严功军《从戈尔巴乔夫到普京：俄罗斯传媒政策的变迁及反思》，《社会科学战线》2003年第4期。

但是，能不能因此把苏共亡党原因全都归结于"公开性"政策呢？也不能。因为苏共亡党与苏联解体有着复杂的政治背景、经济环境、民族形态、文化信仰等多方面的原因。针对大众传媒界舆论失控局面，苏联政府紧急颁布《苏联报刊与其他大众传媒法》，只是想起到纠偏作用而已。戈尔巴乔夫想借助媒介力量在短时间内取得政治制度改革的成功，使媒介从长期高度压抑到突然全部放开，必然会出现"溃坝"的严重后果。

本书立足于新闻与传播学角度，研究范围涉及社会学、历史学、政治学、马列科社、党史党建、民族史学、国际关系等多种学科领域。并在此基础上，对苏共晚期执政生态、媒介生态、新闻自由化内容、推行新闻自由化的动因与构想、新闻自由化演进过程，以及苏共新闻事业在自由化浪潮中沉没等核心问题展开研究。

本书由六章内容组成：

第一章"苏共晚期执政生态"，回顾和归纳20世纪70—80年代苏联所处的世界格局、国情、党情、民情和苏共执政环境。

第二章"苏共晚期媒介生态"，分析苏共晚期媒介政策、媒介资源、媒介技术环境和媒介生存环境。

第三章"苏共晚期的新闻自由化"，分析新闻自由与新闻自由化之间的不同特征，廓清苏共新闻自由化的实质，展示新闻自由化的核心内容：公开性、舆论多元化和《苏联报刊与其他大众传媒法》。

第四章"苏共推行新闻自由化的动因与构想"，论述苏共推行新闻自由化的政治背景、战略构想、实施目的、预期目标和价值。

第五章"苏共新闻自由化演进过程"，论述新闻自由化在初始阶段、展开阶段、发展阶段、走形阶段所充当角色和所发挥的作用。

第六章"苏共新闻事业在自由化浪潮中沉没"，分析苏共新闻事业在自由化浪潮中沉没的过程，论述苏共丧失对媒体的控制权、苏联大众传媒所有制呈现出多样化和多党制传媒结构形成。

本书运用文献分析法、历史文献比较法、逻辑推理法、统计分析法等手段，对上述提出的各项内容和任务进行研究和论述。

本书的研究价值在于：

通过研究新闻自由化与苏共亡党关系，厘清新闻自由与苏联新闻自由化之间的区别，探索出苏共亡党与之推行的新闻自由化之间的关系，找出苏共亡党的根本原因等，对马克思主义新闻理论体系建设具有重要的理论意义。

目前，我国新闻事业改革处于重要时期。与苏联不同，我国新闻事业改革的初始条件是国家政治体制不变，媒介市场政策放开，媒介性质为"事业单位企业化管理"。经过三十多年"增量改革"，媒介经济实力不断壮大，新型媒介不断涌现，新闻传播面临的问题越来越多，现行的新闻法规体系在处理新时期的新闻纠纷、新闻侵权等问题时，居然找不到明确的法律依据。同时，媒介在行使舆论监督职责时，权利往往得不到法律保障。兼具官办与商业化运作的体制使媒介发展遭遇瓶颈。

在这种情况下，研究苏共亡党与新闻事业改革之间的关系，探索其中的成败教训，为我国新闻事业进一步改革提供参照依据，具有重要的战略意义和社会价值。

我国对新闻事业进一步改革的根本目的是为了捍卫国家安全，坚持共产党领导，维护社会稳定，建立新闻传播规则，行使舆论监督，充分享受新闻自由，顺应新闻事业在新时期的发展需要。鉴于此，我们要以苏共对新闻事业改革的失败教训为鉴，既要保障新闻自由，也要完善对新闻事业的管理，明确公民、新闻界、党和政府在新闻活动中的权利和义务。

本书的理论基础立足于近10年来国内外涉及新闻自由、新闻自由化、苏共亡党和苏联解体等话题的新闻史学、媒介生态传播、社会学、历史学、政治学、马列科社、党史党建、民族史学、国际关系等学科领域的论著、学位论文、期刊论文和相关学术文章。作为理论研究基础，本书主要参考了以下论著：

甘惜分的《新闻理论基础》，郑保卫的《当代新闻理论》，胡正荣的《新闻理论教程》，贾乐蓉的《当代俄罗斯大众传媒研究》，吴非、胡逢瑛的《转型中的俄罗斯传媒》《俄罗斯传媒体制创新》，李玮的《转型时期的俄罗斯大众传媒》，雷日科夫的《大国悲剧——苏联解体的前因后果》，张允若的《外国新闻事业史》，张举玺的《中俄现代传媒文体的比较研究》《俄罗斯大国转型之道》《中俄新闻文体比较研究》《中俄新闻功能比较研究》《中俄现代新闻理论比较》《实用新闻理论教程》《Основы теории журналистики》，С. 科尔科诺先克的《Основы журналистики》，Е. 普罗霍罗夫（Прохоров Е.）的《Введение в теорию журналистики》，А. 格拉别利尼科夫的《Средства массовой информации постсоветской

России：пятнадцать лет спустя》、И. 库兹涅措夫的《История отечественной журналистики》、Б. 耶辛（Есин Б.）、И. 库兹涅措夫的《Триста лет отечественной журналистики（1702－2002）》、В. 索格林（Согрин В.）的《Политическая история современной России. 1985－2001：от Горбачева до Ельцина》、Г. 日尔科夫（Жирков Г.）的《История цензуры в России ⅪⅩ－ⅩⅩ вв》、В. 沃罗希洛夫（Ворошилов В.）的《Журналистика》、Я. 扎苏尔斯基的《Средства массовой информации постсоветской России》等。

在俄文第一手资料的收集与选择上，得到了俄罗斯人民友谊大学新闻系 Т. 格丽娜（Т. Галина）教授、Б. 维克多尔（Б. Виктор）教授、А. 格拉别利尼科夫（А. Грабельников）教授的大力支持。

本书贯穿始终的核心问题：什么是新闻自由化、苏共中央推行新闻自由化的动因、演进过程和苏联新闻事业垮台的诱因。围绕该核心问题，先后解答下列六个实际问题，并在研究过程中给出结论。

第一，观察研究苏联晚期执政生态，发现20世纪70—80年代苏联与美国"冷战"达到顶峰。美国经济出现下滑，苏联军事工业在争霸中崛起，军事力量开始与美国抗衡。但是，军备竞赛给苏美带来沉重的负担。双方希望转变态度，突破困境，谋求共同发展。

与此同时，苏联国内领导人个人作风滋长，高度集中的计划经济体制弊端开始暴露，大量资金用于扩军备战，而忽视发展轻工业和农业，民众日常用品和食品得不到正常供应，生活受到经济不平衡发展的影响。由于民族人数和分布状况存在差别，导致人数最多的民族和人数最少的民族之间有较大差异，人口出生率下降，人口老龄化问题严重，社会矛盾尖锐。

针对这种局面，苏共党内出现改革呼声。勃列日涅夫、安德罗波夫、契尔年科虽然先后提出和主导过不同程度的改革，但由于改革力度不到位，或者稍放即收，导致改革一次次流产。这在一定程度上为戈尔巴乔夫的新思维、公开性和民主化改革方针的提出，奠定了基础。

第二，观察研究苏共晚期媒介生态，发现20世纪70—80年代，苏联传媒事业经过半个多世纪的探索与发展，已经形成了独具特色的媒介政策与新闻体制：传媒一律国营，管理高度集权，出版审查严格，苏共绝对化领导。大众传媒的核心功能是社会主义的宣传者、鼓动者和组织者。苏共领导下的传媒事业无论在数量上、规模上，还是影响力上，均处在世界媒介格局的前列。

但是，苏联媒介技术与资源的发展，受政治经济环境的影响较大。由于实行高度集中的计划管理体制，苏联传媒事业呈现出僵化，传播失灵、媒介功能异化等现象。到苏共晚期，政治力量对媒介系统的过度支配，导致媒介系统不再具有"生命"特征，整体功能发生异位。媒介作为党的喉舌尽管在表面上实现了对社会舆情的驾驭，但在暗地里，民意以反对派的方式在官方范围之外汇聚成河，终于在20世纪80年代末形成了对苏共的瓦解力量。

第三，观察研究苏共晚期的新闻自由化，发现这里的"新闻自由化"与苏共早期主张的新闻自由完全是两回事。

如果说，新闻自由是伴随着苏共新闻体制产生而逐步形成的，它始终是政治权力的组成部分，是个动态概念，是民主手段之一，那么新闻自由化则是苏共晚期由中央主导，在新闻舆论界自上而下推行的新闻自由主义。新闻自由化以公开性、舆论多元化和民主化为基础，主动放弃党性原则，取消新闻审查制度，炒作各种负面新闻，从反思历史到否定现实，媒介成为历史与现实的审判者。

研究结果表明，执政党有效把握新闻自由，有利于社会稳定，有利于社会建设进程，有利于实现阶段性进取目标。但是，执政党如果不注重自身建设和改善民生，而是把希望寄托在大力吸收民主社会主义思想，甚至西方新闻自由主义，来摧毁马克思列宁主义的报刊思想，放弃党对新闻媒介的绝对领导地位，搞多元化党派思潮等，是注定要失败的。

第四，观察研究苏共推行新闻自由化的动因与构想，发现苏共推行新闻自由化具有复杂的政治、经济与文化等多方面背景。这些错综复杂背景，促使苏共中央决心开放媒介禁区，赋予其新闻自由化权利，期许借助媒介审判力量，撬动和移除政治经济改革中的各种阻力。

因此，苏共中央对新闻自由化寄予期望，即通过大众传媒呈现各种弊端，以强调改革的必要性；解放思想，以营造改革氛围；争取民心，以获取民众对改革的支持。虽然这种期望具有浓重的政治色彩，决定了它不是真正的新闻自由，但是这在当时的环境下已经是非常大的进步了。

研究结果表明，苏共中央希望通过推行新闻自由化达到的目标是：在新闻自由化的推动下，促使苏联僵化的政治、经济格局全面松动，给改革营造氛围，实现社会主义内部的自我修复和完善。然而，推行新闻自由化触动了一大批权贵的切身利益，他们害怕把特权放到阳光下，拒绝接受新闻媒体的监督，对改革多加抵制，这在很大程度上影响了新闻自由化的推行和发展。

尽管如此，在改革初期，随着新闻自由化步步深入，确实发挥了积极作用。它使媒体的舆论监督功能得到加强，刺激到僵化体制，提高了政府和媒体的反腐能力，有力促进了苏共的政治改革。

第五，观察研究苏共新闻自由化演进过程，发现苏共新闻自由化初始阶段的主要任务是：提高决策透明度，形成舆论监督；追求真实新闻，反对旧有报道模式；冲击旧新闻制度，立言论自由之氛围。在任务实施过程中，兴起一股揭露社会弊端的热潮，媒介成为加强党与群众对话的平台。从此，新闻自由化打破高度集权和高度封闭的新闻壁垒，追求公开与透明。全国上下呈现积极向上的良好局面，改革取得显著成效。

随着新闻自由化步步推进，大众传媒公开通报情况，就历史疑点和现实热点问题，积极组织公开讨论。大量从前被禁止的话题突然在报刊中出现，大量闻所未闻的信息使传媒成了万众瞩目的焦点，发挥着上通下达的作用。新闻自由化扮演着"舆论一律"的突围者，历史和现实的批判者，意识形态多元化的推动者等多种角色。

但是，"舆论"是把双刃剑，具有积极作用和消极作用双重属性。由于舆论多元化，加速了苏共与社会的矛盾，直接导致意识形态多样化，党内派别多元化和利益多元化。随着《苏联报刊与其他大众传媒法》颁布与实施，新闻自由化受到法律保护。在法律的保护之下，大众传媒的传播方针发生根本转变，从积极正面转向消极负面。苏共形象遭到严重丑化，党的历史被肆意歪曲，党内错误被无限放大。

接踵而来的是，媒介进入失控状态。在"无条件民主化"、"无限制公开性"以及"宣传报道无禁区"的思想指导下，媒介滥用新闻自由，发表各种反共反社、否定苏联、攻击马列主义的言论等，导致轰轰烈烈的新闻自由改革全面走向失败。具体表现在苏共丧失了对媒介的控制能力，新闻自由化被媒介滥用，媒介传播秩序混乱。新闻自由化在这个阶段放大为"反对派"反共反苏的利器，抹杀苏共历史的工具和瓦解苏共的动力源。

第六，观察研究苏共新闻事业在自由化浪潮中的沉没过程，发现苏共丧失舆论阵地首先是从政治体制改革开始的。由于媒介人事制度异常变更,导致了苏共媒介阵营自乱。《苏联报刊与其他大众传媒法》颁布实施后,打破了苏共对媒介的垄断,人人都可以兴业办报,媒介经营实现自治。

大众传媒所有制从单主体转向多主体,从依靠事业拨款向市场化转变,行政管理从垂直模式转向自主化。所有制的转变引发大众传媒功能发生转变,从"万人一刊"到"人人办报",从"国家中心"转向"受众中心",从以新闻宣传为主走向以信息传播为主。由舆论多元化而引发的政治多元化,导致苏共四分五裂,形成多个派别。苏共二十八大以后,苏联正式宣布"结束政治垄断",实行多党制。多个党派纷纷创办传媒机构,多党制传媒结构由此形成。

研究结果表明,戈尔巴乔夫在推动政治经济改革的初期,就把传媒当作了改革工具,多次强调传媒首先要服务于经济和政治改革,其次才是自身的变革。苏共传媒深陷政治改革的旋涡,受苏共政治派别党内斗争的深刻影响,并随着苏共力量的分解而四分五裂。在多党派传媒激烈竞争中,苏共传媒在反共舆论浪潮中逐渐迷失。可以说,大搞新闻自由化,是导致苏共亡党、苏联解体的重要原因之一。

上述问题共同组成本书的研究内容与逻辑结构。

第一章　苏共晚期执政生态

执政生态一般是指执政主体与执政客体之间相互作用融合的系统。本章从20世纪70—80年代苏联所处的世界环境、苏联国情、苏共党情、苏联民情等角度考察和分析苏共晚期执政生态。

第一节　20世纪70—80年代苏联所处的世界环境

一　苏联与美国"冷战"达到顶峰

第二次世界大战期间，中、美、苏、英等国家联合起来打败了德、意、日法西斯轴心国，但战时同盟随着战争的结束而瓦解。作为两种不同意识形态的大国，苏联和美国都在觊觎统领世界的地位。对美国而言，它认为将本国价值观念普及全球的时代已经到来，而苏联也企图以自己的意识形态影响世界。一场"冷战"在所难免。

1947年杜鲁门主义的出台拉开了苏美冷战的序幕，冷战深刻影响了世界的格局和发展。此后的几十年里，苏美两国便纠缠在冷战的旋涡之中，进行了政治、经济、军事、外交等多领域的争霸。

20世纪60年代末，苏联和美国领导人在"缓和"的政策上日渐趋于一致，代价昂贵的军备竞赛逐渐放缓。缓和的势头一直持续到70年代中期，但双方在深层次的对抗并没有根本消除，冷战仍在继续，并且随着双方军事、经济实力的变化而变化，缓和与紧张并存。到80年代初期两国关系显著恶化，冷战也随之达到高峰。从时间和冷战形势上分析，苏美之间的"冷战"大致可分为三个阶段。

（一）60年代末至70年代中期：冷战局势缓和

这一时期苏美关系的缓和与国际形势的发展有直接关系。20世纪60年代末，世界已经出现多极化的发展趋势，西欧和日本不再唯美国马首是瞻，中国的实力和地位得到提升。苏美两国影响力和威望相对下降，谋求缓和符合双方的利益。

另外，苏美两国各自的外交状态也是缓和的重要原因。苏联与中国关系全面恶化，开始寻求与西方的缓和与合作，希望通过"缓和"积攒力量赶超美国。而美国的日子也不好过，为了牵制中国却深陷越南战争泥潭，疲惫不堪，它希望与苏联达成妥协和合作。殊途同归，冷战的局势得到缓和。

缓和迹象表现在政治、经济等多个领域。

政治上，双方达成了"缓和"对抗、战略收缩的共识。1971 年，勃列日涅夫在苏共二十四大上提出了以缓和为中心的"六点和平纲领"，主动向美国示好。美国尼克松政府也适时地提出新的外交政策，即后来被称为"尼克松主义"的外交政策。这项政策旨在减轻美国在全球的军事负担和义务，以达到战略收缩的目的。

从苏美首脑频繁的会谈和签订协议上，可以看出缓和取得的一些实质进展：1971 年 9 月 3 日，美、英、法和苏联正式签订西柏林协定，相互就西德和东德问题做出了一些让步。同年 11 月 8 日，东、西德签订条约，相互承认是主权国家，东西方在德国问题的争端暂时得到解决。1972 年 5 月 22—30 日，尼克松访问苏联，这是美国历史上首次总统访问苏联首都，对美苏关系缓和意义非凡。会谈期间，双方在很多问题上达成一致，签署了 9 个协定和条约，涉及核武器、科技、贸易等多方面。1973 年 6 月 18—25 日，勃列日涅夫访问美国。在两国首脑会议期间，双方又签订了 11 个文件，包括《关于进一步限制进攻性战略武器谈判的基本原则》《关于防止核战争的协定》《农业合作协定》等，把"缓和"外交推向新的阶段。1973 年 1 月 27 日，美越签署巴黎协定，历时 12 年之久的越南战争终于落下帷幕。与此同时，美国还减少了在亚太地区的驻兵。

政治上的缓和促进了双方的经济合作。苏联历来对与美国发展经贸合作感兴趣，而美国自 20 世纪 60 年代中期经济开始出现衰退，也考虑增加与苏联的经济合作。1972 年 5 月，经贸合作成为苏美首脑会谈的新内容。

美国逐渐放松对苏联的贸易限制，双方达成了一系列贸易协议，从双方贸易额的变化可以看出经贸合作的迅速发展：1970 年苏美之间的进出口贸易总额只有 1.91 亿美元，1971 年达到 2.19 亿美元，1972 年猛增至 6.38 亿美元，1973 年更达到 14.15 亿美元，1975 年创下新高，达到

20.92亿美元。美国成为苏联在西方世界中仅次于西德的第二大贸易伙伴。[1]

不过，从表面看，"冷战"虽有所缓和，但是双方在深层次的对抗依然没有停止。

尼克松政府积极推行多极均势外交政策，他在1971年对外政策报告中宣称：世界已进入一个"多极外交的新时代"[2]，希望在世界多极化发展的背景下维持美苏均势，尽可能限制苏联扩张。为了牵制苏联，美国还积极采取行动同中国改善关系，比如放松对华禁运、派基辛格访华等。

在中东地区，苏、美干涉阿以冲突。苏联不断加强对埃及、叙利亚和伊拉克的军事援助，美国则加紧对以色列的物资和技术支持。1973年，在基辛格调解下，埃及与以色列达成谈判协议，同意停火交换战俘等，但是阿拉伯被占领土问题没有得到解决，美国对以色列依然进行军事支持。在伊朗，美国大力扶持巴列维政权，向伊朗出售大量军火装备。

在南亚地区，苏美两国在印巴问题上分歧不断。1971年8月，苏联与印度签订和平友好合作条约，支持印度对巴基斯坦的武装侵略，并向印度运送军事装备。11月21日，印度向东巴基斯坦发动全面进攻，第三次印巴战争爆发。美国则显得有些被动。它在战争开始时，并没有明确支持巴基斯坦，直到印度步步紧逼，美国才对苏联和印度施加了一些压力，要求印度停火。12月16日，印度军队占领东巴首府达卡，第二天西巴实现停火。1972年1月，孟加拉人民共和国成立。

总体而言，20世纪60年代末到70年代中期，冷战局势基本处于缓和状态。1974年8月，尼克松因"水门事件"被迫辞职，杰·福特继任，福特政府提出"新太平洋主义"，重申了美国在远东的收缩政策，继续走缓和路线，但是此时苏美缓和的热情已经减退，冷战显现出紧张的势头。

（二）70年代后半期：冷战走向顶峰

20世纪70年代前半期的冷战呈现出"缓和"热潮，苏联此时本应该利用缓和的有利条件，集中力量发展国民经济，提高人民生活水平，但令人遗憾的是苏共领导人把争霸放到了更重要的位置，这直接导致缓和局面停滞。

---

[1] 黄正柏：《美苏冷战争霸史》，华中师范大学出版社1997年版，第226页。
[2] 美国总统公文汇编：《理查德·尼克松》，政府印刷局1971年版，第220页。

苏联在军事、经济等方面与美国差距不断缩小，扩充军备，进行全球性扩张，对与西方利益攸关的石油战略地区形成威胁，这与美国采取缓和政策以遏制苏联的初衷是大相径庭的。正如尼克松曾强调的：缓和不是"冷战的替代物"，而只是"两大国之间核战争的替代物"。缓和也不是"遏制的替代物"，而是"对遏制的补充"①。但是，缓和显然朝着有利于苏联的方向发展。因此，到了福特总统执政后期，美国国内反对缓和的声音日益高涨，甚至有人指责缓和大有"绥靖"的味道。

福特之后的卡特总统，面对国内对缓和政策的指责声和苏联扩张势头的增强，对苏联的政策经历了从软到硬的过程，冷战局势也从缓和走向紧张。

首先，卡特从意识形态出发，提出"人权外交"，希望恢复美国外交中的理想主义。美国开始指责苏联存在人权问题，支持苏联持不同政见者。苏联对此十分恼火，勃列日涅夫指责美国是在干涉苏联内政，并揭露美国同样存在人权问题，比如种族歧视等。不过因为卡特倡导的"人权外交"务实性不高，并没有得到盟国的太多支持。

其次，卡特上任后的另一个重要任务，就是达成新的限制战略武器协议，这项从1972年就开始的谈判同样是一项艰难任务。因为苏美战略武器构成特点不一样，苏联主要是靠数量和投掷重量来取胜，而美国主要靠质量和性能制胜，这样双方的分歧就很大。经过多次讨价还价，直到1979年6月才达成妥协。

在第三世界，卡特政府的政策也做了一定调整。美国采取了一些温和手段与苏联竞争，转而关心这些地区的人权和发展问题，对苏联的扩张，美国也是谴责多于行动。1977年，美国与巴拿马签订美巴新条约，放弃对巴拿马运河的永久占领权，缓解了美巴矛盾。针对埃以冲突，美国从中斡旋，使埃、以签订和平条约。在南部非洲，美国帮助扎伊尔挫败了外国雇佣军的入侵，在南部非洲展开外交活动。卡特政府还同中国改善关系，1978年12月15日，中、美双方同时公布中美联合公报，宣布两国于1979年1月1日正式建交。美国承认中华人民共和国政府，承认台湾是中国的一部分。1979年1月，邓小平应邀访美，中美关系有了更广阔的

---

① ［美］理查德·尼克松：《真正的战争》，长铮译，新华出版社1980年版，第348—350页。

前景。

然而，卡特的这些温和政策并没能遏制住苏联的扩张。在东南亚，早在美国退出越南后，苏联就在越南、柬埔寨建立地区霸权。在南亚，苏联把阿富汗列入"社会主义大家庭"，对其进行全面渗透和控制。在非洲，苏联企图控制红海和亚丁湾的咽喉地带，牵制美国和西欧的海上通道。在中东、拉丁美洲等，苏联的势力也大大加强。到1978年春，苏美关系依然处于僵持状态。

美国的容忍在1979年苏联入侵阿富汗之后达到了极限。1979年9月，阿富汗总理阿明发动政变，推翻了亲苏的塔拉基政府，让苏联很不满意。苏联趁阿明政府请求苏联增加军援之际，出兵阿富汗，打死阿明，建立新政府。此举被美国视为苏联扩张的危险升级，因为这是苏联第一次对一个自己势力范围之外的不结盟国家实行军事占领，且对美国和西方的石油命脉形成直接威胁。

面对苏联的不断扩张，美国开始变得强硬。1980年，卡特在国情咨文中提出用武力遏制苏联的新政策，即后来被称为"卡特主义"的新波斯湾战略："任何外部力量企图控制波斯湾地区的尝试，将被视为对美利坚合众国重大利益的侵犯，这种侵犯将遭到包括军事力量在内的一切必要手段的回击。"①

随后，卡特列举了他对此将要采取的措施：对苏联进行经济制裁；抵制1980年的莫斯科奥运会；增加军费开支，加速中东、波斯湾战略地区的部队组建进程；推迟第二阶段限制战略武器条约的批准等。卡特主义表明，美国在不完全放弃缓和的情况下，开始扭转对苏力量对比。这是一次重大的转变，经过三年多的摇摆，卡特政府终于坚定了依靠军事实力扭转局势的道路。

（三）80年代：冷战达到顶峰

同卡特相比，里根表现出对苏联更加强硬的态度。1981年里根走马上任，军事抗争被提到了首要的位置。里根政府的对苏政策呈现出冷战早期那种浓重的反共色彩：他明确把遏制苏联力量置于外交政策的首位，把反苏与反共结合起来，公然称苏联是"现代世界罪恶的中心"，号召美国

---

① ［美］塞西尔·克雷布：《美国外交政策主义纵横谈》，美国路易斯安那州立大学出版社1982年版，第329页。

人民积极投入斗争，不要"置身于正确与谬误、善良与邪恶的斗争之外"①。里根提出"重新武装美国"的口号，决心同苏联展开大规模军备竞赛，使苏联屈服。里根这种咄咄逼人的政策被称为"冷战原教旨主义"。

苏美军备竞赛开始升级。美国不断增加军费开支，1981年国防部长温伯格提出为期5年，开支16000亿美元，相当于每年军事开支递增7%的全面整军计划，成为美国在和平时期最为庞大的军备计划②。里根政府还决心打破美苏的核均势状态。1983年3月，里根提出了"战略防御倡议"，也就是后来为人熟知的"星球大战计划"，把军备竞争扩展到外太空。这是美国军备竞赛的一次重大升级，它摆脱了以往"相互确保摧毁"的均势战略，提出美国在核战争中取胜的目标。计划在20世纪末以前，在太空和地面建立多层防御网，拦截并摧毁来袭的导弹。

对于美国的军备升级，苏联也决心采取行动。1984年起，苏联的军费开支再次大幅度增长。按1980年的价格和汇率，1980—1983年苏联军费开支每年递增1.5%—2%，但1984年的军费开支却比1983年增加了近3%，1985年更比1984年增加了12%③。1983年11月，苏美在中导谈判中，因为意见无法达成统一，谈判搁浅，苏美两国开始在西欧部署各自的中程导弹。没过多久，苏美的削减战略武器谈判也宣布破裂。而且谈判中里根的"战略防御倡议"也把军备竞赛推向了新的阶段。

军备竞赛直接导致苏美关系日益紧张，特别是韩国客机被击落事件，加剧了两国关系的紧张程度。1983年8月31日，一架从纽约飞往汉城的韩国波音客机，在途中由于偏离航道进入苏联领空，被苏联空军击落，机上人员无一生还，其中包括61名美国人。本就对苏联有怨言的美国政府，抓住这个事件，强烈谴责苏联无视人权和生命，对苏联社会制度也进行抨击，两个国家之间的裂痕越来越大。

与此同时，苏美对第三世界的争夺也达到了白热化的程度。里根提出要"把共产主义推回去"，反对亲苏政府，这一政策后来发展为"里根主

---

① [美]罗纳德·里根：《里根自传》，张宁等译，世界知识出版社1991年版，第234页。
② 现代国际关系研究所编：《苏美与第三世界》（论文集），时事出版社1989年版，第102页。
③ 中国社科院世界经济与政治研究所编：《星球大战——对美苏太空争夺的剖析》，解放军出版社1986年版，第200页。

义"。在中东和波斯湾地区，美国借阿富汗事件后中东反苏情绪高涨，打击亲苏力量，扩充美国的影响力，加强对中东的军事部署，纵容1982年以色列入侵黎巴嫩。苏联则加强与叙利亚的合作，谴责以色列的入侵行为和美国对以色列的支持。在亚洲和太平洋地区，苏美两国竞相加强自己的军事部署，改善和中国的关系；在拉丁美洲和非洲，苏美两国互相拉拢亲近势力。

两个超级大国关系显著恶化，使冷战达到了顶峰。苏联最高领导人接连去世，使得苏联在竞争中变得更加被动。1982年11月，勃列日涅夫逝世，安德罗波夫继任，他继续推行"缓和"政策，寻求与美国军控谈判。但由于苏美意见不统一，1983年11月，中程导弹谈判和削减战略武器谈判相继搁浅。1984年2月9日，安德罗波夫因病去世，契尔年科继任，积极争取和里根政府对话。苏联希望就里根之前提出的空间军事化战略进行磋商，防止宇宙中的军备竞赛，美国同意进行谈判，双方又一次坐在了谈判桌前。然而在1985年3月11日，即苏美新一轮军备谈判开始的前一天，契尔年科去世，戈尔巴乔夫继任。戈尔巴乔夫在1985年11月和1986年10月与美国先后进行两次会谈，由于美国不愿意放弃星球大战计划，双方未能达成协议。

（四）苏美的势力范围

20世纪80年代，苏美冷战从缓和走向顶峰，又逐渐呈现缓和态势。戈尔巴乔夫提出"新思维"，对其在第三世界的政策重新审视，实行军事收缩，而"里根主义"则使美国加强对第三世界的攻势，在相互较量中，苏美实力对比不断变化，各自势力范围也不断消长。20世纪80年代末期，欧洲仍然是苏美争夺的主战场，苏美在欧洲的争夺处于僵持状态，既定的势力范围短时期内无法突破。在传统势力范围之外，苏美在以下地区的争夺呈现出一番新景象。

在阿富汗，苏美斗争仍在继续，但美国逐渐占据优势。在里根第二任期，美国加强对阿富汗反政府游击队的援助。1986年底，美国援助阿富汗300枚先进的"毒刺"式防空导弹，这是美国首次向外提供美制高级武器。而苏联在阿富汗的伤亡巨大。1986年，戈尔巴乔夫在苏共二十七大上承认阿富汗是"流血的伤口"，并试图寻求美国的帮助和平解决阿富汗问题。1988年4月5日，在联合国代表主持下，巴基斯坦、阿富汗、美国和苏联外长在日内瓦签署关于解决阿富汗问题的四个协议，协议规定苏联自 1988 年 5 月 15 日开始撤兵，并在 9 个月内撤完，苏美不干涉巴、阿内政等。但是苏美围绕阿富汗的斗争并没有结束，协议并没有关于禁止苏美向阿富汗运送武器的规定，苏美继续对各自支持的阿富汗组织运送武器，阿富汗陷入由苏美出钱出枪的内战。

在中东地区，美国的主动权增加。美国力图促成阿、以直接谈判，排除苏联对阿、以的影响。苏联则展开"全方位外交"，改变过去反对阿、以谈判的立场，撮合巴勒斯坦解放组织（简称"巴解组织"）各派团结。1988 年 8 月，苏联和美国经过私下磋商，苏联同意美国提出的美苏共同推动中东问题解决的主张，由苏联对巴解组织和叙利亚进行说服工作，美国则对以色列进行劝解。

在南部非洲地区，紧张的局势得到缓解，苏美基本达成均势。美国认为南部非洲的稳定有利于美国在此扩大影响，因此积极促进缓和。美国继续支持索马里，同时向亲苏的埃塞俄比亚提供粮食物资援助，促进索、埃和解。苏联则继续支持埃塞俄比亚，但也开始改善同索马里的关系，埃、索关系得到很大缓和。在安哥拉，美国采取更主动的策略，1985 年 7 月美国恢复向"安盟"的直接军事援助，并秘密提供数百枚"毒刺式"导弹和其他先进武器。苏联态度转为缓和，改变以往支持安哥拉政府武装镇压"安盟"的策略，提出"政治解决"方针。1988 年 5 月，苏美首脑会晤，苏联表示愿意参照阿富汗模式解决安哥拉问题，此后苏联逐渐减少对安哥拉的援助。

在中美洲地区，美国的态度依然强硬，认为中美洲问题主要是"东西方冲突"，苏联则收缩力量，争取同美国达成谅解。1985 年，美国对尼加拉瓜实行全面禁运，并向尼加拉瓜反政府武装提供军援，同时要求苏联停止对尼加拉瓜政府的援助。戈尔巴乔夫答应了美国的要求，不再向尼加拉瓜提供军援，还表示要减少对古巴的援助。

在亚太地区，苏联收缩力量，缓和与美国在这一地区的矛盾。1987 年，苏联从蒙古撤军，还减少对越南的援助。在柬埔寨问题上，美国自 1985 年开始向柬埔寨提供军事援助，苏联并没有针锋相对，表示愿意和美国商议解决柬埔寨问题。

综上所述，苏美的冷战从缓和到顶峰的过程，也是军事竞争从缓和到顶峰的过程。双方都觉得拥有强大的军事实力就等于拥有了霸主地位，为提高军事力量付出大量的物力、财力。苏联方面，戈尔巴乔夫上台后提出

"新思维"政策,收缩力量寻求缓和。而美国则采取进攻态势,在竞争中逐渐处于有利地位。苏美势力此消彼长,深刻影响着世界其他国家和地区的发展。

二 美国经济下滑,苏联经济开始崛起

20世纪60年代,美国的经济一度发展很快,经济繁荣的背后是长期赤字财政政策的支持。到了20世纪60年代中期,这一财政政策的弊端开始显现,美国经济开始下滑,通货膨胀和经济停滞日益严重。而战后苏联的经济得到快速发展,同美国的差距不断缩小。

(一)美国经济大幅下滑

1. 从通货膨胀到滞胀

20世纪60年代,美国的两任民主党政府都采用后凯恩斯主义新经济学的增长政策,它带来经济繁荣的同时,也使赤字财政长期化。60年代美国经济曾持续增长长达106个月,国民生产总值也大幅提升。然而经济繁荣的背后,是长期赤字财政政策带来的通货膨胀的隐患,越南战争的巨大开支加剧了通货膨胀。从1965年开始通货膨胀迅速发展,1967年经济发展速度下降,约翰逊采取的一些应对政策也未能见效。

上任之初的尼克松,面临的就是这样一个通货膨胀严重的经济局面。1969年4月,尼克松提出"姑且一试"的经济计划,实行紧缩性财政与货币政策,但是这不仅没有抑制通货膨胀,反而使美国陷入了战后第五次经济危机:公司破产、失业率居高不下,经济显现出滞胀的苗头。见到情况不妙,1971年1月尼克松又宣布实行赤字财政政策,美国财政赤字急速飙升,1970年为38亿美元,1971年猛增至220亿美元。[1]

由于大量的财政赤字,美国联邦政府不得不大量增加政府公债的发行。据统计,美国政府公债在1960—1965年增长率为11%,1965—1970年高达18%,1970—1975年则猛增至42%。加上联邦储备银行膨胀性的货币政策,导致货币供应量大大增加,美元危机接连爆发,通货膨胀加剧。[2] 1973年2月,以美元为中心的布雷顿森林体系瓦解,这是美国经济

---

[1] 刘绪贻、杨生茂:《美国通史(第6卷)战后美国史1945—2000》,人民出版社2002年版,第411页。

[2] 同上书,第354页。

衰落的重要标志。此时的通货膨胀使经济陷入停滞，通货膨胀与经济停滞相互作用，形成独特的"滞胀"现象。

国内市场的不景气，使美国资本大量外流，给工业设备更新造成不利影响，导致生产率增长缓慢。而此时西欧、日本等国，却处于经济发展的高速时期，美国商品在国内外的市场竞争中逐渐落后。

能源危机使糟糕的经济局面雪上加霜。1973年10月，中东战争爆发后，支持以色列的西方国家遭到石油禁运，资本主义世界爆发了能源危机，作为石油消费大国的美国经济遭受重创。美国政府被迫通过不断的赤字财政政策和膨胀性货币政策来缓解危机，这又反过来加剧了通货膨胀，且经济状况也没有得到明显改变。

诸多问题积重难返，美国经济从通货膨胀恶化为经济滞胀，糟糕的经济状况让尼克松的政策回天无力。到1974年8月，尼克松因"水门事件"被迫辞职前，他一直在尝试一些新的政策来改善经济状况，但都未能如愿。

2. 滞胀继续加剧

在福特和卡特任内，美国的经济滞胀继续加剧。1974年8月9日，福特上台时，《纽约时报》曾经指出，他所面临的是"这个国家和平时期有史以来最严重的通货膨胀、本世纪最高的利率、由此而产生的住房业极端不景气、正在萎缩和比较混乱的证券市场、大量失业已露苗头的经济停滞、日益恶化的国际贸易和支付地位"。[1]

福特决定先从解决通货膨胀入手。他在1974年8月24日签署了一项法令，采取紧缩金融和削减开支的措施来缓解滞胀问题。但是福特的决议并没有得到国会的太大认可，在福特与国会的交锋中，美国经济迅速恶化。1974年10月起，战后第六次经济危机气势汹涌地到来了。美国工业生产指数急剧下降，经济三大支柱也受到重创。到1975年5月，失业人数猛增到825万人，失业率达8.9%，为1941年以来最高纪录。[2] 美国的股票暴跌，大批企业倒闭。

经济滞胀日益严重，福特政府不得不继续实行扩张性赤字财政政策，

---

[1] ［美］吉拉尔德·福特：《愈合创伤的时代》，伯克利书社1980年版，第147页。
[2] 刘绪贻、杨生茂：《美国通史（第6卷）战后美国史1945—2000》，人民出版社2002年版，第436页。

财政赤字不断增加,这使经济在 1975 年下半年得到短暂的缓慢回升,但是通货膨胀却进一步恶化。并且在 1976 年下半年,美国经济再次停滞,滞胀仍然困扰着美国经济的发展。

1977 年 1 月 20 日,卡特就任美国总统,他把重点首先放在刺激经济复苏上。1977 年 2 月,卡特向国会提出"一揽子刺激经济计划",其核心是"回扣"政策,这是一个扩张性的财政政策,最终因为对通货膨胀的担忧,"回扣"政策没有付诸实施。不过减税和开支计划保留了下来,对美国经济的恢复起到了一定的作用,失业率有所下降。但是这一政策加剧了通货膨胀,到 1978 年初通货膨胀率已接近 10%。卡特采取了许多措施,比如实行非强制性的工资与物价指标,减少联邦政府对企业的管制等,然而都没能控制通货膨胀的进一步发展。

1979 年,美国出现第二次能源危机,让脆弱的经济不堪重负。这一年春,由于伊朗战争的爆发,世界主要产油国的供应量下降了 3%,一些美国石油公司削减生产,囤积居奇,美国原油价格从每桶 12 美元上升到 20 美元。

能源危机加剧了经济状况的恶化程度,战后第七次经济危机爆发。到 1979 年 6 月,物价上涨率接近 14%,1980 年这个数字高达 18%。经济停滞与通货膨胀成了困扰美国经济的两大难题,直到 1980 年大选之际,卡特政府依旧被困在这两个经济难题中难以自拔,被动采取的应对措施总是顾此失彼,捉襟见肘。

3. 高代价的短暂繁荣

1980 年,里根上任。里根反对卡特所推行的国家垄断资本主义,他采取了与以往不同的经济政策,用一次严重的经济衰退为代价,缓解了通货膨胀,取得经济的短暂回升。

郝伯特·斯坦分析里根的施政纲领将包括六个方面:大规模削减个人及公司所得税;大规模削减非国防开支;放慢货币增长速度,抑制通货膨胀;切实放松政府管制;大规模增加国防开支;几年之内平衡联邦预算。[①] 事实上,里根的确是围绕这几方面制定了施政纲领。除了国防开支之外,其他几点都是为了摆脱美国的经济困境。

---

① [美]郝伯特·斯坦:《总统经济学》,刘景竹译,中国计划出版社 1989 年版,第 264—265 页。

里根经济复兴计划在实施的头两年，美国经济不仅没见好转，反而陷入战后最严重的危机，出现最大财政预算赤字和极高的失业率。1981年7月开始的战后第八次经济危机，是美国战后最严重的一次危机。好在通货膨胀率得到一定控制，由1981年的10.4%减为1982年的3.9%，直到1988年，始终徘徊在3%—4%之间。同期，利率也从16.5%下降到10.5%。[1]

1982年中期，里根宣布实行新经济政策，到这年底，美国经济开始回升。里根政府以一次严重衰退为代价，初步冲破了滞胀危机，取得经济的回升，但是依然存在诸多问题。在里根任期内，美国财政赤字累计达16673亿美元[2]，是以前历届总统在204年中所积累的财政赤字总和的1.8倍；此外，还有为填补赤字而产生的大量国债。1986年，美国成为世界上最大的债务国，社会收入差距也日益扩大。

（二）苏联经济开始崛起

战后，苏联的经济发展速度较快，加上美国深受国内经济危机的困扰，经济出现滞胀问题，苏联与美国的经济差距逐步缩小。在20世纪50年代，苏联的国民收入只相当于美国的31%，1957年上升到相当于美国的一半，1965年又提高到59%，到1977年达到美国的67%。[3]

1. 经济发展迅速

勃列日涅夫执政初期，继承了赫鲁晓夫时期经济改革的势头，并对赫鲁晓夫时期存在的失误和缺点进行纠正。他的改革首先在农业领域展开，他取消赫鲁晓夫时期对农村个人副业的种种限制，加强集体农庄和国营经济的发展，增加对农业的投资，对农产品采购制度进行改革，如提高农产品收购价格，扩大农场的经营自主权等；他在工业部门推行新经济政策，比如扩大企业自主权，用利润和奖金来提高劳动者的物质利益等，提升他们的劳动积极性和生产效率。

这些措施取得了较好的效果。"八五"计划超额完成，工业生产增长了50%，仅1970年（第八个五年计划的最后一年）一年内的工业生产量

---

[1] 刘绪贻、杨生茂：《美国通史（第6卷）战后美国史1945—2000》，人民出版社2002年版，第502页。
[2] 同上书，第503页。
[3] 中国苏联东欧学会编：《苏联东欧问题探讨：政治经济体制》，人民出版社1983年版，第536页。

就几乎比战前两个五年计划所生产的全部产品多1倍以上；基本建设规模也不断扩大，建成了1900个大型工业企业；农业方面，农产品的年均产量增长了21%，比"七五"计划提高了近1倍；居民消费品供应也得到明显提高，零售商业周转额增长了48%；苏联人民的物质福利得到进一步提高，人均实际收入增长了33%。①

1971年，苏联开始实施"九五"计划，生产规模进一步扩大，苏联工业产值增长了43%，农产品产量比"八五"计划提高了13%，人民实际收入增长24%。20世纪70年代初的苏美缓和，也给苏联发展经济带来了切实的好处。苏联谋求缓和的目的之一，就是扩大与西方国家的贸易和技术往来，加速苏联的发展速度。而从60年代中期以来，美国由于经济衰退，十分需要新的贸易机会，尼克松上台后，逐渐放宽了对苏联的贸易限制。苏联抓住这个机会，同美国开展经济贸易和技术交流。1972年5月，苏美首脑会谈列入了经贸内容，并在两国关系"基本原则"的协定中，写入了"贸易和经济联系是巩固双边关系的重要必需因素，并将积极地促进这种联系的发展"②，双方商定建立苏美贸易联合委员会。此后几年，苏美两国的经贸和技术交往迅速发展。苏联的国民收入在1977年达到美国的67%，与美国的差距进一步缩小。缓和的"物质化"对苏联是大有裨益的。

不过"九五"计划并没有完成既定目标，农业生产、消费品产量等均低于原计划。事实上，从"八五"计划之后，苏联的经济增长速度就开始放缓了。但是，西方国家的经济衰退得更厉害，使得苏联经济发展相对显得不是太糟糕。

2. 经济增长放缓

第十个五年计划和第十一个五年计划的目标，虽然没有前几个五年计划高，但是依然没有得到有效完成，苏联经济的增长速度开始放缓。

勃列日涅夫在1976年的苏共25大上，高度肯定了24大以来缓和取得的成就，并把新的五年计划称为"讲究效率和质量的五年计划"。在"十五"计划中，苏联的首要目标依然是全面增强经济实力，加速新技术

---

① [苏] B. 琼图罗夫等编：《苏联经济史》，郑彪等译，吉林大学出版社1988年版，第235—240页。

② 黄正柏：《美苏冷战争霸史》，华中师范大学出版社1997年版，第226页。

的应用规模，发展重工业。苏联的主要措施有：优先发展重工业；加速发展东部地区的生产力，开发东部能源；增加农业投资，刺激农业增产；加强对外经济联系，以促进技术和经济发展。

"十五"计划取得的一些成果是值得肯定的：工业总产值约占世界工业总产值的20%，居世界第二位，用于积累和消费的国民收入提高了21%，人均实际收入提高了18%，社会总产值也有所提升等①。但是，此时苏联的经济发展速度已经变缓：粗放型的经济增长方式并没有多大改善，原料和燃料的浪费非常严重；科研与生产脱节，大量的技术成果得不到推广；常年扩军备战，坚持优先发展重工业，使得农业和消费品的生产不足，农业连年减产，巨额的农业投资并没能换取苏联农业稳定的发展。从农业产值五年的增长速度来看，呈大幅度下降的趋势，即由"八五"（1966—1970）计划期间的21%下降到"九五"（1971—1975）计划期间的13.3%和"十五"（1976—1980）计划期间的9%，而1981年则是－2%。② 1973年，苏联第一次成为粮食净进口国。农业生产下降严重影响了苏联国民经济的发展。

1981年，苏共二十六大通过第十一个五年计划，仍然把重工业和军事工业的发展作为计划的核心。"十一五"计划用于消费和积累的国民收入拟增加18%，而投资增加10.4%。这个比例说明经济发展向集约化转变。这一时期，苏联的国民收入增长了17%，一些技术得到推广，工业总产值增长了20%，农产品的产量得到一定提高。但苏联长期积累下来的问题让经济的增长速度进一步减缓，农业依然严重依赖进口，而苏联轻工业2/3的原料和食品工业4/5的原料来自农业，农业的歉收直接影响轻工业的发展和人民生活水平的提高。

1986年，苏共二十七大制定了"加速"社会经济进步的新战略，实施"十二五"计划。这一时期，经济有一定的增长，但是增长的速度却没有达到预期目标。1986—1988年，苏联生产性国民收入年增长率为2.8%，用于消费和积累的国民收入增长率为2.6%，1989年生产性国民

---

① ［苏］B.琼图罗夫等编：《苏联经济史》，郑彪等译，吉林大学出版社1988年版，第241—251页。

② 陆南泉：《苏联经济体制改革史论（从列宁到普京）》，人民出版社2007年版，第275页。

收入增长2.4%，这些增长速度大大低于"十二五"计划的指标。① 由于片面发展重工业和军事工业，消费品出现严重短缺，财政也出现困难，到1989年预算赤字占国民生产总值的10%左右，加上货币发行量过度增长，导致通货膨胀加剧。居民收入增长在头三年基本达到计划目标，但1989年情况出现恶化，社会劳动生产率明显下降。苏联为改革付出了代价。

总体上说，苏联战后的经济发展一直是比较迅速的，它的经济增长速度比发达资本主义国家要快很多，国民生产总值、生产率等与美国的差距在不断缩小。但是，由于苏联僵化的经济体制长期没有得到改变，片面发展重工业，导致经济发展结构失调，加上领导人不断更迭等不利因素，苏联经济增长速度逐渐减慢，国民生产总值年平均增长率不断下降。1983年到1984年，苏联经济增长速度战后第一次落后于美国。②

三 苏联扭转军事劣势，军事力量开始与美国抗衡

（一）苏联与美国的差距逐渐缩小

战后，苏联和美国都把发展军事力量当作重要目标之一，认为强大的军事实力是进行谈判的基础。美国作为战后唯一的超级大国，形成战后军事实力一家独大的局面，并拥有对原子弹的垄断。战后，苏联特别注重发展军事，国防开支不断增长，与美国的差距不断缩小。1949年9月，苏联成功爆炸了第一颗原子弹，打破了美国的核垄断。1957年，苏联抢在美国之前发射了洲际弹道导弹和人造卫星，并不断增加国防开支，常规军备力量也大幅提升。

古巴导弹危机让苏联充分认识到发展军事的重要性。这场危机引发了苏美剧烈对抗，最后苏联做出妥协，不得不撤走在古巴的全部武器。苏联落败的原因之一是过度自信的领导人低估了美国的反应，认为正在走下坡路的美国不敢太过反对。另外，也说明在当时的苏美军事实力对比中，苏联还处于劣势。这次危机之后，苏联领导人实行了全面扩充军备方针，既注重发展战略核力量，也大力扩充常规军备。经济的迅速发展，给苏联发展军事提供了充足的资金保障。

---

① 孙振远：《苏联经济发展的回顾与展望》，《世界经济》1990年第3期。
② 郭传玲：《苏联社会经济发展的新战略》，《国际问题研究》1987年第1期。

而美国此时的经济和军事实力却相对在下降,之前奉行的全球扩张战略让美国感到力不从心:越南战争让美国遭受道义上的指责和财力的损失,到战争结束时,美国已为这场战争至少花费了1500亿美元;全球庞大的军援开支也很难继续维持。为避免更大的损失,1969年尼克松政府对美国战后的政策做了重大调整,逐渐形成系统的"尼克松主义",实行战略收缩:在战略核力量上,用"充足论"代替"优势论";在常规力量方面,用"一个半战争"取代以前的"两个半战争"①战略;收缩海外力量,以摆脱军事上的负担;削减兵力,1968年美国军队现役兵员有354.7万,到尼克松下台前夕,已下降到216.1万。

与美国相比,此时的苏联却在积极扩充自身的军事实力。从1965年起,苏联开始大幅增加军费开支,此后一直有增无减。1965年的军事开支比1964年猛增144亿美元,达到623亿美元,比赫鲁晓夫时期最高的1963年还多84亿美元。1969年,苏联的军费开支高达898亿美元。② 到60年代后期,美国拥有洲际导弹1054枚,潜艇发射导弹656枚,远程轰炸机540架,苏联则分别拥有1200枚,230枚和150架。③ 苏联的军事实力已经接近美国,特别是洲际导弹数量,已经超过美国。

(二) 苏联军事开始与美国抗衡

苏联经济的发展促进了军事实力的发展。20世纪70年代前半期,苏联的军费增长速度超过美国。苏联的核武器无论从数量还是质量上都和美国不相上下,常规军备也得到充分发展。尼克松政府努力争取同苏联进行限制核军备竞赛的谈判,在1972年5月签订的第一阶段限制战略武器的协议中,美国大体承认了同苏联的均势:苏联被允许保持数量上的优势,如美国把洲际导弹的数量保持在1054枚,而苏联则有1618枚。美国接受了部署在44艘潜艇上的710枚潜射导弹的限额,苏联可

---

① "两个半战争"是美国曾奉行的战争策略,"一个"是保卫欧洲,抵抗苏联的进攻;"另一个"是抵抗中国对东南亚或朝鲜的进攻;还有"半个"战争是应对别处的不测事件,如中东冲突。1972年之后,抵抗中国对东南亚或朝鲜进攻的战争削减了,就变为"一个半战争"。

② [美] 保罗·肯尼迪:《大国的兴衰》,陈景彪等译,国际文化出版公司2006年版,第431页。

③ Richard Smoke. National Security and the Nuclear Dilemma. New York:Random House,1987,p.126.

以有62艘潜艇和950枚导弹①；美国则保持弹道导弹潜艇的技术优势和较高的战备水平。此后，在核军备和常规军备方面，苏联都呈现出赶超美国的势头。对苏联而言，军事上的平等关系，意味着苏美政治上的平起平坐。

在核军备方面，70年代初苏联大型洲际核导弹已威胁到美国的领土安全。美国在1968—1974年这五年内的实际军费开支减少了37%。1974年美国武装部队拥有的飞行中队数量为1964年的40%，军舰数量为47%，而作战师的数量仅为16%。②据伦敦国际战略研究所统计，在1969年限制战略武器谈判开始前，美国拥有战略武器（运载工具）总数为2270件，苏联只有1360件。到1975年，苏联已达2537件，大大超过美国的2142件。此后这一趋势有增无减。③苏联的核潜艇也得到发展，从1967年到1991年，苏联共建造了77艘战略核潜艇。④苏联在战略核武器的数量上超过了美国。随后又同美国展开了以提高命中精度、机动性和发展多弹头分式导弹为中心的质量竞争，美国的核优势不复存在。

在常规军备方面，苏联也呈现出超过美国的趋势，在部队规模和武器装备等方面发展迅速。苏联的常规部队人数从1968年的322万增加到1976年的365万；美国则从1968年的354万裁减到了1976年的208.7万。⑤苏联的作战飞机、装甲车辆和火箭发射器的数量都超过同期的美国，甚至在长期处于劣势的海军力量上，也开始向远洋进攻型转变。在美国因越战负担放慢海军发展速度时，苏联大力发展远洋战舰，以及与大型海基平台相配套的重型反舰导弹，大规模的海上军事演习不断增加，苏联海军逐步向地中海、加勒比海、印度洋、太平洋等水域扩张渗透，海军力量基本与美国持平。20世纪70年代中期，苏联的海军总司令戈尔什科夫曾夸耀："我们光荣的海军旗帜现在已在世界各海洋的遥远角落飘扬。"⑥

---

① ［美］阿伦·米利特、彼得·马斯洛斯金：《美国军事史》，军事科学院外国军事研究部译，军事科学出版社1989年版，第573页。
② 同上书，第574页。
③ 陈乐民：《战后西欧国际关系》，中国社会科学出版社1987年版，第331页。
④ 孟胜男：《勃列日涅夫时代的海军建设》，《黑龙江史志》2011年第21期。
⑤ 新华社国际部资料组编：《国际资料手册》，人民出版社1977年版，第165页。
⑥ 黄正柏：《美苏冷战争霸史》，华中师范大学出版社1997年版，第202页。

苏联在欧洲的军事优势得到加强，70年代后半期苏联在欧洲部署新型SS-20机动中程导弹（三弹头）和逆火式轰炸机，用以针对美国的西欧盟国，进而构成对西欧强有力的威慑态势。[①] 1975年，美国乔治敦大学战略与国际研究中心研究员雷·克莱因提出一种估量国家实力的公式，得出的结果是，美国实力指数为35，而苏联却高达67.5。[②] 苏联原本稍逊一筹的状态，正在被近乎真正均势的状态所代替。

20世纪70年代，苏联的"全球主义"直接威胁美国的霸权地位：扩张的地域范围大大增加，不再局限于东欧和与苏联毗邻的国家，在亚洲、非洲、拉丁美洲以及和西方利益攸关的中东等地区，都有苏联干涉的行动；对外军援激增，1969—1979年间苏联对外军援已高达207亿美元，为1955—1968年间的四倍多。勃列日涅夫在苏共二十五大上说，地球上没有哪个角落，不在苏联制定对外政策的考虑之列。[③]

苏联军事力量的发展，让美国和西方极为不安。里根总统上台后，提出强硬的对苏政策。里根开始增加军费开支，要同苏联进行全面军备竞赛，提出"战略防御倡议"，即"星球大战计划"，要把双方竞争领域扩展到外太空。1985年2月，里根强调美国的使命之一，是"在所有的地方保卫自由和民主，广泛支持'自由战士'对抗苏联支持的侵略"。[④] 这被舆论称之为"里根主义"。这一年夏天，美国开始对尼加拉瓜、柬埔寨、阿富汗等国的反政府和抵抗力量进行援助。面对美国的强硬手段，苏联希望维持两国现状，在强调缓和的同时，极力维护自身的既得利益，在阿富汗问题和欧洲中导谈判问题上与美国互不相让。两个大国开始了新一轮的军备竞赛，世界和平再次受到威胁。

结　语

20世纪70—80年代，苏联依然处在冷战的世界环境中，苏美冷战从

[①] 黄正柏：《美苏冷战争霸史》，华中师范大学出版社1997年版，第242页。
[②] 倪世雄：《从美国外交政策看权力政治论》，《国际展望》1987年第4期。
[③] 辛华编译：《苏联共产党第二十五次代表大会主要文件汇编》，生活·读书·新知三联书店1977年版，第14页。
[④] 刘绪贻、杨生茂：《美国通史（第6卷）战后美国史1945—2000》，人民出版社2002年版，第520页。

缓和到紧张，最终达到顶峰。冷战深刻影响了苏美两国的政治、经济发展，也给世界各国的发展带来深远影响。

为了争夺霸权，苏联和美国长期进行代价昂贵的军备竞赛。对于武器"多少才够"，没人能给出明确的答复，虽然中间苏美进行过多次军控谈判，但是这些协议并没有真正遏制双方军事武装的升级。在苏美总体经济实力对比上，苏联始终处于劣势，然而苏联在军备竞赛上的投入却远高于美国，苏联长期把国民生产总值的10%—14%用在军事开支上（70年代美国的这个百分比为5%—7%，日、德、法、英则只在0.9%—5%之间）[1]，庞大的军事力量并没有让苏联成为霸主，反而使苏联经济陷入困境。80年代上半期，美国扭转了70年代的软弱被动状态，恢复了苏美互有攻守，而美国攻大于守的局面。里根执政头几年，美国国防预算开支每年增长25%。[2] 巨额的军事开支给苏美两国带来沉重的负担。

过高的军事开支阻碍了苏美两国国民经济的发展和人民生活水平的提高。20世纪70年代，苏联经济得到较快发展，"八五"计划、"九五"计划顺利完成，在同美国的贸易中处于有利地位，经济增长迅速。但由于苏联高度集中的经济体制没有改变，且为争夺霸权长期片面发展重工业和军事工业，导致国民经济发展比例失调，农业和消费品供应不足，严重影响了人民生活水平的提高，不合理的发展结构最终阻碍了经济的进一步发展。20世纪70年代，美国由于长期奉行赤字财政政策，加上越南战争的拖累，出现严重经济危机。以美元为中心的布雷顿森林体系解体，能源危机频发，出台的经济政策没能遏制经济的衰退，经济发展由通货膨胀恶化为经济滞胀，美国经济发展缓慢，社会矛盾丛生。

军备竞赛给苏美带来沉重的负担，也严重威胁着世界和平与安全。国际竞争归根到底是综合国力的竞争，其中首要的就是经济实力的竞争，但是苏美却陷入军备竞赛的旋涡不能自拔，苏美各自扩充势力范围，增加对外军援，使得地区间冲突不断。戈尔巴乔夫上台后提出"新思维"战略，转变态度谋求苏美共同发展，并希望双方通过裁军、削减武器等手段实现军事"向下的平衡"，这说明苏联认识到过度军备竞赛的弊端，希望突破

---

[1] 中国社会科学院世界经济与政治研究所综合统计研究室：《世界经济统计简编》，生活·读书·新知三联书店1983年版，第227页。

[2] 张小明：《冷战及其遗产》，上海人民出版社1998年版，第365页。

困境。但是戈尔巴乔夫的政策并没有收到很好的效果，苏联未来的发展依然充满变数。

第二节 20世纪70—80年代苏联国情

20世纪70年代，苏联在军备竞赛中逐渐拉近与美国的差距，国内经济得到较快发展，但也存在不少问题：苏联领导人个人作风滋长，大搞个人集权和个人崇拜；高度集中的政治、经济体制弊端开始暴露，严重阻碍经济发展。种种问题阻碍着苏联社会的可持续发展和人民生活水平的进一步提高。

一 领导人个人作风滋长

20世纪70—80年代，苏联领导人的个人集权和个人崇拜问题十分严重。这股不良之风肇始于斯大林，几十年来长盛不衰，勃列日涅夫执政期间将个人崇拜作风发扬到了顶峰。他在上任初期对赫鲁晓夫的错误进行了一些拨乱反正，提出不少有利于苏联发展的政策措施，但很快他也走上了个人集权的老路，对权力的欲望比前任有增无减，党内民主遭到严重破坏。

（一）个人集权加剧

勃列日涅夫在执政初期相对谨慎。政治上，他恢复集体领导原则，实行"三驾马车"式的集体领导：勃列日涅夫本人任党中央第一书记，柯西金任部长会议主席，波德戈尔内任最高苏维埃主席团主席；他纠正赫鲁晓夫一些错误的政策措施，停止赫鲁晓夫的教育改革和宗教迫害，提出有利于发展经济的措施等。这些举措使苏联的发展速度一度增长很快："八五"计划超额完成，经济、军事力量得到进一步发展。苏联在与美国争霸中逐渐扭转劣势，开始与美国抗衡。但是，勃列日涅夫的一些个人集权倾向也逐渐显露出来。

随后，勃列日涅夫使用心计，步步为营，渐进式加强个人集权。在苏共二十三大上，勃列日涅夫取消了干部轮换制，恢复干部领导职务终身制。中央主席团再次改为斯大林时期的名称，即中央政治局，党中央第一书记改为总书记。自此，勃列日涅夫开始插手本不属于自己权力范围的经济、军事等方面，扩大自己在政治局的势力范围，使"三驾马车"形同虚设。1977年和1979年，波德戈尔内和柯西金先后被解职，勃列日涅夫兼任他们的职位，"三驾马车"变成名正言顺的"一驾马车"。其威望与日俱增，独揽党、政、军大权，实现个人集权。勃列日涅夫曾得意地说："我就是沙皇。"①

实现个人独揽大权后，勃列日涅夫积极维护自己的集权统治。在干部任用上，他任人唯亲，精心搭建自己的权力体系，大量提拔与自己亲近的人，尤其是曾在第聂伯罗彼得罗夫斯克一起学习工作过的同学和同事，像后来的总理、副总理、内务部长等人都是他的同学。苏联政权被他和其亲信们牢牢掌握，他们共同维护勃列日涅夫的最高权力地位，排斥异己。即便到了勃列日涅夫执政晚期重病缠身，无法料理国事的时候，他仍然拥有至高无上的权力。

勃列日涅夫的这种不良作风在全国蔓延，干部提拔主要看关系，而不是能力。干部轮换制的取消使领导班子变动很小，干部老龄化严重。在苏共二十三大上，连选连任的中央委员占79.4%，到二十四大则高达83.4%。二十六大选出的中央政治局和书记处，是二十五大的原班人马。勃列日涅夫执政后期的14名政治局委员中，60岁以上的占92.9%，其中70岁以上的占57.1%。②

（二）个人崇拜盛行

高度的个人集权和个人崇拜相辅相成。20世纪70年代，勃列日涅夫也像他的两位前任一样大搞个人崇拜，而且有过之而无不及。在勃列日涅夫授意下，他获得了比以往领导人都要多的荣誉。1973年4月，他获得列宁和平奖、两枚苏联英雄金质奖章和七枚列宁勋章。1976年5月，他被授予苏联元帅军衔，此前只有斯大林享受过这一称号。③ 苏联的报刊、广播、电影中，大量刊载勃列日涅夫的语录和指示。1976年11月，苏联全国上映记录勃列日涅夫生平的影片《一个共产党员的故事》，对勃列日涅夫进行全方位拔高和美化。1976年底，勃列日涅夫70岁寿辰，全国各地掀起盛赞他的高潮，《真理报》开辟七天专栏，刊登各种庆贺之辞，甚至称他为"今天的列宁"。1978年，勃列日涅夫写的几本小册子《小地》

---

① ［俄］维·阿法纳西耶夫：《〈真理报〉总编辑沉浮录》，贾泽林译，东方出版社1993年版，第70页。

② 周尚文：《新编苏联史（1917—1985）》，上海人民出版社1990年版，第632—633页。

③ 陈之骅：《勃列日涅夫时期的苏联》，中国社会科学出版社1998年版，第147页。

《复兴》等获得列宁文学奖,《真理报》宣传称全国各地都在"读、重读、废寝忘食地研究勃列日涅夫的著作",因为这是"无穷无尽的思想智慧的泉源"。①

个人崇拜是个人集权的必然产物,它在意识形态方面巩固了勃列日涅夫的个人集权,党内民主受到严重破坏。对于那些溢美之词,勃列日涅夫欣然接受,他已经忘记自己1970年在庆祝列宁诞辰100周年时"严厉谴责个人迷信"②的讲话了。

此外,贪污腐败在勃列日涅夫时期广泛存在。买卖官职现象普遍,很多职位明码标价,后来愈演愈烈。勃列日涅夫带头收送礼物,其中不乏极其奢华的礼品。他生活奢靡,私人别墅像宫殿般富丽堂皇。他包庇亲属犯罪,最突出的案例就是他包容女婿贪污。其女婿丘尔巴诺夫在短短几年内实现职位的快速提升,从一个普通的民警政治工作者当上了内务部第一副部长,贪污受贿68万卢布,在勃列日涅夫病逝后才受到法律的严惩。

以上种种让苏联民主受到严重破坏,民主越来越流于形式。尽管勃列日涅夫时期各种会议照常举行,但是会议讨论的决议等却早已定好。每逢开会,政治局委员们总会念着助手写好的讲稿,发表"英雄所见略同"的意见。尤其是到勃列日涅夫执政后期,他在重病中依然握着国家大权,这种形式主义更加泛滥,开会的时间越来越短,主持者惯用的言辞是:"同志们已作过研究,事先交换过意见,也向专家作过咨询,大家还有什么意见?"这种情况下,还能提什么意见?③苏联政治日趋僵化,机构庞杂,社会发展日益缓慢,在政策的制定上显示出极度的个人主义。像1979年底苏联出兵阿富汗这样的大事,也只由勃列日涅夫、苏斯洛夫、葛罗米柯(外交部长)和乌斯季诺夫(国防部长)四个人商量后作出决定④。如此一来,民众对政府日益失望。

---

① 刘克明、金挥:《苏联政治经济体制七十年》,中国社会科学出版社1990年版,第545页。
② 陈之骅:《勃列日涅夫时期的苏联》,中国社会科学出版社1998年版,第148页。
③ 徐葵:《勃列日涅夫年代:苏联走向衰亡的关键性转折时期》,《东欧中亚研究》1998年第1期。
④ 周尚文:《新编苏联史(1917—1985)》,上海人民出版社1990年版,第633页。

二　高度集中的计划经济体制弊端开始在苏联暴露

苏联的经济体制是高度集中的计划经济体制，它产生于 20 世纪 30 年代斯大林时期。经济政策及规划由党和政府制定，国家和企业形成严格的行政隶属关系，企业几乎没有自主权。这种战时经济体制曾保障了苏联经济的快速发展，但是它本身存在严重弊端，比如过度集权、政企不分等。战后，随着经济发展环境的变化，经济体制理应有所改变，可斯大林不仅没有改革这个模式，反而在很多方面强化战时经济体制，为以后的经济发展埋下了隐患。

（一）经济管理体制僵化

僵化的经济体制是阻碍苏联经济发展的根本原因。赫鲁晓夫和勃列日涅夫都曾试图对经济进行改革，却只是在增加或者减少某个指令性计划指标之间徘徊，没有根本触动高度集中的计划经济体制本身。而且几十年来高度集中的经济体制已经根深蒂固，苏联官僚阶层希望维持这一体制，保护自己的既得利益，很多改革方案议而不决，决而不行，行而不果，使改革困难重重。20 世纪 70 年代中期，苏联经济发展速度下降，高度集中的经济体制弊端越来越明显。

苏联长期把国家看作是生产资料的唯一主人，经济活动由国家统一安排，企业只是一个执行者，很少有经济自主权。苏联行政机构庞大而臃肿，工农业经济管理机构按照专业和产品来划分，每出现一种新行业就要设立一个部门来管理。比如，1983 年仅管理机器制造业的就有 18 个部，管理农业的有 11 个部委一级机构，部委的下设机关单位有的多达 100 个。

苏联各部门的领导非常多。比如，黑色冶金工业部的副部长多达 18 人，且老龄化严重。各部委自成系统，各自为政，官僚主义严重，办事效率低下，他们每年编制的文件数以万计，而其中绝大部分只是在部门间传阅了事，并没有发挥实际效用，造成人力、财力的巨大浪费。1978 年戈尔巴乔夫主管农业时提出了《到 1990 年前的食品纲要及其实施措施》方案，直到 1982 年 5 月才开会通过此方案，而且该方案没有得到很好实施，农业状况反而变得更糟。

（二）经济结构失衡

从斯大林时期，苏联就追求经济的高速发展，以期尽快赶超美国。1967 年勃列日涅夫提出建设"发达社会主义"，加速经济发展。重工业和军事工业是影响苏联经济发展的重心所在,苏联长期奉行片面发展重工业和军事工业的经济发展战略,重工业产值占整个工业产值的 70% 以上,农业、轻工业等长期得不到足够重视,经济结构畸形发展。勃列日涅夫曾对农业进行一系列改革,增加农业投入,但却收效甚微。在他执政的 18 年里,农业有 10 年都在减产,苏联被迫大量进口粮食以缓解国内危机。轻工业原料的 80% 来自农业,农业的不景气也限制了轻工业的发展,使得苏联的经济结构进一步失衡。

如图 1 所示,苏联战后的经济结构一直是甲类工业(重工业)占据绝对的主导地位,农业和乙类工业(轻工业)比例很低。重工业过分占用发展资源,这最终阻碍苏联经济的进一步发展和人民生活水平的提高。

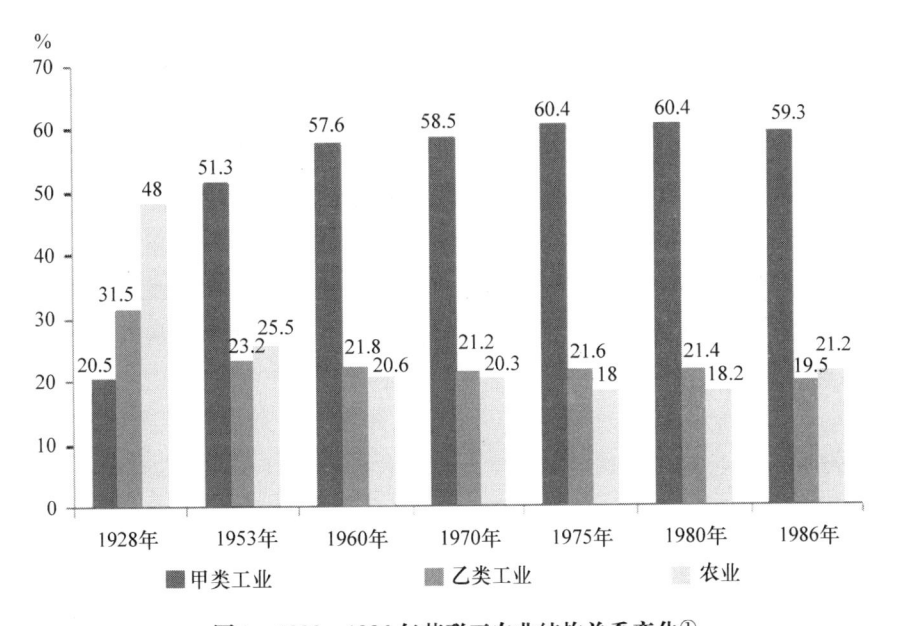

年份	甲类工业	乙类工业	农业
1928年	20.5	31.5	48
1953年	51.3	23.2	25.5
1960年	57.6	21.8	20.6
1970年	58.5	21.2	20.3
1975年	60.4	21.6	18
1980年	60.4	21.4	18.2
1986年	59.3	19.5	21.2

图 1 1928—1986 年苏联工农业结构关系变化①

(三)粗放经济增长方式长期得不到改变

苏联经济发展长期依靠大量的能源消耗,势必造成低效率和高浪费。20 世纪 70 年代,苏联生产每单位国民收入用钢量比美国多 90%,耗电量

---

① 王跃生:《苏联经济》,北京大学出版社 1989 年版,第 257 页。

多20%，水泥用量多80%，石油消耗量多100%。[1] 而此时苏联的资源已经呈现短缺迹象，开采条件恶化，开采成本增加，经济效益日益下降。为了扭转经济增长下滑趋势，苏共二十四大通过经济向集约化发展的方针，但在实施中集约化因素不仅没有提高，反而下降了。

表1　　　　　　　　集约化因素在扩大再生产中的比重[2]　　　　　　（%）

	1961—1965年	1966—1970年	1971—1975年	1976—1980年
按社会最终产品计算	33.8	35.2	26.9	30.5
按社会总产值计算	33.6	37.1	32.9	24.6

如表1所示，20世纪70年代，集约化因素在苏联扩大再生产中比例只有1/4左右，且这一比例一直呈下降趋势。苏联仍然依赖粗放经济增长方式，单位产品的物耗和能耗指标没有改善。苏联经济中的浪费现象十分严重，苏联报刊曾大量揭示苏联经济中的浪费现象：能源的有效利用率为43%，损失达57%，折合标准燃料相当于9亿吨；每年因锈蚀而无情地吞掉2000万—2500万吨金属；因质量低劣，每年有15%—20%的工业产品要报废或降价处理；谷物每年浪费3500万—4000万吨；由于保管不善，每年要损失500万—600万吨化肥，等于向农业提供化肥总量的1/10。苏联、美国每年木材运出量均为3亿立方米，苏联木材从产地运出，经运输、加工等要耗费掉一半。苏联每吨木材所生产的纸板几乎比美国少9/10，纸少5/6，胶合板少8/9等[3]。1976年苏联平均吨标准燃料产出仅有375美元，远低于美国的608美元和日本的1140美元[4]。苏联的科技成果从研究到应用要历经十余年之久，且在经济发展中很少得到推广。

高度集中的计划经济体制阻碍了苏联经济的进一步发展，在种种问题下，苏联的经济增长率出现下降趋势，见表2。20世纪70年代后，苏联经济虽然在增长，但是增长速度一直在下降。苏联的战后经济发展优势逐

---

[1] 陆南泉：《走近衰亡——苏联勃列日涅夫时期研究》，社会科学文献出版社2012年版，第83页。
[2] 张宗谔：《关于苏联经济发展集约化的几个问题》，《外国问题研究》1984年第1期。
[3] 曾培炎：《加快转变经济增长方式》，中国计划出版社1995年版，第254页。
[4] 林跃勤：《苏联经济赶超失败探源——基于经济增长转型的视角》，《江汉论坛》2011年第12期。

渐丧失，现代技术落后西方发达国家15—20年，农业生产滞后，生产率不断降低。苏联以重工业为主的高度集中的经济发展模式此时已丧失优势。

表2　　　　　　　　经济增长率下降情况表①　　　　　　　　（%）

	1961—1965年	1966—1970年	1971—1975年	1976—1980年	1982年
国民收入	6.1	7.7	5.7	3.7	3.4
工业总产值	8.5	8.4	7.4	4.5	2.8
农业总产值	2.3	4.2	0.8	1.9	1.0

三　民众生活受到政治改革和经济发展的影响

20世纪70年代以来，苏联制订的社会发展计划没有得到很好实现。初期的改革虽然使社会经济得到一定发展，但总体上看，苏联存在的问题颇多，体制僵化，农业减产，物资匮乏，严重影响人民生活水平的提高。

（一）民众收入有所增加，但存在问题较多

20世纪70年代，苏联采取一系列措施来提高民众收入。苏联加大了对农业的投资，"八五"计划期间，年农业投资额比上一个五年计划有较大提升，从96.4亿卢布增加到163亿卢布。此外，苏联还采取许多积极措施扶持农业，比如提高农产品收购价格、降低农业税率等。这些举措使农民收入有所提高，从1965年到1980年，集体农庄庄园的月工资平均收入由40卢布增加到118卢布，增加近2倍。② 苏联还不断提高职工工资和其他福利，工人收入逐年递增，见表3。1965年到1983年全部消费品的价格提高了7.8%，但同期职工的月收入水平提高了96.6%，远高于物价的增长幅度。③

但是，苏联民众的经济生活仍存在许多问题。巨大的投资并没能根本改变农业、轻工业的落后局面，不合理的经济发展结构和粗放增长方式依然存在，资源大量浪费，效益低下，这严重制约了苏联经济的发展和人民生活水平的进一步提高。

---

① 刘克明、金挥：《苏联政治经济体制七十年》，中国社会科学出版社1990年版，第597页。
② 姚海、刘长江：《当代俄国》，贵州人民出版社1990年版，第90页。
③ 陈之骅：《勃列日涅夫时期的苏联》，中国社会科学出版社1998年版，第74页。

表 3　　　　　　　1965—1985 年苏联职工收入增长状况①

年份	职工收入水平（卢布）	
	月平均工资（包括由社会消费基金支出的各种支付和优惠）	月平均货币工资
1965	129.2	96.5
1970	164.5	122
1975	198.9	145.8
1980	232.7	168.9
1982	246.8	177.3
1985	268	190.1

（二）社会物资短缺，居民购买力得不到实现

苏联长期片面发展重工业导致社会物资长期短缺。生活水平低，医疗条件差，基本食品长期供应不足，房荒，服务行业不发达，以及高档消费品稀缺，这一切始终是苏联日常生活中普遍存在而又难以解决的问题。②消费品的数量和质量都不能满足苏联民众的生活需求，人们手中有钱也无法买到需要的物品。在勃列日涅夫执政后期，一些普通食品如肉、奶、黄油等逐渐从商店里消失，在小城市和农村更甚。

戈尔巴乔夫上台后提出"加速战略"，即加快经济发展速度的战略，解决食品问题是其中的一个重要方面。他扩大农业经营自主权，发展农业集体承包制度，调动农民积极性，农业产量有所增加。但苏联"加速战略"的重点依然是机器制造业，农业和轻工业发展资金不足，农、轻、重比例失调。1989 年，苏联 1200 种生活消费品中有 1150 种供应不足，36 个大城市实行分配卡制度。③越来越多的食物要定量配给。据一些统计资料显示，苏联人每年花在排队买东西上的时间达 300 亿个工时，这还不包括花在裁缝店、理发店、邮局等候的几十亿个工时。就仅 300 亿个工时

---

① 陆南泉等：《苏联国民经济发展七十年》，机械工业出版社 1988 年版，第 440 页。
② [美] 斯蒂芬·科恩：《苏联经济重探——1917 以来的政治和历史》，陈玮译，东方出版社 1987 年版，第 166 页。
③ 卿孟军：《从列宁到戈尔巴乔夫——苏共公信力形成与丧失的逻辑》，湖南师范大学 2011 年版，第 146 页。

来说，相当于1500万人（按每周40个工时计算）劳动一年。① 民众的不满情绪日益增加。

（三）社会贫富分化严重

在苏联高度集权的政治体制下，党内滋生出一批特权阶层，它形成于斯大林时期，在勃列日涅夫时期进一步扩大。特权阶层享有很多普通民众享受不到的福利和待遇。比如，专用汽车、别墅、特殊门诊等，与普通民众的收入反差极大，这使社会贫富分化加剧。据俄国学者估算，当时这个阶层有50万—70万人，加上他们的家属，有300万人之多，占全国总人口的1.5%。②

勃列日涅夫时期的特权阶层待遇和特权得到大幅增加。比如，政治局委员可以免费从克格勃九局供应站领取400卢布的营养食品，政治局候补委员可以领取300卢布的营养食品。那些直接在中央机关工作的书记还可以免费享受早、午、晚三餐，他们想订购任何东西，可以直接运往别墅。而且，通过苏共中央分发下去的食品，都要经过卫生检验（或者在严格的卫生监督下），在专门的车间加工制作。勃列日涅夫本人的美味健身食谱竟有数百页之多③，而普通民众的食品支出就占据收入的70%左右。

在勃列日涅夫时期，"党政干部与人民群众收入的差距达到30—44倍。与此同时，科技人员的收入水平却在极度下滑，科技人员与工人的工资由1940年的21∶1降到1980年的11∶1"④。苏联普通民众收入微薄，还需缴纳各种赋税，财富越来越多地向权贵手里集中。直到20世纪80年代后期，这种状况也没有得到很好解决。苏联科学院社会学研究所1988年的一次调查结果显示，社会分配不公现象正在扩大，苏联高层与低层居民的名义收入之比为3.5∶1，但实际生活两者之比为10∶1⑤，社会两极分化越来越严重。

---

① ［美］赫·史密斯：《俄国人（上）》，上海国际问题资料翻译组译，上海人民出版社1977年版，第116页。

② 陈之骅：《勃列日涅夫时期的苏联》，中国社会科学出版社1998年版，第15页。

③ ［俄］瓦·博尔金：《戈尔巴乔夫沉浮录》，李永全译，中央编译出版社1996年版，第256—257页。

④ 戴隆斌：《苏联特权阶层的形成及对苏联解体的影响》，《当代世界与社会主义》2010年第2期。

⑤ 苏联《真理报》1989年11月6日。

（四）社会风气日益败坏，道德沦落

生活的不如意导致苏联酗酒人数急剧增加。据统计资料显示，1980年苏联有4000万酒徒，占全国人口的14.81%。酒后发生的抢劫、流氓案件不断增加。酗酒还影响工人的正常工作，矿工、误工现象严重，造成大量的次品和废品，每年因酗酒造成的经济损失达350亿—400亿卢布。离婚率也迅速攀升，从1960年的10%上升到1979年的33%。[1] 盗窃成了自上而下普遍存在的现象，并成为民众收入来源之一，农产品、建筑材料等都成为盗窃者下手的对象。吸毒和犯罪行为滋长，勃列日涅夫时期，苏联大约形成了2400个黑手党组织，它们大多数有官僚背景，20世纪80年代初莫斯科已和纽约一样，成为世界上最不安全的大城市之一。[2]

有资料显示，"在70年代末80年代初，谎报指示、弄虚作假、盗窃公物、行贿受贿实际上已经成为群众性现象"[3]。领导人对此却置若罔闻。当有人向勃列日涅夫说起低收入人群的艰苦生活时，他竟说："您不懂得生活。没有人仅靠工资生活。记得我年轻的时候，在技校学习，我们靠卸车挣点钱。怎么干呢？送三袋或三箱，自己就留下一袋。全国的人都是这样生活的。"[4]

结　语

20世纪70—80年代的苏联，经济从发展到停滞，军备竞赛从缓和到紧张。高度集权体制内部的改革并没有根本改变苏联存在的问题。客观上说，勃列日涅夫初期的改革还是取得了一些成效，"八五"计划超额完成，人民生活水平得到提高。可是随着个人集权的加强，他大搞个人崇拜，任人唯亲，专断独行，苏联的政治经济遭受了巨大破坏。

关于个人崇拜，恩格斯早就指出："我们要求把历史的内容还给历史，但我们认为历史不是'神'的启示，而是人的启示，并且只能是人的

---

[1] 陈之骅：《勃列日涅夫时期的苏联》，中国社会科学出版社1998年版，第168、178—179页。

[2] 《环球时报》2006年12月18日。

[3] [俄] C. 阿科波夫、H. 图列耶夫等：《1953—1996年俄国史》，莫斯科出版社1997年版，第239页。

[4] [俄] Ф. 布尔拉茨基：《言论的自由》，徐锦栋等译，文化出版社1997年版，第305页。

启示……我们没有必要首先求助于什么'神'的抽象概念,把一切美好的、伟大的、崇高的、真正的人的事物归在它的名下……没有必要给真正的人的事物打上'神'的烙印。相反地,任何一种事物,越是'神'的即非人的,我们就越不能称赞它。"①

领导人高度的集权统治导致社会无法按照正常的秩序运行,大量积压的问题无法得到解决,反映社会问题的言论和活动被无情镇压,社会矛盾长期存在。列宁指出:"共产党员如果认为单靠革命家的手就能完成革命事业,那将是他最大的最危险的错误之一。恰恰相反,革命家只能起真正富有生命力的先进阶级的先锋队的作用……先锋队只有当它不脱离自己领导的群众,并真正引导全体群众前进时,才能完成其先锋队的任务。"②但是,当时的苏联领导人显然没有认识到这一点。

在经济发展方面,苏联继续实行高度集中的计划经济体制,片面发展重工业和军事工业,导致农业和轻工业发展长期落后,经济改革也只是在增加或减少某个指令性计划指标之间徘徊,高度集中的经济体制并没有改观。苏联经济发展变缓甚至停滞,民众正常的消费需求无法得到保障,而苏联特权阶层却享受着种类繁多的物品供应和补助,社会矛盾不断激化。诸多政治经济问题积重难返,严重影响苏联的发展。

第三节 20世纪70—80年代苏联共产党党情

一 苏联共产党的纲领

苏联共产党是苏联的执政党,在1917年至1991年的74年中,苏共是苏联唯一的执政党和苏联社会的领导力量。1936年宪法、1977年宪法和1988年宪法修正案都明确规定苏共在社会政治体制中处于领导地位。苏共制定了1903年、1919年、1961年、1986年、1990年等5个党纲、党纲修订本和纲领性声明。

苏联第一个党纲是在列宁参与和主持下,由《火星报》编辑部起草并在俄国社会民主工党第二次代表大会(1903年)通过的。1919年3月,俄共(布)第八次代表大会通过了第二个党纲。1961年,苏共二十

---

① 《马克思恩格斯全集》(第1卷),人民出版社1956年版,第650—651页。
② 《列宁选集》(第4卷),人民出版社1956年版,第603页。

二大上，赫鲁晓夫主持通过了第三个党纲。

1986年3月，苏共二十七大审议通过了由戈尔巴乔夫主持制定的《苏联共产党纲领新修订本》，提出苏共现阶段的任务是有计划、全面地完善社会主义。这个党纲新修订本提出苏共当前的任务是在加快苏联社会经济发展的基础上，有计划和全面地完善社会主义，使苏联社会继续向共产主义迈进。戈尔巴乔夫在会议报告中用"进入发达社会主义"代替"建成发达社会主义"的提法，提出"加速战略"和实行"彻底改革"的方针。

1990年7月，苏共二十八大召开，会议通过了纲领性声明《走向人道的、民主的社会主义》。

（一）苏共二十二大党纲：赫鲁晓夫提出"两全"理论

赫鲁晓夫执政时期是苏联社会主义发展历程中的一个转折时期，其执政理念、作风和他主持通过的第三个《苏联共产党纲领》，对苏联随后20余年的发展，产生了较为深远的影响。戈尔巴乔夫的许多错误理论，同赫鲁晓夫的思想是一脉相承的。从一定意义上说，导致苏联演变的思想渊源，应该追溯到赫鲁晓夫时期。

1961年10月17日至30日，苏共二十二大在莫斯科举行。赫鲁晓夫代表苏共中央向大会作了总结报告，作了《关于苏联共产党纲领》的报告，大会讨论并通过了《苏联共产党纲领》。这是苏共第三个党纲，距1919年俄共（布）第八次代表大会通过的第二个党纲，已过去了42年的时间。

这次会议是赫鲁晓夫政治生涯的转折点，他一方面对斯大林进行了全盘否定性的批判，抛弃了斯大林思想中马克思主义方面的内容；另一方面，却摆脱不了斯大林模式的束缚，接过斯大林晚年的口号，在通过的新党纲中宣布苏联将在"20年内基本建成共产主义社会"。同时，一边在反对斯大林的个人崇拜，一边在树立自己的个人崇拜。

1. 提出了"全民国家"和"全民党"的观点

在苏共二十二大会议上，赫鲁晓夫对党的性质认识发生了变化，提出了"全民党"的概念，宣布苏联已变成全民国家，苏共已变成全民党。

关于全民国家，苏共二十二大通过的《苏共纲领》说："无产阶级专政在苏联已经不再是必要的了。作为无产阶级专政的国家而产生的国家，在新的阶段即现在阶段已变为全民的国家。"

关于全民党，《苏共纲领》指出："由于社会主义在苏联的胜利，由于苏维埃社会的一致性得到加强，工人阶级的共产党已经变成苏联人民的先锋队，成了全体人民的党，在社会生活的各个方面扩大了自己的指导作用。""社会主义完全和最终地胜利了，共产党，由工人阶级的党，现在成了全体人民的党。"①

在苏共二十二大之前，赫鲁晓夫就提出了一系列与"两全"理论密切相关的理论观点，宣扬苏联国内已经没有阶级斗争。1957年11月6日，赫鲁晓夫在庆祝十月革命胜利40周年大会上作报告说：由于"剥削阶级的消灭，人民精神上政治上团结的形成"，苏维埃国家早先的"镇压剥削阶级及其国内残余的敌对活动，镇压被推翻的统治阶级复辟资本主义秩序的活动"的职能就"逐渐消失了"②。

事实上，否认当时苏联社会还存在阶级和阶级斗争，正是赫鲁晓夫提出"全民国家"的理论基础。

赫鲁晓夫大讲全民党、全民国家，抛弃了无产阶级专政，背弃了马克思列宁主义的精髓。国家是一个阶级概念，具有鲜明的阶级性，任何国家都是一定阶级的专政，不可能有超阶级的国家。在阶级社会里，也不可能有超阶级的，代表全民利益的政党。

2. 否认苏联存在资本主义复辟的危险

在论述"两全"理论的同时，赫鲁晓夫强调所有社会主义国家，都消灭了资本主义复辟的可能性。他在苏共二十二大政治报告中认为："现在不仅在苏联，而且在所有社会主义国家，都消灭了资本主义复辟的社会经济可能性"；"帝国主义想要使资本主义制度复辟、使社会主义国家蜕化的希望日益破灭"。③

3. 强调"国家消亡"的问题

赫鲁晓夫认为，全民的国家——这是社会主义国家发展中的新阶段，是社会主义国家组织转变为共产主义社会自治的道路上极重要的里程碑。对于全民国家如何走向国家消亡，《苏共纲领》写道："在进一步发展社会主义民主的过程中，国家政权机关将逐渐变成社会自治机关"；"目前

---

① 《苏联共产党第二十二次代表大会主要文件》，人民出版社1961年版，第275、449页。
② 《赫鲁晓夫言论1957年7—12月》（第7集），世界知识出版社1965年版，第223、224页。
③ 《苏联共产党第二十二次代表大会主要文件》，人民出版社1961年版，第38、39页。

作为国家机关的计划机关、统计机关以及领导经济和文化发展的机关将失去政治性质，变成社会自治机构"。①

4. 提出"20年基本建成共产主义社会"的口号

在赫鲁晓夫的总结报告和《苏共纲领》中，都谈到了20年内苏联要基本建成共产主义社会的问题。他指出，在20年内（1961—1980年），将建立起共产主义的物质技术基础，以保证全体居民得到丰裕的物质和文化的财富。

《苏共纲领》乐观地描绘："在最近十年（1961—1970年）里，苏联在建立共产主义的物质基础上，将成为世界第一强国，在工业产量的绝对量上和按人口平均计算的产量方面将超过最强大最富裕的资本主义国家——美国；在第二个十年（1971—1980年）结束时，由于建立了雄厚的共产主义的物质技术基础，将紧紧地接近于实现按需分配的原则，将逐渐过渡到单一的全民所有制，这样，苏联将基本上建成共产主义社会。"②

事实上，赫鲁晓夫提出的"20年基本建成共产主义社会"的口号，同"全民国家"、"全民党"、"国家消亡"的结论在思想理论方面是完全一致并密切联系在一起的。

赫鲁晓夫否定马克思主义和社会主义的一些基本原理和原则，带来了严重后果，动摇了苏联人民对实现预定目标可能性的信念③，扰乱了党和人民的思想，苏共党内和广大干部群众失去了对资本主义复辟的警惕，苏共党内一些不熟悉党的革命传统、对社会主义缺乏坚定信念的青年人，正是在苏共二十大和赫鲁晓夫执政时期全盘否定斯大林的影响下开始成长起来的。他们后来被称作"二十大的产儿"，正是这其中的一些人，成为20世纪80年代中期以后瓦解苏共、埋葬苏联社会主义制度的骨干。

1964年10月召开的苏共中央十月全会，解除了赫鲁晓夫苏共中央第一书记职务和苏联部长会议主席职务，由勃列日涅夫继任。自此，勃列日涅夫开始了长达18年之久的执政时期。

勃列日涅夫执政以后，苏共调整了某些政策，纠正了赫鲁晓夫时期一些草率改革的措施。他将赫鲁晓夫提出的"20年内基本建成共产主义社

---

① 《苏联共产党第二十二次代表大会主要文件》，人民出版社1961年版，第352、246、252页。
② 同上书，第216—217页。
③ 李慎明：《居安思危——苏共亡党的历史教训》，8集教育参考片解说词。

会"的口号后退了一步，在1971年3月召开的苏联共产党第二十四次代表大会上，宣称苏联人以忘我的劳动建成了发达的社会主义社会。

1976年2月召开的苏共二十五大会议上，"发达社会主义"的字眼反复出现。按照赫鲁晓夫主持的苏共二十二大《决议》和《党纲》的要求，到"十五"计划末（1980年）就将"基本建成共产主义社会"。然而勃列日涅夫在二十五大说："我们还没有达到共产主义。"① 只好用"发达社会主义"来取代。

1982年11月，勃列日涅夫病逝。安德罗波夫接任苏共中央总书记之后，即着手对勃列日涅夫的"发达社会主义建成论"的提法做了修正，对苏联所处发展阶段又降了一格。他提出，本世纪最后一二十年苏联的任务是"完善发达的社会主义"，苏联"正处于这一漫长历史阶段的起点"。纠正了前任对苏联社会所处发展阶段的过高估计。

此后，苏共两任总书记安德罗波夫和契尔年科，在总共不到三年的时间里相继去世。

（二）苏共二十七大：强调党的基本任务是"完善社会主义"

1981年，苏共二十六大决定，鉴于党纲通过20年来苏共"积累了社会主义建设和共产主义建设的丰富经验"，国际局势也"发生了新的变化和进程"，因而要对党纲"作必要的补充和修改"。在随后的四年中，苏共三位领导人勃列日涅夫、安德罗波夫、契尔年科接连去世，修改党纲的指导思想因之不断改变。

1985年3月，戈尔巴乔夫出任苏共中央总书记后，提出加速社会经济发展的"构想"并以此为主线，进行党纲修订本草案的起草工作，强调修订本应"更好地和更准确地"提出"完善社会主义"和达到共产主义这一纲领性目标的"途径"。

1986年2月25日至3月6日，苏共召开了第二十七次代表大会。大会批判地总结了苏联20多年来所走过的道路，是苏联历史发展的新开始，也是苏共领导国家进入全面改革的标志。这次会议是苏联在国内经济发展缓慢、人民生活水平没有显著提高，国际上同美国争霸处于较为不利的背景下召开的。以戈尔巴乔夫为首的苏共领导人看到了问题的严重性，急于

---

① 辛华编译：《苏联共产党第二十五次代表大会主要文件汇编》，生活·读书·新知三联书店1977年版，第118页。

尽快扭转这种局面。

1. 苏联社会在该阶段的性质和特点

1986年2月，苏共二十七大通过了《苏联共产党纲领新修订本》，新修订本由导言和四个部分组成。第一部分是"从资本主义向社会主义和共产主义过渡是当代的主要内容"；第二部分是"苏共完善社会主义和逐步向共产主义过渡的任务"；第三部分是"苏共在国际舞台上争取和平和社会进步的任务"；第四部分是"党是苏联社会的领导力量"。

关于苏联社会发展阶段的性质和特点，是苏共纲领新修订本最引人注目的。在第一部分论述中，指出苏联目前仍然处于社会主义阶段，党的基本任务是"全面完善社会主义社会，更充分而有效地利用这个社会的可能性和优越性，以便继续向共产主义迈进"[1]。提出了"社会主义完善论"，即认为是"有计划和全面地完善社会主义，在加速国家社会经济发展的基础上使苏联社会继续向共产主义迈进"。

在社会发展阶段问题上，苏共纲领新修订本显然要比过去的认识清醒一些，修改了安德罗波夫提出的"全面完善发达社会主义"的提法。

在对苏联社会发展阶段的认识方面，从苏共二十二大至苏共二十七大，从"20年内基本建成共产主义社会"，到"建成了发达的社会主义社会"，到"完善发达的社会主义"，再到"全面完善社会主义"，四个时期的苏联领导人构筑了一条层次分明的"递降"曲线，但基本上都没能摆脱超越阶段论的束缚。

2. 提出"加速社会经济发展"的战略目标

党纲新修订本第二部分论述了苏共在完善社会主义和逐步向共产主义过渡方面的任务，提出加速国家社会和经济发展的任务是：首先在经济领域中有深刻的转变。应实现向生产集约化的急剧转折，使每个企业和各个部门充分利用经济增长的质量因素，确保过渡到具有全面发达的生产力和生产关系，以及协调的经济机制、组织程度很高和效益很高的经济状态。到2000年，使国家的生产潜力翻一番，并在对它进行质的改造的条件下，使国民收入提高1倍；用于改善生活条件的资金预计增长1倍，人均实际

---

[1] 辛华编译：《苏联共产党第二十七次代表大会主要文件汇编》，人民出版社1986年版，第329页。

收入将增加 60%—80%；在今后 15 年内使劳动生产率提高 1.3—1.5 倍。①

为此，它提出了一些根本措施和目标：

第一，加速科学技术进步。实现国民经济新的技术改造，提高劳动生产率，在科学技术进步的基础上争取实现生产的全面集约化、合理化和高效率，以期取得更大的经济效益和社会效益。

第二，改组社会生产结构。把投资重心从建设新企业转到对现有企业的技术改装和改建上面，进一步发展作为经济实力基础的重工业；加速发展消费品的生产和整个服务行业，完善生产力的布局；加快开发西伯利亚和远东资源，完善对外经济战略等。

第三，完善社会主义生产关系、管理体制和经营方法。发展农工综合体和合作经济，完善分配关系，阻止非劳动收入和反对在分配问题上的平均主义；充分利用商品货币关系，在加强集中领导、管理和计划的同时，注意扩大企业的自主权，把整个经济工作的重心放在地方和企业上面；加强经济核算，完善价格形式；精减管理机构，提高工作效率，完善经济领导工作，吸收群众参加管理，发展社会主义劳动竞赛等。

在提高人民福利、改善其劳动和生活条件方面，苏共提出的任务是：把苏联人民的物质福利、社会福利和文化福利提高到一个新水平，并保证人民的实际消费达到这样的水平，它们能在最大程度上符合造就和谐发展的和精神丰富的人，以及创造必要的条件让苏联人最充分地发挥聪明才智以利于社会。

党纲新修订本指出，在今后 15 年内使满足人民需求的资源增加一倍。认为加速解决住宅问题是一项具有特殊社会意义的事业，到 2000 年要达到每个苏联家庭几乎都有独门独户的住房——一套住房或一幢住宅。②

3. 全民党和全民国家

对于党的性质，《苏共纲领新修订本》规定：苏共是苏联社会的"领导力量与指导力量"，是"马克思主义理论武装起来的"，是"全民的党，而就其阶级实质和意识形态来说依然是工人阶级的党"，其组织原则是

---

① 辛华编译：《苏联共产党第二十七次代表大会主要文件汇编》，人民出版社 1986 年版，第 346 页。

② 同上书，第 359 页。

"民主集中制",其奋斗目标是在苏联"建成共产主义"。①

上述内容,基本上保留了 1961 年第三个党纲的基本理论和政治原理。

关于"全民党"的提法,虽然违背了马克思主义精神,但从党纲的基本精神看,此时还是遵循了马克思主义政党的基本原则与要求。这时苏共的性质还没有蜕变。②

4. 设想"民主化"蓝图

在苏共二十七大政治报告中,戈尔巴乔夫设想出了一幅以人民自治为中心目标的民主化蓝图。提出"社会进一步民主化,社会主义人民自治加深"的问题。具体措施为:广泛吸收劳动人民参加管理,充分发挥劳动人民的积极性和创造性;改进苏维埃工作,实行各种形式的代表制民主和直接民主;扩大公开性;区分党和国家机关的职能;等等。党纲新修订本第四部分也指出了"加深民主和人民的社会主义自治"。在这次会议上,苏共认为过去几次改革之所以失败,主要原因是没有发扬和扩大民主,因此提出加快民主化的步伐,仿佛民主是独立于社会主义之外的东西。

二 苏共党组织的加盟构成和垂直体系

苏联共产党,前身为俄国社会民主工党(布尔什维克)。1918 年 3 月苏共七大将党的名称改为俄国共产党(布尔什维克),简称俄共(布)。1925 年 12 月苏共十四大改称苏联共产党(布尔什维克),简称联共(布)。1952 年苏共十九大决定苏联共产党(布尔什维克)改名为苏联共产党,简称苏共。

苏共经历了列宁、斯大林、赫鲁晓夫、勃列日涅夫执政时期,以及安德罗波夫、契尔年科短暂的领导时期,直至被戈尔巴乔夫和叶利钦解散前,一直是苏联社会的领导力量。这中间,苏共历经革命、战争和和平建设的不同历史阶段,从一个地下的秘密的革命家组织,成长为长期单独执政的共产主义政党。

苏共是按照列宁的建党原则建立起来的,具有非常严密的组织制度。

---

① 辛华编译:《苏联共产党第二十七次代表大会主要文件汇编》,人民出版社 1986 年版,第 327 页。
② 沈云锁、潘强恩:《共产党通史(第 2 卷)在社会主义国家的共产党》,人民出版社 2011 年版,第 402 页。

党员根据工作单位或生产地点成立基层组织；基层组织再按地区联合成区、市、专区、州、边疆区、共和国或全苏联党组织。

从组织结构上看，苏共分为三级：中央领导机关、地方领导机关和基层党组织。

（一）中央领导机关

苏共中央领导机关可以划分为 8 个组织部分，即全国代表大会、全国代表会议、中央委员会、政治局、书记处、中央机关各部、中央监察委员会和中央检察委员会。

全国代表大会是苏共的最高权力机关。按照苏共章程规定，它拥有非常广泛的权力，包括：听取并且批准中央委员会和其他中央机关的工作报告；重新审查、修改和批准党的纲领和章程；决定党的内外方针、政策和路线；审议和决定党和国家的一切重大问题；选举中央委员会和中央检查委员会等。从 1898 年 3 月召开俄国社会民主工党第一次代表大会，至 1991 年苏联解体为止，苏联共产党共召开过 28 次代表大会。

全国代表会议同中央委员会根据需要举行，其目的是讨论党的工作及其他重大问题。苏共党章规定，在前后两次代表大会之间，中央委员会可以召集各地方党组织的代表举行党的全国代表会议。从 1905 年到 1988 年，苏共共召开了 19 次全国代表会议。

中央委员会由苏共的代表大会选出，在代表大会闭会期间，中央委员会领导全党和地方党机关的全部活动，选举中央委员会的政治局、书记处和总书记，代表苏共与其他国家的政党进行联系。

政治局是苏共中央最核心的领导机构，也是最高的政治决策中心，通常由委员和候补委员各若干人组成。

苏共中央书记处是领导党的日常工作的中央机关，主要负责挑选干部，组织对执行中央决议情况的检查，由中央书记若干人和总书记组成。中央书记处和政治局是并存的两个最高决策机构，它们的权力不相上下，各自通过决议，这些决议都被看成是苏共中央委员会的决议。

中央机关各部是书记处直接领导下的中央部门领导机构，是按生产和部门原则建立的，分别负责苏共某一部门的工作。

中央监察委员会是苏共党内监察机关，由中央委员会选出并受其领导。它的主要职责是：检查党员遵守党纪的情况；对违反党纲和党章、破坏党的纪律以及违反党的道德的党员进行处分。

中央检察委员会是党的最高检察机关，由代表大会选举产生，主要负责检查党的中央机关是否迅速而正确地处理事务，检查苏共中央会计处和各项事业单位。

（二）地方领导机关

地方党组织是按照全国的行政区划而建立的，包括共和国、边疆区、州、专区、市和区党组织。各地方党组织的最高领导机关是该地党的代表会议或全体党员大会。在休会期间则由各地方党的委员会行使领导权。党的地方委员会选举常务委员会和委员会书记，同时还要设立党的机关工作部。地方领导机关的职能主要在于贯彻党的方针政策，执行党中央的各项指示，组织党的各种机构并领导它们的活动，向党的上级机关反映情况、汇报工作等。①

（三）基层党组织

苏共的基础是党的基层组织，按照苏共党员的工作地点建立，并联合成区、市和其他地区性组织。将某一地区的党员联合起来的组织，是这个地区各个党组织的基层组织。

按照苏联党章规定，在工厂、国营农场、机器拖拉机站和其他经济企业中，在集体农庄、苏联陆军和海军部队中，在乡村、机关、学校等单位，凡有党员3人以上的，都应当成立党的基层组织。

在党员不满3人的企业、集体农庄、机关等，成立预备党员小组或党员和共青团员混合小组，由区委员会、市委员会或政治部委派一个党组织来领导，基层党组织的最高机关是党员大会。

凡是整个基层党组织的党员和预备党员超过100人的企业、机关和集体农庄等单位，经过区委员会、市委员会或相当的政治部批准，可以按车间、工段、部门等成立党的组织。党员和预备党员超过300人的大企业和大机关，经过党中央委员会个别批准，成立党的委员会，这些企业和机关中的车间党组织具有基层党组织的职权。②

三 苏共党章党纲的发展方向

20世纪70年代中期以来，苏联整个国家经济发展停滞不前，国民收

---

① 俞可平、孔寒冰：《当代各国政治体制（俄罗斯）》，兰州大学出版社1998年版，第40页。
② 周尚文：《苏共执政模式研究》，上海人民出版社2010年版，第351页。

入增长速度急剧下降，同西方发达国家的差距越来越大；社会问题严重，社会保障没有充分实现社会主义的可能性，社会服务质量下降，社会道德开始堕落；在政治领域，党的领导削弱，地方上的许多党组织不能坚持原则立场，许多身居领导职位的共产党员不受监督，出现了无视法律、贪污受贿等现象。

戈尔巴乔夫认为，"所有的情况足以使人认识到，我国社会各个领域的状况是多么严重，多么需要深刻的变革"。①

可以说，苏共党章党纲的发展方向，与戈尔巴乔夫进行改革的思路密切相关。主要体现在三个方面，即经济体制改革、政治体制改革和以公开性为核心的新思维理论改革。

（一）新思维理论与公开性、民主化方针的提出

戈尔巴乔夫的改革理论，用他自己的话来概括就是新思维。1987年出版的《改革与新思维》一书，标志着戈尔巴乔夫的改革理论初步形成。在这本书里，戈尔巴乔夫把新思维概括为三个方面的内容：第一，彻底改革的思想；第二，对传统社会主义的批判和对社会主义新面貌的阐述，提出了"人道的、民主的社会主义"概念；第三，外交新思维，提出了"全人类利益高于一切"的口号。

民主是戈尔巴乔夫对传统社会主义模式进行革新的主要内容，也是戈尔巴乔夫新思维的核心问题。在他关于改革的论述中，民主一词的使用频率最高。戈尔巴乔夫期待政治民主化的作用，强调加深社会主义民主，发展人民自治。在实践中，民主口号成为了他攫取党和国家权力的手段。从本质上讲，苏联民主化进程走上了极端的道路，完全脱离了广大人民群众的利益和愿望，成为反共反社会主义势力夺权的工具。

对此，戈尔巴乔夫时期的苏共中央总务部长博尔金，根据对戈尔巴乔夫的行动分析得出结论说："戈尔巴乔夫高喊民主化，并谴责自己战友的斯大林主义，但实际上他独揽党和国家大权，独断人们的命运，一个人根据自己的偏见、好恶决定中央委员和政治局组成、各共和国共产党中央及各州和边疆区委第一书记的人选。他大谈集体通过决定、遵守协商原则，但却独断专行，一人通过或发布国家重要决定，排斥异己，并清除自己的

---

① [苏] 米·戈尔巴乔夫：《改革与新思维》，苏群译，新华出版社1987年版，第19页。

竞争者"。①

戈尔巴乔夫执政不久，就提出了"公开性"问题。他将公开性看做是达到民主的手段和程序。戈尔巴乔夫认为公开性就是"开放的形势",②"这种形势有利于使每个人表明自己的公民立场，积极参加讨论和解决切身重要性社会问题，加深这方面正在进行的过程"。

戈尔巴乔夫强调"公开性"，"我们现在比以往任何时候都需要光明正大一些，以便让党和人民知道一切，曝光和监督那些容易滋生腐败现象的阴暗角落。让人们相信，我们的国家和社会正在与各种腐败与不正当特权进行坚决的斗争。但是，我们离这场斗争的结束还很远。因此，需要多一些光明正大"。③他主张最大限度的公开性，"历史无禁区，公开无限制"，要让人民"知道一切"，"任何事件，不论是今天的痛处或是过去历史上的悲惨事件，都可以成为报纸分析的对象"。④

"公开性"方针推行后不久，苏联境内就掀起一股全面否定历史的浪潮。在全面否定苏联和苏联历史的同时，戈尔巴乔夫提出了人道的民主主义，苏联的社会制度开始全面地向资本主义方向演变，苏共也逐渐社会民主党化。

1988年6月至7月召开的苏共第十九次代表会议，首次提出改革的目标是建立"人道的民主的社会主义"。在这次会议的报告中，戈尔巴乔夫提出了人道的、民主的社会主义的七个特征：社会主义是一个真正的现实的人道主义制度；社会主义是一种有效而活跃的经济制度；社会主义是一种社会公正的制度；社会主义是一种具有高度文化素养和道德的制度；社会主义是一种真正的人民政权制度；社会主义是各民族真正平等的制度；社会主义就其本质和利益来说是一种渴望和平的制度。

1989年11月26日，戈尔巴乔夫在《真理报》发表的长篇文章《社会主义思想与革命性变革》，完整而系统地阐述了"人道的、民主的社会主义"构想和思想理论基础。他认为"社会主义思想的核心是人"，是人

---

① ［俄］瓦·博尔金：《戈尔巴乔夫沉浮录》，李永全等译，中央编译出版社1996年版，第412页。

② 苏群译：《戈尔巴乔夫关于改革的讲话》（1986.6—1987.6），人民出版社1987年版，第358页。

③ 苏联《真理报》1987年1月30日。

④ ［苏］米·戈尔巴乔夫：《改革与新思维》，苏群译，新华出版社1987年版，第94页。

的"物质、精神和道德的全面发展"。革新社会主义就是要使"社会经济结构和社会政治结构保证整个社会制度面向人的转折"。

自此,苏联政治改革的指导思想发生了变化,即由"完善社会主义"转向"人道的、民主的社会主义"。这标志着其政治体制改革方向发生逆转。[①]

(二) 苏共二十八大:走向人道的、民主的社会主义

1990年7月2日至13日,苏共第二十八次代表大会召开。戈尔巴乔夫再次当选为苏共中央总书记,这是苏共历史上第一次由党代表大会而不是由中央全会选举总书记。

这次大会是在苏联政治、经济形势十分尖锐、复杂,党内产生严重分歧的情况下召开的。这次代表大会的主要内容集中表现在改变共产党的性质等重要问题上。戈尔巴乔夫自推行改革以来就对苏共进行了一系列的"根本性变革",并形成了比较完整的思想体系,而苏共二十八大是对几年来改革和执政理论的一个总结。这次会议使苏共的性质、地位和作用发生了根本性的变化。

会议通过了苏共二十八大纲领性声明《走向人道的、民主的社会主义》,宣布"改革政策的实质在于,从极权官僚制向人道的、民主的社会主义社会过渡",把"建立人道的、民主的社会主义,确立国际主义和全人类价值"作为党的奋斗目标和基本理论口号,也是改革的指导思想和行动纲领。大会还通过了新党章以及有关民族政策、经济改革、文化政策、军事政策等九项决议。

1. 用人道的民主社会主义取代共产主义

苏共二十七大的党纲和党章表明,苏共的最终目标是在苏联建立共产主义。在苏共二十八大会议上,戈尔巴乔夫的政治报告以及党章,虽然保留了苏共"以社会主义为选择,以共产主义为前景"的提法,但又把"全人类价值"和"共产主义理想"并列为苏共纲领性目标的基础,认为苏共要"献身于全人类的和人道主义的理想",苏共"以在国内建立人道的、民主的社会主义,保证人的自由全面发展的条件为自己的目标"。[②]

建立人类美好的社会——共产主义,是共产党人的最高纲领和奋斗目标。

[①] 赵佐良等:《当代国际共产主义运动史简论》,辽宁大学出版社1992年版,第112页。
[②] 苏群编译:《苏联共产党第二十八次代表大会主要文件汇编》,人民出版社1991年版,第342页、146页、36页、146页。

这一目标的提出是建立在马克思主义对社会发展规律科学认识的基础上,因而成为广大的共产党员终生不渝的信念。而用人道的民主社会主义取代共产主义作为党的纲领性目标,表明苏共的奋斗目标发生了根本性的变化。①

2. 用"发展、创新"手法反对马克思主义

苏共二十八大通过的《纲领性声明》和《二十八大章程》通篇未提马克思列宁主义思想体系的指导作用,并且声言要发展"马克思主义","革新"社会主义。

关于苏共的指导思想,《纲领性声明》的提法是:"苏共主张以创造性的态度对待社会主义理论和实践,主张在建设性地思考20世纪的历史经验以及摆脱了教条主义解释的马克思、恩格斯、列宁遗产的道路上发展这些理论和实践"。②

苏共章程中说,苏联共产党"创造性地发展马克思、恩格斯、列宁的思想,它以在国内建立人道的民主社会主义,保证人的自由全面发展的条件作为自己的目标"。③

戈尔巴乔夫在政治报告中说:"马克思、恩格斯和列宁所创立的社会理论的内容是在分析19世纪的现状的基础上形成的,而列宁的社会理论内容又是在分析20世纪头几十年现实的基础上形成的。从那时起,世界发生了惊人的变化"。④ 其言外之意,就是马克思主义不适应当时苏联社会的发展了。

3. 苏共被彻底改造为"全民的党"

在苏共二十二大会议上,赫鲁晓夫首次提出"全民党"的概念。苏共二十七大文件也表述说,苏共"已成为全民的党,而就其阶级实质和思想体系而言仍然是工人阶级的党"。苏共二十八大共产党章程则明确指出,苏共是"按自愿原则联合苏联公民"的"政治组织",它"表达和捍卫工人阶级、农民、知识分子和其他忠于社会主义选择的社会阶层的利益",是一个"反映全体人民的利益"的"全民的政治组织"。⑤ 这表明

---

① 沈云锁、潘强恩:《共产党通史(第2卷)在社会主义国家的共产党》,人民出版社2011年版,第360页。

② 苏群编译:《苏联共产党第二十八次代表大会主要文件汇编》,人民出版社1991年版,第116页。

③ 同上书,第146页。

④ 同上书,第34页。

⑤ 同上书,第41、146页。

苏共已彻底变为"全民的党"。

在苏联社会依然存在阶级和阶级斗争的情况下，戈尔巴乔夫再次提出"全民党"理论，把苏共看作"自治的社会政治组织"，实质上是背离了共产党无产阶级政党的阶级本质，抹杀了党的先进性。尽管苏共名称没有变化，但其已经完全蜕变为在性质上与马克思主义政党根本对立的社会民主党，性质发生了根本性的变化。不再代表工人阶级以及广大劳动人民的利益，而是代表走资本主义道路的少数当权派的利益。

关于苏共是国家和社会领导力量和核心的提法，在苏共二十八大党纲党章中并没有出现。不仅如此，还提出共产党与其他政党、政治组织是平等竞争和合作伙伴关系，从一定意义上讲，苏共是放弃了自己的政治领导地位。

苏共二十八大为党内派别组织合法存在提供了理论依据。纲领性声明指出，"根据共产党员的倡议可成立党组织书记委员会、党的俱乐部、理论研讨会、辩论中心、老党员委员会和按志趣和问题成立的其他形式的党员联合组织并进行活动，并确定自己对这些问题的立场"。戈尔巴乔夫在政治报告中也指出："如果一些党员对某些问题持有不同于多数党员立场的观点，他们可以自由讨论和宣传自己的观点，甚至在党的代表大会上公开宣布这些观点。"①

4. 民主集中制内涵失去意义

苏共二十八大纲领性声明"党的民主化"部分指出，苏共坚决放弃在行政命令体制条件下形成的那种硬性集中的民主集中制，坚持民主原则即坚持选举制和更换制、公开性和报告制，少数服从多数、少数有权坚持自己的观点，包括在党的舆论工具上坚持自己观点的权利。②

苏共二十八大通过的党章也说，"少数人有权在党员大会、代表会议、代表大会、执行和监察机关的会议上、在党的舆论工具中捍卫自己的立场，提出补充报告，在记录中载明自己的意见，要求在自己的组织或上级机关重新审议争论的问题"。③

由此不难看出，既然少数人有权坚持自己的立场，并可以通过媒体宣

---

① 苏群编译：《苏联共产党第二十八次代表大会主要文件汇编》，人民出版社1991年版，第45、152页。
② 同上书，第129页。
③ 同上书，第150、151页。

扬自己的观点，纲领性声明中提到的"少数服从多数"就成了一句空话。

按照马克思主义的建党原则，执政党必须坚持民主集中制，必须在思想上、组织上保持高度统一，不允许党内存在派别活动，这是保证党的团结统一和具有强大战斗力的根本前提。

苏共抛弃民主集中制组织原则带来了极为严重的后果。原来组织严密的党在组织上被搞乱了，大批党员退党，对社会主义、共产党失去信心，党内派别众多，昔日有着严格纪律、团结统一的苏共大党一下子变成了组织庞杂、党心涣散的政治组织。

结　语

苏联共产党从1898年3月成立，到1991年8月解散，在其执政的74年历史中，经历了七任领袖，先后召开过28次苏联共产党全国代表大会。不同时期的苏共纲领和党章等带有鲜明的时代特色，并对整个苏联的发展产生深远影响。

列宁时期，1919年3月党的八大通过第二个党纲，提出从资本主义向社会主义过渡的任务。在随后的74年发展过程中，党章在僵化的同时，虽然有所变革，但有一个趋势，就是逐渐脱离时代，对社会发展阶段认识不清。

从苏共党章关于民主集中制的表述就可证明这一问题。马克思在创建共产党组织时，就强调了党内生活要贯彻民主的原则。1903年俄共《党章》第十条规定，党的组织"指导原则是民主集中制"。到斯大林时期，实行了高度集权制，民主集中制受到破坏，党内生活没有民主，普通党员只有听命服从的权利。赫鲁晓夫继任后，未能对斯大林作出全面评价，未能找出错误的根源并吸取教训。

1961年苏共二十二大通过第三个党纲，提出了"全民国家"、"全民党"的观点，并且要"20年内基本建成共产主义社会"，1971年苏共二十四大宣布苏联建成了发达的社会主义社会。1985年11月，戈尔巴乔夫上台后，提出新思维，开始推行民主化和公开性，用人道主义替代科学社会主义，要求变革"30—40年代形成的延续至今的斯大林体制"，锋芒直指苏共的高层权力结构。1990年7月，苏共召开了二十八大，通过了《走向人道的民主的社会主义》纲领性声明以及新党章，不再提党是"领导力量"和"核心",放弃了苏共的政治和意识形态垄断地位。

苏联共产党的发展随着政治、经济环境的变化而发生一定改变。20世纪70—80年代,政治、经济发展格局的变化使苏联共产党的发展呈现新的特点。80年代中后期,面对国内外的严峻局势,苏共的目标进行了一定调整,修改了之前的不切实际的发展任务和奋斗目标,开始看到自身发展存在的问题,并试图修正这些错误。然而,戈尔巴乔夫上任后,对党纲进行修改,提出新思维、多元化等,苏共的发展面临新的挑战和风险。

第四节　20世纪70—80年代苏联民情

20世纪60年代以来,苏联政府采取了一系列措施,刺激生产发展,提高本国人民的物质文化生活水平,居民劳动报酬增长,社会福利、消费水平得到提高,居住条件有较大改善。但是,由于苏联经历两次世界大战及国内战争的重创,加上长期以来一直靠增加积累、压缩消费的办法发展重工业,忽视农业、轻工业,存在部分商品供应紧张,商品质量低劣,住房问题分配不均等现象,居民生活水平进一步提高受到限制。

一　苏联各民族的分布状况和欧亚的居住状况

苏联是个多民族国家,如何确定民族构成,是一个相当复杂的问题,许多民族中存在一些具有一定的血缘与习俗差异的种族或亚种族。

1970年和1979年的人口普查所统计出的民族数分别为104和101。1926年的人口普查曾认定苏联当时共有194个民族。数字的较大变化主要是忽视了大量少数民族的存在,苏联政府为"简化民族结构",把各共和国中没有独立民族资格且人数较少的民族,人为地归并到大民族之中。而苏联民族学家则普遍认为在苏联居住着130个左右的民族。

根据民族自治原则,苏联有半数以上的民族有自己不同形式的政权组织——加盟共和国、自治共和国、自治州或自治专区(民族区)①。

据1989年统计数字显示,苏联100万人以上的民族有19个。其中,人口最多的俄罗斯族人口超过1亿,占全苏人口的一半以上,见表4。

---

① 苏联境内共有15个加盟共和国、20个自治共和国、8个自治州和10个自治区。

表4　　　　　　　　　苏联百万人口以上的民族

序号	民族	人数（万）
1	俄罗斯	14515.5
2	乌克兰	4418.6
3	乌兹别克	1669.8
4	白俄罗斯	1003.6
5	哈萨克	813.6
6	鞑靼	593.1
7	阿塞拜疆	438.0
8	塔吉克	421.5
9	格鲁吉亚	398.1
10	亚美尼亚	355.9
11	摩尔达维亚	335.2
12	土库曼	272.9
13	立陶宛	266.5
14	吉尔吉斯	252.9
15	日耳曼	203.9
16	楚瓦什	184.2
17	犹太	144.9
18	巴什基尔	144.9
19	莫尔多瓦	115.4

1917年十月革命取得胜利时，全国人口为16300万人，此后苏联人口不断增加。1979年人口普查资料显示，苏联2.624亿人口中有1.932亿人（占总人口的73.6%）住在欧洲部分，0.692亿人（占26.4%）住在亚洲部分。从1970年到1978年间，亚洲部分的人口增加了16.8%，欧洲部分增长率为5.9%。

（一）东斯拉夫民族

东斯拉夫民族原属于斯拉夫语族群，后来转变成俄罗斯人、乌克兰人和白俄罗斯人。这三个民族在语言、文化、历史发展共性方面非常近似，在苏联民族中他们的人数占总人口的3/4。

1979年的人口普查数据显示，在苏联居住的俄罗斯族有1.37397亿人，乌克兰族有 4234.7 万人，白俄罗斯族有 946.3 万人。

绝大多数俄罗斯人、乌克兰人和白俄罗斯人居住在东欧历史上形成的民族地区内。但是，他们也广泛迁往其他民族共和国的民族州，而且在这些地方往往占居民的大部分。比如，在伏尔加河流域和北高加索各自治共和国，东斯拉夫居民约占半数，在波罗的海沿岸各共和国约占居民的 1/3，在摩尔达维亚占 1/4。在中亚和南高加索各共和国东斯拉夫居民的比例稍小一些，分别占当地人口的 1/6 和 1/10。在哈萨克苏维埃社会主义共和国，俄罗斯人、乌克兰人和白俄罗斯人占绝对多数，占 90%。①

（二）欧洲地区的非斯拉夫民族

苏联欧洲地区，除居住的东斯拉夫人之外，还有许多在族源和文化生活面貌方面不同的民族。

1. 伏尔加河—卡马河流域的诸民族

伏尔加河—卡马河流域在苏联欧洲地区，是一个特殊的历史民族区域，居住着实行民族自治的六个大民族：伏尔加河流域鞑靼人及喀山鞑靼人——280.6 万人；楚瓦什人——116.5 万人；巴什基尔人——93.6 万人；莫尔多瓦人——38.9 万人；乌德穆尔特人（沃吉亚格人）——55.5 万人；马里人（切列米斯人）——43.3 万人。②

在种族属性上，上述诸民族属于欧罗巴人种的不同人种类型，并多少兼有蒙古人种的特征。

2. 波罗的海沿岸地区诸民族

苏联波罗的海沿岸地区在历史文化方面是一个特殊区域。这里居住着三个大民族：立陶宛人（列图维亚人），约 275 万人；拉脱维亚人（拉脱维亚希人），约 134 万；爱沙尼亚人（埃斯特拉塞德人），约 100 万人。③

按人种来说他们都属于欧罗巴人种。在拉脱维亚人中，特别是在爱沙尼亚人中，主要是浅肤色人种类型。在语言方面，波罗的海沿岸诸民族分为两个集团。立陶宛人和拉脱维亚人的语言属于欧语系列托—立陶宛语族，它更接近斯拉夫语族。爱沙尼亚语属于乌拉尔语系芬兰—乌戈尔语族芬兰语支，它接近卡累利阿语和芬兰语。

---

① 王攸琪编译：《苏联民族概况》，中国社会科学院民族研究所 1985 年版，第 5 页（内部印刷）。
② 同上书，第 23 页。
③ 同上书，第 32 页。

3. 北部地区诸民族

在苏联欧洲地区北部，除俄罗斯人以外，还居住着卡累利阿人、维普斯人、科米—兹梁人、科米—彼尔姆人、涅涅茨人和萨阿米人（洛帕里人）。

除涅涅茨人外，所有这些居民都属于欧罗巴人种。洛帕里人有些独特，在这个民族的人种类型上，可以看到古代蒙古种人和欧罗巴种人特征的混合状况。涅涅茨人属于蒙古种人。①

有着13.8万人口的卡累利阿人居住在卡累利阿自治共和国和加里宁州。有着8100人口的维普斯人居住在卡累利阿自治共和国、列宁格勒州和沃洛格达州相毗连的地区。洛帕里人或萨阿米人（2000人）居住在科拉半岛北部地区。它们的基本居民住在苏联境外——挪威、芬兰和瑞典的北部。科米—兹梁人居住在科米自治共和国，以及乌拉尔以东。科米—彼尔姆人住在科米—彼尔姆自治区，有一部分住在这个地区以外。涅涅茨人（29000人）居住在欧洲和西西伯利亚冻土带和森林冻土带的辽阔地区。在苏联欧洲地区的涅涅茨人是涅涅茨自治区的土著居民，一些小分支则居住在这个自治区以西的地方，包括科拉半岛。②

4. 西南部和南部地区诸民族

在苏联欧洲西南部居住的摩尔维亚人（又称摩尔多瓦人，296.8万人）是摩尔达维亚苏维埃社会主义共和国的基本居民。在种族属性上他们主要是深肤色的欧罗巴人种。摩尔达维亚人的语言属于印欧语系罗曼语族，接近于罗马尼亚语。

在摩尔达维亚南部和毗邻的乌克兰地区居住着加告兹人（17.3万人）。在伏尔加河下游居住着卡尔梅克人（14.7万人），他们主要住在卡尔梅克自治共和国。在苏联欧洲西南部居住着犹太人，过去他们使用现代犹太语、德语方言，现在他们大多数使用俄语和周围居民的语言。

茨冈人是分散在苏联欧洲各个地区的一个小民族，共有12.9万人。

（三）高加索诸民族

高加索是一个历史民族区域，民族成分非常复杂。这里分布着阿塞拜

---

① 王攸琪编译：《苏联民族概况》，中国社会科学院民族研究所1985年版，第37页（内部印刷）。

② 同上书，第38页。

疆人、格鲁吉亚人和亚美尼亚人这类人数上百万的大民族，还有人数不超过几千人的小民族。

高加索诸语可以分为三个语族：南方语族，即卡特维尔语族；西北语族，即阿布哈兹—阿迪盖语族；东北语族，即纳赫—达格斯坦语族。①

阿布哈兹人、阿巴津人、阿迪盖人、切尔克斯人和卡巴尔达人操阿布哈兹—阿迪盖语族诸语。阿布哈兹人聚居在阿布哈兹苏维埃社会主义自治共和国，阿巴津人居住在卡拉恰伊—切尔克斯自治州，阿迪盖人居住在阿迪盖自治州和克拉斯诺达尔边疆区的图阿普谢区和拉扎列夫区，切尔克斯人居住在斯塔夫罗波尔边疆区的卡拉恰伊—切尔克斯自治州和北高加索的其他地方。

车臣—印古什自治共和国的基本居民，以及居住在格鲁亚北部山地同车臣—印古什自治共和国接壤地区的小民族基斯廷人、佐图申人即巴茨比人，他们的语言属于纳赫语支诸语。

居住在达格斯坦山区的民族有：阿瓦尔人、达尔金人、拉克茨人、列兹金人、塔巴萨兰人、安迪人、博特利赫人、迪多人、赫瓦尔申人、库巴钦人、卡伊塔克人、阿古尔人、鲁图尔人、查胡尔人等。

阿塞拜疆人在高加索居民中占相当大的比重，他们居住在阿塞拜疆苏维埃社会主义共和国、纳希切万苏维埃社会主义自治共和国以及格鲁吉亚和达格斯坦。

在阿塞拜疆北边的达格斯坦平原地区居住着操克普恰克语支突厥语的库梅克人，北高加索两个血缘相近的小民族，即住在卡巴尔达—巴尔卡尔苏维埃社会主义自治共和国的巴尔卡尔人和居住在卡拉恰伊—切尔克斯自治州境内的卡拉恰伊人，他们的语言也属于突厥语族的克普恰克语支。分布在达格斯坦高原、斯塔夫罗波尔边疆区和北高加索其他地方的诺盖人是突厥语民族。在高加索还居住着从中亚迁来的土库曼人。②

在高加索地区还有操印语欧语系伊朗语族诸语的民族，如居住在奥塞梯苏维埃社会主义自治共和国和格鲁吉亚苏维埃社会主义共和国南奥塞梯自治州的奥塞梯人，是这些民族中人数最多的。在阿塞拜疆操伊朗语族诸

---

① 王攸琪编译：《苏联民族概况》，中国社会科学院民族研究所1985年版，第45页（内部印刷）。

② 同上书，第46页。

语的有共和国南部地区的塔雷什人和主要居住在阿普歇伦半岛和北阿塞拜疆其他地方的塔特人;部分信奉犹太教的塔特人,有时也称山地犹太人,他们居住在达格斯坦,以及阿塞拜疆和北高加索的一些城市里。库尔德人的语言属于伊朗语族,他们有一小批人居住在南高加索各地区。①

苏联亚美人半数以上居住在亚美尼亚苏维埃共和国,其余部分居住在格鲁吉亚、阿塞拜疆和国内的其他地区。

除上述列举的民族外,在高加索地区还居住有希腊人、艾索尔人、茨冈人、格鲁吉亚犹太人等。

(四)中亚诸民族

中亚面积约400万平方公里,在这片辽阔的土地上有五个苏维埃社会主义加盟共和国——哈萨克共和国、吉尔吉斯共和国、塔吉克共和国、土库曼共和国、乌兹别克共和国和属于乌兹别克共和国的卡拉卡尔帕克自治共和国。

中亚并入苏联后,尤其在苏联时期,中亚的民族成分变化很大。在中亚各共和国境内,居住着乌兹别克人、土库曼人、哈萨克人、吉尔吉斯人、卡拉卡尔帕克人、维吾尔人和为数不多的库尔德人、俾路支人、中亚(布哈拉)犹太人、阿拉伯人、波斯人和茨冈人,还住着俄罗斯人、乌克兰人、白俄罗斯人、鞑靼人、朝鲜人、东干人和人数较少的其他兄弟民族集团。②

(五)西伯利亚地区诸民族

西伯利亚是俄罗斯乌拉尔山以东地区的全称,在苏联主要民族区的组成中,具有许多明显的历史文化特点。西伯利亚最大的土著民族是布里亚特人、雅库特人和图瓦人。人数中等的民族是西西伯利亚鞑靼人。其余民族由于人数少和经营方式的特点相似而被列为"北方小民族"集团。他们之中有涅涅茨人、埃文克人、汉蒂人、楚科奇人、埃文人、那乃人、曼西人、科里亚克人。西伯利亚北方其余的民族完全是小民族,如阿留申人、埃涅茨人、奥罗克人等,只有几百人。③

二 苏联民众婚姻生育状况

婚姻与家庭,是人们生活的重要组成部分,不仅关系到每个人的生

---

① 王攸琪编译:《苏联民族概况》,中国社会科学院民族研究所1985年版,第47页(内部印刷)。
② 同上书,第72页。
③ 同上书,第85页。

活,也直接影响着整个社会的发展。随着经济的发展和社会的进步,20世纪70—80年代,苏联的家庭关系发生了一定的变化,家庭结构简单,家庭规模缩小。

(一) 苏联人的婚姻家庭

苏联社会里,同时存在着以下几种类型的家庭:几世同堂的传统大家庭,由夫妇和孩子两代人组成的核心家庭,单亲家庭,单身家庭。随着社会的发展变化,家庭结构比例也在悄然发生着改变。

1. 家庭的规模和构成

20世纪60—70年代,苏联基本完成了由多生子女到少生子女的转变,家庭结构简单,家庭规模缩小,由夫妇二人和孩子组成的家庭渐渐取代了几世同堂的大家庭。少子女家庭,即一对夫妇只生一个孩子或两个孩子的家庭成为苏联城市的典型家庭模式。

造成家庭规模缩小的原因主要有两点:一是家庭结构简化,子女成年结婚后就另立门户。苏联青年夫妇一般都愿意和父母分居,对老年人而言,他们也不愿意与已结婚的子女住在一起,倾向于独立居住和生活,只是希望和子女住得较近,既有独立生活空间,又可以相互照顾。二是生育观念发生改变,从过去的多生孩子转变为少生或不生孩子。苏联的绝大多数家庭只有一至两个孩子,其中许多家庭只有一个孩子。生育三个或三个以上孩子的家庭已很少。据1970年苏联人口普查材料,没有孩子的家庭占21.2%,只有一个孩子的家庭占35.4%,有两个孩子的家庭占26.4%,有三个和三个以上孩子的家庭占17%。

家庭规模的这些变化与青年经济独立,以及住宅建设以2—3间居室为主和公共事业领域的发展密切联系,也与战后随着物质生活水平的提高和价值趋向的转变,家庭的价值和意义在人们心目中的变化有关。

2. 出生率下降,离婚率上升

在苏联,虽然强调婚姻应以爱情为基础,但是由于各种原因,婚姻家庭关系中仍存在着十分严重的问题。自60年代中期以来,苏联的离婚率持续上升。

有苏联社会学家认为,年轻家庭离婚率高是因为这类家庭正处在过渡时期,即从丈夫具有完全的、无条件的统治权的夫权制家庭向夫妻平等的"夫妇平权制"家庭过渡的时期。这种过渡阻力较大,丈夫不愿放弃传统地位,妻子要求改变从属地位,这个矛盾导致许多年轻家庭破裂。

当然，离婚还有其他原因，如婚前恋爱问题上不够慎重，相互了解对方时间过短，性格不合等。苏联的人口构成是女多男少，男子再婚相对容易，但离婚男子再婚的比例却越来越小，许多人在道德和审美观点上发生改变，追求自由，不愿受"合法"婚姻的约束。

为了巩固婚姻和家庭，苏联政府多次通过决议和颁布命令，完善有关婚姻家庭关系方面的法律，加强法律调节的职能。另外，实施新的婚姻登记办法，即申请结婚满一个月后才能正式结婚登记，避免匆忙结婚。苏联国内开始设立专业性的婚姻家庭服务机构，其主要职能是促进婚姻结合，坚固婚姻家庭，解决家务劳动困难。

随着经济和社会的发展，人们对家庭、生育有了观念上的变革。最能反映这种变革的是出生率的下降，从1960年的2.49%降到1970年的1.74%，以后虽有所回升，但也没有超过2%。人口自然增长率从20世纪50年代和60年代初的1.7%降到60年代末及以后的1%左右。人口出现"老龄化"，这是出生率下降、人口平均寿命延长产生的必然结果。

出生率过低对社会正常发展有不可低估的影响。首先，经济建设规模扩大，新科学技术领域不断开辟，需要越来越多的人力资源。在人口增长率过低的情况下，新生一代只能勉强补充衰老一代，而无法向社会提供更多的人力资源，以满足社会对劳动力的需求。其次，人口增长率过低使人口老龄化程度加剧，最终将导致社会劳动生产率下降，这导致消费社会财富的社会成员增多，创造社会财富的社会成员减少，必然会影响整个社会福利水平的提高。

(二) 苏联人口政策

1917年十月革命后，苏联人口为1.42亿，到1990年人口总数是2.88亿。70多年的时间里，在长期贯彻鼓励生育的政策下，人口数量翻了一番，保持了上升的总趋势。然而，对于幅员辽阔、地广人稀的苏联来说，劳动力的缺乏成为制约其经济发展的一个重要因素。同其他大国相比，这个增长速度较为缓慢。

不可否认，战争是打乱苏联人口正常发展的重要原因，国内战争，农业集体化及大清洗运动，卫国战争，这些都带来了苏联人口大量损失、出生率下降的后果。

苏联人口发展形势，决定了它人口政策的总体思想和目标，即把人口增长视为经济和国防力量的重要因素，长期贯彻鼓励生育的政策，促进出生率。

1936年，苏联政府出台政策，实施禁止流产政令，加强对多子女家庭的货币补贴，扩大医院妇产病房及幼儿园体系，严格离婚程序等。然而，这些行政措施并未从根本上抑制出生率的下降。第二次世界大战结束后，苏联实施鼓励生育措施，目标为争取实现"三子女家庭"，凡生育第三个子女的家庭均给予经济奖励。20世纪60年代以前，苏联人口保持了较高的增长速度。

从60年代开始，苏联人口出生率和自然增长率出现下降苗头，人口增长速度明显放缓。并且，占总人口80%的欧洲部分，家家只有一至两个子女，很少有三个和三个以上子女的家庭。此时，苏联国内人口问题开始暴露出来，主要是人口分布不平衡，人口数量缺乏，人口城市化速度过快，离婚率上升，男女寿命差距日益扩大，人口开始老龄化等。从这个时期开始，苏联学术界对于人口理论、人口问题、人口政策的研究变得空前重视起来。

苏联政府发现，从第三个子女才给予奖励的经济措施，对大多数家庭并不生效。鉴于此，从70年代起，苏联一方面修改人口目标，另一方面重新审定奖励措施。人口目标改为力争实现优化的人口再生产类型，即争取实现2—3个子女家庭，以期达到稍微扩大的人口再生产。在政策措施方面，做了如下规定：

第一，从1981年12月1日起，对单身母亲，提高国家补助金额，每月给每个孩子20卢布，一直补助到16岁；若孩子系学生，没有获得奖学金，可一直发到18岁。

第二，从1981年起，凡有2个和更多12岁以下子女的工作妇女，一律给予追加3天的工资照发假期。

第三，对工作妇女或脱产学习的工作妇女，凡生第一个孩子的，均给予一次性国家补助50卢布，第二个以上的孩子给予补助100卢布，第11个和超过这个数目的孩子一律发给250卢布。

第四，对工龄满一年的工作妇女，以及脱产学习的工作妇女，给予部分工资照发的婴儿照顾假，东部和北部地区每月给50卢布补助，其他地区35卢布，若工作妇女要求把孩子带到一岁半，给予半年假期，但工资不发。

第五，凡生育5个和更多子女的工作妇女，如果她把孩子抚育到8

岁,有权享受提前5年退休即50岁退休的权利,但工龄必须长达15年以上。

第六,对多子女家庭,收入低的,孩子在周岁之内可免费领取牛奶。

第七,对低收入家庭,即家庭人均收入低于50卢布的,给予子女补助,直到8岁为止。

第八,对有三年以上工龄,而且最后两年属于连续工龄的工作妇女,给予100%的孕产假照发工资。

第九,生育和抚养10个以上子女的母亲,给予"母亲英雄"称号,并颁发"母亲英雄"勋章。

第十,生育和抚养7—9个孩子的母亲,分别给予一级、二级和三级"母亲光荣"勋章,生育和抚养5—6个子女的母亲给予一级和二级"母亲"奖章。

这些鼓励生育的措施收到了一些成效。人口普查资料显示,苏联人口在1989年达28670万人,比1979年净增2430万人,即增加9.3%。而1979年人口普查时所得的人口数量比1970年增加了2070万人,即增加8.6%。

(三) 苏联人口的变化发展

十月革命以后,苏联共进行过7次全苏人口普查,分别为1926年、1937年、1939年、1959年、1970年、1979年和1989年。

在1959年和1979年的两次人口普查期间,人口年增长速度出现下降趋势,尤其是在1959—1969年间,这种趋势更为明显。这主要是受1941—1945年战争年代影响,在战争年代和战后初期出生率很低。18年至20年后,这些进入婚育阶段的年轻人人数本身也比较少。此外,由于在战场上男人牺牲的数量很大,许多达到生育年龄的妇女因无夫可嫁而未能结婚,随之而来的是,出生的孩子数量不断减少。这些不利因素导致新生儿数量不断减少,人口增长率出现两次下降低谷。

影响人口增长的还有一个因素,即在20世纪60年代广泛推行的计划生育政策。1960年,苏联的出生率是2.49%,1970年就下降到1.74%。后来虽有所回升,但也没有超过2%。人口自然增长率也从50年代和60年代初的1.7%降到60年代末及以后的1%左右。人口出现"老龄化",这是出生率下降、人口平均寿命延长必然产生的结果。1970年领取退休金的人数为2490万人，1986年增加到4050万人。①

随着城市化发展的加快，人民生活水平不断提高，一些主观因素对出生率的影响也开始凸显。女性文化程度的提高使得她们参与社会生产活动的兴趣与日俱增，她们不愿被繁杂的家务牵绊，生育子女的意愿降低。父母，尤其是母亲很难把对生儿育女、操持家务的兴趣和责任同他们日益增长的对社会的兴趣和责任（如读书、工作等）有机结合起来，结果往往导致少子女家庭的产生。

随着家庭独立化趋势的加强，新婚夫妇很少同亲属保持密切联系，结果失去父母的帮助，使他们感到抚养子女是沉重的负担。只有同父母住在一起的年轻夫妇（特别是在农村）才可以直接得到帮助而减轻家务负担。当时，托儿所和幼儿园都供不应求，对小家庭来说，有许多问题还难以解决。把孩子交给社会抚养（如送到整周托托儿所）又会把父母同子女分开，减淡父母和孩子的感情，破坏两代人之间的自然联系，结果使人们改变多生子女的传统。②

与家庭观念变革相联系的还有离婚率的增加。1970年平均每千人中有结婚者9.7人，离婚者2.6人。1986年，每千人中有结婚者9.8人，离婚者3.4人，差不多在三对结婚者中就有一对离婚的。

苏联早期，人口流动的方向基本上是从俄罗斯向其他各加盟共和国流动和迁移，而从20世纪70年代中期开始，这种局面发生了改变。来自各加盟共和国的人口开始大量流向俄罗斯，最主要的流动方向是俄罗斯的中心地区和西北地区，其中又以莫斯科市、列宁格勒市和莫斯科州、列宁格勒州最为集中，上述地区人口增长的69%—74%来自外来人口。外来人口的流动对西伯利亚和远东地区也产生了显著影响。

20世纪70—80年代，城市人口日益增加，农村人口逐年减少。苏联是个工业国家，工业在国家经济中占据着主导地位，工业的高速发展决定着城市人口的迅速增长。根据1970年的人口普查，城市人口为13600万人，占总人口的56%。在1959年，城市人口占总人口的比例为48%。1979年的人口普查显示，城市人口在总人口中的比重提高到62%。城市人口主要是靠农民迁入城市而不断增加的。

---

① 魏治国：《苏联人口概况》，《人口学刊》1988年第3期。
② ［苏］科兹洛夫：《苏联人口民族结构的演变及人口政策》，《世界民族》1985年第2期。

20世纪80年代，苏联社会的人口老龄化进程持续发展。10年中高于劳动力年龄的人口增长了21%，而同期全国人口只增长了9%，全国老龄比重达到了17%。根据人口普查材料显示，1959年60岁和60岁以上的人数占全部人口的9.4%，到1970年则达到11.4%。1975年，苏联60岁和60岁以上的人有3350万人，占全国人口的13.3%。

三　生活水平体现市场对消费的需要

苏联长期强调优先发展重工业，忽视农业和轻工业，造成消费品供应紧张，满足不了人民群众的生活需要。勃列日涅夫上台后，为了稳定统治、刺激生产发展，在把大量资源用于扩军备战的同时，也采取了许多提高人民生活和福利的措施，苏联人民的生活水平比过去有了明显的提高，但社会经济问题也层出不穷。特别是到了勃列日涅夫后期，进入20世纪80年代，苏联社会经济发展的困境愈加明显，经济发展出现停滞的趋势。

勃列日涅夫上台后，首先抓农业，以摆脱当时农业的困境，改善市场供应，同时为进行全面的经济改革打基础。他还采取措施加快轻工业发展速度。然而由于军备竞赛的方针不能改变，加以传统习惯势力，苏联上上下下仍把消费品生产部门作为"次要"部门，重工业企业也把生产消费品的任务作为"次要"任务。[①] 人民生活水平得以改善的同时，社会问题也层出不穷。

（一）苏联提高居民生活水平的政策

据苏联统计材料计算，1967年苏联居民的人均国民收入已经超过1000美元，80年代中后期已超过2000美元。就整个生活水平而言，苏联居于世界的中等水平，普遍低于发达的资本主义国家。但是，苏联居民的生活有保障，不受失业威胁，普遍享受免费医疗。各个居民阶层之间生活水平的差距较小。[②]

战后，苏联一直强调提高居民的生活水平是"经济政策的最高目的"，为了提高居民的物质生活水平，苏联采取了以下主要政策。

1. 把增加劳动报酬作为提高生活水平的主要手段

战后至50年代中期，苏联政府曾经一度把降低物价作为提高居民生

[①] 周新城、高成兴：《苏联东欧国家经济》，中国人民大学出版社1990年版，第168页。
[②] 徐葵主编：《苏联概览》，中国社会科学出版社1989年版，第239页。

活水平的主要途径，后来发现，这一政策只能使购买物品的居民得到实惠，不能体现"按劳分配"原则，不能充分发挥工资、奖金作为经济杠杆的刺激作用。

勃列日涅夫时期，苏联在增加居民劳动报酬方面实行缩小收入差距的方针。比如，在职工工资方面，不断提高工资的最低限额；较大幅度地提高中等收入职工的工资；标准工资和职务工资在 200—300 卢布以上的高收入职工的工资一般保持不动。在集体农庄庄员的劳动报酬方面，苏联从 1966 年 7 月起把按劳动日计酬的实物报酬制改为定期支付的货币工资制，并且以超过职工工资的增长速度来增加庄员的劳动报酬，逐渐缩小同职工收入的差距。[①]

2. 扩大社会福利在居民收入中的比重

在提高居民生活水平方面，苏联还实行社会消费基金优先增长的方针，社会消费基金按用途大致分为两部分：一部分用于满足社会全体成员在文化教育、卫生保健和体育方面的需要。一部分为满足没有劳动能力居民的物质和精神需要的费用，支付退休金、补助金和助学金。这部分支付和优惠主要以现金形式向居民发放。

苏联利用社会消费基金实行了一系列重要的社会福利措施：通过发展干部进修系统实行了青年普及中等义务教育；对集体农庄庄员实行优抚制度，降低退休年龄，提高退休金、残废退休金和最低限额，增发补助金等。

苏联政府认为，社会消费基金是具有发展前途的社会福利基金，它将随着社会生产的发展而不断扩大，并将对居民实际生活水平的提高起着越来越大的作用。

3. 保持消费品价格大致稳定

在苏联，商品的零售价格主要有两种：一种是国家零售价格，即由国家统一规定的国营和合作社商业的零售价格；另一种是自由市场价格，即买卖双方协商议定的价格。

保证居民最必需的消费品价格和劳务费用的相对稳定，是苏联提高居民生活水平的一个重要政策。苏联认为，价格的相对稳定并不是价格的冻结，而是在总的价格水平相对稳定的条件下，根据供求关系等因素对不同

[①] 徐葵主编：《苏联概览》，中国社会科学出版社 1989 年版，第 240 页。

的商品采取有升有降的政策。苏联通过国家财政补贴对居民必需的食品实行稳定、低廉的价格。

由于苏联官方规定的价格不包括以前未生产过的商品新价格、技术规格改变了的商品新价格等，出现了商品任意提价和自由市场随意涨价现象，一些企业为了追求利润往往变相提高价格。

4. 提高居民消费水平，加强住房建设

20 世纪 70 年代以来，苏联提高居民生活水平的一个重要途径是，增加消费品供应，提高居民的消费水平。

1972 年起，为了弥补国内粮食不足，苏联改变了粮食进出口政策，利用外贸增加消费品供应，开始从国外大量进口粮食、食品和民用消费品，他们进口的粮食，并非用作口粮，主要是用作饲料粮。与此同时，鼓励工业企业发展农副业生产，挖掘国内重工业部门的生产潜力，直接向重工业和军事工业部门下达加速生产民用消费品的任务。

加强住房建设是苏联提高居民福利、稳定干部、减少人员流动、加速社会经济发展的一项重要措施。苏联在住房建设方面实行国家、集体和个人三者相结合并以国家为主的方针。

苏联居民的住房条件得到较大改善。城市居民人均住房面积由 1965 年的 10 平方米增加到 1985 年的 14.1 平方米，60 年代初城市中只有 30% 的居民住在成套的单元住房里，而 1985 年已有 80% 以上的居民住进成套的单元住房。

1985 年，苏联农村居民的居住面积已经超过城市，达到 15.6 平方米。除了住房面积扩大外，苏联居民住房的设备也日臻完善。1985 年，城市每百家公有住房中，92 家有自来水，89.7 家有下水道，88.9 家集中供暖，78.5 家有煤气，71 家有热水供应，83.2 家有浴盆。

在部分居民住房得到改善的同时，苏联的住房问题仍"很尖锐"，由于分配不均，还有相当多的家庭人均居住面积不到 5 平方米，有的甚至达不到 3 平方米，还有少数家庭甚至申请住房登记达十年之久尚未分配到住房。

（二）居民的实际收入水平

苏联居民的名义收入主要包括三部分：劳动报酬、来自社会消费基金的支付和优惠以及个人副业的收入。

在苏联，居民的劳动报酬收入主要指职工的工资和集体农庄庄员的劳动报酬。苏联的统计资料显示，1955—1985 年职工的月平均工资由 71.8

卢布增加到 190 卢布，增长了近 1.6 倍。职工的最低工资限额也相应地由 50 年代的 22 卢布提高到 80 年代中后期的 80 卢布。

20 世纪 60 年代中期以前，集体农庄庄员的劳动报酬水平较为低下。自 1966 年实行有保证的劳动报酬以来，由于苏联政府资助和经济的不断发展，集体农庄庄员的劳动报酬的增长速度超过了职工工资的增长速度。根据苏联统计材料，1965—1985 年农庄庄员人均月劳动报酬由 57.6 卢布增加到 153 卢布，增加了近 1.7 倍。劳动报酬在庄员家庭总收入中的比重由 39.6% 增加到 46% 左右。

来自社会消费基金的支付和优惠主要包括用于居民免费教育、免费医疗、房租补贴以及各种优抚金和补助金等福利的支付和优惠，是苏联居民收入的另一重要来源。据资料显示，1965—1982 年社会消费基金提供的支付和优惠，在职工家庭总收入中的比重由 22.8% 提高到 23.4%，在农庄庄员家庭总收入中的比重由 14.6% 提高到 19.1%。[1]

个人副业收入在职工收入中的比重较小，20 世纪 80 年代中期仅占职工家庭收入的 3% 左右，占产业工人家庭收入的 1% 以下。但它却是集体农庄庄员和国营农场职工的重要收入来源。

当然，上述主要三项来源构成名义收入的总和，还不是居民最终收入，因为居民实际可以支配使用的收入，还要扣除掉居民税、独身税、无子女税和农业税等。

据苏联经济学家计算，由于居民税在居民家族开支中的比重增加，国家商品零售价格的上涨，以及居民存款中约有 1/5 长期得不到实现等因素，苏联居民实际收入的增长速度落后于名义收入的增长速度。[2]

由于采取了一系列重要的社会措施，庄员同职工的实际收入水平渐渐接近：1970—1985 年庄员家庭人均实际收入占职工家庭人均实际收入的比重，由 80% 提高到 90% 以上。1970 年居民家庭人均收入超过 100 卢布的比重只有 18%，1985 年已提高到 60% 以上。这表明，苏联居民大多数家庭的实际收入已经超过维持起码生活所需要的水平。

（三）居民的物质消费水平

20 世纪 60 年代以来，苏联居民的实际物质消费水平相比过去有了较

---

[1] 金挥主编：《苏联经济概论》，中国财政经济出版社 1985 年版，第 369 页。
[2] 1970—1983 年国营零售价格指数增长 8%，其中食品价格指数增长 10%。

大提高，消费结构也有了明显改善，工业消费品所占的比重不断提高，食品比重逐渐下降。

在居民的食物消费中，出现了多淀粉食物消费量下降，高蛋白质食物的消费量增加的趋势：1965—1985年，居民每年人均的粮食制品的消费量由156公斤减少到133公斤，土豆的消费量由142公斤减少到104公斤。而肉和肉制品的消费量由41公斤增加到61.4公斤，奶和奶制品由251公斤增加到323公斤，蛋类由124个增加到260个，鱼和鱼制品由12.6公斤增加到17.7公斤，糖由34.2公斤增加到42公斤，植物油由7.1公斤增加到9.7公斤，瓜菜由72公斤增加到102公斤，水果和浆果由28公斤增加到46公斤。从摄取热量的角度来看，苏联居民消费的食物已相当于甚至超过西方国家的水平。

苏联居民人均的非食品消费品的消费量也稳步增加。据苏联资料显示，1965—1985年人均布匹的消费量由26.5平方米增加到37.1平方米，针织外衣由0.9件增加到2.1件。同时，在非食品消费品生产供应方面，苏联存在两个尖锐的问题：一是高质量的、符合居民需要的商品常常短缺或供不应求；二是大量的商品因质量低劣卖不出去而长期积压。

苏联居民耐用消费品的消费量也明显增加。据资料显示，1965—1985年城乡居民按每百家拥有量计算：电视机由24台增加到101台，冰箱由11台增加到101台，洗衣机由21台增加到78台。

苏联从1965年开始向居民大量销售小汽车。70年代初每年的销售量在10万辆以上，80年代后期每年的销售量超过100万辆。据有关材料显示，80年代初苏联每千名居民中平均有25辆小汽车，低于西方发达国家和东欧一些国家。

苏联居民的物质生活水平较以往得到了提高，但城乡居民的生活条件还存在一定的差距，苏联农村的各种生活服务设施、医疗卫生条件、教育水平和文化娱乐活动仍然大大落后于城市，这也造成许多农村青年不安心居住在农村，纷纷流入城市。

结　语

苏联是个多民族国家。苏联民族主要由东斯拉夫民族（俄罗斯人、乌克兰人和白俄罗斯人），欧洲地区的非斯拉夫民族（鞑靼人、楚瓦什人、巴什基尔人、莫尔多瓦人、乌德穆尔特人、马里人、立陶宛人、拉脱维亚人、爱沙尼亚人、卡累利阿人、维普斯人、科米人、科米—彼尔姆人、涅涅茨人、摩尔多瓦人等)、高加索诸民族(阿塞拜疆人、格鲁吉亚人和亚美尼亚人),中亚诸民族[乌兹别克人、土库曼人、哈萨克人、吉尔吉斯人、卡拉卡尔帕克人、维吾尔人和为数不多的库尔德人、俾路支人、中亚(布哈拉)犹太人、阿拉伯人、波斯人和茨冈人],西伯利亚地区诸民族(布里亚特人、雅库特人和图瓦人)等组成。

苏联的民族人数和人口分布状况均存在较大差别。比如人数最多的民族俄罗斯族人口超过 1 亿,几乎占全苏人口的一半,是苏联人口最多的民族。百万人以上的民族有 19 个,1 万人以上的民族有 53 个,而最小的民族还不足百人;1979 年苏联人口普查资料显示,全苏拥有人口 2.624 亿,其中 73.6% 居住在欧洲部分,26.4% 生活在亚洲部分。十月革命胜利时,人口是 1.63 亿。经过 70 多年社会主义建设,全国人口几乎翻了一番。但是,与之相伴相生的是人口出生率下降和人口老龄化问题。

据苏联统计材料计算,1967 年苏联居民的人均国民收入已经超过 1000 美元,80 年代中后期超过 2000 美元。就整个生活水平而言,苏联居于世界的中等水平,普遍低于发达的资本主义国家。为了提高居民的物质生活水平,苏联政府把增加劳动报酬作为提高生活水平的主要来源,扩大社会福利在居民收入中的比重。

苏联居民收入主要由三部分组成:劳动报酬、社会福利和个人副业收入。20 世纪 70—80 年代,苏联居民的实际物质消费水平相比过去有了较大提高,消费结构也有了明显改善,工业消费品所占的比重不断提高,食品比重逐渐下降。

苏联在提高居民生活水平过程中,面临着不少问题和麻烦。长期以来,苏联大力发展重工业,把大量资金用于扩军备战,而忽视发展轻工业,农业产量受自然因素影响起起落落,人民的日常用品和食品得不到正常供应。

第五节　20 世纪 70—80 年代苏共主导的改革

20 世纪 70 年代末期到 80 年代初,可谓苏联解体前的一个特殊历史时期,先后经历了勃列日涅夫、安德罗波夫、契尔年科三位苏共总书记执政。如果把安德罗波夫和契尔年科的短暂执政看作是戈尔巴乔夫执政前的过渡期，那么我们可以把这段历史划分为两个阶段：勃列日涅夫时期和安—契时期。

一 勃列日涅夫主导的改革（1964—1982年）

勃列日涅夫时期，经济改革主要是由苏联部长会议主席柯西金主持推行的，也有人把这一时期的改革称为柯氏改革。由于这个时期勃列日涅夫是苏联的头号领导人，在高度集权的体制下，勃列日涅夫对苏联重大的决策发挥着主导作用，勃氏本人曾一度积极支持改革，但改革的中止也与其密切相关，因此笔者仍然称之为勃列日涅夫改革。

勃列日涅夫上任后，对苏联的经济体制进行了一定的调整和改革。1965年9月，苏共中央全会讨论了现行经济体制，并通过了《关于改进工业管理、完善计划工作和加强工业生产的经济刺激的决议》。10月，苏共中央和部长会议颁布了《关于完善计划工作和加强工业生产的经济刺激的决议》和《国营生产企业条例》，决定从1966年开始推行新经济体制。

新经济体制的基本内容是：改进计划工作，扩大企业权力，加强经济核算，加强经济刺激，改变物资供应方法。调整工业品的批发价格，保证正常工作的企业都有必要的利润和大体相当的盈利率。"新体制"是在经过广泛讨论和试点的基础上形成的，其实质是用经济方法代替行政方式管理经济，目的在于调动企业生产经营的积极性。

从1966年起，苏联开始试验推广"新体制"。1968年5月，苏联召开全苏经济会议，对"新体制"进行全面推介，要求1969年把"新体制"推广到整个国民经济领域。

1969年，实行"新体制"的企业有36000多家，其产值占工业总产值的83.6%。到1970年，实行"新体制"的企业突破42000家，产值占工业总产值的93%。"新体制"的改革已全面实行。

新经济体制实行的最初几年，取得了比较明显的效果。1965—1970年，苏联国民经济收入每年递增7.7%，工业劳动生产率每年递增5.7%，两者都超过了改革前的"七五"计划期间的增长率，整个工业企业的利润率也从1965年的13%提高到了1970年的21.5%。

为了解决改革中出现的各种新问题，1973年3月苏共中央和部长会议通过了《关于进一步完善工业管理的若干措施》的决议。试图通过合并企业，建立生产联合公司和工业联合体等形式，减少管理层次，改进管理体制，或"部—工业联合体—生产联合公司"三级体制。但由于改革损害了某些领导干部的既得利益，阻力很大，合并企业并建立联合公司的工作进展缓慢。

面对改革取得的成绩，勃列日涅夫误认为是计划工作的功劳，而非"新体制"的成效。他对柯西金向企业放权的做法十分不满，对"新体制"的进一步实施不以为然，对改革妄加评价，并指责柯西金"要好好工作，而非改革"。

1973年3月，勃列日涅夫在苏共二十四大的报告中，避而不谈改革，而是突出计划工作。他在会上强调，"计划工作是社会主义条件下国民经济领导的中心环节和核心"。"我国社会主义经济的所有成就都是同经济的计划经营紧密联系的。未来的经济成就也将在很大程度上取决于计划工作的质量。"到了20世纪70年代中期，苏联的新经济体制改革偃旗息鼓。

1979年7月，苏共中央和部长会议又通过几项决议，极力主张通过建立长期计划、中期计划和短期计划来改进计划工作，并把评价企业的重要指标由销售额改为定额净产值。但是，受勃列日涅夫的影响，这些措施均未涉及基本的体制改革，只不过在技术、主张上作一些变动而已，因而旧体制对生产的阻碍越来越大，经济增长率越来越低，工业总产值的年增长速度由1966—1970年的8.4%下降到1982年的2.8%。

在农业方面，苏联为改变赫鲁晓夫后期农业的困难局面，制定并加强了一些发展农业生产的措施。其主要措施如下：

大量增加农业投资，增加农业物质技术基础，注意用经济方法管理农业，改革农产品的计划采购制度，对个人副业生产采取稳定的鼓励政策，取消赫鲁晓夫执政后期对个人副业的各种限制，把国家和集体协助个人经营副业的内容写进新宪法，提高农民经济收入和福利水平。

这些措施对调动农民积极性、促进农业生产起到了良好作用。但是，由于苏联农业现代化水平较低，抗灾能力差，加上农业管理体制上的弊端，产量极不稳定，20世纪70年代后期连续四年歉收。苏联农业问题仍未根本解决。

总结勃列日涅夫时期的改革，苏联政治体制并没有发生什么根本变化，只是在下列方面作出一些恢复与调整。

(一) 苏共集权体制的恢复

赫鲁晓夫把苏共分为工业党和农业党的做法不但没有使党更好地领导经济,反而破坏了党的团结和统一。根据1964年11月苏共中央全会的决议,勃列日涅夫把1962年11月改组的州、边疆区的工业党组织和农业党组织合并,恢复统一党组织,设立统一的州、边疆区党委会。这是勃列日涅夫时期在党的领导体制上的一个重要变动。

(二) 部门管理体制的恢复

从1965年起,苏联撤销了苏联部长会议最高国民经济委员会、苏联国民经济委员会,以及各加盟共和国和各经济区的国民经济委员会,把国家生产委员会和国家委员会改组为部,并增加了一些新部。到1967年,苏联共有25个全联盟部,30个联盟兼共和国部,7个部长会议国家委员会和9个部长会议所属的其他机构。到1978年7月苏联部长会议颁布时,苏联已有32个全联盟部,30个联盟兼共和国部,6个全联盟国家委员会,12个联盟兼共和国国家委员会,20余个部长会议所属的其他机构。

(三) 实行个人集权,废除干部更新制度

赫鲁晓夫下台后,取而代之的苏共高层是一个"三驾马车"式的班子,勃列日涅夫任苏共中央第一书记,米高扬任最高苏维埃主席团主席,柯西金任苏联部长会议主席。1965年12月,波德戈尔内代替米高扬任最高苏维埃主席团主席。此后,这一"三驾马车"式班子维持了很长时间。直到1977年和1980年,勃列日涅夫先后免除了波德戈尔内和柯西金的职务,"三驾马车"式班子解体。勃列日涅夫揽党、政、军三权于一身,搞起新的个人崇拜。

(四) 继续强调加强社会主义民主与法制建设

制定新宪法是这一时期苏联民主与法制建设的最大成果。1936年苏联《宪法》颁布之后的几十年,国内外状况发生了很大变化。但是,宪法却一直延续下来没有任何改变。勃列日涅夫上任后把制定新宪法作为完善和发展苏联政治体制的一项重要任务。经过反复讨论与修改,1977年10月7日,苏联第九届最高苏维埃第七次非常会议审议通过了《苏联社会主义共和国宪法》(根本法),使苏联政治体制基本定型化。有苏联学者认为,1977年宪法的主要特点之一,在于它反映了社会主义民主的扩大和深化,但实际上新宪法的民主法制原则大多停留于一纸规定。与经济方面相比较,勃列日涅夫在政治方面尤其是在后期趋于保守、僵化,传统政治体制变得更加完善,其弊病也更加严重。①

分析发现,虽然经济体制改革半途而废,但是苏联在勃列日涅夫时期保持了长时期政治稳定和经济发展。尤其是在前十年苏联经济取得了很大成就,缩小了与美国的差距,人民生活水平有了不小的提高,在军事上取得了对美国的战略优势,在对外政策上也取得不少收获,特别是在20世纪70年代前半期的收获较多。

但是到了勃列日涅夫晚年,苏共党内思想保守僵化,不思进取,政治体制由稳定走向僵化,党政不分,权力日益集中,干部老化,产业结构畸形发展,军备竞赛给国民经济造成重大压力,苏联国力由盛而衰。可以说,勃列日涅夫时期是苏联孕育全面危机时期,也是苏联由强而衰的关键转折时期,为后来的苏联剧变埋下了伏笔。勃列日涅夫去世之后,苏联广大党员和群众殷切期待新一任领导人能以崭新的面貌出现,更盼望着苏联历史能够翻开新的一页。②

二 安—契主导的改革(1982—1984年)

安德罗波夫主政后,开始着手一系列的整顿和改革。这与他的经历和思想有比较密切的联系。安德罗波夫学识渊博,颇有才气,具有知识分子的气质,为官清廉。特别是他长期主持苏联国家安全委员会的工作,对苏联国内政治社会状况有十分清晰的认识和了解,内心有独立的见解和看法。因此,他上任伊始,便采取了与前任不同的一系列新的比较务实的举措。

(一)提出发达社会主义"起点论"

在相当一段时期内,苏联等社会主义国家对社会主义社会发展阶段的认识问题,存在"超阶段论"的认识错误。早在斯大林当政时期,他就提出了向共产主义过渡,赫鲁晓夫执政时期提出了"发达社会主义"理论。社会主义国家在社会发展阶段问题上的"超阶段论",违反了生产力与生产关系相适应的基本原理。

安德罗波夫对发达社会主义理论提出了重大修正。1982年4月23日,安德罗波夫在纪念列宁诞辰112周年大会的报告中提出,20世纪后

---

① 王立新:《苏共兴亡论》,中共中央党校出版社2007年版,第125—129页。
② 同上书,第133页。

几十年苏联面临的任务是完善发达社会主义,而且目前苏联正处在这一漫长历史阶段的开端。由于当时他尚未担任总书记,他个人的认识未能影响到党中央的认识,因此无法成为全党的共识。

1983年3月,安德罗波夫在为纪念马克思逝世100周年而写的文章《卡尔·马克思的学说与苏联社会主义建设的若干问题》中,重新强调了苏联处于完善发达社会主义漫长历史阶段的起点,指出发达社会主义不仅是一个很长的历史时期,而且它本身又划分为若干阶段。"起点论"是对"超阶段论"的有力修正,使苏共对苏联社会生产力水平的认识更加符合实际,它一经提出,立刻引起国内外的广泛关注。[①]

(二)整顿纪律与反腐

安德罗波夫的改革首先从整顿纪律、整治腐败入手。他认为,整顿秩序不需要任何投资,而效果会很好。因此,苏共中央专门召开会议,讨论加强劳动纪律和生产纪律的问题。针对干部老龄化、腐败严重、劳动纪律松弛、浪费和盗窃现象严重等问题,安德罗波夫都采取了有力措施。

他安排苏共中央政治局和部长会议专门开会作出决定,批评某些高级部门的领导,责成他们改变作风,提高效率。对拒不改正、违法乱纪的干部,坚决予以撤职、惩处。为了提高工作效率,他加重了对违法乱纪者的惩罚,一些违法者甚至被解除劳动合同。鉴于相当普遍的酗酒现象已经严重妨碍了正常的生产秩序,破坏了劳动纪律,他开展了大规模的反酗酒运动,甚至动用克格勃拿捕、惩处酗酒者。针对旷工、怠工现象,安德罗波夫专门组织党的干部在白天突袭检查电影院、体育场、浴池等公共场合,对那些在上班时间脱离工作岗位的人严加惩处。勃列日涅夫生前好友、内务部长谢洛科夫成为因腐败落马的第一人,此后安德罗波夫进行了一连串的人事变动。在他执政的13个月中,撤换了近20%的州委第一书记,22%的部长会议成员,以及中央机关一大批高级领导干部。

(三)改革经济体制

在1982年11月的苏共中央全会上,安德罗波夫提出要加速经济体制改革。他认为,当前阻碍苏联经济发展的主要因素是体制问题,必须通过改革完善生产关系,以适应已经发生质变的生产力。他强调扩大企业的自主权,在1983年苏联党中央六月全会上,他指出,"我们在社会发展上现

[①] 王立新:《苏共兴亡论》,中共中央党校出版社2007年版,第135页。

在已经接近这样一个历史阶段：生产力的深刻质变以及与此相适应的生产关系和完善不仅已经迫在眉睫，而且已经势在必行。这不仅是我们的愿望，也是客观的需要，这种必要性我们既无法绕过，也无法回避"。①

1983年7月，苏联颁布了关于扩大企业自主权的协议，1984年1月在乌克兰、白俄罗斯、立陶宛进行试点。在农业领域，大力推广集体承包制。到1983年10月，苏联作业队和小组承包数达到153万个，承包土地4000万顷，占全国耕地的18%。除此之外，在工业和建筑业中也进一步推广和完善了作业队组织形式，有力促进了生产力的发展。

但由于安德罗波夫本人是在斯大林体制下成长起来的，在一定程度上受到"左"的理论束缚，致使改革成效有限。安德罗波夫逝世后，保守势力把契尔年科推上了总书记宝座，年老多病的契尔年科不但不能推进改革，也没能处理日常事务，致使苏联白白浪费了13个月，再度错失改革的机遇。

三　党内外出现深度改革的呼声

事实上，上述两次半途而废的改革，并没有对苏联政治和经济体制产生根本影响。反而，高度集权的政治体制弊病不断显露，政治僵化、贪腐盛行，人民生活日益艰难，社会出现深度改革的呼声。在这种改革的呼声中，以精英阶层为主的持不同政见者成为代表。

在勃列日涅夫执政期间，苏联政府一度采取措施，大力镇压持不同政见者。社会表面风平浪静，实则暗流涌动，关于改革的呼声从未停止。持不同政见者呼吁改革弊病的声音，是苏联高度一致的意识形态表面下的一股暗流。

事实上，持不同政见者在斯大林时期就已存在，赫鲁晓夫在苏共20大上号召批判斯大林，使这支队伍日益壮大。他们逐渐从初期单纯批判斯大林的专制统治，发展到对苏联意识形态和政策的反思，呼吁人权和民主。1964年10月，赫鲁晓夫因"健康问题"被迫下台后，继任的勃列日涅夫开始收紧社会思潮，强化对意识形态的控制。20世纪70年代，苏联当局加强对持不同政见者的镇压力度，逮捕大批持不同政见者，查抄"私下出版物"，致使持不同政见者的活动明显减少，不过一些坚定的改

---

① 邢广程：《苏联高层决策70年》，世界知识出版社1998年版，第348页。

革派代表依旧活跃着，萨哈罗夫就是其中的代表性人物之一。

萨哈罗夫在苏联研制氢弹事业中做出过卓越贡献，曾三次荣获"社会主义劳动英雄"称号。1957年，他开始关心政治问题，并认识到核试验的毁灭性后果。1968年，萨哈罗夫发表《关于进步、和平共处和思想自由的思考》一文，呼吁苏美和平共处，停止军备竞赛，他因此遭到当局压制。他还多次上书勃列日涅夫，要求民主。1973年，苏联当局取消萨哈罗夫的英雄称号和其他嘉奖，并在报刊上对他进行公开批判。1975年，萨哈罗夫获诺贝尔和平奖，苏联政府拒绝他出境领奖。1980年，由于强烈抗议苏联出兵阿富汗，萨哈罗夫被放逐到小城高尔基。

持不同政见者运动的发展，在一定程度上反映了人民群众对现状的不满和希望改革的意愿。但勃列日涅夫视这些呼声为颠覆社会主义制度的先声，采取清一色的镇压手段，这给苏联的发展埋下了隐患。

1982年勃列日涅夫去世后，苏联农业极度滞后，消费品严重短缺，苏共腐败严重，越来越脱离群众。安德罗波夫继任后，采取了多种措施，在政治、经济等领域展开整改。他对勃列日涅夫提出的苏联已经建成"发达的社会主义"的说法进行纠正，认为"苏联正处在发达社会主义漫长历史阶段的起点"①，这有助于人们正确认识苏联所处的发展阶段，并为苏联政治、经济改革奠定理论基础。安德罗波夫的改革措施使苏联出现好转趋势，但是其很多抱负还没有来得及施展，就因病去世。此后继任的契尔年科成为一个过渡性领导，他甚至发表了比安德罗波夫更加激进的改革言论，鼓励干部"进行合理的冒险"。可惜他执政刚刚13个月，就抱病去世。苏联政权过渡到戈尔巴乔夫手里，苏联由此步入全面改革时期。

结　语

在认真研究苏联社会发展史和新闻传播史过程中，笔者发现一个奇怪现象，在戈尔巴乔夫提倡和主导经济和政治改革之前，以勃列日涅夫和安德罗波夫等为首的苏共中央一直在强调改革。

勃列日涅夫上任后，对苏联经济体制进行了一定的调整和改革。特别

---

① ［苏］安德罗波夫：《卡尔·马克思的学说与苏联社会主义建设的若干问题》，苏《共产党人》1983年第3期。

是先后通过和颁布了《关于改进工业管理、完善计划工作和加强工业生产的经济刺激的决议》《关于完善计划工作和加强工业生产的经济刺激的决议》和《国营生产企业条例》，决定从1966年开始推行新经济体制。其主要目的是为了改进计划工作，扩大企业权力，加强经济核算，改变物资供应方法，以充分调动企业生产经营的积极性。新经济体制实行的最初几年，取得了比较明显的效果。

但是，面对改革取得的成绩，勃列日涅夫误认为这是计划工作的功劳，而非"新体制"的成效。他主张加大计划工作力度，避免冒进改革，以解决改革中存在的困难，取得更多成绩。所以，到了20世纪70年代中期，苏联的新经济体制改革偃旗息鼓，重新回到了高度集中的计划体制之中。

到了安德罗波夫主政时期，干部队伍老龄化，以权谋私之风盛行。企业干部队伍不稳，无人经营、无人负责现象相当严重。为了谋求世界霸主的地位，苏联军费开支占到国家预算的40%，军工产值占社会总产值的20%。这些给苏联经济造成了严重的负担和损伤，人民生活无法得到改善和提高。由于自身健康原因，安德罗波夫担任苏共中央总书记之后，决心马上变法改变这种局面，但他还是力不从心，遗憾地离开了人世。契尔年科继任后同样因为健康原因很快离世，没能实现改革大计。可以说，勃列日涅夫、安德罗波夫和契尔年科所主导的改革，是两场半途而废的改革。面对国内外强大的压力，如果不进行改革，苏联将面临穷途末路。

第二章 苏共晚期媒介生态

到20世纪80年代中期，苏联共产党带领国家走过了建国初期的内战、社会主义建设事业探索、斯大林社会主义模式全面建立、第二次世界大战卫国战争、战后苏美争霸等各个时期，苏联经济崛起又陷入停滞等阶段，媒介伴随着国家政治生活主题的变换、演进、发展，历经列宁时期、斯大林时期、赫鲁晓夫时期、勃列日涅夫时期，至20世纪70—80年代，呈现出独特的媒介生态图景。

20世纪70—80年代的苏联，不仅在政治、经济、军事等方面成为与美国并列的世界超级大国，也成为世界媒介强国。苏联的图书、报刊、广播、电视等无论在数量上，还是规模上都位居世界前列，形成了以苏联为中心的社会主义新闻事业阵营。下面，我们分别从媒介政策、媒介资源、媒介技术和媒介环境对苏共晚期即戈尔巴乔夫改革前的媒介生态进行考察。

第一节 苏共晚期媒介政策

一 媒介政策内涵

（一）关于政策概念

政策是指国家政权机关、政党组织和其他社会政治集团为了实现自己所代表的阶级、阶层的利益与意志，以权威形式标准化地规定在一定的历史时期内，应该达到的奋斗目标、遵循的行动原则、完成的明确任务、实行的工作方式、采取的一般步骤和具体措施。政策是国家意识形态的重要构成和体现。简单地说，政策是国家或政党为了实现一定历史时期的路线和任务而制定的国家机关或政党组织的行动准则。

政策具有阶级特征，是阶级利益的观念化、主体化、实践化反映。在阶级社会中，政策只代表特定阶级的利益，从来不代表全体社会成员的利益，不反映所有人的意志。就表现形态而言，政策不是物质实体，而是外化为符号表达的观念和信息，它由有权机关用语言和文字等表达手段进行表述。

作为国家的政策，一般分为对内与对外两大部分。对内政策包括财政经济政策、文化教育政策、媒介政策、军事政策、宗教政策、民族政策等。对外政策即外交政策。对内政策与对外政策往往相互关联，相辅相成。[1]

(二) 关于媒介政策概念

媒介政策是国家政策组成部分之一，是指一个国家的政府或政党对其所属的大众传播媒介事业进行指导与管理，并根据本国政治、经济、文化等发展需要所制定的各种传播方针、路线、法规的总称。媒介政策衍生于国家特有的社会政治、经济、文化体制，受历史传统、民族、宗教等因素的影响，并随着社会的发展变化而演变。同时，大众传媒与政治和社会生活相互作用，媒介政策的变化促进传播实践的改变，又反作用于社会政治生活等领域。

媒介政策一般包括宏观和微观两个方面：宏观媒介政策包括媒介法规、所有制形式、运行指导方针、经营原则、出版审查制度等；微观媒介政策包括具体的媒介产品的内容制定、经营范畴、人员安排等。

作为上层建筑的一部分，媒介政策带有鲜明的阶级性和时代性，任何国家或政党都会制定符合本阶级利益的媒介政策管理信息传播事业。媒介政策对媒介传播实践具有重要的指导意义。

具体地说，媒介政策是政府或政党对所属的图书、杂志、报纸、广播、电视、电影、互联网等各种传播媒介而制定的政策。

在媒介政策中起决定性作用的是新闻政策。这里所说的新闻政策，是指政府或政党对报纸、杂志、广播、电视等的新闻报道规定的活动准则。广义上的新闻政策包括新闻事业管理的政策、新闻报道的政策、新闻队伍的建设方针等。狭义上的新闻政策主要是指新闻报道的政策，有时又以宣传纪律的形式出现。具体包括：能报道什么，不能报道什么，着重报道什么，一般报道什么，以及报道中应该注意些什么等。不同的政党和政府的

---

[1] http://baike.baidu.com/link?url.

新闻政策各不相同,同一个政党、政府在不同时期的新闻政策也会有所不同。

新闻政策的某些重要内容,若以法律形式加以规定,就成了新闻法。新闻政策与新闻法规有区别,又有密切的关系。在没有新闻法的情况下,执政党和政府制定的新闻政策,在相当程度上起新闻法的作用;在新闻法已经制定,但尚不完备的情况下,根据形势需要制定的新闻政策,对新闻法起补充作用。①

在媒介生态系统中,媒介政策与制度对媒介发展起着主导作用,直接决定着媒体发展的方向。媒介政策作为国家制度的组成部分,它往往反映特定社会和国家的性质。

(三) 苏联媒介政策的特点

十月革命不仅开创了世界历史的新纪元,也开创了世界新闻传播史的新纪元,苏联的媒介政策开创了社会主义国家新闻事业的管理模式。作为人类历史上第一个社会主义国家,苏联的新闻传播事业与西方其他资本主义国家相比,无论是媒介组织、控制方式、传播内容还是经营管理,都有不同于以往的鲜明特点,其媒介政策深深打上了马克思主义媒介和新闻思想的烙印。

其显著特点是,没有成文的新闻法规。苏联传媒接受苏共和政府双重管理。一方面是苏共内部的专门报刊管理机构,其中包括苏共中央出版局、中央宣传鼓动部,以及后来的中央文化宣传部报刊司、苏共中央报刊与出版部等。另一方面是政府的管理系统,其中包括由1917年人民委员会下设的国家出版局发展而来的苏联国家出版、印刷与图书贸易委员会等。理论上讲,党负责把握宏观的出版政策,起监督和检查作用。而政府机构则负责具体事项的管理,如贯彻执行党的政策、审批出版计划、做财务预算和管理书刊发行程序中的具体事情等。② 但实际上,二者界限模糊不清,苏共往往取代政府机构,成为最高和最直接的管理者。

在苏联,报纸的宣传方针和任务是根据苏共中央不同历史时期的方针、政策而定的;而苏共的路线、方针、政策常具体化为党的文件,下发给所属的报社及其他媒体,令其依照执行。所以,对苏共媒介政策的考

---

① http://baike.baidu.com/link?url.
② 李玮:《转型时期的俄罗斯大众传媒》,上海外语教育出版社2005年版,第3页。

察，主要看苏共党代会的决议，以及领导人的讲话和批示。此外，由苏共内部的专门报刊管理机构所颁发的各项规定和文件，也是苏共媒介政策的主要组成部分。这些机构包括苏共中央出版局、中央宣传鼓动部，以及后来的中央文化宣传部报刊司、苏共中央报刊与出版部等。

二　苏共当年推行的媒介政策

（一）20世纪70—80年代苏共媒介政策的核心

20世纪70—80年代，苏联传媒事业经过半个多世纪的探索与发展，形成了如下具有苏联社会主义特色的媒介政策与新闻体制。

1. 传媒公有制

十月革命胜利后，公有制在苏联建立。传媒事业作为国家政权的组成部分，一律实行公有制。传媒开展各种活动所需的经费、资源和技术，全由国家和各级政府通过行政手段，直接划拨和财政补贴。报社大楼、印刷场所、广播电视工作设施等均由国家提供，纸张、油墨等生产原料由国家统一供应，技术、设备由国家按需配给，工资由国家财政统一下发，人员为国家编制。媒体完全按照计划经济模式运作，在经济上无后顾之忧。

在公有制国营模式下，新闻媒体的根本任务是服务于苏共和国家政府。媒体所有的信息来源，媒体报道什么不报道什么，皆由上级部门提前指示，媒体没有独立的信息采集权利，是单向自上而下的信息传播模式。报刊如何发行与订阅，广播电视如何推广，报纸和广播电视办得好坏，受众的好恶皆与编辑部没有关系。传媒只需对上级负责，无须对下级负责。

由于新闻媒体全由国家包办，从根本上消除了新闻出版和广播电视的营利动机。作为西方传媒事业最重要资金来源的商业广告，在苏联不能发挥其营利功能。新闻媒介生存只依靠对党和国家工作大局的服务，而不依赖广告和发行收入，这跟西方新闻媒介经营模式截然不同。

2. 苏共对传媒事业的绝对领导

早在1905年11月26日，列宁在《党的组织和党的出版物》一文中详尽论述了党的出版物必须恪守党性原则，指出党的报刊必须无条件地宣传党的思想和纲领，成为各个党组织的机关报，党中央机关报应成为全党思想上的中心。[1] 在列宁的新闻思想中，党报是无产阶级政党的机关报，

---

[1] 《列宁全集》（第二版）第12卷，人民出版社1987年版，第93—94页。

肩负着维系党的思想组织建设的任务，必须遵守党的指示，服从党的领导。

在列宁新闻思想的指导下，苏联传媒全部由苏共领导，从形式到内容都要接受党的领导和严格的管制与审查。苏共对传媒事业的行政领导主要通过以下三种形式进行：

第一，各级新闻单位的工作人员和负责人，均由同级党委按照一定的组织程序考察、选拔和任免，同时还要接受党的严格训练。

第二，各级党委要定期讨论并研究新闻机关的工作，在新闻政策、编辑方针和重大问题的处理上，给予必要的指示。凡是党和政府的重大措施，如政治运动、工业计划、农业计划等，新闻机构务必要得到党的指示后，才能以各种方式宣传。

第三，利用党的合法机构和组织对报纸进行指导监督。苏共中央设有主管宣传的中央宣传部，该部对所有苏联报刊的组织、人事、经费、言论具有直接发布命令、指导监督及考察奖惩之权。同时，中央报纸的领导人由党中央直接任命。地方报纸除接受中央宣传部的领导外，还需服从同级党委的领导。[①]

3. 媒介管理高度集权

苏共晚期媒介的组织架构与国家行政体系一样，采取垂直的管理模式。党中央宣传部对所有媒介的组织、人事、经费与编辑方针和言论，具有直接发布命令、指导监督和考察奖惩的权力，即"指导性"和"督导性"二位一体的管理方式。在编辑部门的内部管理上，在沿用斯大林时期的"同级党报不得批评同级党委原则"[②]的同时，强化了编委会制度，即"以总编辑为首的编辑委员会根据加盟共和国共产党中央、边疆区委员会和州委员会的指示，对报纸进行经常的思想政治领导和组织领导，指导编辑机关、出版处和印刷所的活动"[③]，党通过编委会制度领导和审查媒体工作，以组织的力量保证传媒不会偏离党和政府利益。同时，在人员的使用上，运用行政命令来安排媒介人员流动。考评的标准是其政治忠诚度，而非专业水准。以职位晋升来激励媒体人员，以优厚的福利"驯化"

---

① 张昆：《中外新闻传播史》，高等教育出版社2008年版，第203页。
② 靖明：《斯大林时代党报不得批评同级党委原则及其对我国新闻批评的影响》，《新闻知识》2004年第11期。
③ 程曼丽：《外国新闻传播史导论》，复旦大学出版社2009年版，第155页。

媒体领导者。

（二）宣传和组织是大众传媒的主要功能

信息传递、舆论监督、娱乐营利等本是大众传媒的基本功能，但在苏联，传媒功能却被列宁界定为"报纸的作用并不只限于传播思想、进行政治教育和争取政治上的同盟者。报纸不仅是集体的宣传员和集体的鼓动员，而且是集体的组织者"。①

由此可见，政治宣传和思想教育是苏联新闻媒介最基本的职能。新闻信息的报道要符合党和人民的利益、要符合政治的需要，负面消息因不利于发挥社会主义制度的优越性因而不能出现在报刊上。舆论监督要在党的领导下进行有限监督，并且不能对同级或上级党委进行监督。娱乐、营利等功能是属于资本主义新闻事业的，要予以批判。

对西方的意识形态进行批判是苏联大众传媒的重要功能之一。在冷战思维指导下，面对美国的对苏宣传，苏联"报纸最重要的责任就是对资产阶级的意识形态展开进攻，并且积极反对某些文学、艺术和其他与苏联社会的社会主义意识形态格格不入的观点"②。

（三）严格的出版审查与缜密的传媒发展计划

1922 年，苏联成立"报刊保密检查总局"负责对新闻出版物和其他资料进行检查，以加强政治、经济、军事安全的管制措施。它采取预检和事后检查两种方法，有权禁止那些煽动反对政府、泄露国家机密、煽动民族主义与宗教狂热及色情引诱的材料的出版与发行。

为加强对意识形态的管制，1966 年 8 月出版总局再次被列为隶属于部长会议的一级单位，并重新制定了新的书报检查工作条例；1967 年增设国家安全局第五局，共同加强对出版工作的管制。前者负责对即将或者已经刊登的书籍、报刊进行检查；后者负责对阅读禁书及违反相关规则的人与事进行秘密监督。无论是编辑部还是出版社的编辑，都必须服从苏联书刊保密局的领导，而苏联书刊保密局的行动又常常在克格勃的监督之下。

苏联"报刊保密检查总局"与国家安全委员会一起开展书刊检查方面的工作，为苏共中央提供详尽的有关国家文化与社会生活、知识分子的

---

① Ленин В. И. Полн. Собр. Соч. Москва：Советская школа Изд. No 5.
② 张丹：《〈真理报〉的历史变迁和经验教训》，《新闻与传播研究》2001 年第 3 期。

意见和情绪、国外媒体对他们的反响等信息。苏联的各部门，无论是各种科学研究所、高等院校，还是新闻社、塔斯社、苏联国家广播电视局、报纸、杂志等大众传媒都在书刊检查的严密监控之下。无论是图书、报纸等纸张出版物还是广播电影电视等视听节目，包括外国输入苏联的电影、书籍、邮件及在苏联举办的国际展览会、国际电影节等都要经过严格审查。

鉴于报刊、广播、电视、通讯社等是苏共和政府事业的组成部分，苏共和政府十分重视大众传媒事业的建设，并把它纳入整个国民经济发展的计划之中，从而在根本上消除了基于媒介私有制的自由竞争。报刊、广播、电视等新闻传媒按计划分布于全国各地区，并在多重专门化方式下，互相配合，为广大受众服务。就报纸而言，在横向上有各种不同类型的报纸为不同的团体、行业、年龄层次的读者服务；在纵向上，又有不同级别的报纸服务于不同区域的读者。报刊、广播、电视事业规模的扩张，亦在国家宏观规划的范围内，确定年度指标。这就保证了新闻事业作为社会整体的一部分，能够与社会同步发展。

三 苏共不同领导人时期推行的媒介政策

（一）列宁时期的媒介政策

列宁是无产阶级革命家、政治家和职业新闻工作者，苏维埃政权的创建人。列宁一生的革命活动都与新闻出版事业紧密相关，他参与和组织了大量报刊的创建实践，提出和论证了独具特色的党报理论，制定了一系列布尔什维克党领导下的新生苏维埃政权的媒介政策，开创了具有苏联特色的社会主义媒介体系。

十月革命胜利后，孟什维克和社会革命党人仍在出版自己的报纸，由大垄断资本家提供资金的报纸协会也在继续他们的出版活动。据记载，当时孟什维克有52种报刊，社会革命党有31种，无政府主义者有6种。[①]苏维埃政权建立初期，面临着国内反动的资产阶级和国外帝国主义的武装干涉，报刊作为"资产阶级最强大的武器之一"，其"危险性并不亚于炸弹和机枪"，因此，"不能让这种武器完全留在敌人的手里"，必须采取果断措施，"以制止这种污泥浊水和肆意诽谤，防止黄色和绿色报刊任意玷

---

① 程曼丽：《外国新闻传播史导论》，复旦大学出版社2009年版，第115页。

污人民的初步成果"。① 鉴于这一认识，列宁领导的苏维埃政府通过五个方面的措施剥夺资产阶级的出版自由权。

1. 签署《关于出版问题的法令》

1917 年 11 月 10 日，十月革命胜利后的第三天，《真理报》发布了列宁签署的《关于出版自由的法令》，这是世界上第一个无产阶级专政国家公布的第一个出版问题法令。法令规定：查封那些煽动公开对抗和不服从工农政府，通过恶意中伤歪曲事实来制造混乱，挑动犯罪（即刑事罪的）活动的报刊；可以根据人民委员会的决定，勒令报刊临时或长期停刊。② 在法令颁布后的一个月里，革命军事委员会查封了《新时代报》《言论》《俄罗斯意志》《新俄罗斯》《白昼》等几份对革命事业危害最大的资产阶级报纸，大大消灭了反动报刊对新生政权的恶意攻击和制造舆论混乱。

随着被推翻的资产阶级临时政府发起对苏维埃政权的反攻、内战的加剧和国际武装干涉，资产阶级、孟什维克和社会革命党的报纸公然站在反布尔什维克党和苏维埃政权的立场上，苏维埃政权不得不采取强硬措施，陆续颁布《关于查封拥护临时政府报刊的决定》《关于查封破坏国防的孟什维克报纸的决定案》，到 1919 年底，俄国十月革命前出版的较重要的报刊，除了布尔什维克的报刊外，全部停办或被查封。

2. 颁布《关于成立报刊革命法庭的法令》

报刊调查委员会成立于 1917 年，主要责任是"调查定期刊物同资本的联系，调查他们的经费和收入的来源，捐助者是哪些人，它们弥补赤字的方法直至报馆的整个经济情况"。苏维埃政府希望在这一调查的基础上，加强对资产阶级报刊的监督管理并确定对资产阶级报刊的基本政策。《关于出版问题的法令》公布之初，被查封的仅有几家重要的反革命报刊，苏维埃政权的颠覆者还能利用其他资产阶级报纸发表反对苏维埃的言论。

为了监督资产阶级报刊，1918 年 2 月 22 日，人民委员会在《工农政府报》第 30 号上发布由列宁签署的《关于成立报刊革命法庭的法令》，对报刊革命法庭的组成、审理的法律程序等都做了明确的规定，并授权该法庭执行罚款、查封和没收资产阶级报纸等 8 项职责。法令指出，报刊革

---

① 傅显明、郑超然：《苏联新闻史》，新华出版社 1994 年版，第 98 页。

② 同上书，第 99 页。

命法庭"审理利用报刊反人民的各种犯罪活动","利用报刊进行犯罪活动是指虚假地和歪曲地反映社会生活现象的各种报道,因为这种报道是对革命人民的权利和利益的侵犯,是对苏维埃政权所颁布的出版法的破坏"。

3. 颁布《关于征用印刷所和纸库的命令》

1917年12月26日,列宁根据工兵代表苏维埃中央执行委员会主席团的决议,向负责出版工作的扬科夫斯基下了一道指令:请采取一切必要措施,征用《交易所新闻》印刷所以及该所的全部房舍、机器、印刷材料、纸张和其他财产。

根据列宁的指示,革命军事委员会当日就下达了关于征用资产阶级的印刷厂和纸库的命令:用被查封的资产阶级印刷厂出版包括《真理报》《贫农报》等无产阶级报纸,许多资产阶级印刷厂及储存的全部纸张交彼得格勒军事委员会。

4. 清洗反革命作家,流放驱逐反动报人

人是政治斗争的主体,资产阶级报人是社会主义政权和媒介事业最鲜活的敌人。因此,列宁主张对不甘心失败的资产阶级报人采取强硬手段。一方面,动用报刊革命法庭,对进行挑衅诽谤的编辑和作者进行逮捕和审判。另一方面,在查封反革命报刊的同时,把"这些出版机关中凡有劳动能力的编辑和工作人员都动员去挖掘战壕和修筑其他防御工事"。[1]

此外,列宁还认为反动报刊的编辑、记者、作者是协约国的帮凶、仆从、间谍和教唆犯,因而要把那些为反革命帮忙的作家和教授驱逐出境。

5. 采取行政手段,消除私人报纸

1922年3月,俄共(布)十大通过列宁提议的新经济政策。新经济政策推行,资本主义成分开始活跃,到1922年秋,私人报刊达数百种。

新经济政策实施过程中,社会主义与资本主义之间存在着激烈的阶级斗争。资产阶级通过上述私人报刊制造舆论,反对社会主义政权。列宁指出,这场斗争"是资本主义与共产主义之间拼命的激烈的斗争,即使不是最后一次也是接近最后一次的殊死斗争"[2]。为了保证舆论一律,苏维埃政权采取政治和经济手段,严格控制新闻出版业,私人报刊逐渐消失,

---

[1] 杨春华、星华:《列宁论报刊与新闻写作》,新华出版社1983年版,第617—618页。
[2] 《列宁全集》(第43卷),人民出版社1987年版,第93页。

到1925年私人报刊在苏联全部停办。

通过上述举措，苏维埃政府从报刊的数量、内容、规范、物质资源、人力资源等多个方面，完全限制和剥夺了资产阶级的出版自由，取缔了一切反革命报刊和其他政治派别的报刊。为无产阶级新闻出版事业的开辟创造了良好的物质和社会环境，是无产阶级新闻自由实现的前提。

与此同时，党和苏维埃政府积极在物质、资金上为社会主义报刊的兴办创造条件，建立起从中央到地方的苏维埃报纸、杂志、广播等信息发布网络。

（二）斯大林时期的媒介政策

1924年1月，列宁因病逝世，斯大林成为党和国家的最高领导人。他通过大量的谈话、书信、指示和文件，进一步阐述了新闻出版自由，领导大众传媒进行大规模生产建设宣传，开展批评和自我批评运动，积极开展对外宣传，进行卫国战争的宣传报道等。在他领导下，苏联新闻事业取得了巨大成就，也暴露出不少严重问题。

1. 构建庞大的社会主义传媒体系

斯大林执政后，继续发展地方报纸、专业报纸和杂志，加强通讯员队伍建设，加强对广播、电视、通讯社事业的扶植，试图构建庞大的社会主义传媒体系。

早在1923年俄共（布）十二大通过的《关于宣传、报刊和鼓动问题》中就专门做出创办专业报刊的决定，在斯大林的支持下，20年代后半期，苏联根据读者对象的不同，创办了不同类型的专业报纸。专业报的快速发展，促进了苏联报业网的发展。1928年苏联出版的报纸有1197种，发行量为940万份，1940年猛增到8806种，发行量为3840万份[①]。

1931年，苏共中央在《关于出版工作》决议中特别强调杂志的专业化。30年代在高尔基的倡导和参与下创办了各种中央级杂志，各加盟共和国和自治共和国也先后形成了广泛的杂志网。1940年，杂志出版数多达1822种，一个以党报为主的，从中央到基层、门类齐全、纵横交错的社会主义报刊网络基本形成。

斯大林时期非常重视对传媒人才，尤其是对工农通讯员队伍的培养。随着社会主义报刊网的建立，各类报刊的创办，培养无产阶级新闻工作者

---

① 傅显明、郑超然：《苏联新闻史》，新华出版社1994年版，第121页。

的任务提上议事日程。1925 年 6 月 1 日，苏共中央组织部做出了《关于通讯员运动》的决议，决议认为开展工农通讯员运动是发展新闻事业、普及报刊、吸引广大工农群众参加办报的一项重大措施。为了开展工农通讯员运动，苏联专门创办了《工农通讯员》杂志，以提高他们的业务水平，各报社也为工农通讯员举办培训班，逐渐形成了党和报纸编辑部在业务上直接领导通讯员的特殊制度。

2. 强化党和国家对传媒事业的管理和控制

首先，通过指令让新经济政策无疾而终，非党报刊，包括非党的文学刊物，均被取消；其次，采用计划经济的管理模式将传媒事业纳入国家预算和规划。随着公有制在苏联取得统治地位，苏联的广播电台通过有比例、按计划发展，逐渐将广播电台的建设分布于全国，并相互配合，向各专业方向发展。

经济上，各传媒机构要接受国家资金预算和拨款；政治上，媒介领导人直接由同级党委按程序考察、选拔和任免，同时要经过严格的业务培训。苏共中央宣传部对所有传媒的组织、人事、经费和言论，具有直接发布命令、指导监督和考察奖惩的权力。此外，各级党组织还定期审查、监督评价报刊的宣传活动。各级党委的领导人亲自为报刊撰稿，与编辑部保持密切联系。

在编辑部门的编辑方针和内部管理上，斯大林通过直接指示领导传媒机构运行。1925 年，他在给《共青团真理报》编辑部全体委员的指示中批评到，《共青团真理报》不是争论的场所，它首先是一种把党公认的口号和论点提供给读者的正面刊物。1929 年，斯大林明确指示，《真理报》有审查监督其他报纸的义务。1939 年，斯大林授意苏共中央下发《关于〈争取新北方报主编〉札·萨·多夫同志》决议，确立了"同级党报不得批评同级党委原则"①。开创了编委会制度，运用组织的力量保证媒介不会偏离党和政府利益。

3. 对新闻舆论进行严密检查

新闻报刊出版监督检察权从行政系统移交到苏共手中。1922 年，苏联"报刊保密检查总局"成立，其任务是在新闻出版物及其他资料方面，

---

① 靖明：《斯大林时代党报不得批评同级党委原则及其对我国新闻批评的影响》，《新闻知识》2004 年第 11 期。

加强管制措施。苏共中央政治局 1930 年《关于出版总局》的决议中规定,"确认特派员建制为在书报文献和无线电广播等领域实施事前检查的基本环节。责成确保具有出版总局特派员必要人员名额的前提下,务必在出版社内部实施对所有出版物的事前检查"。① 通过新闻检查,进一步强化新闻舆论控制权。

4. 建立金字塔式的报刊监督系统

斯大林时期,苏联建成了金字塔式的传媒体系,从中央到地方有六个不同级别传媒种类,苏共中央领导下的中央级媒体位居金字塔的顶端,在作为党的舆论权威的同时,负有监督和批评全国报刊的使命。② 同时,苏联中央的《布尔什维克报》也负责监督中层与低层的报纸。此外,苏联不同类型的全国性大报,都对和自己同类性质的下级报刊负有批评监督的责任;各加盟共和国的机关报负责监督该共和国的一切报纸,地区性报纸负责监督该地区的所有小报,甚至连打印的墙报也要受到上级小报的监督。广播、电台、电视台、通讯社系统亦是如此。这种新闻界自上而下的自我监督,是苏联控制新闻传播活动的重要方式之一,能保证社会舆论轻易达到一致。

5. 禁止境外媒体在苏联的传播

为了防止多元的境外信息流入,从而对苏联人民产生负面影响,苏联政府禁止境外出版物在苏联发行、传播,并建立干扰电台,禁止公众收听国外广播。通过对境外信息渠道的严密封锁,使得苏共官方媒体成为公众获取信息的唯一来源。

由于国内传媒国营化,媒介的各种资源均被官方控制。苏共的传媒事业呈现出信息来源单一、言论高度统一的特点。媒介报道什么、不报道什么均由上级部门提前指示,甚至连报纸的版面安排、广播电视的时段内容也有严格的限制,媒介作为党和政府的喉舌,演奏出整齐划一的曲章。

6. 在战争中实行战时媒介政策

1941 年 6 月 22 日,法西斯德国对苏联发动了突然袭击,苏联传媒事业遵照斯大林的指示,全面转入战时轨道。卫国战争开始后不久,苏共中

---

① 尹中南:《苏联新闻体制形成与演变研究》,硕士学位论文,中国科学技术大学,2011年,第 20 页。
② 张丹:《〈真理报〉的历史变迁和经验教训》,《新闻与传播研究》2001 年第 3 期。

央迅速作出关于减少民用报刊、大力发展军事报刊的决定，从组织上采取措施，保障战争宣传的出色完成。

具体内容有停办、合办一批民用报刊，减少报纸的篇幅和数量，大力发展军事报刊，出版前线报、兵团报和游击区、敌占区报纸等。这保证了从战争开始到胜利结束，媒介体系不断地宣传党中央的纲领，解释进行正义战争的崇高任务，揭露法西斯敌人的凶残和暴虐、讴歌前线官兵英雄事迹，报道后方人民忘我劳动，支持前方的爱国主义精神，为战争的胜利提供了舆论保障。

（三）赫鲁晓夫时期的媒介政策

1953年3月5日，赫鲁晓夫继任苏共中央总书记。他极力反对斯大林时期推崇的个人迷信，迅速对过去苏联的内政及外交政策进行了修正。赫鲁晓夫非常重视报刊工作，他指出报纸是党的朋友，也是党与社会大众联系的桥梁，报刊应成为推进改革政策的重要工具。

1. 有限度地开放新闻自由

为了纠正斯大林的个人崇拜和迷信，赫鲁晓夫号召媒体揭露苏联社会生活中存在的问题和不足。赫鲁晓夫指出，苏联的报刊过于呆板和沉闷，应该"积极干预生活"，给"平庸和虚假"以"应有的打击"，而不是一味地"粉饰现实"。①

在赫鲁晓夫路线的鼓励下，知识界开始出现"解冻"思潮，一些记者和作家写出了揭露、批评共产党腐败和社会贫穷的文章。报纸版面开始对党和政府的一些公开政策进行讨论，发表不同政见甚至提出责问。一大批30年代大清洗中的受害者恢复了名誉，报纸开始触及过去属于"禁区"的问题。比如，披露工农业生产中存在的问题和弊病等。在知识界，还出现了一些自由派记者和作家，他们要求建立"自由生活"的社会。

2. 加大对经济改革的宣传

苏共在二十二大中，提出了经济领域改革的许多新思路，如扩大企业权限，加强经济刺激，利用商品货币关系和各种经济杠杆加强经济核算等。这些都是对苏联经济理论指导原则的突破。为了贯彻会议精神，为经济领域改革创造良好的社会舆论环境，赫鲁晓夫调动国家宣传体制，发动

---

① 中国社会科学院外国文学研究所苏联文学研究室：《苏联文学纪事》，生活·读书·新知三联书店1979年版，第44—45页。

各种媒体造势。

1962年9月9日,哈尔科夫工程经济学院教授、经济学博士叶·利别尔曼在《真理报》"改进经济领导和计划工作"专栏里,发表了《计划、利润、奖金》一文,文章针对苏联企业缺乏自主权,缺少发展生产、改善经营的内在动力等问题,提出了改进意见。利别尔曼的文章刊出后,经济学界反响热烈。

赫鲁晓夫积极支持就利别尔曼提出的问题展开讨论。于是,由《真理报》编辑部发起,开展了关于完善经济管理问题的讨论。《消息报》《经济报》《经济问题》《计划经济》等全国性报刊、地方性报刊、高等学校和研究机构的学报等刊登文章,参加讨论。从1962年9月到1963年底,《真理报》就收到讨论文章一千多篇。① 这场讨论在认识苏联计划经济体制下利润和奖金的作用等问题方面有了重大的突破。

3. 对外宣传大国沙文主义

在国际事务中,赫鲁晓夫提出了社会主义同资本主义国家"和平共处、和平竞争、和平过渡"的"三和"主张。而对小国和其他社会主义国家,他又表现出强烈的霸权主义和大国沙文主义倾向。

该时期的苏联报刊,作为党和政府的喉舌,口径一致,千篇一律地为苏联政府在缓和声中进行的扩张而辩护。同时,随着东西方接触的外交政策的实施,苏联报刊在对外宣传和国际事务报道中,出现了一些改进。1960年苏联报刊关于赫鲁晓夫访美的报道和1961年《消息报》主编赴美直接采访美国总统肯尼迪,都是苏联报刊活动中的第一次。

(四)勃列日涅夫(后)时期的媒介政策

1. 恢复斯大林时期的传媒体制

1965年,通过"宫廷政变"上台的勃列日涅夫,接任了苏共中央总书记。他首先对赫鲁晓夫时期的各项政策做了修正与调整,全面恢复斯大林时期的体制,并提出了"新经济政策"的设想。经过几年的努力,苏联经济获得了较稳定的增长,国力也大为增强。但是,到70年代以后,"新经济政策"逐渐失灵,高度集权的政治经济体制开始呈现出各种弊端,经济停滞不前,产业结构畸形,政治腐败,社会道德沦丧。国际上,

---

① 郑超然、程曼丽、王泰玄:《外国新闻传播史》,中国人民大学出版社2000年版,第249页。

"冷战"正酣，苏联的国民经济承担着巨额的消耗，社会潜藏着巨大的压力。

勃列日涅夫奉行保守政策，拒绝改革，不允许出现任何可能引发政治格局动荡的改革运动和思想解放运动。表现在传媒政策方面，首先取消赫鲁晓夫时期推行的以市场经济方式管理报刊的制度，重新恢复计划经济的管理模式。其次是严格审查制度，控制新闻内容，恢复并强化媒体的宣传和教育功能，全面恢复封闭集中的斯大林新闻体制。

苏联报刊在数量上虽有较大的发展，但作风又回到了20世纪四五十年代流行的掩盖问题、粉饰太平、阿谀逢迎的老路上，报纸远远脱离了人民，充当"御用工具"。为勃列日涅夫树立威信、大搞个人崇拜，宣传"发达社会主义"理论，刊登会议文件和报告，推广"意识形态"信条，以"正面宣传为主"是这一时期苏联媒体的主要内容。

2. 对外奉行"勃列日涅夫主义"

在对外政策上，苏联奉行"勃列日涅夫主义"，从1968年出兵捷克斯洛伐克到1979年入侵阿富汗，苏联领导集团打着社会主义、国际主义的旗号，干着侵略、颠覆、干涉别国内政的行径。苏联报刊在这些问题上一方面掩盖真相，封锁消息，不让苏联人民了解世界舆论对苏联侵略扩张行径的反对和谴责，另一方面为苏联领导人的错误路线张目，鼓吹"有限主权论"、"国际专政论"、"社会主义大家庭论"等，给苏联的国际形象造成很坏影响。[①]

1982年11月勃列日涅夫去世后，安德罗波夫（1983—1984）和契尔年科（1984—1985）先后接任苏共中央总书记。安德罗波夫在他当政的一年多的时间里，以富于进取的精神和卓越的政绩，在国内和国际上留下了深刻的印象。契尔年科执政期间基本继承安德罗波夫的方针政策，苏联报刊一如既往，没有发生大的变化。

3. 传媒政策僵化

在"冷战"背景下，勃列日涅夫重视媒体的意识形态宣传功能，在政策和经济上给予大力扶持，苏联传媒得到较大的发展。以报纸为例，1980年苏联出版各种报纸总数为8088种，一次发行量达17600万份。一

---

① 郑超然、程曼丽、王泰玄：《外国新闻传播史》，中国人民大学出版社2000年版，第250页。

次发行量比 1960 年的 4690 万份猛增了 12910 万份，超过近三倍。① 对广播电视事业苏联政府也提供资金，积极配备先进的技术，媒介事业整体发展较快。

然而，在勃列日涅夫时期，苏联社会以"停滞和倒退"为主要特点，传媒领域呈现出来的是斯大林传媒体制全面恢复后的集中和压制。在一系列恢复政策下，苏联传媒完全工具化，报道完全宣传化，言论完全统一化，领导完全集权化。报刊成为苏共的传声筒，既不能行使媒介自身的功能，也不能为社会的发展起到推动作用。尽管表面上维持着国家平稳运转，但暗地里矛盾和不满积压，媒体作为社会公器不能发挥安全阀作用。

而此时，西方发达资本主义国家的情况，通过现代通信技术很容易传入苏联。相比之下，苏联人民对长期来进行"一面宣传"的党和党的媒体逐渐失去信任。美国之音等反苏电台，不遗余力，试图在精神上瓦解苏联，苏联人民对国家的离心力越来越强。

虽然勃列日涅夫时期的媒介政策与斯大林时期极为相似，但二者所处的国内国际环境已大为不同。斯大林时期，苏联社会刚刚经历沙皇专制的残暴统治，对共产主义理想满怀信心，加上国民教育水平普遍较低，人们容易产生对国家制度的信任和支持。而勃列日涅夫时期，知识分子已超过农民成为社会的主力，他们目睹国家政治体制僵化，意识形态教条化，领导干部官僚化和人民生活日益退化的现状后，对苏联模式的社会主义制度的合理性产生怀疑。于是，持不同政见者以反对派的方式，影响着苏联民主。

"到这个时期，社会在斯大林专制的艰难年代中得以保存下来的向前发展的潜力看来已经耗尽。而苏共二十大所激发的，而在随后的岁月中被保守主义的灭火队竭力加以扑灭的那股新的热情也已逐渐泯灭。1964 年上台的领导人甚至不想去使国内政策恢复活力。经济方面的改革也是短命的，很快被历史上最盛行的无所不在的行政命令和官僚主义的管理作风和管理方法所代替。"②

---

① 傅显明、郑超然：《苏联新闻史》，新华出版社 1994 年版，第 138 页。
② [俄] 格·阿尔巴托夫：《苏联政治内幕：知情者的见证》，徐葵等译，新华出版社 1998 年版，第 266 页。

结　语

　　媒介政策作为媒介外部环境最重要的因素，对媒介生态起着支配作用。在媒介生态系统中，媒介政策与制度对媒介发展起着主导作用，直接决定着媒体发展的方向。媒介政策作为国家制度的组成部分，它往往反映着特定社会和国家的性质。通过对苏共领导下的社会主义传媒事业媒介政策的分析发现，苏联不同时期的媒介政策直接影响其媒介风貌。

　　由于苏联传媒事业同时接受苏共和政府的双重领导，在长期新闻实践中，传媒的宣传方针和任务始终是根据苏共中央不同历史时期的方针政策而及时调整传媒政策。直至戈尔巴乔夫执政前，都没有形成一部成型的传媒法。从表面上看，苏共负责把握宏观的传媒政策，起监督和检查作用，而政府机构则负责具体事项的管理。但事实上，二者界限模糊不清，苏共往往取代政府机构，成为最高和最直接的管理者。

　　到20世纪70—80年代，苏联传媒事业经过半个多世纪的探索与发展，形成了别具一格的具有社会主义特色的媒介政策与新闻体制。第一，传媒一律实行公有制，在公有制国营模式下，新闻媒体的根本任务是服务于苏共和国家政府；第二，苏共对传媒事业实行绝对领导，各级传媒机构的人事权、日常工作和具体业务均由同级党委决定；第三，媒介管理高度集权化，传媒机构的组织架构与国家行政体系一样，采取垂直的管理模式。大众传媒的主要功能是社会主义的宣传者、鼓动者和组织者。因此，大众传媒发展图景完全由苏共和政府构建，并处于严格的审查和监控之下。

　　研究发现，由于各个历史时期所面临的环境和任务各异，苏共不同领导人推行的媒介政策既相承又不同。十月革命胜利之初，为了稳定社会秩序，巩固红色革命政权，列宁采取果断措施，先后颁布了《关于出版问题的法令》《关于成立报刊革命法庭的法令》《关于征用印刷所和纸库的命令》，并采取行政手段，清洗反革命作家，流放驱逐反动报人，消除私人报纸，为无产阶级新闻出版事业开辟创造了良好的物质和社会环境。

　　斯大林继任后，一边构建庞大的社会主义传媒体系，一边强化苏共和国家的管理和控制，对新闻舆论进行严密检查，建立起金字塔式的报刊监督系统，禁止境外媒体在苏联的传播。到赫鲁晓夫执政时期，他极力反对斯大林时期推崇的个人迷信,认为传媒是苏共的朋友,应成为推进改革政策的重要工具。因此,苏共和政府实行有限度的新闻自由,加大对经济改革的宣传,对外宣扬大国沙文主义。

到勃列日涅夫执政时期,苏共恢复了斯大林时期的传媒体制,对内大搞个人崇拜,为勃列日涅夫歌功颂德,宣传"发达社会主义"理论,对外奉行"勃列日涅夫主义",传媒政策出现僵化。安德罗波夫上台后锐意改革,但由于执政时间太短,终没有产生效力。而继任者契尔年科更是匆匆落幕,苏联正处在一场大变革的前夜。

第二节 苏共晚期媒介资源

资源流动作为媒介生态系统发展的命脉,从根本上影响着媒介系统的形成和运行特点。本节从媒介资源角度考察苏共晚期媒介形态和运行状况,分析其媒介资源控制方式对媒介生产和社会生活产生的影响。

一 媒介资源

(一)媒介资源的含义

资源,即生产资料或生活资料的天然来源。但是,就劳动过程而言,生产要素包括劳动者和生产资料。劳动者作为改造世界的主观因素,是不可或缺的生产资源。因此,资源仅局限于"天然"是不完整的,人是生产活动的基础资源要素。[1]

随着社会生产和科学技术的不断发展,许多新的生产要素如信息、生产管理、科学技术等进入复杂的生产过程,资源的范畴不仅延伸到"天然"之外,更从有形走向无形。

从经济学角度看,"资源"是指可能用于生产某种为人们所需求的物品的各种生产要素,既包括"天然的"资源(如原材料、场地等),也包括人力资源、技术资源、信息资源、制度资源、品牌资源等。

基于此,我们可以把媒介资源定义为:用于生产媒介产品所投入的各种生产要素的总和。

1993年,学者明安香先生将媒介产业所涉及的基础资源归纳为:媒

---

[1] 《现代汉语词典》,商务印书馆1985年版,第1529页。

介原料（如生产报纸、电视机的原材料等）、媒介实物（指运载媒介信息的物质实体如新闻纸、收音机、电视机等）、媒介产品（即媒介生产的精神产品组合如报纸的报道、文章、图片等）、媒介时间（媒介生产和提供消费所需要的时间）、媒介生产者、媒介资金、媒介设备、媒介机构 8 大类。①

（二）媒介资源分类

作为一个庞大的体系，媒介资源由诸多要素组成。根据不同的角度，媒介资源有不同的分类：

依据资源本身的属性，媒介资源可分为人力资源、资本资源、物质资源、信息资源等。即人们常说的"人、财、物、讯"，其中"人财物"是包括媒介产业在内所有产业发展必需的基础资源，而"讯"是媒介产业的核心资源构成。"新闻活动是人类求生存图发展的需要"②，作为新闻信息传播的专业组织，新闻生产过程是一个信息的获取、存储、加工、传递和转化的过程，新闻媒介组织生产的产品不是物质产品，而是信息产品。因此，信息传递是媒介安身立命的根基，信息资源是媒介生态系统的"神经中枢"。信息资源在媒介的诸多资源要素中地位重要，信息资源是否充分，是否能够自由流通和交换是衡量媒介产业状况的基础。学者邵培仁先生在《论媒介生态的五大观念》中指出，信息资源是"当代社会第一战略资源"。③

依据媒介的技术载体不同，媒介资源可分为图书资源、报纸资源、广播资源、电视资源、通讯社资源等，它们的数量和质量直接决定了一个国家媒介事业的发达程度。由于构成媒介形态的物质基础不同，图书、报纸、广播、电视等媒介有着各自不同的传播特点，这些媒介形态相互补充，共同丰富人们的精神文化生活。此外，在不同的媒介形态内部，用于生产书籍、杂志、报纸、广播、电视、网络等各种媒介产品的自然资源要素不同，需要区别对待。如对于报纸杂志而言，版面是负载信息的物质性资源，而对广播电视而言，时间是负载信息的物质性资源；刊号是报纸、杂志创办的必要条件，而频道、频率资源是广播电视的生存依托。

---

① 段永刚：《大众传播媒介资源配置刍议》，博士学位论文，中国社会科学院，2001 年，第 4 页。

② 李良荣：《新闻学概论》，复旦大学出版社 2003 年版，第 15 页。

③ 邵培仁：《论媒介生态的五大观念》，《新闻大学》2001 年第 4 期。

依据资源的赋存状态,媒介资源既包括生产报纸的设备、厂房、纸张,生产电视的摄像机、演播室等有形的资源,也包括品牌资源、信息资源、科技资源等无形的资源,并且从某种意义上来说,无形媒介资源对媒介本身作用更大。比如,传媒与受众形成的传播网络是一种不可忽视的无形媒介资源。一家拥有权威性、相当规模读者群的报纸能更好地传递信息,引导舆论,拥有口碑威望的媒体能够吸引更多的广告资源等。

但是,若从新制度经济学角度看,制度本身也是一种资源。由于大众传播媒介在社会生活中的重要地位和作用,任何一个国家都以不同的制度来管理它。因此,传媒制度成为一种重要的,甚至是一种至关重要的无形媒介资源。传媒制度以其对媒介生产资源进行国家管理和配置的方式,作用于生产过程和效果。符合国家历史、社会特征的传媒制度和政策,能够推动国家媒介的整体发展,不适应国家和时代潮流的传媒制度和政策,会从根本上阻碍传媒事业的发展。

(三)媒介资源配置与媒介制度

经济活动的基础是生产活动,生产活动的条件是生产要素的组合。具体来说,就是资源的配置。无论在任何社会里,资源的配置和利用问题都是经济运行的基本问题。经济学"稀缺规律"(law of scarcity)指出,"稀缺(Scarcity)这一事实存在于经济学的核心之中"[1]。由于没有足够的资源生产出人们想要消费的所有物品,资源因此必须进行有效的配置。所谓资源配置,就是如何把有限的资源分配、安排到社会需要的部门、地域或企业中去。[2]

鉴于媒介资源的"重要"和"稀缺",所有的国家都采取了不同的资源配置方式,来对媒介资源进行管理,形成了不同的媒介制度。媒介制度是以政治权力为基础的媒介资源配置方式,即国家如何通过行政力量把有限的资源进行全国分配。不同的媒介制度会产生不同的资源流动过程,进而形成不同的媒介生产方式、媒介组织管理模式和媒介观念。

在现代社会化生产中,资源配置一般有两种机制:一种是市场方式,即按照市场的供求以及因供求变化引起价格的变动来配置资源。另一种是计划方式,即按照国家计划、行政命令,由政府来配置资源。

---

[1] [美]萨缪尔森:《经济学》,胡代光等译,首都经贸大学出版社1996年版,第14页。
[2] 常修泽:《产权交易理论与运作》,经济日报出版社1994年版,第78页。

在媒介产业领域，也形成以市场为主导的私营媒介管理体制和以国家计划为主导的国营（公营）媒介管理体制。事实上，作为资源配置的手段，计划和市场二者不可能完全分开，往往是以一种手段为主，另一种手段为辅。①

如果将媒介生产作为一个有生命的整体，在媒介资源的流动和循环中观察媒介全貌，是媒介生态学提供给我们的一个全新媒介分析视角。媒介生产过程，是指媒介的资源流动和媒介从生存环境中获取资源，以补充其资源损耗的过程。媒介的组织与管理是媒介资源流动的结构方式，媒介的资源流动是通过媒介的组织与管理，来予以保证和实现的。新闻观念是资源流动在观念形态上的反映。

二 苏共晚期报刊、广播、电视的形态和状况

第二次世界大战后，在苏联国民经济的全面恢复中，大众传媒事业取得了长足发展。到20世纪80年代初，苏联已建设成为世界传媒大国。

（一）苏联报业状况（见表1）

表1　　　　　勃列日涅夫时期报纸及出版物统计结果②

		1939年	1970年	1979年
书籍（万册）		46200	136200	178200
杂志	种类	1822	5968	5262
	发行量（亿册）	2.45	22.22	32.03
报纸	种类	8806	9024	8019
	发行量（万册）	3800	13500	17300

十月革命胜利前，俄国境内有官营、民营报纸1000多家。苏俄建国后，苏联报刊业采取了全新的管理体制，并在苏共的领导下获得了长足发展，"到1980年，报纸总数达到了8088种，期发行量为17600万份。就发行量而言，1980年相当于1940年的3.6倍"。③

---

① 李良荣：《新闻学概论》，复旦大学出版社2003年版，第176页。
② 陆南泉、张础、陈义初：《苏联国民经济发展七十年》，机械工业出版社1988年版。
③ 傅显明、郑超然：《苏联新闻史》，新华出版社1994年版，第121页。

苏联的报纸根据出版地点和读者范围，大致可以分为五类：

（1）中央一级的报纸。这类报纸共有 30 种，如《真理报》（苏共中央机关报）、《消息报》（苏联最高苏维埃机关报）、《红星报》（苏联国防部机关报）、《劳动报》（苏联工会中央理事会机关报）、《文学报》（苏联作家协会机关报）、《苏维埃俄罗斯报》（苏共中央俄罗斯联邦最高苏维埃和部长会议的机关报）、《共青团真理报》（苏联共青团中央机关报）等。

（2）加盟共和国一级的报纸。这一类报纸共有 158 种。

（3）边疆区、州、自治共和国一级的报纸。这类报纸共有 415 种。

（4）城市和地区一级的报纸。这类报纸数量多，共有 3663 种。

（5）工矿企业、学校、农庄等基层一级的报纸。这类报纸大都为小报，共有 3753 种。

这种被称为"金字塔结构"的报业体系，就报纸种数而言，从上往下呈递增趋势；但就每种报纸的发行量而言，愈是在塔底层的报纸发行量愈少，车间报纸可能只打印一份贴在布告牌上。

在苏联的报业体系中，发行量最大、影响最大、权威最高的是《真理报》和《消息报》。1975 年，《真理报》日发行量为 1060 万份。其他发行量超过或接近 1000 万份的报纸有《共青团真理报》《少先队真理报》和《消息报》等。全国性报纸在莫斯科和其他地区发行不平衡，总的来说，经济发达的地区报业发行量大，而在偏远的地区如波罗的海沿岸的几个共和国发行量只有几百份。

苏联的报纸大都是日报，也有周三报或周报。每周出版不少于四次的报纸共 700 种，一次发行量达 10585.8 万份。其中晨报 662 种，一次发行量为 10122.4 万份；晚报 38 种，一次发行量为 463.4 万份。晚报主要在苏联主要的大城市发行，如《莫斯科晚报》，编排形式活泼，格调轻松。

作为一个多民族的国家，从列宁时代起，苏联就十分重视发展民族报纸，20 世纪 80 年代初，苏联使用 55 种民族文字出版报纸。同时，苏联长期以来重视利用报纸开展对外宣传，80 年代初已使用 10 种外语出版面向外国人发行的报纸。在外文报纸中，使用英语出版的报纸发行量最大，发行数达 67.2 万份。最著名的《莫斯科新闻》周报用英、法、阿拉伯及俄语四种文字出版，发行量达 323 万份。[①]

[①] 黄煜：《苏联新闻事业近年来发展情况拾零》，《国际新闻界》1986 年第 2 期。

苏共中央宣传部对各级报刊实行统一领导，各级报刊同时接受各级党委或党领导的企事业组织的管理和监督。塔斯社为这些报刊提供消息，主要的中央报纸通过传真传递到全国各个城市，由分布于全国的印刷厂印刷。报纸的发行主要靠组织订阅，邮政系统提供邮递服务，全国性报纸通过各地的邮政渠道投递发行。

苏联的报纸版面版数和风格稳定，价格低廉，广告较少。由于有计划内新闻纸供应，苏联的报纸作为国家财政扶持的苏共事业的一部分，售价很低。戈尔巴乔夫改革前，对开四版的《劳动报》零售价是每份二戈比[①]，对开八版的《消息报》每份五戈比。若与苏联职工平均200卢布的月工资相比，这个价格是十分便宜的。报价的低廉促进了报纸的普及，成为80年代初仅次于广播的第二大媒体。

在苏联，从事报业的总人数约50万。其中，属于"苏联新闻工作者协会"的编辑、记者有6.3万人。同时，还有一支超过500万人的工农通讯员队伍。苏联新闻工作者的薪金根据他们所担任的职务而定。比如，《真理报》总编每月工资为550卢布，其他中央一级报纸总编每月工资约为500卢布，副总编约为400卢布，编委约为300卢布，部主任250卢布，一般记者200卢布。按照岗位级别的高低，薪水各不相同。除了国家发放的基本工资，许多编辑、记者还通过写作和奖金来增加收入。此外，一些特权者享有额外待遇，额外待遇的开销远远超过工资，包括免费住宅、乡间别墅、特价商店购物、俱乐部玩乐、旅游机会等。[②]

（二）苏联广播业状况

苏联是世界上最早创办广播业的国家之一。在20世纪20年代新兴起的广播技术研发和广播事业开拓中，列宁、斯大林领导下的苏联走到了世界的前列，成为国际广播大国。苏联的广播事业在战火和国家困难时期建立和发展，在社会主义建设时期，尤其是卫国战争和冷战时期，发挥了巨大的宣传、鼓动和组织作用。

20世纪70年代末80年代初，苏联的广播事业已有相当的规模。无线电广播普及全国，除长、中、短、超短波外，还在国内22个城市开办了立体声广播。收听工具不断增加，拥有5000万台收音机、7000万只广

[①] 1卢布＝100戈比。
[②] 黄煜：《苏联新闻事业近年来发展情况拾零》，《国际新闻界》1986年第2期。

播喇叭。城乡有线广播得到发展，97%的居民可以听到有线广播，22个城市可以收听三套节目的有线广播，苏联的全部国土均被纳入有线、无线广播覆盖范围之内，有线广播网总长度达200万公里左右。同时，全苏13座电台用82种语言，通过300个短波发射台对所有国家广播，每周对外播音2167小时，其中英语广播昼夜不停。苏联的对外广播就使用的语种、广播时数和发射功率而言，居世界第一。①

1. 对内广播

苏联对内广播电台按照国家行政地区结构分为中央级、各加盟共和国级和各地广播电台，这些电台同6270座转播台一起，组成一个庞大的国内广播网，用71种民族语言，向国内播音，每昼夜不低于1600小时。全苏广播电台是苏联对全国进行无线电广播的主要机构，是专门从事对内广播的国家电台，下设9个编辑部，每天播出13套节目，累计播音214.2小时。其中，前五套节目特点如下。

第一套是综合性节目，包括全苏新闻、政治、经济、文艺等内容，从早晨5点到深夜1点连续播20小时，覆盖全部国土，全国各地地方电台和有线电台都加以转播，听众广泛。第一套节目复制4套，按时差分别对乌拉尔、中亚西亚和哈萨克斯坦、东西西伯利亚与远东四个地区重播。

第二套是1964年8月1日开播的《灯塔》节目，专门播出新闻和音乐，24小时不间断播出。《灯塔》节目是在苏联国内兴起电视同广播争夺受众、西方国家加紧对苏联的广播渗透的背景下创办的，特别受年轻人的青睐，许多加盟共和国都把"灯塔"广播纳入当地有线广播系统予以转播，因而它在全苏具有巨大的影响力。

第三套节目是文艺音乐节目，每天播出17小时，覆盖全国45%的人口，这套节目包括喜剧、音乐、文学作品、对青少年广播以及一些专栏节目，经常播出苏联和外国的大型古装戏剧、歌剧、交响音乐会等，音乐节目占9个小时，很受音乐爱好者的欢迎。

第四套是面向莫斯科市、莫斯科州及附近居民的一套音乐节目，每天播出10小时。

第五套是专门向处在苏联国境以外的苏联渔民、海员、南北极考察站工作人员、苏联侨民、在外国工作的苏联专家播出的一套新闻、政治、经

---

① 傅显明、郑超然：《苏联新闻史》，新华出版社1994年版，第189页。

济和文艺综合节目,这套节目24小时昼夜播出。

节目的多套性是苏联广播电台的重要特点之一,体现了对不同受众收听需求的重视。在全苏广播电台播出的节目中,音乐类节目的比重最大,约为60%。其次是政治性节目如新闻、时评、专题报道等,约占20%。

但需要指出的是,进行政治教育和党的政策宣传依然是广播电台的主要使命。在苏联的广播新闻节目中,体育新闻比重也很大,全苏广播电台对重要的体育赛事都做现场实况转播。

技术上,由于苏联地域辽阔和无线电子信号易受干扰的特征,苏联的国内广播还呈现出长波为主,中波、短波、超短波和立体声广播共同播音的技术特点。

此外,苏联作为一个多民族国家,各加盟共和国、自治共和国和各州都开展民族语言广播,民族语言广播在消除民族隔阂、加强民族合作、落实党的民族政策方面作用突出。

2. 对外广播

苏联重视发展对外广播,是世界上最早创办对外广播的国家之一。莫斯科电台和和平与进步电台是苏联进行对外广播的主要电台。此外,阿拉木图、巴库、杜尚别、基辅、列宁格勒等11座电台和各加盟共和国电台,也用多种语言对外广播。如巴库电台用阿拉伯、波斯、伊朗、土耳其语广播,基辅电台用英语、法语广播。各共和国广播电台的对外广播和莫斯科电台的对外广播各有侧重,共和国电台的对外广播对象是居住在邻国的侨民,主要告知侨民们国内的情况。

莫斯科电台是世界上历史最悠久的国际电台之一,是世界上最大的对外广播机构。80年代初,该台每天使用77种语言播音近300小时,播音时数占苏联对外广播总时数的75%,世界各国都能听到莫斯科电台的声音。莫斯科电台有强大的发射能力,有37台500千瓦的短波发射机。莫斯科电台建台以来就有反战电台的声誉,是官方电台,经费全由政府拨款,受苏联部长会议国家电视和广播委员会的领导。

莫斯科电台的主要内容以新闻为主,还有新闻背景分析、评论、专题、音乐、体育、俄语教学等节目,重点是阐述苏联内外政策,苏联政府对当前热点问题的看法,代表官方观点。

莫斯科电台对不同的国家采用不同的宣传手法,该台分别对发展中国家、资本主义国家和社会主义国家三个方向播音。其中,对发展中国家进行多语种播音时间最长,达每昼夜 62 小时,体现了苏联的对外广播肩负着对广大亚非拉发展中国家进行渗透和控制的政治使命。

和平与进步电台是苏联从事对外广播的另一个主要广播电台,由社会团体主办,以民间组织的身份出现,自称是属于公共团体的"苏联观众舆论之声"。1964 年 11 月开始播音。事实上,和平与进步电台与莫斯科电台是两块招牌,一套班子,它用莫斯科电台的设备和频率,广播侧重点不同。和平与进步电台最初的广播对象是拉丁美洲的各国听众,后来扩大到除北美和大洋洲外的所有地区,用 11 种外语向国外广播,每天播音 22 个半小时。

苏联的广播事业在发展中呈现以下四个显著特点。

第一,实行"国家机构型"[①]的广播管理体制,并注重苏共对广播事业的集中领导。苏联广播事业的每一步大发展都在党的领导下实现,党的历届代表大会都对广播工作作出专门指示,甚至对广播电台的发展数量及收听设备的千户居民拥有数都进行详细规定。

第二,始终重视对外广播。苏联重视对外广播,一方面是出于对广播作为一种新型的国际传播工具的认识。另一方面是因为国际环境使然,美、英、法、德等纷纷利用广播媒体对苏联进行意识形态演变,苏联要通过国际广播团结社会主义阵营展开反击。

第三,大力发展有线广播。苏联是世界上第一个建立扬声设备和组织有线广播网的国家,也是世界上有线广播最发达的国家。鉴于有线广播在组织群众活动中的无可替代的优势,列宁曾指示要不惜资金生产完全适用的扬声器。在国家有计划的推广和审慎的布局下,统一的广播网络遍布全国。对使用者来说,有线广播还有许多优点:一是结构简单、经久耐用;二是声音清晰,干扰少;三是耗电少,价格便宜;四是节目更富有地方性。

第四,广告较少,节目严肃有余,活泼不足。与庞大的广播资源形成鲜明对比的是,苏联的广播节目形式相对呆板,内容比较单调。虽然文化、艺术及音乐内容占有 60% 的节目比重,但进行政治教育和党的宣传是广播事业的主要使命。

---

① 李彬在《全球新闻传播史》中将世界各国的广播体制分为三类:一是以苏联为代表的国家机构型;二是以美国为代表的私有商业型;三是以英国为代表的公共事业型。

各种节目，尤其是新闻节目在播出选择上有明显的意识形态倾向，即使是音乐节目，也走高雅的路线，以提高观众的审美情趣为主。此外，长期以来，苏联联邦一级的广播电台和对外电台不播广告，地方电台只允许播放少量的广告。由于没有商业因素的刺激，苏联的广播相应也缺乏创新活力。

（三）苏联电视业状况

苏联是世界上最早进行电视实验的国家。1927年，苏联的电视技术研究工作就已经开启。1939年莫斯科电视中心和列宁格勒电视中心正式定期播放电视节目，1951年1月各加盟共和国全部建立了电视中心。

电视作为一种综合性强、影响广泛、效果良好的群众性新闻传播工具，历来受到苏共中央的重视。自1939年联共（布）中央第十八次代表大会以来，党的历届代表大会都对电视事业的发展作出专门指示。二战后，苏联电视事业发展迅速，电视媒体在社会政治和文化生活中的地位急剧提高，成为苏联人民获知国内外大事的主要新闻来源。

1965年4月，苏联成功发射第一颗通信卫星"闪电一号"。由此，苏联电视进入了卫星转播时代。1975年起建立了"荧光屏"、"莫斯科"、"地平线"三个卫星系统，使电视信号基本覆盖全部国土。1980年，苏联有120余座电视台和5500座转播台通过无线电中转、微波线路和通信卫星来扩大电视的覆盖面积，群众中有7500万台电视机接收电视节目，能够收看电视的居民达全国人口的84.1%，观众平均每昼夜收看1.5到2小时的电视。[①]

与此同时，苏联中央电视台于1967年开始播送彩色电视节目，使用SECAM制式，至1982年大部分电视台都实现了节目彩色化。80年代中期，苏联正式开办卫星直播电视，用于解决边远地区观看电视的问题。80年代末，节目信号更好、效果更加清晰的电缆电视也积极兴办。

苏联的电视体制分为三级：中央电视台、各加盟共和国电视台和地方电视台。苏联国家广播和电视委员会负责全苏的广播和电视工作（1970年更名为国家电视与广播委员会），作为部级机构，统一领导地方各级的广播和电视委员会，统一管理全国的广播和电视事业。苏联办电视的经费由国家拨付，节目由国家电视制片中心或电影制片厂制作。

[①] 徐耀魁：《苏联的新闻事业》，《新闻战线》1982年第8期。

苏联中央电视台是全国电视网的中心，80年代初每天播出12套节目①，其中一套、二套节目面向全苏编排播放，三套面向莫斯科地区，四套是电视教育，全部放映时间达159个小时，观众由于地理因素可收看2到5个频道。1980年10月，苏联将全国划成5个电视广播区，实行五区域广播制。80年代中期卫星直播电视开播后，中央电视台又增加了四套向哈萨克斯坦、中亚、西伯利亚和远东地区播放的节目。中央电视台的莫斯科技术中心建成于1980年，设备先进，功能齐全，发射塔高536米，仅次于加拿大蒙特利尔电视塔。中央电视台依靠遍布全国的接收网传播国家政策，对加强国家凝聚力起到了"精神导线"的作用。相对而言，地方电视台频道更能够体现出社会的、民族的及地区性的差异，更受当地观众的青睐。

新闻是苏联电视节目中的一项重要内容，国家重视电视新闻广播，力图把新闻节目办成广大观众获取信息的固定来源。中央台的主要新闻节目有《时代》《近日世界》和《国际纵览》，每晚9点到10点播出，主要内容是播送当天的国内外重要新闻。1970年开播的晚间新闻《时代》节目于每天晚上9点由全国电视台同时转播，成为全民族的新闻节目。新闻节目前的晚8点，有15分钟的幼儿节目，通过木偶说话和催眠音乐，帮助孩子按时入眠。新闻节目后一般是文艺节目和各种专题节目。夜间，则主要是放映电影和电视剧。电视台还经常播各种文艺演出和体育比赛，并为不同阶层、不同年龄和兴趣的观众开辟专栏，如儿童节目、青年节目、妇女节目等，以丰富人们的文化生活。中央台一般不播广告，地方台也只有很少的广告收入。

分析发现，苏联电视事业在发展中形成了以下五个特点。

第一，同广播一样，苏联电视事业的发展主要靠党和国家推动。由于采用"国家机构型"广播电视体制，苏联电视事业的发展市场因素很少，几乎全部由党领导下的国家政府机关规划。无论是早期的电视试验还是后来的卫星电视、有线电视、数字电视开播，无论是电视台的建设还是电视机的研制或是全国电视网的覆盖，都是在党的主导下实现。

第二，苏联重视电视物质技术基础的建设。电视技术作为现代科技的产物，从机械到电子，从无声到有声，从黑白到彩色，从转播到直播，从模拟到数字，电视事业的每一步技术上的突破都得到了国家的扶持。

---

① 其中，八套为复制节目。

第三，充分利用电视办教学。在苏联，电视媒体不仅是集体的"宣传员"，还是集体的好"教员"。利用电视办教学是苏联电视的特色。1965年，苏共中央开启全国教学电视计划，充分利用电视形式活泼、覆盖面广的特点，"帮助学校教育学生树立正确的世界观和道德观，指导学生选择职业，培养学生今后能在工农业生产中独立从事劳动，帮助教师解决较重要的、内容复杂的课堂教学任务"，由中央三套专门负责播出。20世纪80年代，苏联的教育电视已形成完整的三类节目系统：第一类供中小学及职业技术学校学生收看；第二类供高考生、电视大学生、业余进修者收看；第三类为供全民收看的科普节目。电视教育的发展对提高苏联国民的教育素质作用重大，"电视就其性质来说，是一所全民大学"。[1]

第四，苏联电视节目风格高雅，但形式和内容相对单调。基于意识形态上的导向，苏联的新闻节目"大部分是连篇累牍地播送报刊的社论，领导人讲话和工农业生产成果，同时也播送全国各地的天气预报和体育运动的专题报导"。[2] 苏联的电视节目没有事故或灾难报道，对于不利于鼓舞人民士气的消息，一般都采取避而不提或轻描淡写的处理方式，即使在节目中偶尔有批评报道，也是在问题已经解决之后，侧重点在改善和提高上。

第五，苏联的电视事业地域发展不平衡，彩色电视机普及率低。受经济因素的影响，苏联中央电视台比地方电视台发达，各地方电视台发展程度不一。据统计，苏联的地方电视台节目播出规模差距很大，有的一天只播出18分钟，有的一天播出13.5小时。在发展彩色电视方面，虽然从1967年起苏联便开始开播彩色节目，但节目的彩色化与彩色电视机普及率之间存在的很大失调问题始终没有解决。直到1978年，苏联5760万台电视机中，彩色电视机只有100万台。1983年的统计显示，全国7700万台电视机中只有13%是彩色的。[3]

三 媒介作为党的喉舌，驾驭社会舆情

20世纪70—80年代，苏联已成为世界头号媒介强国，其传媒事业无论在数量上还是规模上，都达到了与美国并肩甚至超过美国的水平，成为

---

[1] 傅显明、郑超然：《苏联新闻史》，新华出版社1994年版，第232页。
[2] 李征：《苏联电视一瞥》，《中国电视》1986年第3期。
[3] 傅显明、郑超然：《苏联新闻史》，新华出版社1994年版，第234页。

世界媒介格局中重要的一极。更为世界瞩目的是，苏联媒介"舆论一律"现象明显，舆论力量强大。

这里所言的舆论，即公众"信念、态度、意见和情绪表现的总和"[①]。由于舆论具有相对的一致性、强烈度和持续性，往往对社会发展及其有关事态的进程产生巨大的影响。所以，古往今来，执政者无不注重舆论，并力图驾驭舆论为其统治服务。然而，由于物质和利益的多元，舆论客观上总是多元存在的。

（一）媒介作为苏共的喉舌

"苏联的领导人对于党作为利益的监管者和目标的决定者以及对于报刊作为'群众与党之间纽带'都是极为重视的"[②]，从列宁时起，苏共通过种种手段加强对媒介的管控，让媒介作为党的喉舌，来驾驭社会舆情。

1."公有国营"是"舆论一律"的体制保障

自苏联建国起，苏共以国家强制力的方式取消私营媒介和反对派媒介，只允许国营媒介一种业态存在，"公有国营"从体制上保证了党领导下的媒介拥有绝对的舆论主导权。

经济基础决定上层建筑。产权不同的媒体从环境中获取资源的方式不同，其信息生产、媒介管理、传播观念和目的也不同。当苏联整个社会的传播媒介都归于国有，其传播模式和传播宗旨就会趋同于国家利益，进而在社会舆论的引导方向上达成一致。另外，由不同的所有权决定的媒介类型和机构都是与政府相异的信源，一旦被取消或整编，整个社会就只剩下官方一种声音。

从经营体制上看，与媒介"公有国营"相配套的是计划经济体制的管理方式，传媒不再进行产业化运作，而是成为担负特殊任务的事业单位。计划经营的方式不仅消除了传播媒介的营利动机，也消除了国有媒介体系内部同业间的竞争，避免了由创新所带来的思想或观点多元化，间接地消灭了体制内的媒体不同声音的萌芽。

2. 媒介成为苏共的天然"传声筒"

在苏联，报刊等媒介在理论上是属于人民的，而人民的代表则是党。

[①] 陈力丹：《舆论学——舆论导向研究》，中国广播电视出版社2005年版，第1页。
[②] ［美］施拉姆：《报刊的四种理论》，中国人民大学新闻系译，新华出版社1980年版，第163页。

因此，控制报刊的主要权力和责任属于党。党通过严密的组织架构和党的纪律实现对媒体领导。

首先，苏共中央宣传部和国际宣传部有对苏联所有媒介的组织、人事、经费、言论拥有直接发布命令、指导监督和考察奖惩的权利。中央报纸负责人由党中央直接任命，各级新闻单位的工作人员和负责人均由同级或上级党委按照一定的组织程序考察、选拔和任免。"这些经过严格考察、选拔、训练的记者，本身就是新闻检查人员，由他们写作的稿件，一般不再需要送审。"①

其次，传媒机构所有的资源由国家统一配置，媒介机构的创办或停办完全由党和政府决定，各级党委定期讨论并对新闻媒介的工作予以指导，党和政府通过颁布行政法规、政策和发布各种文件、决议等方式，领导新闻传播事业的实际运作。

最后，媒介单位的总编辑如和同级党委有不同意见，可以向同级党委或上级党委乃至苏共中央反映，但不允许在报纸上展开论争和批评。

这是一种比较彻底的媒介控制方式，党通过对媒介的物质资源、经费资源、人才资源、信息资源等的全面控制，使媒介组织的信息生产过程完全在党的领导之下进行，媒介要按照党的路线、方针、政策办事，不能对党组织展开舆论监督。通过这种组织领导的方式，党和政府的议程实现了对媒介议程的驾驭，面向大众的平面或广播媒体的每一个字眼都受到共产党审查官员的授权；所有广播机构的所有权都归国家所有；一切重要的人事任命都必须得到共产党的同意。苏共对于每一个问题都会发表和散布意识形态上适当的观点，甚至提供意识形态上正确的词汇，媒介成为党的声音的天然的"传声筒"，"舆论一边倒"顺理成章。

3. 通过媒介宣传、鼓动和教育功能，加强对舆情的导向控制

在苏联，媒体的功能被狭义界定为"集体的宣传员、鼓动员和组织者"，组织、宣传和教育是媒介的基本功能。苏联党性原则下的意识形态宣传方针，规定了媒体的价值取向和内容选择。

众所周知，大众传播媒介具有塑造"拟态环境"的功能，当苏联数量巨大的媒体机构在党组织的领导下，众口一词地进行宣传报道时，一个符合苏共价值取向的"媒介苏联"诞生，这个"媒介图景"成为实际进

---

① 张昆：《中外新闻传播史》，高等教育出版社 2008 年版，第 203 页。

入人们日常生活的苏联形象,人们的认知、讨论、观点、态度都来自于媒体,并且和媒体趋同。在苏联媒体的强势宣传下,媒介上的"意见气候"很容易被当作"主流意见",对公众认知心理带来影响,使多数公众在公开表达意见时服从媒体上的意见。随着时间的推移,公开服从还会启动自我说服过程,最后导致说服信息的内化,让媒介上的舆论成为实际的舆论。

虽然"苏联人私下都会对他们的生活条件不满,抱怨贪污腐化,讥讽他们自己在意识形态上的伪装,私下里嘲笑他们的领导人,但是他们都认为制度基本上是健全的"。[①]

4. 采用行政手段,加强对信息源和信息流的控制

新舆论的产生,往往直接来源于外界信息的刺激。苏共晚期,由于全球一体化、卫星通信技术的发展、国内持不同政见运动的展开,苏联实际存在多种信息来源和多元价值观。面对客观存在的多种信息,苏共通过对信息源的限制和对信息流的强有力引导,加强对舆情的控制。

首先,从信息源上看,苏共通过国家强制力使官方渠道成为民众获取信息的唯一合法方式。党和政府对外来的或异质的信息实行封锁政策,手段包括禁止外国的报刊、图书、音像制品在苏联自由流通,对外国广播实行大功率干扰、驱散、迫害国内的持不同政见者和他们的出版物,对偷听、偷看这些被禁止内容的公民进行严惩等,通过各种手段将公众与外部存在的信息源隔离,制造一个相对封闭的信息环境,以减少由于外部信息刺激而产生多元舆论的可能。

以防止外国电台信息输入为例,早在1948年,苏联就开始对美国之音的俄语广播进行干扰,1949年开始干扰英国广播公司的俄语广播。到80年代初,苏联成为世界上干扰机最多、干扰功率最强的国家,凡人口超过20万的苏联城市都有干扰台。同时,苏联政府对偷听"敌台"的公民加以严厉处罚。[②]

其次,从信息流看,苏共通过自上而下的监督体系强行将国内的信息单一化、枯燥化。具体而言,国内外重大新闻由国家通讯社统一发布,各

---

① [美]赫·史密斯:《俄国人》,上海《国际问题资料》编辑组译,上海人民出版社1978年版,第20页。

② 傅显明、郑超然:《苏联新闻史》,新华出版社1994年版,第198页。

地报纸负责转发。《真理报》的言论具有绝对的权威性,其他各级报纸言论要与之保持一致。

此外,《真理报》有批评监督全国报纸的使命,其他不同类型的全国性大报都对同类型的下级报刊,负有监督批评的责任。这样一来,苏联国内所有媒体的新闻信息和言论都通过"塔尖"的作用得到统一,科层制的管理体制建构和金字塔式的自上而下的监督模式决定了苏联的信息传播内容高度一致。

5. 严格的出版审查制度

出版审查是封建集权专制统治下古老的舆论控制手段。虽然1936年的苏联《宪法》第125条规定法律保障公民享有言论自由、出版自由等,但在实践上,从1922年起,苏联便成立"报刊保密检查总局"负责出版检查,勃列日涅夫时期又增加了国家安全委员会(克格勃)第五局共同负责查处"思想上有害"的作品。相对于以上几种重在舆论引导的举措,苏联的出版审查制度是对舆论进行驾驭的国家强力手段。

苏联的出版审查采取预检和事后检查两种方式,检查项目繁多,覆盖了从图书、报刊、广播、电视、电影、学校、研究所等各个领域。严格的书报检查制度和国家安全委员会第五局对违反规定的人的严密监督和迫害,使知识界噤若寒蝉,许多与当局不同的声音不敢发出。出版审查犹如一张过滤网,滤去了多元思想和非议,整个社会只剩下符合官方意识形态的言论。

通过上述五种主要手段,苏共实现了对苏联社会舆情的绝对控制权,苏联庞大的媒介资源在党的指挥棒下,演奏了一曲曲符合党的意志的社会主义华美乐章。用苏共自己的话说,"三亿八千万份报刊是每天进行宣传的可靠渠道。我国有七千五百万台电视机屏幕每天在放映节目。也就是说,每天使几千万个家庭可能接受必要的有关党政策的宣传"。[①]

(二)"舆论一律"对苏联社会的影响

苏联的"舆论一律"形成于斯大林时期。列宁逝世后,苏联面临一系列内忧外患。国际方面,资本主义阵营对新生的苏维埃政权实行封锁,企图将其扼杀在摇篮里。国内方面,由于长期的战争和动荡,苏联的经济濒临崩溃。与此同时,在国内政治领域,又发生了争夺最高领导人的斗

[①] 沈志华、叶书宗:《苏联历史档案选编》,社会科学文献出版社2002年版,第387页。

争。为展开意识形态领域的批判运动,加速社会主义经济建设,斯大林实行了高度集中的媒介管理体制。这一体制的特点是国家高度集权,舆论高度统一。

客观地说,苏联实行高度集中的媒介管理模式有其历史合理性。作为一个地大物博、多民族、多语言的国家,苏联各加盟共和国、各地区的地理环境、经济水平、自然资源、人力资源等存在巨大差异。① 采用加强国家控制力的集中管理的媒介方针,通过中央政府主动的舆论引导,便于调集力量办大事,能够避免地方媒体与中央政府的疏离,有利于维护中央政府的权威和国家统一。

实践证明,苏联的媒体在农业集体化、工业国家化和卫国战争中充分发挥了对广大人民的精神动员和凝聚作用,为社会主义劳动竞赛的展开、世界反法西斯战争的胜利,做出了卓越的贡献。

然而,到20世纪70年代末,随着国家政治体制的僵化、经济发展的停滞,高度集中的计划经济体制弊端日益凸显,国家发展陷入停滞。而此时的苏共一味奉行"舆论一律"的媒介政策,依靠媒介制造的"拟态环境"来掩饰实际存在的各种问题。由于政党权力、国家权力对媒介事业的过分支配,导致了苏联媒介功能的异化。"执政当局一味要求新闻媒介歌功颂德、粉饰太平,充当自己的传声筒,有时甚至运用媒介直接向公众发号施令。至于客观存在的、发生于国内外的重要新闻是否向公众发布,完全取决于执政当局的政治需要。凡是对现行政策不利的信息,一概秘而不宣。苏联新闻媒介从背离反映民意的神圣职责起,发展为官僚集权统治的驯服工具。"②

苏联媒体"舆论一律"带来的直接后果是传播失灵。"有人知道苏维埃国家的基础腐烂的程度吗?尽管投入大量的资金,但是农业状况依然很糟;工业设施陈旧;基础设施坍塌;科学技术落后;生活必需品短缺;官僚机构臃肿,指挥不灵,冷漠消沉,可是从报告来看,生活像奥库扎瓦唱的样样美好。正是数量巨大的在编宣传工作者拿了钱来说服我们,要我们相信这一切都好。"③

---

① 程曼丽:《转型期俄罗斯新闻业透视》,《国际新闻界》2002年第1期。
② 张允若:《对苏联新闻业的历史反思》,《国际新闻界》1997年第10期。
③ [俄] 阿·阿达米申:《这美好的三年》,李京洲等译,中央编译出版社2007年版,第190—191页。

苏联的媒体"舆论一律"对社会精神生活产生了消极的影响。从20世纪30年代的斯达汉诺夫运动的造势，到50年代的"建成社会主义"的宣传，再到70年代末的"发达共产主义"的鼓吹；从斯大林时期的"造神运动"，到赫鲁晓夫、勃列日涅夫时期的个人崇拜，苏联的媒体刮起了一阵又一阵的浮夸风，仿佛一场全民上演的荒诞戏剧。由于过分地脱离实际，无论演员还是观众，都不信以为真。这大大加深了人们对苏共政权的不信任感，助长了不关心政治和玩世不恭的消极风气，腐蚀了人们的思想和灵魂。

由于媒体追求"舆论一律"，"为宣传而宣传"的现象时有发生，片面的、过度的、虚假的信息传播接踵而至，大量的信息垃圾产生，媒介资源浪费严重。以70年代末开始的对勃列日涅夫的宣传为例，"毫无讲演天才的勃列日涅夫每周都要发表讲话和作报告，通过电视向全国播放，或者编成专门的纪录片"。[①] 随后，勃列日涅夫所有的讲话和报告被编成言论集，随同他的传记、回忆录在印度、法国、日本、美国、瑞典、墨西哥、巴西、英国、德国等许多国家出版。

据统计资料显示，"苏联科学院出版社系统的图书贸易合作社中有大量1969—1983年出版的，关于党和政府领导人的言论集和单本著作。其中有勃列日涅夫的166部书，计277.9万册；勃列日涅夫肖像70万张以上，在各加盟共和国用各民族语言出版的类似出版物有1049种（75.68万册）。这些出版物总计价值450万卢布[②]，而售出这些出版物看来已不可能"。[③]

结　语

媒介生态系统以资源流动为命脉。媒介资源作为媒介系统运行的物质基础，对媒介系统的形成和发展起着支撑作用。不同的媒介资源流动方式，产生不同的媒介生产过程、不同的媒介组织、不同的管理模式和不同的媒介传播观念。

---

① ［苏］麦德维杰夫等：《我所了解的勃列日涅夫》，舟山选编，世界知识出版社1990年版，第12页。
② 当时汇率牌价1卢布 ≈ 2.75美元。
③ 沈志华、叶书宗：《苏联历史档案选编》，社会科学文献出版社2002年版，第387页。

综上所述，通过对苏共领导下的苏联报纸、广播、电视等主要媒介形态的考察发现，至 20 世纪 70—80 年代，苏联已成为世界传媒资源大国，其媒介事业无论在数量上、规模上，还是影响力上，均处在世界媒介格局的前列。苏联传媒业在苏共的领导下，开创了国家管理传媒资源的新模式和新体制，拥有强大的战斗力和舆论影响力。它对当时社会主义"卫星国"的传媒事业和国际传媒事业均影响深远。

苏共传媒事业是在建国初对资产阶级的报刊、图书、通讯社事业的没收和改造基础上建立，并在党的最高领导人的直接关心和干预下发展起来的。由于采取"公有国营"的传媒管理体制，媒介事业所需的各种资源，如设备资源、场地资源、资金资源、人才资源等均被纳入国家计划，通过行政规划的方式进行配置。

独特的媒介资源配置方式产生了独特的媒介事业景观。在国家有计划的"审慎"的布局下，苏联的报纸、广播、电视事业迅速发展并且传播网络遍布全国。同时，在各种媒介体系内部形成自上而下的金字塔式的管理结构，从中央到地方，苏联所有的媒介资源在苏共中央的领导下，层层配置，层层管理。无论是苏联报纸按地区划分的五级结构，还是苏联的广播电视事业的三级结构，各种传媒资源均呈现自上而下的单向度分配态势，越在高处获得的媒介资源越丰厚，其媒介事业越发达，媒介影响力越大。

鉴于对传媒事业作为社会"舆论机关"的重视，苏共强化对媒介资源的分配和控制，以驾驭舆情。苏共通过媒介公有国营、强化组织领导、以宣传教育为主、加强信息源控制、实行严格的出版审查等手段，实现了媒体的"舆论一律"。苏联传媒在言论上高度集中，既为社会主义建设和卫国战争的胜利提供了巨大的精神支持，也带来了媒介功能异化、媒介"浮夸风"、公信力丧失、媒介资源浪费等问题。

研究结果表明，苏联虽然在 20 世纪 80 年代初已建成媒介资源强国，但是由于实行高度集中的计划管理体制，苏联的传媒事业逐步僵化，传播失灵、媒介功能异化现象严重。媒介作为党的喉舌尽管在表面上实现了对社会舆情的驾驭，但在暗地里，民意以反对派的方式在官方范围之外汇聚成河，终于在 80 年代末形成了对苏共的瓦解力量。

第三节　苏共晚期媒介技术环境

媒介技术是传播发展的第一推动力。一部人类传播史也是一部人类为了缩短信息传播的时间和空间距离，而不断在技术上突破的历史。媒介技术的创新不仅改变了人类获取信息的能力，也推动了媒介形态的演进，而媒介形态的变迁又进一步促进了交流方式的变革，进而产生崭新的政治、经济和文化面貌。

一　媒介技术的内涵
（一）技术和媒介技术

人类社会的信息传播离不开媒介。媒介作为实现人与人之间信息传播的物质载体，通常以技术的方式呈现。

在不同的视角下，对"技术"概念有不同的界定。

在狭义的工程学里，技术作为人类对自然界的改造与控制的结果，是一项项结晶着人类智慧的发明和人工制品，如盒式磁带录像机、杀虫剂等。

在广义的社会学视野下，"技术是我们身体官能的延伸……为了对付各种环境，需要放大人体的能量，于是就产生了身体的延伸，无论工具或家具，都是这样的延伸。这些人力的放大形式，人被神化的各种表现，我认为就是技术"。[①]

在技术哲学家的眼里，"技术是合理的、有效活动的总和，是秩序、模式和机制的总和……技术是在一切人类活动领域中通过理性得到的（就特定发展状况来说）具有绝对有效性的各种方法的整体"。[②]

《现代汉语词典》归纳了技术的两重含义：一是人类在利用自然和改造自然的过程中积累起来并在生产劳动中体现出来的经验和知识，也泛指其他操作方面的技巧，二是指具体的技术设备。[③]

[①]　［加］马歇尔·麦克卢汉：《麦克卢汉如是说》，何道宽译，中国人民大学出版社2006年版，第6页。
[②]　孟庆丰：《媒介技术的演进及其社会影响分析》，硕士学位论文，南京理工大学，2007年，第6页。
[③]　《现代汉语词典》，商务印书馆1996年版，第598页。

从上述分析中可以得出，技术可以是经验、知识、手段、方法和设备等，是物质载体。

由此可见，媒介技术是指一切在传播过程中起中介作用的物质载体表达、存储和运载信息的手段和方法，它以物质的方式呈现，但蕴含着人类的智慧和创造。

书籍、报纸、杂志、广播、电视、电影、计算机等传播媒介，每种形态都有各自的技术依托。媒介技术和媒介形态是密不可分的整体，媒介是技术的媒介，技术是媒介的技术；同时，二者又有区别，如电话与电话技术，前者为媒介，后者为媒介技术。

(二) 媒介技术的演进与媒介形态的变化

人类对媒介技术的改善源于对自身传播缺陷的克服，先进的媒介技术能够提高信息传递的速度和效率。人类社会的每一次媒介技术的创新，都伴随着新的传播媒介形式的出现。从媒介技术史的"后视镜"来看，人类媒介技术的演进经历了以下五种阶段的突破。

1. 口语媒介技术

当人从动物中分离出来时，社会生产力水平极为低下。为了协调人类行动，与自然斗争，求得生存和发展，约2.5万年前人类从动物本能的嚎叫声中创造了音节语言。借助口部发音器官，通过空气中声波的振动和传导，运用简单的语法结构和特殊的逻辑规则，人在协同劳作中约定俗成地将声音和某些经验、行为结合起来，发明了语言。从此，人脑中的"意义"有了第一个传输的载体——声音，口语传播时代到来。

口语的诞生是人类传播史上第一个里程碑。语言的运用加快了信息交流的传输和接收速度，成为人类社会形成的重要工具。

2. 书写媒介技术

为了克服口语媒介不易保存信息的缺陷，人类发明了文字，并创造了书写文字的技术工具和载体。

早期的书写工具大多是各种就地取材、简陋的自然工具，如岩壁、黏土、兽皮、龟骨等。在古埃及，人们创造了一套将有韧性的纸莎草制成纸的办法，用菜汁加烟汁调成墨汁，以芦苇茎做笔杆书写文字。公元105年，中国东汉蔡伦改进了用树皮、破布、纤维和渔网造纸的技术，大大推动了人类文明的进程。与此同时，书写工具也从早期的树枝、棍棒，逐渐进展到石刀、铁刀，后来又发明了毛笔、钢笔等。

3. 印刷媒介技术

文字虽然可以长久地保存信息，但是手写文字对信息的复制效率低下，无法形成规模化传播。

廉价优质纸张的大量生产，是印刷术出现的必要物质条件，刻印、刻石、木刻符录等雕刻技术的成熟，为印刷术打下了技术基础。在中国南北朝时期，世界最早的雕版印刷技术出现；北宋庆历年间，毕昇发明了胶泥活字印刷；公元1440—1450年间，德国人约翰·古登堡（Johannes Gutenberg）经过系列试验，发明了一套包括铸字盒、冲压字模、铅活字、油墨、木制印刷机等工艺的金属活字印刷法。古登堡印刷术发明后迅速传播到了欧洲大部地区。金属活字印刷技术的发明和使用，是人类传播史上的重大飞越。"从媒介的本意讲，第一个组织化、规模化和专业化的传播媒介，就是以印刷技术为核心的一整套运行机制。"①

4. 电子媒介技术

1832年，美国人塞缪尔·摩斯发明的"摩斯电码"拉开了电子传播的序幕。1876年，贝尔发明的电话实现了真人声音的远距离传送。1895年，意大利的马可尼和俄国的波波夫分别在不同的地方发送无线电信号成功。自此，人类通信进入无线时代。1906年，美国科学家德福雷斯特发明了"无线电的心脏"——三极管。同年的圣诞节之夜，匹兹堡大学教授费森登在实验室里进行了世界上第一次语言广播。1936年，美国全国广播公司在世界博览会上展示的电视技术，拉开了电视时代的序幕。

快速的技术变革是电子传播时代的界定性特征，电报、电话、留声机、轮转印刷机、电影、汽车、飞机、广播、收音机、电视、电脑、卫星、激光、视盘、磁带录像机、盒式录像机、电子游戏、因特网、万维网、无线个人通信等②，电子媒介技术飞速发展，人类信息传播事业日新月异。

5. 新媒介技术

新媒介技术是一种新型的电子媒介技术，指以数字信息存储为基础、借助无线电波或计算机网络进行传播、以信息化为特色的媒介技术，包括计算机信息处理技术、光纤通信技术、数字通信技术、多媒体技术、数字

---

① 林文刚：《媒介环境学：思想沿革与多维视野》，北京大学出版社2007年版，第35页。
② 同上书，第36页。

移动技术等。

计算机技术是新媒介技术的核心。1946年，美国费城诞生了世界上第一台通用计算机——Electronic Numerical Integrator and Computer (ENIAC)，在此后短短的时间里，计算机技术经历了从电子管计算机、晶体管计算机、小面积集成电路计算机、大规模集成电路计算机、光计算机的飞跃。随着电脑的技术功能的完善和广泛使用，电脑联网成为现实。20世纪80年代末，互联网走入人们的日常生活，"到了90年代初，万维网（World Wide Web）技术的发明给Internet注入了极大的活力，作为一种信息处理工具的电脑才是真正意义上的传播媒介"。[1] 从阿帕网到搜索引擎，从信息浏览到数字化生存，从多媒体技术到人类中枢神经的延伸，网络成为一个前所未有的"虚拟世界"，深刻地影响着社会生态和传播生态。

综上所述，媒介技术的发展是一个从无到有、从简单到复杂、从低级到高级的孕育和发展过程。虽然为了考察的方便，我们按照"带头技术"在历史上出现的顺序将媒介技术划分为五大种类，但需要指出的是，媒介技术世界是个分层的、立体的、网状的、开放的巨型系统，各种技术形态依次叠加，相互依存转化，并以"加速度"的方式出现。越往后新技术更新的时间越短，精巧度越高，媒介技术手段越丰富，人对技术的依赖越来越大。

（三）媒介技术与人类社会变迁

人类社会"可感知的需要、竞争和政治压力，以及社会和技术革新的复杂相互作用"[2]引起媒介技术的演进。同时，每一种新媒介技术的出现，又带来了全新的人类生存方式。作为与人的思想和意志密切关联的技术，媒介技术在转变人们的传播方式的同时，也"塑造和控制人类交往和行动的规模和形式"。[3]

语言技术的产生是人类社会形成的标志。正如联合国教科文组织在《多种声音，一个世界》里指出的，"人类之所以超越于一切动物之上，

---

[1] 吴伯凡：《孤独的狂欢——数字时代的交往》，中国人民大学出版社1998年版，第15页。

[2] ［美］罗杰·菲得勒：《媒介形态变化》，明安香译，华夏出版社2000年版，第24页。

[3] ［加］埃·麦克卢汉：《麦克卢汉精粹》，何道宽译，南京大学出版社2000年版，第272页。

却是因为产生了语言这个重要的手段"。①《圣经》里关于古巴比伦人建造通天塔的故事，从反面说明了语言对人类社会生成的重要作用。换言之，语言的起点就是传播的起点，也是人类的起点。语言使"紧密的合作、复杂的思维成为可能。人类的物质和精神生产能力飞跃提高，大大加快了脱离野蛮、走向文明的进程"。②

文字的发明是人类传播史上的第二个里程碑。这一发明使有可能携带信息越过地球的曲线，带着讲话人的声音能传到的、或烽火信号或旗帜或标石能被看到的、或鼓声能被听到的更远的地方。文字能保存大事或协议的记录，供以后使用。这样，人们就可以储存一部分经验而不用费尽脑筋去铭记。因此，他们就能有较多的时间处理现有的信息和为未来制订计划。这也必定大大加速人在想要改变生活方式时就予以改变的能力。③

印刷技术的发明和使用拉开了欧洲现代文明和近代报业的序幕。印刷术大量而迅速地复制信息，使原先为奴隶主、封建主或教会上层所垄断的文化知识扩散开来，新的思想、新的信息随着印刷时代的到来，变成了统治者无法遏制的潮流。"能够阅读的大众的日益增多，导致了思想的广泛传播，思想的广泛传播又推动了哲学与科技大变革。变革最终推翻了教士和贵族的统治，从而产生了崭新的政治、经济、社会、文化和宗教制度。"④ 15 世纪末，印刷商印制的记事性的小册子被认为是印刷新闻传播的萌芽，定期报刊的出现成为现代报业的开端。

19 世纪末 20 世纪初，以电力的广泛应用为标志的第二次工业革命使人类社会由蒸汽时代迈入电气时代。作为一种完全不同于传统机械的技术，电子媒介提高了人类的传播能力和传播效率，开创了现代通信和全球传播的新纪元。电子技术条件下，信息不仅以光的速度和弥散的特征实现了远距离的快速传播，而且实现了传播内容从文字到声音和影像的拓展。作为一种全新的认识世界和感知世界的方式，电子媒介的信息不再受阅读水平、视力、年龄等影响，广播电视的及时性、真实性、具体可感的欣赏性、观众的广泛性等特征，实现了传播的大众化。然而，由于技术上的可

---

① [美] 肖恩·麦克布莱德等：《多种声音，一个世界》，国际交流问题研究会编译，中国对外编译出版公司 1981 年版，第 4 页。
② 张国良：《传播学原理》，复旦大学出版社 1995 年版，第 108 页。
③ [美] 威尔伯·施拉姆等：《传播学概论》，陈亮译，新华出版社 1984 年版，第 14 页。
④ [美] 赫伯特·阿特休尔：《权利的媒介》，黄煜等译，华夏出版社 1989 年版，第 4 页。

控和来自管理机构的内容选择,广播电视往往提供经过剪辑和篡改过的信息,在技术后实际上隐藏着一种不可抗拒的控制力量和权力关系。"技术本身成了意识形态,具有明显的工具性和奴役性,起着控制社会的奴役社会的功能。"①

新媒介技术推动了"信息时代"的到来,全球电子殖民悄然展开。②新媒介技术的数字化、多媒体、实时性、交互性、超链接等特征不仅带来了信息传播方式的根本性变革,而且深刻地改变了人们的行为和思维方式,"数字化生存"成为当代人的显著特征,"全球一村"成为现实。网络技术的双向交流、去中心化、去权威化等特征推动了社会的民主化进程,催生了主张自由思考和个性理念的新一代人。此外,诸如"网络购物"、"电子商务"等新的经济形态更是展示了新技术对社会生活的全面影响。然而,随着人类步入"信息时代","地球村"带来了"地球脑"③的觉醒,由于"地球脑"的神经中枢被超级传媒帝国垄断,以全人类为"脑细胞"的"地球脑"则变成了超级传媒帝国"电子殖民主义"的"跑马场"。④

二 苏联广播、电视、报纸媒介的技术

十月革命胜利后诞生的社会主义苏联,高度重视大众传播媒介在社会组织、宣传和教育方面的作用,积极推动报刊尤其是广播、电视事业的技术发展。

(一) 苏联的报纸技术

苏联的报刊媒介事业是在对沙俄时期的印刷所、纸张、报纸的占有和征用的基础上建立起来的。由于沙皇专制统治和第一次世界大战的破坏,十月革命前,苏联的科学技术水平远远落后于欧洲和大多数资本主义国

---

① 孟庆丰:《媒介技术的演进及其社会影响分析》,硕士学位论文,南京理工大学,2007年,第28页。
② 全球电子殖民,是指超级传媒帝国依靠其电子媒介技术塑造"新地球"和"新人类"的"头脑殖民政策"。与传统的"领土殖民"相比,"头脑殖民"是一种最隐蔽、最深刻、最彻底的新殖民运动。
③ [英]彼得·罗素:《地球脑的觉醒》,张文毅、贾晓光译,黑龙江人民出版社2004年版,第38页。
④ 李曦珍、楚雪等:《传播之"路"上的媒介技术进化与媒介形态演变》,《新闻与传播研究》2012年第1期。

家，报刊和通信技术也整体落后于西方。早在16世纪前后，德国人古登堡在金属活字和铸字设备基础上改良的手摇式印刷机传入俄国，但由于历任沙皇实行严格的出版许可和印刷审查制度，俄国的印刷出版事业发展缓慢，民间报纸力量和大众化报业发展羸弱，报纸媒介的技术更新也相对落后。

十月革命胜利后，为了巩固新生的苏维埃政权，迅速缩小苏联与发达国家的差距，列宁提出"我们只有利用资产阶级的科学和技术来把共产主义变成群众更容易接受的东西时，才能建成共产主义"。① 1924—1929年间，苏联从西方引进了大批先进的技术和设备，充实本国的工农业以及通信运输领域，苏联的图书报刊印刷出版事业得到了空前发展。

二战后，苏联迅速恢复被战争破坏的报社印刷厂。50年代起，一批专业的报纸、杂志印刷厂相继建立，包括《真理报》印刷联合体和各共和国印刷厂先后建成。同时，苏联加速发展纸张生产，以满足日益增多的新闻用纸的需要。

到20世纪70年代末80年代初，苏联有400多家印刷企业分布在全国各地，最大的和最好的印刷厂大都采用胶印与照相制版，也有少量的活版印刷。其中，《真理报》印刷厂规模最大，发行量为1100万份的《真理报》2/3由《真理报》印刷厂印刷，其余的则由全国40个城市的印刷厂承担。《消息报》印刷厂印刷《消息报》《劳动报》和四种文字的《莫斯科晚报》。每天，莫斯科的编辑们制作好版面后通过传真发送至各地印刷厂，各印刷厂开动机器就地印刷，通过邮路就地投递，保证中央级日报的全国发行。1977年，为了将莫斯科的报纸快速传递至远东地区，采用了"光宇宙通信技术"发送版面，提高了边远地区宣传报道的时效和覆盖范围。

苏联政府很早就认识到要通过提高大众传播媒介的技术配置来提高宣传效果，从列宁到斯大林到勃列日涅夫，都采用国家财政计划拨款和中央政府直接命令的办法为党的报刊尤其是中央级报刊配备和更新技术。但是，由于报社印刷厂数量多且分布分散，有限的资源往往投向中央级报纸和大城市报纸，所以在报纸行业内部，往往出现新技术和传统技术并用、先进技术手段配置不均衡的局面，就拿20世纪70年代末的《真理报》

---

① 李建中：《第四次科技革命与苏联解体》，《江苏行政学院学报》2001年第1期。

来说，活版印刷设备依然在使用。这一点，与西方私营报业主积极更新技术设备以期在市场中领先不同，国家主导下的技术设备更新缓慢，在某种程度上迟滞了苏联报业的发展。

1981年苏共二十六大时，在勃列日涅夫"对于意识形态工作和宣传工作，不能吝惜钱财"[①]的指示下，党报党刊所属的出版社不断扩大规模，新建、改建和扩建了印刷厂，并且广泛采用高效的现代化印刷设备。据统计，当时的《真理报》一次发行量达1070万份，《党的生活》杂志一次印刷百万册，党的报刊体系一次发行量达9000万份。[②]在报业技术的推动下，苏联实现了由报业落后的国家到报业超级大国的飞跃。

(二) 苏联的广播技术

十月革命前，俄国无线电技术发展和大规模通信网络的建设十分落后。苏联建国后，列宁发现无线电的长处，并预见了它对苏联和革命建设的作用，亲自领导创建苏联无线电广播体系，使苏联成为世界上最早实现有声语言广播的国家。

从实验性广播到正式广播，再到无线、有线广播的全面开展，苏联的广播事业经历了技术上的不断探索和创新。其中，下新城（高尔基市）试验所的无线电科学家们做出了卓越的贡献。

1. 下新城试验所的无线电广播技术研发

1918年8月，下新城无线电试验所成立，其任务是联合俄国无线电方面的一切科学技术力量，组织无线电报和无线电话的科学研究工作。在列宁的关注和扶持下，下新城无线电试验所成为苏联广播事业的摇篮。

1918年12月，下新城无线电试验所一台功率为20千瓦的无线电报台研制成功，进行了第一次实验性无线电话发射机的试验播出，解决了通过无线电传送语音的问题。

1919年11月，该所完成了一座实验无线电话台的建设工程，通过无线电话台组织了实验性语言广播。

1919年12月，下新城无线电话台成功进行了从下新城到莫斯科的远距离通话试验，苏联第一次无线电广播试验获得成功，为苏联广播事业的

---

① 北京师范大学外国问题研究所：《勃列日涅夫集团关于文艺问题的决议和言论选编》，人民文学出版社1978年版，第25页。

② 辛华编译：《苏联共产党第二十六次代表大会主要文件汇编》，生活·读书·新知三联出版社1982年版，第22—24页。

蓬勃发展提供了技术支持。

2. 全国性和地方性无线电广播电台纷纷创办

第一次播送无线电广播成功的消息使列宁万分欣喜，盛赞无线电广播是"不用纸张，没有距离"[①]的报纸。基于对无线电广播在宣传鼓动和组织群众运动方面的敏锐洞见，列宁决定采取统一集中的办法，在全国范围内推动无线电广播事业。

1920年春，劳动国防委员会做出了关于通过下新城无线电试验所在莫斯科建立中央无线广播电台的决议。当年秋天，一座采用电子管无线电发射机，收听半径在2000多公里的中央无线电台建成。第二年，通过改进，一个功率更强大、能够播放音乐的无线电台试验成功并投入使用。从1922年8月21日起，该电台每天向国内外播放两次，通过电波把苏维埃政府的政令、文告、外交人民委员会的照会以及政治新闻和其他报道，告知国内外听众，创造了当时无线电广播远距离传送的世界纪录，连柏林都能清楚地听到这座电台的声音。苏联广播事业正式诞生。

继莫斯科中央广播电台之后，一批地方电台在列宁格勒、明斯克、基辅等地迅速建立，到1928年，广播电台总数已达65座。

3. 无线电接收设备的改进和无线电接收网的全国覆盖

大批广播电台的建立，使收音机的普及和广播网的铺设提上日程。为了能使广大群众便捷地收听广播，列宁提出在公共场所安装有线广播的同时，要加快研制便携式收音机步伐。不久，晶体管收音机研制成功，其便携和保真性能深受听众喜欢，得到大范围普及，这迅速促成了苏联广播接收网建设。

1933年5月1日，一座功率为500千瓦的共产国际电台正式广播，成为当时世界上功率最大的长波电台。1936年，功率为120千瓦的"РВ-96"号短波无线电台建成，成为当时世界上功率最大的短波电台。卫国战争胜利前夕，苏联人民委员会于1944年通过了关于巩固中央广播电台物质技术基础措施的决议，并于1945年出台奖励措施推动无线电科学技术的普及，苏联广播事业在战后迅速恢复。

到20世纪60年代中期，苏联有405座调幅电台，2座调频电台，4400万台收听工具（其中收音机1350万台，喇叭3050万个），平均每百

---

① 傅显明、郑超然：《苏联新闻史》，新华出版社1994年版，第174页。

人拥有20.5台。70年代，苏联广播事业进一步发展，无线电广播普及全国。除了长、中、短、超短波外，还在国内22个城市开办了立体声广播，收听工具不断增加，拥有5000万台收音机、7000万个广播喇叭，97%的城市居民可以收听到有线广播。80年代中期，无线电广播覆盖全部国土，苏联任何一个地区的听众都可以收听到全苏广播电台的节目，全苏广播电台、莫斯科电台、和平与进步电台等13座广播电台每天使用113种语言向国内外播音，就语种、广播时数和发射功率而言，居世界第一。

4. 大力发展对外广播的技术和设备

苏联是世界上最早创办对外广播的国家之一。1929年10月，国际空间第一次响起了苏联用德语广播的声音。此后，苏联不断通过技术手段加强对外广播的语种、时数和发射能力。

20世纪50年代起，面对西方国家通过短波广播大量进行反共反苏宣传，苏联与国外广播电台展开电波战。莫斯科电台作为对外广播的主阵地，配置了大量的先进技术和设备，一方面加强用英语进行环球广播，另一方面加强对外国的对苏俄语广播进行干扰。莫斯科电台有强大的发射能力，据说该电台有37台500千瓦的短波发射机。1978年，苏联仿照英国广播公司开展昼夜不停的"莫斯科电台环球广播"，莫斯科电台通过功率较强的发射机向全世界播送英语节目，每日播音20小时，后来又增加了法语环球广播和俄语环球广播。1979年，苏联斥巨资建成的莫斯科世界奥运会广播电视中心的主要设备也被用来服务于对外广播。1981年，苏联共有短波发射台285座，是世界上对外广播范围最广的国家，每年预算达10亿美元。

进入20世纪80年代后，面对美国的"广播星球大战"计划和法国、日本等国的广播发展计划，苏联加大对外广播的扶植，在原民主德国、保加利亚和古巴等国建了4座转播台，启用了1000千瓦的大功率发射机。

（三）苏联的电视技术

1. 二战前：从试播到定期播出

苏联是较早进行电视研究和试验的国家之一。1927年，当"电视之父"约翰·罗吉·贝尔德用德国科学家保罗·尼普科发明的扫描盘完成播送和接收电视画面试验时，苏联的电视技术研究工作也开启了。

1931年，苏联开始电视静止图像的试验播出，以图片推送的方式完成报道。1932年4月29日，第一个有活动图像的节目在莫斯科用图像扫描为 30 行的发射机播出,列宁格勒、哈尔科夫、基辅等地的无线电爱好者都用自制的接收机接收到了信号。1934 年 11 月 5 日,首次带有伴音的电视节目播出成功。从这一天起,全苏广播委员会用可调整延迟电路和全苏工会中央理事会的一座大功率电台开始定期播送电视节目。

1938 年,节目图像扫描为 343 行的莫斯科电视中心和节目图像扫描为 240 行的列宁格勒电视中心开始实验性播出。从 1939 年起,这两个电视中心用超短波发射机定期播送电视节目,苏联的电视事业开始发展。

卫国战争期间,苏联的电视播出被迫中断,直到 1945 年 5 月 7 日苏联无线电节这天才重新与观众见面。1945 年 12 月,莫斯科电视中心在欧洲第一个恢复定期的电视播出,图像扫描 343 行。

1946—1949 年间,苏联恢复和改建了莫斯科电视中心、兴建了列宁格勒等地方电视中心。1949 年 6 月 16 日,图像扫描为 625 行的电视节目在莫斯科电视中心正式播出。在兴建、改建电视中心的同时,电视接收机的研发和生产也在加紧进行当中。起初,电视接收机是无线电爱好者的自制研发设备,1940 年苏联开始生产第一批电视接收机。由于受战争的影响,电视机数量很少。1945 年莫斯科电视中心恢复定期播送节目时,莫斯科仅有 420 台电视机。直到 1948 年,装有 7 寸显像管的"莫斯科人 T-1"牌电视机、"列宁格勒 T-1"牌电视机才相继生产。

2. 20 世纪 50—70 年代:电视事业蓬勃发展

战后,苏联电视业进入快速发展时期。

在苏联电视研究所和设备部门的努力下,电视设备技术研发取得突破:1950—1951 年间研制出供电视中心控制演播系统用的第一批标准设备;1950—1952 年研制出第一辆苏联国产"转播系统接收机-52"型流动电视车;1954 年研制出场循环制彩色电视设备;1956 年研制出新的兼容式彩色电视设备;1957 年研制出从电视机屏幕上录制保存电视节目的设备,经过改进的新型电视接收机投入批量生产。[①]

1951 年,莫斯科电视中心改建为中央电视台,向全国播放节目。1954 年,中央电视台开始试播彩色节目。与此同时,各地在大力兴建电视台,发展电视机生产。50 年代后半期,在苏联政府关于大力兴建电视台和电视转播台决议的推动下,地方电视台和地方转播台纷纷建成。到

---

① 傅显明、郑超然:《苏联新闻史》,新华出版社 1994 年版,第 222 页。

1965年，苏联电视台达到400多座。

20世纪60年代，通信卫星和电视卫星的发明，大大推动了电视事业的发展。1965年，"闪电一号"通信卫星发射成功。不久，与之配套的地面站"轨道站"研制成功。1967年，苏联第一个卫星转播系统"闪电—轨道"投入使用，全国20多个城市的地面接收站都能接收到清晰度和莫斯科一样好的图像。1975年，苏联相继建立了"荧光屏"、"莫斯科"、"地平线"三个卫星轨道系统，使电视卫星转播信号覆盖全国。苏联的彩色电视节目于1967年10月1日正式开播。1982年，苏联中央电视节目全部实现彩色化，121家地方电视台中，也有80多家播映了彩色节目。

伴随着电视台的广泛兴建和电视信号的彩色化，电视机的生产和普及也广泛展开。1954年，苏联有70万台电视机，1958年为300万台，1965年为1300万台，1970年达到3000万台。20世纪70年代末，4/5的苏联家庭拥有电视机。黑白电视机大量生产的同时，彩色电视机也在70年代投入市场。然而，从70年代开始，由于苏联国内经济的下滑，彩色电视机的普及工作落后。虽然电视台大量播出彩色节目信号，但普通家庭买不起彩色电视机。同时，由于计划经济体制的弊端导致的消极怠工和劳动纪律涣散，电视机等家电产品质量问题较为突出。据资料显示，80年代初，苏联生产的三台电视机中就有一台有质量问题，找不到一台不在保质期间出现故障的电视机，客厅里正看着的电视突然爆炸的情况时有发生。[①]

3. 20世纪80年代：卫星直播电视、电缆电视兴起

20世纪80年代是苏联广泛利用通信卫星传播电视节目的年代。由于发射了多颗通信卫星，苏联电视节目覆盖率大为提高，全国大部分观众可在同一时间收看到和莫斯科一样清晰的中央台节目。80年代中期，卫星直播电视开办，进一步提高了电视节目传输的范围和效果。1985年，在苏共中央政治局通过的《关于1984—1990年发展电视技术基础的决定》后，第四代移动式电视广播设备、电缆设备、通信卫星系统等技术装备也在积极研发。

20世纪80年代中期，苏联电视技术处于新的质变阶段，呈现出全球第四次科技浪潮带来的新趋势，技术研发体现出降低设备和耗电量、改善

---

① ［苏］阿甘别吉扬：《苏联改革内幕》，常玉田等译，中国对外经贸出版社1990年版，第74页。

质量指标、扩大设备工艺功能等新特点,尤其是第四代数字演播室设备的研发,因其能对电视信号做数字化处理而得到技术专家的青睐。

在广泛利用通信卫星传输节目的同时,1984年7月1日,苏联第一条通过地下光缆传送图像的线路开始传送电视节目。光缆电视有许多优点,首先传输量大,每条光缆可同时传输100多路信号;其次防干扰强,传送几十公里无须用中转设备;最后是光纤质轻,容易铺设。莫斯科使用光纤传输电视信号成功后,全苏各地都在积极筹备发展光缆电视。不过,由于苏联幅员辽阔,发展电缆电视的资金成本很高,边远地区看电视的问题主要靠开办卫星直播电视来解决。

截至20世纪80年代末,苏联的电视体系形成统一的微波、电缆、卫星传送交织的网络。

三 媒介技术对苏共发布政策的作用和社会效果

政府政策作为国家意志的延伸,"是一种社会性构建现实的企图"[1],其执行力的取得与媒介渠道的宣传效率及其对公众产生的影响紧密相关。政策信息传达所要求的准确、迅速、广泛,与来自媒介技术内在的对信息传播时间和空间的突破等物理逻辑暗合。因此,媒介技术历来受到各国政府的重视。

(一)媒介技术对苏共政策发布的作用

宣传党的路线、方针、政策是苏联媒介的基本职责。从列宁时起,苏联政府就高度重视并积极利用媒介技术加强政策信息的发布。

1. 媒介技术提高了苏共政策信息发布的速度

政策具有时效性,往往是在一定时期内的历史条件和国情下推行的现行方针。政策一旦制定就需要尽快推广和落实,先进的媒介技术,尤其是电子媒介技术因其在政策发布上的快捷而受到苏联政府和领导人的重视。

苏共重视报刊的印刷发行效率,不断推动印刷技术从人力到蒸汽动力再到电子印刷、卫星排版印刷的革新。但作为"物质空间"型媒体,印刷和发行环节总需耗损一部分时间,相对而言,电子技术是以每秒30万公里的光速行进的,只要发送和接收设备齐全,便能够实现政策信息的即

---

[1] [美]大卫·阿什德:《传播生态学——控制的文化范式》,邵志择译,华夏出版社2003年版,第122页。

时传播。

1917年11月6日，在十月革命的战前组织和武装命令下达上，列宁就使用了当时最先进的无线电通信技术——"阿芙乐尔"号巡洋舰上的无线电讯台来发布信息，11月7日凌晨，这个无线电讯台向全世界宣告武装起义取得成功的消息，中午又播送了列宁的《告俄国公民书》，第一时间向国内外宣布俄国的资产阶级临时政府已经被推翻，国家政权已经转到革命军事委员会手中。虽然当时无线电台传送的只是无线电报而非声音，抄收者还要将电报信号译成文字，但大大地提高了革命信息的传播速度。

建国后，苏联政府高度重视广播在抢占舆论先机方面的主动权。1922年8月，新建的莫斯科无线电台每天两次、每次一小时的试播音期间，通过电波主要传达的便是苏维埃政府的法令、文告、外交人民委员会的照会，等等。此后，领导人讲话、政府的公告等政策信息都是第一时间通过广播电台（后来还有电视台）向国内外发布的。在二战期间，苏联最高统帅的命令、指示、演说，苏联情报局的重要消息都是通过广播电台播出。

2. 媒介技术拓宽了苏共政策信息传播的广度

政策的落实离不开公众的支持和参与，让尽可能多的公众知晓和传播政策是推进政策实践的前提。作为一个东西长一万多公里、南北宽4500公里，拥有194个民族而幅员辽阔的大国，苏联地域的广袤性和民族语言的多样性不利于中央政府政策信息的传达。先进的媒介技术为政策信息的大范围、远距离传播提供了技术上的支持。

首先，机械化、电子化的印刷媒介和造纸技术大大降低了报纸、杂志的发行成本，同时也让高效率的大量发行成为可能，苏联的各个印刷厂每日都能按时生产出服务于政策宣传的各类纸质媒体。

其次，不断更新的电子传播技术是一国信息传到任何一国无法阻挡的群众性传播工具，它没有距离限制，又不受新闻检查，能在瞬间飞越全球，其跨越时空的弥散特点弥补了苏共在政策发布上的范围局限。

最后，诉诸听觉、视觉的电子媒体打破了传播的文化限制，没有受过教育的普通民众也能接收，是真正意义上的"大众传播工具"。

1922年8月，刚刚建设成功的莫斯科电台便采用大功率发射机向全球播音，方圆1000英里内（包括西欧的许多国家）都能听到来自莫斯科的声音。同时,苏联自主研发成功的大喇叭扩音器成为扩大广播内容收听范围的群众性组织工具。1932年,苏联民族语言广播全面开播,中央政府的政令从此直达少数民族区域。1933年,苏共建成功率为500千瓦、世界上电力最大的共产国际长波电台,大大扩大了国际广播的覆盖范围。1936年建成世界上功率最大的短波无线电台,在技术上实现了苏共政策的全球发布。1947年,苏联中央广播电台实现用长、中、短三个波长、四个播音部分向全国播音,以技术手段解决了由于时差带来的收听不同步的问题,并通过辅助电台向乌拉尔、西伯利亚、中亚西亚、远东地区播音,名副其实的全国性的广播网组建成功。1978年苏联环球广播的成功更进一步扩大了苏联政府政策的全球落地率。

电视媒体方面,20世纪60年代中期通信卫星技术试验成功,随后"闪电一号"、"莫斯科"、"荧光屏"、"地平线"四个卫星系统和地面微波中继电路连成转播网络,实现了中央电视台的节目转播全国。

3. 媒介技术保障了苏共政策信息发布的准确和精确落地

内容准确和目标受众精确接收是政策信息传播的关键,失真的政策传达和目标受众的无效接收都会影响政策的宣传和执行。

苏共充分重视印刷媒介在政策发布上的内容精准、保存时间持久和目标受众的精确投递,不断提高纸质媒体排版和印刷技术以加强政策宣传的效果,报纸、杂志的版面设计越来越科学,纸质越来越平滑,印刷越来越清晰,全面保障了苏共政策的完整呈现。

相对而言,电子信号易受地理地貌、建筑物、传输距离、电磁干扰等影响。为了保证政策信息传播的准确、迅速和广泛,苏共不断探索高保真的电子传播技术。有线广播电视技术,长、中、短、超短波技术,卫星电视技术,电缆电视技术等方面的革新都对苏共政策信息的准确发布提供了技术支持。

为了加强政策信息的精确落地,苏共用技术手段加强对节目播出时间和范围的控制。针对苏联境内的11个时区和100多个少数民族,科学家们通过对电波频率的合理分配和创办民族语言广播的办法,使中央的节目符合当地居民的作息和语言习惯。二战期间,苏联将对外广播的对象分为敌国、盟国、纳粹占领国和中立国四区,根据不同的地区进行广播频率的专门配置,播放不同的内容。20世纪60年代起,苏联对外广播又分为对资本主义国家、对社会主义国家和对发展中国家三个方向,有效地保障了苏共对外政策的宣传。

4. 媒介技术提升了苏共政策信息的综合传播效果

政策信息相对枯燥、呆板、生硬，多种媒体技术的综合使用和立体传播增加了政策信息的宣传效果。

根据不同媒介的技术优点，苏共的政策发布通常采取多媒介、全方位的立体发布。政府政策往往先由具有时效优势的电子媒体进行第一新闻发布，同时由报纸媒体进行全文刊发和深度解读，最后由电视制作中心制作成纪录片和专题向全民播放。集文字、语言、音乐、音响、图像于一体的立体传播能够发挥各种媒介技术优势，分别对政策信息传播的准确度、速度、广度、深度予以保障，同时互为强化和补充，大大提高政策信息发布的有效落地率。

"绘声绘色"的广播技术、"将远方的世界放到眼前"的电视技术增加了人们对政府政策的兴趣。1922年秋天，当苏联人民第一次在广播里听到来自中央的政策播报和记录在唱片上的列宁讲话时，人们获得了前所未有的收听感受；1925年，当莫斯科电台第一次实况播出红场的十月革命庆祝大会时，全国各地的人们通过电波身临其境；1967年10月1日，当人们第一次在彩色电视机屏幕上看到以蓝天为背景的克里姆林宫上的红星时，人群发出了欣喜的赞叹。

此外，为了增加政策信息的传播效果，苏共还通过技术手段创造新颖的信息发布形式。第一个五年计划期间，广播电台通过技术创新组织巡回编辑部，召开全苏广播会议，开展广播函授学习等活动，与听众进行即时互动和组织联结。1951年电视移动演播室的发明使荧屏上的外部世界不再局限于摄影棚，观众成为在外交场合、党的代表大会、社会主义建设的工厂农村里相关事件的目击者，信息接收内容更加多样化。1956年同轴电缆微波通信线路的兴建实现了在莫斯科、列宁格勒、各加盟共和国首都及各大城市之间的节目交换①，大大丰富了地方节目的内容。

总之，苏共通过技术手段提升了对政策信息发布的有效管理，将官方的意识形态和政策向社会各个角落渗透。作为保障政党政策信息发布最重要的高时效性、高保真性、高覆盖率、有效传播等目标，苏共均通过媒介技术得以实现。

---

① 此前各台之间的节目交换是通过录像带进行的。

（二）媒介技术加剧苏联国家与社会的离异

先进的媒介技术促进了苏共政策发布的速度、范围和整体效果。技术作为一种工具，原本无价值倾向。然而，随着苏共通过技术手段一味地对媒体的传播内容进行限制，苏联的媒体成了政府的"传声筒"，媒介技术日益成为意识形态控制的工具。到了勃列日涅夫时期，随着苏联社会的全面停滞和媒介管理体制的僵化，媒介技术的"双刃剑"效应彰显，成为苏共领导下国家政权与社会离异的加速器。

首先，苏联先进的媒介技术没有带来大众文化生活的繁荣，媒体对党的政策的过度宣传引发人民心理上的反感。

由于过分强调媒介的政策发布和意识形态维护功能，尽管技术上苏联拥有世界上先进的中央印刷基地、功能强大的广播电视大楼、完备的报刊广播电视网络、覆盖全国的彩色电视信号和包括多种音效、多种波段在内的广播设备，但是并没有因此而带来丰富的媒介内容，人们的日常娱乐生活并没有融合进先进的电子媒体。

当西方的公众通过媒介尤其是电视媒介将肥皂剧、摇滚乐、总统大选、肯尼迪遇刺身亡、越南战争、"水门事件"尽收眼底的时候，苏联人却依然只能通过媒体接收千篇一律的政策宣讲和纪录片式的新闻，更无法通过媒介休闲娱乐或参与国家事务管理。久而久之，单调呆板、脱离大众兴趣的节目形式加剧了人们对政治的怀疑和冷漠，"早在60年代，当电台或电视台转播勃列日涅夫冗长的报告或讲话时，就几乎没人收听了。到了70年代，甚至在公共场所——在旅馆或休息室里——这种转播一开始，人们就散去，把电视关掉"。①

其次，先进的媒介技术成为苏共信息专制的手段，片面、滞后的信息播报丧失了苏联媒体的公信力。

苏联向来强调党和国家对新闻事业的领导，媒介机构发布什么和以什么形式发布都要在党的领导和审查下进行，媒介技术和设备，尤其是可以进行剪辑的广播电视技术，为权力和政治对媒介内容进行控制提供了技术途径。

除了通过媒介技术对官方信息的内容进行垄断，苏共的信息专制还表

---

① [苏]麦德维杰夫等：《我所了解的勃列日涅夫》，舟山选编，世界知识出版社1990年版，第24页。

现在对敌对信息、国外信息、地下信息的截听、干扰和限制上。1939年，苏联成立了外国广播电台截听机构；二战时，苏联技术人员使用和德国电台相同的频率播音以干扰纳粹的广播；战后，面对美国之音等西方电台的宣传攻势，苏联更是不遗余力地建设高频率的干扰台以防止苏联民众的收听。1965年，苏联的通信卫星成功发射后，虽然技术上苏联电视台可以通过卫星与所有欧洲国家、美国电视台互相转播节目或录像，然而由于意识形态领域里的对立，苏联与欧美国家的电视文化交流受到政府的严格限制。技术上的"孤岛"状态最终带来了苏联在全球信息化的浪潮中的落后局面。

在电子媒介"全球一村"的攻城略地下，任何一个国家都无法孤立在世界潮流之外，技术上的"屏蔽"策略逐渐捉襟见肘，同样掌握着先进技术的西方国家总能让电波穿过"铁幕"在苏联落地。与苏联政府单调、虚伪的政策宣传相比，美国之音等反苏电台以"客观"、"及时"、"全面"的报道技巧轻而易举地虏获了苏联公众的信任。技术上的意识形态"渗透"拉开了对苏"和平演变"的序幕，当越来越多的苏联人感到政府的虚伪和专制时，国家和社会公众之间的信任危机在所难免。

最后，先进媒介技术成为苏共粉饰现实、美化领导人的工具，虚假宣传粉碎了党和领导人的威信。

技术作为一种人为的改造客观存在的方法，是可以操纵的。尤其是电子媒介声情并茂、可观可感、有助于塑造形象的特征，受到了各国领袖的重视。在好大喜功、痴迷于"个人崇拜"的苏联领导人手里，媒介技术成为粉饰自我、掩盖问题、迷惑大众的工具。

1935年6月28日，初次见到斯大林的罗曼·罗兰发现，与画像上总是精神矍铄、容光焕发的高大形象相比，斯大林"身材矮小，而且很瘦。他的粗硬的头发已经开始发白"。[①] 显然，为了树立斯大林的权威形象，当时的画报和报纸上的图片都进行了技术上的艺术化处理。

如果说利用绘制或者拍摄技术进行个人形象的美化尚可理解，那么利用电视技术的碎片化和形象性特征以剪辑和重组的手段对社会现实进行粉饰，就是欺瞒视听、掩饰问题了。事实上，苏联时期的"纪录片"式的电视新闻常常只选取有利于宣传的镜头进行剪接，从不涉及生活中的消极

---

① ［法］罗曼·罗兰：《莫斯科日记》，夏伯铭译，上海人民出版社1995年版，第8页。

面。然而，到了苏共晚期，随着社会领域里苏联人民实际生活的恶化，视觉上"美好"的苏联加剧了群众对党的媒体的不信任感。

勃列日涅夫对电视技术的使用达到了荒谬的程度。为了制造健康假象，苏联中央电视台创建了由电视"报道"勃列日涅夫参加会见和会议的做法：在专门的房间里，患病的勃列日涅夫在专用的设备前坐好，然后由摄影师进行拍摄，剪辑后插入到现场。电视通过技术手段将一个患病的领导人勉强支撑在公众面前。然而随着勃氏"已经虚弱到时刻由贴身警卫搀扶的地步"[1]，电视上频频出现的他漏洞百出。电视以视觉暴露的方式毫不留情地将细节放大，将勃列日涅夫的贪恋权位、痴呆老朽等情况展示于观众面前。事实上，早在勃列日涅夫在外国高峰会晤时一辆接一辆接受别人赠送给他的轿车，一次又一次堂而皇之、忘乎所以地在苏联观众面前爱不释手地摆弄他的金刚石戒指的时候，党的威望、国家的威望便通过电视荧屏那小小的窗口跌落在地。

结　语

传播事业的发展离不开媒介技术的支持。媒介技术的水平决定着一个国家传媒事业的发达程度。一个国家在特定的历史时期里，采用什么样的媒介形态和技术装备，影响着国家的传媒面貌，也深刻地影响人的生存方式和社会结构。在横向的技术坐标系上，不同国家在特定历史时期里媒介技术的理念和水平决定了该国在国际传播格局中的地位。

苏联历任领导人都很重视通过媒介技术加强政府在政策宣传、组织群众和开展社会主义教育方面的作用，以政策和资金扶持的方式积极促进苏联媒介事业的技术革新，不仅在建国初短短的时间里迅速改观了沙俄时期传媒事业长期落后的面貌，而且还在广播、电视领域进行自主技术创新，集国家力量进行有线、无线广播网、电视网的铺设，开展群众性的无线电科学技术普及运动和住宅无线电化运动，迅速将苏联建设成世界传媒大国，尤其是20世纪60年代中期"闪电一号"通信卫星发射成功，苏联的通信技术在高科技领域居于国际领先地位。

---

[1] 吕瑞林：《苏联重新斯大林化问题研究》，博士学位论文，中共中央党校，2002年，第100页。

通过对苏联媒介技术的历史考察发现，苏联的媒介技术发展受政治、经济环境的影响很大。由于媒介事业采取计划管理体制，苏联媒介技术的每一步大发展都是在党和国家的推动下完成，领导人的重视、党的代表大会的决议、政府规划的资金支持是推动媒介技术发展的重要因素。与西方私营报业主积极更新技术设备以期在市场中领先不同，国家主导下的技术设备更新缓慢，在某种程度上阻碍了苏联媒体事业的整体发展。从20世纪70年代后期开始，随着苏联国内经济的下滑，苏联的媒介技术更新速度缓慢，甚至出现国家不推动就不发展的状况。

媒介技术的发展大大提高了政府政策信息发布的速度、广度和效果，解决了长期来由于地理、时差和多民族带来的政策发布方面的问题。然而，由于传播观念的过度政治化倾向，苏联先进的媒介技术并没有及时和大众文化生活融合，加上意识形态领域里的对立，苏联反而以技术限制的方式拒绝和世界交流，技术上的"孤岛"状态最终导致了苏联在全球信息化的浪潮中的落后。

研究发现，苏联的媒介技术是否跟得上世界科技革命的浪潮，对媒介事业的发展影响巨大。建国初期，列宁、斯大林紧抓第二次科技革命的机遇，开展社会主义电气化、工业化运动，迅速推动了国家经济的建设和发展，报纸、广播、电视事业也深受其惠，取得一系列的技术突破。第二次世界大战后，以航空航天、军事领域的技术革新为标志的第三次科技革命与苏联推行的争霸战略相合拍，苏联的卫星通信事业世界领先。然而到了20世纪70年代，随着苏联被拖入苏美争霸的泥沼，以及勃列日涅夫个人原因导致的科学技术革命大发展的搁浅，苏联与世界第四次科技革命失之交臂。相对于西方国家积极采用新媒体技术促进媒介产业的更新换代，苏联的媒介事业却处在由于经济危机和信息观念落后导致的社会停滞里，整个苏联的封闭和"孤岛"着实是戈尔巴乔夫改革面临的严峻挑战。

另外，还有一个有趣的发现。自20世纪60年代起在美国兴起并兴盛西方的媒介环境学，在当时的苏联新闻理论里丝毫没有反映，甚至没有出现在高等院校和研究所的批判教材里。理论上的缺失从反面印证了在苏共晚期，媒介技术与大众文化生活和国际传媒整体环境的脱节。

第四节　苏共晚期媒介生存环境

一部新闻传播史，是在传媒与环境的互动中实现的。以人类社会媒介传播为主体的外部世界，以及可以直接、间接影响传播活动的各种因素，构成了传播系统赖以生存和发展的外部环境。在媒介系统内部，由媒介之间的竞争和制衡所形成的结构体系，以及大众传播机构在运作管理过程中所呈现出来的整体氛围、习惯模式，构成了媒介系统发展的内部环境。

此外，在社会"大环境"和媒介"小环境"之间，还有一个由信息生产构建的，关于现实世界的符号化的"拟态环境"。以媒介为主体，在环境与传播的互动关系中揭示传播发展的全貌。前面曾详细论述了苏共晚期媒介政策、媒介资源和媒介技术，这里所述的苏共晚期媒介生存环境，是在媒介生态学概念观照之下成文的。

一　媒介环境概述

（一）媒介环境

环境是相对于中心而言的。与某一中心事物有关的周围事物，就是这个事物的环境。

环境科学研究的环境，是以人类为主体的外部世界的总和，即人类赖以生存和发展的物质条件的综合体，包括自然环境和社会环境。[①]

传统媒介环境学认为，传播或媒介的发展离不开其置身的环境，它必须从周边环境中不断汲取各种物质资料，与环境进行物质、能量和信息的交换。以新闻传播为主体的外部世界，构成了媒介系统赖以生存与发展的客观环境。新闻传播发展的动力既产生于传播活动与传播媒介自身，又与传播置身的环境有关，它直接来源于传播与环境的互动。没有环境的物质支持和需求拉动，传播活动、传播事业的发展进化是难以想象的。同时，媒介传播活动又反作用于环境，影响环境，改变环境甚至创造环境。

从传播史角度看，影响和制约传播发展的环境因素，涉及自然与社会

[①] 崔保国：《理解媒介生态——媒介生态学教学与研究的展开》，《全球信息化时代的华人传播研究：力量汇聚与学术创新——2003 中国传播学论坛暨 CAC/CCA 中华传播学术研讨会论文集》（上册），2004 年。

两个层面。就自然环境而言，包括地理环境和人口构成。就社会环境而言，则包括政治制度、经济发展、文化教育和技术条件。所有这些环境因素自成体系，但也存在千丝万缕的关联，它们彼此作用、相互制约，构成了一体化的媒介环境系统。

这个系统包括：媒介系统和政治系统之间互动关系构成的媒介制度和政策环境，媒介与社会系统互动构成的政治环境、经济环境、资源环境、技术环境、受众环境等，媒介与媒介内部群落之间相互竞争构成的行业生态环境，以及地理环境、国际环境和非常态下的战争环境等。简而言之，媒介生态学的环境是政治、经济、文化等诸因素所组成的集合体。

（二）媒介生存环境的构成要素

1. 地域和人口等自然环境

自然环境包括地域环境和人口构成。地域环境主要是指"构成同人们生活和传播活动有关的自然条件的部分"，[①] 包括气候温度、地形地势、交通条件、土地物产等，这是影响传播发展的物质因素。

构成地域环境的诸因素会以种种方式制约媒介的生存与发展。"媒介离不开地理环境的塑造，东西自古皆然。人类的生存和传播活动，都要受到一定的地理环境的影响。特定的地域产生特定的媒介形态。"[②] 媒介在组织新闻生产时，其背后必然有某种相当地方化的，具有很大差异性的地域资源作为背景。一个地域的媒介所显示出来的特点和发展状况，对这个地域的生存环境具有高度的依赖性，是媒介对地域环境的生态适应的结果。"媒介现象"与布满地域的独特的地理、政治、经济、文化因素相关，媒介生态经常随着地域被持续地再生产，与其地域环境产生深度的关联。

在一个特定的社会共同体里，不同的人口构成，如人口的性别结构、年龄结构、种族结构、职业结构以及与此相关的地域分布、收入差距等，会在相当大的程度上影响到当地传播事业及传播活动。单一民族与多民族国家，老年社会、中年社会与青年社会，有产阶级、中产阶级与无产阶级，乡村与都市，工人、农民、军人、商人、学生与一般市民

[①] 徐国源：《媒介生态学：媒介作为绿色生态的研究》，中国传媒大学出版社2008年版，第46页。

[②] 邵培仁、潘祥辉：《论媒介地理学的发展历程与学科建构》，《徐州师范大学学报》（社会科学版）2006年第1期。

等，所有这些社会学上主要的统计要素，都会对传播系统提出自己的独特要求。

民族和宗教的情况作为历史上的自然环境的产物，也会形成独特的民族国家传媒面貌，并且具有一定的稳定性和潜在支配性，传媒系统的格局构成和现实政策都会考虑民族和宗教的因素，并打上民族和宗教的烙印。

2. 制度环境

政治制度是影响传媒发展的重要环境因素。一个社会的政治法律制度，不仅规定了社会的治理形式，而且还确定了作为社会黏合剂的传播系统的政治法律地位，传播媒介的运行方式、管理体制、传播内容等均受到政治制度的影响。

在一个政治文明程度较高的国家，媒介产业能够在自身范围内自由发展，政治制度保障媒介运行所需要的各种条件，媒介发展水平较高，媒介功能得到充分释放，服务大众的能力较强。而一个专制体制居于主导地位的国家，不可能有真正的新闻自由，权力系统往往绑架传播媒介，沦为政治体制的附庸。

传媒制度作为政治制度的组成部分，受到政治制度的直接影响，有什么样的政治制度会产生与之相适应的传媒制度。比如，以私有制为主体的资本主义国家运行的是私有商业型的传媒体制，在以公有制为主体的国家运行国家机构型的公营传媒体制。

3. 资源环境

（1）媒介生产离不开资源的保障。媒介系统要实现正常运转，必须与外界进行信息、能量、物质的交换，获得生存资源，以保持媒介系统的平衡和稳定。

（2）物质资源。一个国家的经济发展水平是支撑该国媒介事业发展的重要物质基础。国家生产力状况，人均国民收入和购买能力，包括电信、交通、邮政事业在内的基础设施，工业、商业与广告业的发展水平等，都是该国传媒事业发展的基础资源环境。就传媒产业内部而言，无论是传媒工作者的实践还是传播媒介的机器运转都需要消耗能源，其消耗的能源都需要外部经济环境提供和补充。因此，物质资源是媒介发展的基础，只有经济大国，才可能成为传媒强国。

（3）信息资源。作为社会巨型系统的子系统，信息传递是媒介安身立命的根基。因此，丰富而又能流动的信息环境是媒介生存的要素之一。

媒介的信息资源包括两个层面的内容：一方面是信息的数量大小、真实准确性以及自由流通的程度等信息本身的质和量的情况；另一方面是包括图书、杂志、报纸、广播、电视等在内的信息传递渠道的完备情况。多样的、灵动的、自由的信息资源是媒介发展的前提，完备的、发达的、通畅的媒介渠道是媒介发展的保障。

（4）人才资源。记者、编辑、编导、播音员、主持人、专栏作家等是媒介传播的人才资源。新闻传播活动是一项专业性很强的脑力活动，对从事该领域工作的人员素质有很高要求。媒介生存环境能够为媒介提供何种受过新闻专业训练的人才，以及媒介通过何种方式来录用和淘汰人才，是媒介生态环境的构成要素之一。国家教育的水平决定着媒体人才的基本水平，媒介教育的理念决定着媒体人才的思维方向，媒介的管理模式决定着媒体人才能力的发挥。

4. 技术环境

技术本是资源环境的一部分。由于现代社会技术发挥着越来越重要的作用，我们有必要把技术作为单独的环境因素来考察。

科学技术是第一生产力，对于以传播技术为基础的信息事业来说，科学技术不仅是传播发展的第一推动力，也是人类生存方式变革的推动力量。传播科技的进步不仅决定了传播媒介的更新，促进了传播方式的变革，而且导致了传播观念的进化和高技能记者的养成。

麦克卢汉明确指出，媒介即讯息，与其说媒介是人体的延伸，不如说媒介技术是人体的延伸。印刷术的发明促进了思想的广泛传播，使民主社会的到来不可避免。广播电视技术的出现打破了传播的时空界限，实现了人类信息的共享。而互联网技术更是推动了"地球村"时代的到来。

5. 受众环境

作为信息传递的终端接收者，报刊的读者、广播的听众和电视的受众是媒介传播中不可或缺的环节，他们是信息产品的消费者、传播符号的"编译者"、传播活动的参与者、传播效果的反馈者，具有众多性、混杂性、分散性、隐匿性等特点。作为传播活动的落脚点，受众的思想认知水平、教育程度与休闲时间，其质量和数量是影响媒介生存的重要因素。

除了以上常量维度，国际环境、战争环境以及领导人的个性等变量因素也是影响媒介生存环境的外在因素，这里不一一论述。

需要指出的是，现实中，各种环境因素并不是孤立作用，而是彼此制约、相互依赖，并且服从于整体演化的基本规律。技术进步、经济发展可以改造地理环境，缩短传播者与接收者之间的空间距离。地理环境尤其是气候条件会影响到人的性格和思维方式，文化教育又制约着技术的进步，政府正确的政策选择能够有效地促进经济发展和教育的普及，传播的发展不仅会拉动经济，而且会成为促进政治改革的重要诱因。[①] 可见，各种环境要素彼此紧密联系，构成了一个不可分割的整体——环境系统。环境系统是动态的，在各种因素的"力的平行四边形"作用下不断进行着物质、能量的流动和交换，从而持续地对环境发展起决定作用。

（三）媒介生态学视野中的媒介环境

媒介生态学借助生态学和环境学的理论和方法研究媒介，一方面，它考察处于不同生态位的媒介与媒介间竞争与制衡形成的结构体系——媒介群落，即媒介内生态。另一方面，它考察媒介群落在社会大系统中的运动状态，考察媒介如何从外部环境获取资源以满足自身发展，也就是媒介生存与外部政治、经济、文化等环境的关系，即媒介外生态。同时，这两者统一于媒介基于生存而形成的、相互关联的复杂网络所构成的"媒介生态系统"中。

媒介生态以媒介为烛照中心，以生命的成长隐喻为特征，将环绕媒介的周围之事都视为媒介生存的环境，重视媒介与环境的互动，其整体的观念、互动的观念、平衡的观念、循环的观念和资源的观念对媒介环境的研究提供了新的角度。从媒介生态学的内、外部媒介生态研究主体出发，媒介生态环境包括三个层面：

一是媒介生态系统外部环境，即以人类社会媒介传播为主体的外部世界，以及其中可以直接影响、间接影响传播活动的各种因素的总和。

二是媒介生态系统内部环境，即在媒介系统内部，由媒介之间的竞争和制衡所形成的结构体系，以及大众传播机构在运作管理过程中所呈现出来的整体氛围和习惯模式等。

此外，在内外部环境之间，还有一个信息社会所特有的"拟态环境"，这个虚拟化的环境由符号世界构成，能够建构新的"世界图景"、引导社会、塑造环境，是一个无形的精神环境。

---

① 张昆：《中外新闻传播史》，高等教育出版社2008年版，第394—395页。

(四) 媒介环境与媒介生态

媒介环境与媒介生态是两个相互关联又截然不同的概念。然而，由于北美的"媒介环境学"与中国本土的"媒介生态学"在翻译上出现的误差，导致两个概念常常混淆。在此，有必要进行解释和廓清。

媒介生态学翻译成英语是"media ecology"，而在西方，"media ecology"的内涵与中国完全不同。

"media ecology"最先由北美多伦多学派的麦克卢汉提出，以"人"为观照中心，思考媒介技术及其所营造的信息环境对人的影响。而中国的"media ecology"则以"媒介"为观照中心，思考社会环境等外部环境对媒介生存的影响。借用崔保国的比喻，在西方的"media ecology"里，人是"鱼"，媒介是"水"；在中国的"media ecology"里，媒介是"鱼"，国家、社会是"水"。也就是说，二者的性质、对象和宗旨完全不同。

崔保国先生指出，媒介环境和媒介生态两个概念的区别是"前者着眼于媒介环境的整体，而后者侧重于媒介彼此之间以及媒介与社会环境之间的相互关系"。前者突出人类在媒介环境中的主体地位，以"人"为中心，把媒介当作环境来研究。媒介生态以"媒介"为中心，研究媒介及其外部环境之间的相互关系。

也就是说，与北美的"媒介环境学"不同，媒介生态学是中国的原创概念，它以媒介为主体，考察媒介与其生存发展的环境的关系。在这里，媒介环境是媒介生态学中的重要概念，是媒介生态学的重要考察对象，现实中，媒介环境也是媒介生态的重要组成部分。

二 苏共晚期媒介生存环境

(一) 苏共晚期媒介生态外部环境

1. 自然环境

苏联国土面积为2200万平方公里，地跨亚欧两陆和11个时区，是当时世界上领土面积最大的国家。1979年，苏联有人口26240万，民族104个。[①] 根据民族自治原则，苏联有半数以上的民族拥有自己不同形式的政

---

① 1926年的人口普查认定苏联当时共有194个民族。勃列日涅夫时期实行"简化民族结构"政策，把各共和国中没有独立民族资格的、人数较少的民族人为地归并到大民族之中，导致统计数字剧减。苏联民族学家普遍认为在苏联居住着130个左右的民族。

权组织——加盟共和国（15个）、自治共和国（20个）、自治州（8个）、自治专区（10个），与多民族相伴随的是包括东正教、伊斯兰教、天主教、犹太教、佛教等在内的多种宗教并存。

勃列日涅夫时期，苏联政局稳定，是一个在苏共领导下的，以工农联盟为基础的多民族、多宗教国家。长期以来，苏共致力于消除阶级差别、城乡差别、脑体劳动差别，加快苏联都市化进程，苏共晚期苏联城市人口超过了农村。1965年初，苏联城市人口占53%，农村人口占47%。到1982年城市人口已达64%，农村人口降到36%。同时，国民教育水平也有了大幅度提高。1939年每千人中接受过中、高等教育的只有108人，1970年达到483人，到1982年则增加到670人。全民教育水平提高，知识分子的队伍越来越庞大。

苏联的媒介面貌受地形地势、交通条件、人口构成、种族情况、宗教分布等多种自然因素的影响。历史上，由于俄罗斯地理上的分散特点和多民族的分割特征，苏联媒介管理是典型的集权主义控制模式。

建国初，由于苏联地域广阔、地貌复杂，很多地方位置偏远，交通不便，报纸很难送达，广播事业得到领导人的青睐，发展迅速。苏联社会阶层较多，无论报纸还是广播电视，都有专门分类，为政党、政府、军队、共青团、工人、农民、知识分子、儿童、妇女等不同阶层提供专项服务。同时，还有不同级别的民族和宗教媒介。苏联国土覆盖11个时区，报纸的印刷发行、广播电视的节目安排受到时差的影响。因此，苏联的国家广播电台每天播出的13套节目中有8套是重复播音，体现了媒体对不同区域时差因素的考虑。勃列日涅夫时期，苏联社会出现城市人口超过农村人口、知识分子比例超过农民等新情况，一场由人口结构变化主导下的媒介生态的变化正在悄然发生。

2. 国际、国内社会环境

20世纪70年代末，和平与发展成为世界主题。在第三次科技革命的推动下，国际经济和贸易的竞争、交往、合作日益密切，全球经济一体化趋势加强。与此同时，通信领域的技术突飞猛进，电子排版印刷、直播设备、调频广播、卫星电视的出现，进一步打破了信息传播时间和空间的限制，国际间的信息交流越来越频繁，地球村的趋势加强。

苏美关系上，勃列日涅夫执政的70年代中期以后，美国经济下滑，苏联经济开始崛起，两国军事力量对比发生了有利于苏联的变化。随着苏联的军备扩充和入侵阿富汗等全球扩张，1980年美国卡特政府提出了以武力遏制苏联的"新波斯湾战略"，1981年上任的里根表现出对苏联更加强硬的态度。里根提出了"重新武装美国"的口号，促使苏美军备竞赛升级，加剧了两国对第三世界的争夺，冷战达到顶峰。同时，以美国为首的西方国家加紧在意识形态领域对苏联的渗透。

在苏联境内，西方势力通过各种直接和间接的方法，帮助"自由民主派"分裂分子办报刊，掌握电台、电视台等大众传媒。在境外，美国之音、自由欧洲广播电台等传播机构专门针对苏联展开舆论攻势。

在苏联国内，通过"宫廷政变"上台的勃列日涅夫大搞个人集权，以党代政。本位主义、机关专断和独裁史无前例地泛滥，个人崇拜之风盛行；干部终身制和特权阶级的出现，使党群关系日益分离，腐败之风盛行。政治上的作风败坏直接导致了社会风气的下滑和道德堕落。官场上投机钻营，送礼成风，关系网超过真才实学，买卖官职现象普遍。工厂、农庄里人们的劳动热情大大降低，旷工、误工现象严重，大量次品、废品不断出现。社会生活领域酗酒、吸毒、偷盗、聚众暴乱现象盛行，离婚率居高不下。整个苏联社会弥漫着浓重的虚妄和不满的情绪。

经济上的情况也不容乐观。一方面，高度集中的计划经济管理体制僵化，经济问题层出不穷。另一方面，长期奉行片面发展重工业和军事工业的经济发展战略，使苏联经济结构严重失衡，粮食、纺织品、家电等人们必需的生活消费品短缺，通货膨胀十分严重，以致人们寻找短缺商品的时间比工作时间还要长。[①]

文化领域，勃列日涅夫加强意识形态控制，严格文化制度，强化书刊检查。媒体上充斥着对共产党的歌功颂德，文学艺术领域被"社会主义现实主义的创作方法"垄断，电影院里放映的多是符合当局口味的大片，各种出版物不能有任何反共、反苏性质的语言，即便是科学研究领域，也被唯意志论的推断所主宰，文化氛围呈现保守停滞趋势。理论上的教条化和宣传上的形式化盛行，引起了文化领域的反弹，严格的出版审查制度审查出了一个持续多年、声势浩大的持不同政见者运动，普通人的非政治化倾向明显加强，青年人政治态度冷漠，普遍对美国有好感。"双面人"、

---

① [俄]格·阿尔巴托夫：《苏联政治内幕：知情者见证》，徐葵等译，新华出版社1998年版，第191页。

"夜间人"现象越来越多,厨房文化、政治笑话越来越流行,阅读地下出版物、偷看偷听外国媒体事件层出不穷。

(二)苏共晚期媒介生态内部环境

1. 媒介形态

苏共晚期,苏联已经形成了规模庞大、形态完备的国(党)营媒介系统,无论是在种类还是个体数量上,都居世界前列。按照区域层次,苏联的媒介可分为中央级、加盟共和国级、边疆区(州)、自治共和国级、一般城市和地区级及工矿、学校、农庄等企事业单位级。按照读者对象,有专门服务工人、农民、青年、妇女、军人等各类人群的媒介体系。按照媒介形态的不同,有规模强大的报纸、图书、杂志、广播、电视、通讯社等。

报纸:8088 种,一次发行量约 17000 万份,每千人平均拥有报纸 660 份左右,居于世界前列。《真理报》已发展成具有重要国际影响力的大报。

图书:年出版书籍 84000—85000 种,是世界上出版书籍最多的国家。

杂志种群:1981 年,苏联用 36 种民族文字和 19 种外国文字出版 1360 种杂志,一次总印数是 1.53 亿份。

广播:中央和地方电台共 177 座,转播台 6270 座,每天用 71 种民族语言面向国内播音 150 余小时。负责对外广播的莫斯科电台用 77 种语言对 150 个国家广播,每天播出 300 小时以上,远远超过了美国之音和 BBC 的规模。

电视:电视台 121 座,电视机 7500 万台,通过无线电中转、微波线路和四颗通信卫星,全国 84.1% 的人能看上电视。

通讯社:塔斯社是世界最大的通讯社之一,每天用 6 种文字向 75 个国家的 300 多个机构播发新闻稿,苏联新闻社用 56 种文字向 110 个国家发稿。[①]

2. 媒介资源

第一,信息资源。苏共晚期,由于媒介国营,媒介报道什么、不报道什么皆由上级部门提前指示。经媒体加工生产的新闻产品,也不能直接输送到外部世界去,要经过检查部门的预审。也就是说,勃列日涅夫时期苏

---

① 徐耀魁:《苏联的新闻事业》,《新闻战线》1982 年第 8 期。

联媒介信息来源单一，完全由政党或政府控制，媒介没有独立的信息采集权，完全采用自上而下的信息传播模式。

《真理报》颇具代表性，展示了当时媒介内部的信息资源情况：它有严格的选题计划，重头文章早在一周、一个月甚至一个季度以前就已确定，一般不随便更改计划。其60%的篇幅是提前两天以上安排好的，头版不是留作最后新闻用，而是专门用来刊登党的新闻、社论、经济成就和外国贵宾来访的消息。它不存在商业市场，无须招揽广告。报纸对消息报道的选择不是对政治事件的反映，而是对政治程序和政治上轻重缓急次序的反映。[①]

第二，人才资源。编辑、记者和媒体领导人是媒介机构运行的核心。在苏联，从事出版事业的总人数约为50万人，其中属于"苏联新闻工作者协会"的编辑、记者有6.3万多人。同时，还有一支超过500万人的工农通讯员队伍——庞大的来自基层的工农通讯员队伍，这是自斯大林后苏联特有的媒介景观。

新闻院校培养、媒体机构代理培养、各级党校开设新闻课程等是苏共常用的媒体人才培养方式。在这些课堂上，主要灌输的是列宁、斯大林的新闻思想和马克思主义新闻观。显而易见，这些经过共产主义新闻理论培养的人才是符合体制需要的人才，他们的新闻观与执政当局的需要保持一致。在实践中，记者、编辑面对新闻，所重视的不是事件本身的价值，而是它的政治意义，这条新闻是否符合党的路线方针政策。

第三，技术、资金等物质资源。媒介活动的展开需要包括房屋、纸张、印刷机、资金等物质资源的支撑，物质基础是媒介工作展开的前提。苏联时期，媒介属于国家所有。媒介开展各种活动所需要的资金、能源和技术，全由国家和各级政府通过行政手段直接划拨和财政补贴。报社大楼、印刷场所、广播电视工作间等办公场所由国家提供，纸张油墨等生产原料由国家统一供应，技术、设备由国家安排更新，工资由国家财政统一下发。媒体在经济上全无后顾之忧，只需作为党的宣传工具发挥作用即可。

第四，广告被严格限制。商业广告作为西方新闻事业最重要的资金来源，但在苏联却不发挥其盈利功能。1917年12月，《关于国家统一管理

---

① 张丹：《〈真理报〉的历史变迁和经验教训》，《新闻与传播研究》2001年第3期。

广告业务的法令》规定刊登广告仅是各级苏维埃媒体的特权。苏共晚期，在世界传媒产业的推动下，苏联新闻媒介开始有限地刊登广告，但仅限于天气、广播、电视、电影、戏剧等内容的广告，没有商业广告。广告的比例也被严格限制，比如报纸、杂志所刊登的广告不得超过总版面的5%，电视台播放的广告每周限制在一小时内。这就是说，在苏联广告的经济营利功能被完全取消，不能作为资金的来源。

3. 新闻生产、媒介管理和新闻观念

媒介系统内部不同的资源流动方式会产生不同的新闻生产方式、新闻管理模式和新闻观念，这是对媒介内部环境宏观层次的考察。

媒介生产过程是指媒介的资源流动和媒介从生存环境中获取资源以补充其资源消耗的过程。苏联时期的新闻生产是由行政权力支撑的强制性资源流动，无论是新闻信息源，还是资金、技术、人才和能量，都由政府支配，整个过程由政府控制。再加上发行渠道上予以照顾（主要是组织订阅和邮局专路投递），国有媒介作为行政权力的延伸，即使在缺少或者没有广告资源的情况下，也能通过行政资源完成媒介资源的循环。

媒介的组织与管理是媒介资源流动的结构方式，媒介的资源流动是通过媒介的组织与管理来予以保证和实现的。苏共晚期媒介的组织架构与国家行政体系一样，采取垂直的管理模式。在编辑部门的内部管理上，沿用了斯大林时期开始的编委会制度和同级党报不得批评同级党委原则。在人员的使用上，运用行政命令来安排媒介人员流动，考量的标准是政治忠诚而非专业水准。同时，以职位晋升来激励媒体人员，以优厚的福利驯化媒体领导者。

新闻观念是资源流动在观念形态上的反映。勃列日涅夫时期，继续推崇列宁、斯大林的新闻思想，坚持新闻媒介是党和政府的喉舌，是党的工作的宣传者、鼓动者和组织者，是党的利益的维护者，是腐朽的西方资本主义社会的批判者和揭露者。政治宣传和思想教育是新闻媒介最基本的职能，新闻信息的报道要符合党和人民的利益，要符合政治的需要。舆论监督要在党的领导下进行有限监督，并且不能对同级或上级党委进行监督。娱乐、营利等功能是属于资本主义新闻事业的，要予以批判。

通过以上对苏共晚期媒介内部生态环境的考察发现，勃列日涅夫时期苏联拥有庞大的媒介种类和数量，成为世界传媒强国，然而所有的媒介都是党营，媒介资源完全被党（国）权力控制和支配，媒介不能根据自身需要与外界环境之间进行信息、能量和物质的交流。媒介系统完全被政治生态系统建构，无论在信息的来源上还是在编辑方针、内部管理以及人才、资金、技术来源上，均依附于国家，受国家权力支配，媒介功能单一，仅作为政治系统的传声筒而存在。

(三) 勃列日涅夫时期媒介生存的拟态环境

1. 媒介建构的拟态环境

苏联时期的传媒被称为"苏联大众信息和宣传媒介"，"宣传"是传媒的重要功能。受意识形态的支配，苏联媒体上刊发的内容主要分为两大类：一类是对苏联自身的美化和鼓吹；另一类是对西方资本主义国家的批判和抨击。

首先，苏联媒体塑造了一个"歌舞升平"的苏联。苏联国内新闻报道是典型的"报喜不报忧"，由于"执政当局一味要求新闻媒介歌功颂德、粉饰太平，充当自己的传声筒，有时甚至运用媒介直接向公众发号施令。至于客观存在的、发生于国内外的重要新闻是否向公众发布，完全取决于执政当局的政治需要。凡是对现行政策不利的信息，一概秘而不宣"。[①] 当时苏共对报纸内容的控制相当严格，报纸不能刊载灾祸消息，苏联坦克对捷克斯洛伐克改革的镇压、苏军在阿富汗的伤亡情况及国内的民族反抗、厂矿罢工、农民闹事等甚至任何国家都难以避免的犯罪事件、天灾人祸，苏联媒体基本上都是不报道的。公众在媒体上看到、听到、感到的苏联，到处是党的英明领导，到处是热情洋溢的劳动场面，到处是莺歌燕舞，到处是好人好事。

另外，苏联媒体塑造了一个"水深火热"、"穷途末路"的西方。苏联关于国际新闻的报道呈现"逢美必反"的特征。在冷战思维指导下，面对美国的对苏宣传，苏联针锋相对。"我们的报纸最重要的责任就是对资产阶级的意识形态展开进攻，并且积极反对某些文学、艺术和其他与苏联社会的社会主义意识形态格格不入的观点。"[②] 苏联媒体用大量的篇幅揭露资本主义剥削的实质，批判西方国家的资本家如何通过剩余价值剥削劳动人民的血汗钱，报道西方穷人的悲惨生活。即便是对译介到苏联的美国作品，苏联官方也进行限制和严格审查。比如，20世纪70年代苏联翻

---

① 张允若：《对苏联新闻业的历史反思》，《国际新闻界》1997年第10期。
② 张丹：《〈真理报〉的历史变迁和经验教训》，《新闻与传播研究》2001年第3期。

译出版了描写美国社会生活全景的政论评论书籍《工作》,该书在美国出版时长达 500 多页,俄文版被审查删除后,成为仅剩 12 页的小册子。此外,苏联书刊检查机构还将大部分输入苏联的影片处理成黑白片。

2. 媒介拟态环境对受众、编辑、作者、记者的重塑

斯大林时期建立的宣传型媒介体制具有典型的动员性特征,长期以来,在媒体构建的拟态环境浸染下,人们的生活和精神被媒体议程设置。多数苏联民众激情满怀地为崇高的共产主义理想而努力,陶醉在社会主义大家庭的荣耀里,他们热情劳动,积极奉献,相信"共产主义"已经到来,在国家工厂和集体农庄里的生活是最幸福的社会主义的生活。而在地球那边的资本主义国家里,到处是血汗工厂和剥削压迫。媒体点燃苏联人民的共同愿望,用共产主义理想解放全人类。即使在勃列日涅夫时期,虽然实际生活已经全面陷入困顿,但长期以来"拟态环境"形成的思维惯性,依然起着对国家忠诚的维护作用,媒介的"脚手架"支撑着岌岌可危的社会主义大厦。

编辑们按照中央的指示和业务规定行使自己的审编职责,同时也慢慢从经验中获得了工作方法。当书刊检察机关不止一次地对同样性质的错误发出警告,编辑们就清楚了什么是可以写的,什么是不可以写的。在他们手下,新闻报道、评论、文学作品的内容经处理后发生了改变。

对于作者来说,作品被退回是经常的事情。有时通过审核,发表出来的却面目全非,许多不符合当局口味的章节、句子被删除。慢慢地,作者潜意识发生改变,在将自己的作品提交给报刊编辑部或出版社之前增加了一个"自我检查"环节,按照意识形态的标准自行修改和删除,呈现出越来越符合"主流意识形态"的作品。

记者们面对内外部清晰的规定,一旦被指派任务就会习惯地戴上官方消息来源的坚固枷锁,依照官方的调子进行报道,自然而然地在某些问题上成为政府的传声筒。"逐渐地我学会了不相信我对于事实所有的机械的成见,而根据辩证法的解释来看我周围的世界。这是一种令人满意的和确实幸福的境地,一旦你掌握了这个技术,你就再也不受事实的打扰了;事情是自动地染上适当的色彩而落到它适当的位置。"[①] 媒体构建的拟态环境通过对人的改变强化了自身的特点。

[①] 张昆:《中外新闻传播史》,高等教育出版社 2008 年版,第 206 页。

3. 媒介拟态环境对媒体工作者和民众思维向度的改变

70年代以后，苏联经济开始出现滑坡，国内潜伏的矛盾暴露，比如机构臃肿、腐败滋生、因循守旧、纪律松弛等。然而苏联的媒体还是沿袭从前的报道方针和路线，在自己建构的"虚拟"环境中自说自话，大肆鼓吹"发达社会主义"，对现实中的问题视而不见。由于拟态环境与现实环境的严重脱节，矛盾和质疑出现了。

越来越多的公众不信任官方媒体，过起了"双面人"、"夜间人"的生活，他们是对现实不满，而又没有公开加入持不同政见者运动的人，他们表面上循规蹈矩，参加官方组织的生产活动，实际上越来越退隐到私人生活里，白天聆听官方声音，晚上则阅读地下出版物，交流政治笑话，与家人和朋友议论时政，抨击现实。

编辑也在忧思。"报纸的首要任务是提供信息，然后让人们自己去辨别是非真伪。可是，《真理报》并不总是能够这样做。我们往往不得不按我们主人的曲谱来演奏……虽然我们笔下写的全是'莺歌燕舞'，但我们心里却极为不安。我们常会感到我们写的这些东西，客气点说是脱离实际。但是我们却束手无策，只能沉默，同时又忧心忡忡。"[①] 编辑常常会反感虚假的宣传口径和严厉的书刊检查，并进行一些力所能及的对抗，反对来自意识形态与政治方面的强权，比如1967年到1972年的《真理报》上，看不到"发达社会主义"的字样。

时任苏共中央宣传部副部长的雅科夫列夫在私下议论："总有一天工人阶级要为此而同我们算总账的。"[②] 党内有识之士认为，书刊审查制度是虚假的"拟态环境"的根源，提出通过出台法律来限制出版审查的禁锢。知识界也掀起反对书刊检查的运动。

通过上述对媒体建构的拟态环境分析，我们不难发现，勃列日涅夫时期苏共的媒体发挥组织优势，构建了一个符合意识形态要求的歌舞升平的苏联。这个虚拟的媒介图景通过对人的作用，反过来又强化了自身的特点。然而，随着勃列日涅夫时期社会现实的恶化，媒体虚构的苏联越来越令人产生政治上的不信任。

---

① ［俄］维·阿法纳西耶夫：《〈真理报〉总编辑沉浮录》，贾泽林译，东方出版社1995年版，第193页。

② 同上书，第167页。

三 苏共晚期的媒介生存状态

（一）传媒体系僵化，功能异化，传播失灵

1. 僵化的意识形态宣传使民众产生了审美疲劳和逆反心理

受冷战思维影响，苏联时期的传媒，无论报纸、杂志还是广播、电视、电影，内容高度政治化，宣传马克思、列宁的世界观和共产主义的高尚道德、传达党的代表大会精神、宣扬苏联人民的英雄事迹和崇高革命理想、树立社会主义建设的劳动典型，言论高度统一。

同时，对于国内生活的阴暗面往往避而不谈或轻描淡写，对于西方国家阴暗面大力宣传，对西方高科技成就讳莫如深。执政者相信这种新闻报道方式会让群众对党、对社会主义制度产生极大的信任和热情。但事实上，多年来日复一日的格调和脱离实际的宣传，令人们感到枯燥和厌倦。

2. 广播电视形式呆板，内容单一，效能低下

广播的接收器虽然安装在家里，但开关统一操纵在区执行委员会或工厂、学校的宣传办，什么时间听什么内容是规定好的，群众自己没有决定权。电视的遥控器虽然掌握在观众手中，但可供他们选择的频道屈指可数，彩色电视在数量上还很少。娱乐节目虽然在苏联的广播电视中占有较多的时间，但在内容上都带有高度的政治功利性，电视纪录片被拍成了"艺术类电影电视"，旨在追求画面的美感和提高观众的审美能力。长此以往，这种没有内容、格调单一的史诗式或纪录片式的新闻越来越令观众失去兴趣。

3. 虚假消息越来越多，媒体功能异化，逐渐丧失了民众的信任

20世纪70年代后，苏联社会进入全面"停滞"，社会问题涌现。为了维护高度集中的政治经济文化体制，苏共不允许媒体上有丝毫反映社会冲突存在的报道。媒介从"背离反映民意的神圣职责起，发展为官僚集权统治的驯服工具……苏联公众闭目塞听，事事蒙在鼓里，无法正确判断国内外形势，也无法真正行使国家主人的权利"。[①] 1971年党的二十四大会议后，苏联的报纸、杂志等新闻媒介大力宣传苏联进入繁荣昌盛的"发达社会主义社会"，但在实际生活中，人们连必需的日常生活的消费品都得不到满足。

---

① 张允若：《对苏联新闻业的历史反思》，《国际新闻界》1997年第10期。

媒体上宣传说党员是人民的公仆，现实中人们发现"公仆"们享有各种特权和福利，凌驾在"主人"之上，甚至是越不道德越卑鄙的公仆反而升官越快，而踏踏实实工作的广大劳动者每日为面包和工作而发愁。

媒体上宣传美国是一个充满剥削和压迫的没落的资本主义国家，但通过境外渠道人们发现这个国家的人民生活质量相当不错。媒体上从来没有灾害、矿难、泥石流，更没有战争，可老百姓从境外媒体知道了苏联对"布拉格之春"的镇压和出兵阿富汗。

对于普通民众而言，所有对生活的认识来自自己的切身体验。媒体宣传与现实生活的严重脱节直接导致了民众对党和党领导下的媒体事业的不信任。"人们心理状态的特点是，他们对喋喋不休的许诺说经济繁荣近在眼前——已听得不耐烦了，对响亮的空话已经根本不相信了。"① 越来越多的人抛弃了官方媒体，寻找其他获取信息的渠道。

（二）地下出版物市场越来越受推崇

1. 苏共晚期，检察机关功能得到强化

1966 年 8 月出版总局再次被列为隶属于部长会议的一级单位，1967 年增设国家安全局第五局，与出版总局一起共同加强对出版工作的管制。苏联的许多部门，无论是各种科学研究所、高等院校，还是新闻社、塔斯社、苏联国家广播电视局、报纸、杂志等大众传媒都在书刊检查的严密监控之下。无论是图书、报纸等出版物，还是广播、电影、电视等视听节目，包括外国输入苏联的电影、书籍、邮件、在苏联举办的国际展览会、国际电影节等都要经过严格审查。

严密的书刊检查，使"那些原本可以表达成熟的民族思想，能够及时、有益地影响民族意识的发展或人类精神生活的作品，被书刊检查机关用一些吹毛求疵、自私自利、对人民而言目光短浅的意见宣布为禁书"。② 知识界噤若寒蝉，人民非但不能要求言论自由，即使谈论和想象也是对理想的背叛。

2. 地下出版物泛滥

公开压制异己思想的严苛的书刊检查，催生了"持不同政见者运

---

① 郭春生：《勃列日涅夫时期苏联国家与社会的离异》，《中共宁波市委党校学报》2009 年第 2 期。

② 李淑华：《勃列日涅夫时期书刊检查制度研究》，《俄罗斯学刊》2011 年第 5 期。

动"，作为"持不同政见者"们的舆论阵地，许多拥有对立思想的作品开始以非官方的地下出版的方式传播。

勃列日涅夫时期地下出版物分为两种形式。一种是由持不同政见者或其他个人和组织在国内编辑印刷的、定期的和不定期刊物、文集，包括不允许出版或不能出版，但却在私下里互相传抄和复印，并广为传播的各种文章、手稿等。另一种是苏联公民及一部分持不同政见者在国外出版，而后通过各种渠道偷运回国内私下传播的作品和刊物，又称"那边出版物"。

这些地下出版物完全不同于官方出版物。内容上，地下出版物刊载官方不允许刊载的信息和思想，有较强的政治性。传播和发行方式上，由于地下出版物的"非法"身份，往往采取人际传播的渠道进行私下发行，由于都是相熟的人，彼此之间往往有共同的思想和志趣，容易产生信任，传播效果好。从传播效果看，地下出版物由于能够"言为心声"，并且是熟人之间相互传递，内容落地率极高。由于不经审查，作者的创作具有高度的自发性和不受束缚的特点，能够表达内心的真实想法，这为渴望追求真实世界和真实知识的人们提供了交流的平台，深受传阅者的喜爱。另外，由于许多地下出版物同时在海外传播和出版，产生国际影响力的同时，也被西方渗透势力利用。

3. 地下出版物对社会影响广泛而深远

首先，地下出版物的广泛传播，打破了苏联党和国家垄断信息的局面，扩大了公众获取外部信息的渠道，作为多元价值观的载体，对官方单一的舆论格局形成补充。

其次，许多志同道合者聚集在一起阅读地下出版物，一方面改变了斯大林时代遗留下来的人人自危、人们之间很少交往的社会风气。另一方面导致了"双面人"社会现象的出现，他们解构苏共社会价值观，否定现行体制，抨击现实生活，最终生成了一股反政府、反官方媒体的潜流。

最后，私下出版物还使持不同政见者运动追求的政治民主、公开性、言论自由、保障宪法赋予公民的权利等思想逐渐深入人心，为80年代中后期戈尔巴乔夫的改革奠定了思想基础。

（三）西方加紧对苏联的意识形态渗透

1. 西方对苏联加紧宣传攻势

与苏联媒介宣传单一僵化相对应的是，美国等西方国家利用先进的电子传播技术展开了对苏宣传攻势，输送美国的文化和价值观。

以美国之音为首的西方媒体展开旨在瓦解苏联的宣传攻势。主要内容是宣扬西方生活方式，美化资本主义，把资本主义和所谓"时代精神"、"自由民主"相等同；把社会主义说成是一种力图为统治世界而发动战争的侵略势力，渲染社会主义国家里实际上存在或并不存在的困难。竭力鼓动听众对共产党的不信任，宣传社会主义必然向资本主义演变，煽动民族主义情绪和宗教狂热等。在宣传手法上，采用蛊惑人心、先入为主、重复渲染、暗示等心理战手段，以潜移默化影响听众。同时，遵循"客观主义的报道"、"平衡报道"的原则，赢取听众的信任。

在战略重视、政府支持和大量人力、物力、财力投入下，西方的冷战宣传取得了明显的效果。1983年，对"南韩客机事件"的报道全面展示了西方宣传攻势的特点和威力。"那些来自各种'之音'的记者，他们挖空心思歪曲苏共和苏联政府的政策和我们的讲话。他们采用了各种各样的手段，把我们不曾说过的强加在我们头上。他们替我们回答了那些根本不曾提出的问题，他们断章取义，不提我们的论证和论据，蓄意掐头去尾或颠倒次序"，[①] 在西方媒体强大的议程设置下，全世界掀起了前所未有的反苏沙文主义的浪潮。

2. 外国媒体成为苏联人获取反共信息的渠道

相对西方的宣传攻略，苏联的"舆论战"显得保守僵化，软弱无力。比如，1968年的"布拉格之春"事件，很多人通过境外广播知道了"2000字宣言"的内容。1972年7月8日，埃及萨达特总统宣布驱逐苏联军事人员时，苏联对这一有损颜面的消息拖延不报。西方电台抢占先机肆意宣传。1979年，苏联入侵阿富汗。苏联的电视和报纸报道说，苏军去阿富汗并不是进行战争，而是为了帮助建设学校和医院。相反，关于战争的进展一律密而不谈。

一方面，苏联的宣传在西方媒体的强大攻势下捉襟见肘，越来越失去人民的信任。另一方面，借助遍布全球的通信卫星网络和成熟的专业技术，充斥着新鲜的国际新闻、饶有说服力的观点、丰富娱乐内容的美国之音、自由欧洲广播电台等西方传媒，则深受苏联人民喜爱。尽管政府采取

---

① ［俄］维·阿法纳西耶夫：《〈真理报〉总编辑沉浮录》，贾泽林译，东方出版社1995年版，第131—132页。

了电子信号干扰、严惩收听者等措施，但仍阻挡不住人们的收听热情，甚至出现"抽刀断水水更流"的情形。苏联人原本就对处于停滞状态的国内生活极其不满，在以美国为首的西方国家的强大宣传攻势下，了解了西方发达社会状况的苏联人，便有了巨大的心理落差，伴随而来的是对尽量隔绝苏联人与西方联系、封锁消息、掩饰国内问题，并将西方描绘成没落社会的苏联国家，产生了不信任。

结　语

　　勃列日涅夫时期，苏共的传媒事业深受苏美冷战、军备竞赛、全球经济一体化及国内政治、经济、文化等诸多环境因素的影响。苏联自身的地理风貌、人口结构、民族宗教、文化传统等，要求媒介政策必须充分考虑国情，在国情和媒介控制之间把握好分寸。同样，勃列日涅夫的个人性情等对国家和传媒的影响也不容忽视。

　　研究结果表明，苏共晚期政治力量对媒介系统的过度支配导致媒介系统功能异位。勃列日涅夫时期，信息传递作为媒介的基本功能被忽视，政治因子高度地支配了信息因子，呈现出典型的媒介生态系统偏离自己的生态本位，依附于政治生态系统的特征。

　　马克思列宁主义思想指导下的无产阶级人民民主专政政体，决定了苏联的大众传播媒介体系是党领导下的无产阶级传媒事业。作为上层建筑的一部分，政治体制决定了传媒体制，在国家的领导下开展意识形态的宣传工作是大众传媒的主要任务。从列宁、斯大林、赫鲁晓夫到勃列日涅夫，传媒体制和功能从未变动，无论是物质基础还是人事安排，无论是报刊版面还是编辑方针，事无巨细都由党来领导和支配，媒介系统无法与外部环境自发地进行物质、能量和信息的交流，最终导致媒介生态系统位置的偏离和功能的异化，失去了自身存在的基础和条件。

　　"多元共生"是生态系统运行的基本原则，生物多样性是衡量生态系统生命力和持续性的重要指标。开放、流动的媒介生态环境离不开内部物种的差异性和多样性，媒介生态系统在内部物种的资源交换和流动中保持动态平衡。

　　媒介生态史观认为，产权是决定媒介生态的基础。勃列日涅夫时期，苏联所有的媒介都是国营，媒介生态系统内部不存在由于对媒介资源的争夺而产生的自由竞争，媒介生态系统单一而僵化。非主流媒介种群的取缔，让客观存在的多元价值观无法表达，结果造成表面风平浪静，实则暗流汹涌的独特媒介景观。政府通过对信息的严密控制，表面上全部控制了国家与社会领域，但无法获得社会公众心理上的认同，不同政见者反而以非官方的渠道传递一些"危险"的信息与观点，带着意识形态侵袭的西方媒体也有了可观的受众。伴随着外部条件的成熟，最终成为蚕食官方舆论领地的反动力量。

总之，苏共晚期，苏联媒介系统被政治系统控制，不再是一个具有"生命"特征的、生机勃勃的开放整体。它无法通过自身的生命活力及其与社会系统的信号和物质交流，保持自己的生存、发展和相对的动态平衡。媒体作为党的喉舌，无法传达公众的要求和心声。媒介系统的僵化，导致媒介系统自身的封闭，各种矛盾积聚。苏联政府对社会内部的冲突，持视而不见的高压政策，并动用行政力量管控媒体，造成大众传播媒介无法内通外达。直接导致许多社会矛盾得不到及时解决，使其破坏性能量不断累积，最终在某个社会阶段，借助外部力量而突然爆发，造成灾难性的后果。

第三章　苏共晚期的新闻自由化

新闻自由与新闻自由化存在本质区别。本章从考察新闻自由的内涵与特征入手，分析苏共改革前的新闻自由性质，探讨苏共改革后所推行新闻自由化的含义及其核心内容。

第一节　新闻自由特征

新闻自由是人类争取各种自由斗争的延续和发展，是人类社会民主权利的具体表现之一，是人类文明不断发展的成果。英国著名的政治思想家约翰·米尔顿在1646年出版的《论出版自由》中提出一个观点，即言论出版自由"是一切自由中最重要的自由"，并且这种自由"是一切伟大智慧的乳母"。这一思想的提出，在西方各国立即引起轩然大波。米尔顿的这一思想被视为资产阶级自由主义新闻理论的萌芽和发展基础。列宁针对新闻自由曾经说过："'出版自由'这个口号，从中世纪末到19世纪，在全世界成了伟大的口号。为什么呢？因为它反映了资产阶级的进步性，即反映了资产阶级对僧侣、国王、封建主和地主的斗争。"① 现代社会，新闻自由被世界各国提到了前所未有的高度。新闻自由和司法独立被认为是现代化国家的两大基本标志。

一　新闻自由的概念

什么是新闻自由？有各种不同的说法，但从含义上来看，基本上大同小异。新闻自由包括：无须接受批准自由出版报刊，即不必向政府申请营业执照或交付保证金，在政治上、经济上不受限制，人人都拥有出版权；

---

① 《列宁全集》（第32卷），人民出版社1990年版，第492页。

不受任何形式的事先审查,可以发布任何新闻和发表任何意见;不受限制地自由接近新闻源。

事实上,在西方各国早期为反抗封建专制统治,争取新闻自由的斗争中,资产阶级的思想先驱们以及大批争取新闻自由的斗士们确实提倡过不受任何限制、不受任何约束的绝对新闻自由,在各国资产阶级取得政权之初,都实践过这种绝对的新闻自由。比如,美国建国之初到1850年的六七十年间,当时的共和党和联邦党各自操纵报刊,从报刊上相互谩骂到街头上大打出手,无所不用其极。由此而造成的社会混乱迫使西方各国不得不先后采取司法和行政措施来约束新闻界。这表明不受任何限制、约束的绝对新闻自由是不存在的。

20世纪40年代,美国一批学者从重新诠释自由的含义出发,宣称"完全的自由和绝对的自由是没有的"。"没有限制的自由只是一个幻想。"① 这批学者认为,自由有两种:一种是"免了……控制或限制的自由";另一种是"具有行动所必需的条件和设备",即"有做……的自由"。前一种自由是消极的自由,这是早期资产阶级为免于封建专制的压制而争取的新闻自由。后一种自由是积极的自由,即现代社会中所需要的自由。由此看来,新闻自由是相对的,即不存在完全的新闻自由和绝对的新闻自由。②

具体来说,新闻自由是指公民依法享有的一种民主权利,是言论自由、出版自由在新闻活动中的具体体现,包括采访自由、传递自由、报道自由、知闻自由、发表意见自由和批评自由等。新闻自由是具体的而不是抽象的,是相对的而不是绝对的。一定程度的新闻自由是新闻机构从事新闻传播的基本前提,新闻自由度的大小是影响新闻事业发展程度的重要因素之一。③

也就是说,新闻自由是公民的一项政治权利,是宪法所规定的公民的言论、出版自由在新闻传播活动中的体现和运用。1951年,国际新闻学会在总结新闻自由理论及其实践的基础上,提出了衡量新闻自由的四个具体标准:第一,采访自由;第二,传递与报道自由;第三,出版发行自

---

① "A Free and Responsible press", University of Chicago Press, 1947, p.49.
② 李良荣:《新闻学导论》,高等教育出版社2008年版,第196—197页。
③ 邱沛篁:《新闻传播手册》,四川大学出版社2004年版,第134页。

由；第四，批评自由。另外，新闻自由还应该包括传播者和接受者所享有的"不传播权"，任何个人和机构不得强迫他人参与传播过程。这是西方国家对新闻自由最简洁的一种概括，也是它们判断新闻自由的重要依据。①

二 新闻自由的特征

新闻自由是为一定经济基础服务的，这是其不变的本质特征。因此，新闻自由是具体的而不是抽象的，是相对的而不是绝对的。在不同的社会条件下，新闻自由有其不同的内涵。通过对新闻自由历史的考察，可以发现新闻自由的基本特征和本质。研究结果表明，新闻自由的本质具有三个显著特征。

（一）新闻自由是政治权利的组成部分

新闻自由属于社会自由的范畴，说到社会自由，首先想到的是政治自由。政治自由表现为人们可以在不妨碍他人权利的条件下，依照自己的意志自主地参加结社、集会、选举、游行、示威等的权利。新闻作为大众传播的媒体，当然要包括这方面的内容。人们在行使政治权利和自由的过程中，要通过新闻自由把自己的政治主张、政治要求宣传出来，表达出来。所以新闻自由对于政治自由而言有着十分重要的意义。②

新闻自由是由社会的经济基础决定的上层建筑。掌握生产资料的统治阶级，必然千方百计利用新闻媒介维护自己的利益，宣传自己的主张，争取全社会对自己的支持。占有物质生产资料的阶级必然占有精神财富，也就有了言论、出版自由。

新闻自由包括采访自由、传递自由、出版自由、批评自由等诸多方面。新闻自由的主体不仅指新闻媒体和新闻记者，还包括社会的全体公民，这是一种十分重要的社会政治权利和自由。

在阶级社会，新闻自由必然为一定阶级利益所支配和制约。新闻自由总是一定阶级的，没有超阶级的新闻自由；新闻自由总是相对的，没有随心所欲的、绝对的自由，它要受经济、政治、法律等因素的制约；在阶级社会，一个阶级的新闻自由是以另一阶级的不自由为前提条件的，没有普

---

① 何梓华、成美：《新闻理论教程》，高等教育出版社2008年版，第123页。
② 顾理平：《新闻法学》，中国广播电视出版社2005年版，第209页。

遍的自由。

(二) 新闻自由是个动态概念

新闻自由如同其他类型自由一样，都经历产生、发展、消亡的过程，而其发展的每一步，都与社会发展的一定形态相关。

资产阶级新闻自由产生于与封建专制统治的斗争中，发展于资产阶级演进过程中，当资产阶级的经济基础和政治制度被社会主义所取代，其新闻自由也就走向灭亡。无产阶级新闻自由也是在与资产阶级斗争中产生的，在无产阶级革命和建设过程中逐步发展、完善。随着社会主义初级阶段的发展，进入共产主义社会后，消灭了阶级差别，人民的民主、自由充分发挥，思想、文化、道德水平空前提高，这时新闻自由也便自行消亡，因为"民主愈完全，它也就愈迅速地成为不需要的东西，愈迅速地自行消亡"。[①]

从新闻自由的这一历史性变化可以进一步看出，新闻自由不是一成不变、永恒的，进一步证明了新闻自由的相对性。

新闻自由在不同的社会发展阶段、不同历史时期、不同国家、不同阶级，总有不同的表现，其理论及政策形态也不同。比如，同为资本主义社会，自由竞争时期和垄断时期，民主政治制度和法西斯制度，战争时期和和平时期都有不同的表现。无产阶级新闻自由也因革命和建设时期任务的不同而有所差异，还因各国国情不同而有所区别。

(三) 新闻自由是种民主手段

新闻自由和一般的民主自由一样是一种手段。在一定的历史时期和条件下，无产阶级和资产阶级都把争取民主自由作为自己斗争的具体目标。但是实际上，新闻自由只是为实现更高目的、根本目的服务的一种手段。任何阶级都用新闻自由为自己的经济、政治利益服务。恩格斯说："资产阶级为了夺取政权需要民主的形式，然而对于无产阶级来说，这种形式和一切政治形式一样，只是一种手段。"[②]

总之，认识新闻自由，我们必须坚持唯物的、辩证的、历史的观点，既看到新闻自由对于新闻事业发展的重要意义，又看到新闻自由的基本特性。这样才有利于我们进一步推进和发展新闻自由。

---

① 《列宁选集》(第3卷)，人民出版社1995年版，第189页。
② 《马克思恩格斯全集》(第36卷)，人民出版社1974年版，第131页。

三 苏共改革前新闻自由的性质

（一）苏共新闻体制的形成

新闻体制通常有两层含义：一是指新闻媒介的所有制和经营管理机制；一是指国家对媒介的法律和行政管理方式。这里所说的苏共新闻体制是对这两个方面的综合论述。①

确切地说，苏共新闻体制是由革命前的布尔什维克党报发展而来的。早在俄国社会民主工党建党初期所办的《火星报》，成为全党的思想中心和组织中心。后来俄国社会民主工党第二次代表大会实现了建党任务，并作出决定：把中央委员会和中央机关报《火星报》编辑部作为两个平行的机构，中央委员会"指导党的全部实践活动"，中央机关报编辑部"在思想上领导党"，在两者之上设立总委员会作为党的最高领导机构，协调中央委员会和中央机关报编辑部的活动。

二大以后，孟什维克控制了党中央机关报《火星报》，并通过它进行机会主义活动。在这种情况下，列宁愤然退出《火星报》编辑部，以中央委员会为立足点，同机会主义分子展开斗争。

1905 年俄国社会民主工党第三次代表大会通过的党章作出一项新的规定："中央委员会代表党同其他政党发生关系，任命一个中央委员担任中央机关报的主编"，"所有定期的党的刊物都必须按照中央委员会的要求刊载中央委员会的一切声明"。1907 年俄国社会民主工党第五次代表大会通过的党章明确规定："中央委员会指定在自己监督下进行工作的中央机关报编辑部。"从此确立了中央委员会领导中央机关报的党报体制。五大关于党报体制的这种表述，70 年来一直保留在联共（布）历次党章里，未作任何改动。

十月革命胜利后，布尔什维克党成了全国的执政党，布尔什维克党报自然地成了全国新闻事业的核心。随后创办的各级各类报纸，全都沿用了党报的体制，分别属于各级、各部门党委领导，全都由党委宣传部门管理，从而形成了全国上下党报管理机制。

这种情况的出现其实不是列宁的本意。1917 年 11 月列宁签署的《关于出版问题的法令》在取缔反动报刊的同时，曾经指出："在新秩序确立

---

① 张允若：《外国新闻事业史》，武汉大学出版社 2000 年版，第 205—206 页。

之后，政府对报刊的各种干预将被取消。到那时，报刊将按照这方面所规定的最广泛、最进步的法律，在对法院负责的范围内享有充分的自由。"①与此同时，列宁在《关于出版自由的决议草案》中还曾设想"让每一个达到一定人数内（如一万人）的公民团体都享有使用相当数量的纸张和相当数量的印刷劳动的同等权利"。②也就是说，列宁曾设想过允许民间的公民团体都能平等地办报。

1920年内战基本结束，党和政府开始实行新经济政策。列宁认为新秩序确立的时机已到，主张报纸要全力关注经济建设问题，同时也放宽了对报业的管理。1922年，人民委员会曾发布命令，规定私人经营的报纸按商业方法办理，各级政府应将新闻分发给友好报纸，并收取费用。同年，列宁格勒某些被称为路标转换派的知识分子创办了《新俄罗斯》杂志，该杂志出版了两期即被封闭。列宁写信给捷尔任斯基，指出这样做不妥。之后，联共（布）中央作出决议，允许该刊继续出版。这就是说，新经济政策时期曾经开放过民间办报，曾经允许党和非党报纸并存过。③

不过，列宁关于社会主义新闻政策的这些设想和论述最终并没有得到实现。新经济政策时期的新闻政策，也像当时其他一些政策一样，随着列宁的去世而终止执行，到1925年国内的非党报刊全部停办。这种情况的出现当然有十分复杂的社会历史背景。从客观上看，当时苏联处在资本主义世界的包围之中，国内外的政治形势十分严峻，敌人入侵的危险时刻存在，后来终于发生了德国入侵苏联的战争。这些情况都制约着政治民主的发展。从主观上看，斯大林执政期间党的指导思想和路线方针存在重大失误，阶级斗争严重扩大化，政治上高度集权，个人崇拜盛行，缺乏应有的社会主义民主和法制秩序，这一切必然反映到新闻事业的体制和管理方面来。在随后的赫鲁晓夫时期、勃列日涅夫时期，安德罗波夫和契尔年科时期，苏联的新闻体制丝毫没有出现改变。

（二）苏共新闻体制的特点

从上述情况看，在斯大林执政的30来年时间里，在主客观因素的联合作用下，苏联逐步形成了高度集中、高度封闭的新闻体制。这种体制的

---

① 杨春华、星华编译：《列宁论报刊与新闻写作》，新华出版社1983年版，第506页。
② 同上书，第619页。
③ 陶涵：《比较新闻学》，文津出版社1994年版，第66页。

特点概括如下。①

第一，新闻媒介全部国有。所有新闻机构全都是国家事业单位，设备由国家置办，经费由国家供给，人员为国家编制，完全按照计划经济模式运作。民间团体或公民个人均不得办报。

第二，媒介管理高度集权。国家没有新闻法规，党的决定便是法律。政府不设新闻管理部门，所有新闻媒介都由党委（宣传部）管理。党委确定业务方针，下达宣传要求，配备干部人选，审批工作计划，监督贯彻执行。州以上报纸主编由中央任免，州以下报纸主编由其上一级的党委任免。为了确保媒介宣传与党的立场一致，还制定了严格的新闻检查制度。检查机构是个庞大的系统，其中最重要的是直属部长会议领导的"报刊保密检查局"，该机构负责对出版物进行预审。

第三，媒介功能只重宣传。传播新闻信息本是新闻媒介的基本功能，但是苏联报刊固守革命时期和战争年代的习惯，把宣传功能置于信息功能之上，新闻的选择完全服从宣传鼓动的目的，信息的传播取决于执政当局的政治需要。报刊的其他功能也都被淡化，中央一级报刊一般不登广告。

第四，信息来源十分单一。公众的信息来源只有官方渠道，群众知道什么和不知道什么都由官方决定。国内外重大新闻由国家通讯社统一发布。政府对外来的信息采取封锁政策，对国外广播进行大功率干扰，限制了苏联人民与外部世界的信息联系。

第五，媒介言论高度统一。《真理报》的言论具有绝对的权威性，其他各报在言论上均仿效《真理报》并与它保持一致。而《真理报》是苏共中央的喉舌，苏共中央就通过自己的机关报在整个社会范围内实现了舆论一律。

苏共新闻体制的上述特点，具有集中、统一、封闭的特征。在十月革命前后和战争年代，这种体制是必要的，也曾发挥过十分积极的作用，因为它便于苏共中央实现对各级组织的集中领导和指挥，便于把党的路线、方针、政策迅速化为群众的行动。但是在和平建设时期，它的弊端就日益显露出来。

历史表明，这种体制对于苏联社会主义民主的建设，对于苏联人民行使参政议政和舆论监督的权利，对于整个社会在民主和法制的轨道上的正

---

① 张允若：《外国新闻事业史》，武汉大学出版社 2000 年版，第 207 页。

常运作，已经带来种种不利的影响。

（三）苏共新闻自由特征

苏共新闻自由是在苏共新闻体制形成过程中逐步发展而来的。列宁十分重视新闻自由对无产阶级的重要性，他在早年起草的社会民主党纲领草案中就把争取新闻出版自由作为党的重要奋斗目标之一，但却格外强调新闻出版自由的阶级性质。他在《党的组织和党的出版物》（1905年）一文中说明，"社会主义新闻事业的自由特征就是要摆脱一切阻碍充分体现其社会历史本质的东西"。文章指出，"我们要创办自由的报刊，这个自由不仅是指摆脱了警察的压迫，而且是指摆脱了资本的束缚"。[①]

列宁认为，出版自由就是摆脱与无产阶级为敌的阶级的法律界限（"书报检查制度"），摆脱它们经济上的统治（"资本"），摆脱那些把自由理解为专断统治的人们（无政府主义的个人主义），摆脱把才能卖给资本的"自由"。列宁在这里彻底揭露了"绝对"自由的思想。[②]

从列宁的新闻思想中不难看出，社会主义新闻自由是在同资产阶级"出版自由"激烈的斗争中逐步形成的。也只有在社会主义革命获得胜利后，才能真正建立和享有新闻自由，才能使出版自由和新闻活动的社会历史实质与法律程序和经济条件完全一致，才能解决出版自由和新闻事业的活动自由问题。

十月革命后，面对国内外资产阶级报刊的攻击诽谤，列宁尖锐地批判了资产阶级出版自由的虚伪性，认为决不能让资产阶级借口出版自由来进行反对苏维埃的宣传。他在《关于出版自由的决议草案》（1917年）中指出，资产阶级的出版自由"就是富人有出版自由，就是由资本家霸占一切报刊"；而"工农政府认为出版自由就是使报刊摆脱资本的控制，把造纸厂和印刷厂变成国家的财产，让每一个达到一定人数（如一万人）的公民团体都享有使用相当数量的纸张和相当数量的印刷劳动的同等权利"。

要从根本上解决出版自由和新闻事业活动自由问题，应立足于社会历史、法律和经济基础上进行严格的历史考察。新闻自由的社会历史内容是主要的方面。这种自由的内容表现在，只有以每一历史时期的先进阶级的

---

① 《列宁全集》（第10卷），人民出版社1958年版，第26—27页。
② Прохоров Е. П. Введение в теорию журналистики, 1980, 156.

名义发言，以真理为武器，并为社会历史进步而斗争的新闻事业才能被认为是自由的新闻事业。

从这种观点出发，列宁倡导的新闻自由性质是代表先进的无产阶级。无产阶级走上历史活动的舞台，意味着共产主义新闻事业具有社会历史行动的自由权。共产主义者可以最广泛地利用各种条件，来合法从事自己的新闻活动。

苏联于1922年12月30日一宣布成立，即颁布苏联《宪法》，规定："考虑到人民的利益，并且为了巩固和发展社会主义制度，苏联公民的言论、出版、结社、集会、游行和示威自由得到保障。这些政治自由的实现是通过向劳动人民及其组织提供公共场所、街道、广场，通过广泛地传播消息以及利用报刊、电视和广播来保证的。"[①]

1936年苏联《宪法》第一百二十五条再次强调："为适合劳动者利益并巩固社会主义制度，法律保障苏联公民享有下列各项权利自由：言论自由；出版自由；集会结社自由；游行及示威自由。公民此种权利之保证为：印刷所、纸张、公共场所、街道、交通工具、设备便利，以及其他一切为实现此种权利所必要的物质条件，均供劳动者及其组织者使用。"[②]

由此可见，苏共新闻自由已经确立在宪法中。为了更加深入了解其实质，我们还可以从斯大林关于新闻自由的论述中找到答案。1927年11月5日，斯大林在接见外国工人代表团时发表了关于新闻自由的讲话。当时在回答"为什么在苏联没有出版自由"的问题时，他说："你们说的是什么样的出版自由？哪一个阶级的出版自由——资产阶级的还是无产阶级的？如果指的是资产阶级的出版自由，那么这种自由在我国是没有的，而且只要无产阶级专政存在，它是不会有的。如果指的是无产阶级的出版自由，那么我必须指出，你们在世界上找不到另外一个国家像苏联这样有全面而广泛的无产阶级的出版自由。无产阶级的出版自由并不是一句空话。如果没有最好的印刷厂和最好的出版大厦，如果没有包括千百万工人群众的、大大小小的、公开的工人阶级组织，如果没有广泛的集会自由，那么也就没有出版自由。你们只要仔细看一看苏联的生活状况，考察一下工人区，就会知道，最好的印刷厂，最好的出版大厦，一幢幢的造纸厂，一幢

---

① 苏联《宪法》第五十条规定。
② 苏联《宪法》第一百二十五条规定。

幛出版上所必需的油墨制造厂，许多高大的会议厅——所有这些以及其他很多为工人阶级出版自由所必需的东西都完完全全掌握在工人阶级和劳动群众的手里。这在我们这里就叫作工人阶级的出版自由。我们这里是没有资产阶级的出版自由的。"①

从斯大林这些讲话中可以看出，在奠定了苏联新闻体制之后，新闻自由是具有强烈的阶级性的。在社会主义社会中，只有无产阶级才拥有新闻自由。

为了保证新闻媒介和新闻工作者的职业活动享有充分自由，苏联《宪法》第四十七条明确规定了苏联公民享有从事科学著作、技术创造和艺术创作的自由。

新闻活动的自由表现在每一位新闻工作者采写、传播能使广大受众自由判断现实的新闻报道的写作自由上。这里规定的自由，即新闻工作者自觉自愿地把自己的全部写作精力都服从于最迅速、最有效地实现共产主义运动中的世界历史性的任务。当然，写作自由并不等于任意提出写作任务并根据主观决定来完成这些任务，而是要求在写作过程中充分掌握各种知识和各种本领，从客观方面来恰当地反映事物的本质，从主观方面来恰当地反映新闻工作者的知识及其写作经验和特殊的才能。新闻媒介和新闻工作者在充分享受实现自己业务活动的自由范围内，要对国家、社会、受众、同行和自己负责。

苏共新闻自由和资本主义新闻自由在形式上有某些继承关系，但本质上根本不同。呈现出以下特点：②

第一，苏共新闻自由是在剥夺资产阶级的新闻自由之后建立的，是以公有制为基础的自由。

第二，苏共新闻自由是以民主与集中、自由与纪律、权利与义务的统一为运行机制，一方面新闻自由得到充分保障；另一方面反对滥用新闻自由，一切以国家利益为核心。

第三，苏共新闻自由是在长期实践中逐步自我完善起来的。无论在新经济建设时期、卫国战争时期，还是在冷战时期，苏共赋予新闻自由的内

---

① 《和外国工人代表团的谈话》(1927—11—5)，《斯大林全集》（第10卷），人民出版社1954年版，第181页。

② 张举玺：《新闻理论基础》，俄罗斯人民友谊大学出版社2004年版，第89—91页。

涵都不完全一样。

第四，苏共新闻自由有着明确的政治目的，即一切皆有利于巩固和发展社会主义。因此，苏联大众传媒具有十分明显的工具性特点。其目的和使命在于服务于党和国家的总体目标。

第五，苏共新闻自由不仅在意识形态上执行共产党的路线，其职责还表现在坚决接受共产党的领导，坚守党性原则。

在特定的历史条件下，苏共的新闻事业形成了高度集权的管理体制，虽然在革命和战争年代曾经发挥过重要作用，但在和平建设时期则严重束缚了新闻自由的张力，把控过严，统得过死。对苏联新闻事业的健康发展造成了严重影响。

结　语

新闻自由本是资产阶级的思想先驱们为反抗封建专制统治，在激烈的斗争中所使用的舆论工具。资产阶级先用它来宣传自己的经济效益，而后用它来宣传自己的政治权益，提出不受任何限制、不受任何约束的绝对新闻自由。但在攫取统治权力后，资产阶级在获得充分实现自己的经济统治和从法律上巩固自己地位之时，就会将新闻自由束之高阁，对新闻事业采取专横立场，目的在于维护自己精神上的统治，反对一切可能当众揭露其立场和努力向人民提供真实和客观报道的人。

无产阶级登上历史舞台，意味着共产主义新闻事业具有先进社会的自由权，共产主义者在资本主义社会里力争最广泛地利用各种条件来进行自己的报刊活动。在社会主义革命胜利后，共产主义新闻事业代表为共产主义奋斗的劳动人民及其利益发言，真正的出版自由和新闻活动得到充分保证。

由此看来，新闻自由是为一定经济基础服务的，新闻自由是具体的而不是抽象的，是相对的而不是绝对的。虽然在不同的社会条件下，新闻自由有其不同的内涵，但是实践结果表明，新闻自由的本质具有三个显著特征：新闻自由始终是政治权利的组成部分；新闻自由是个动态概念；新闻自由是民主手段之一。

苏共新闻自由伴随着苏共新闻体制产生而逐步形成。由于苏共新闻体制具有集中、统一和封闭的特征，直到苏共改革之前，苏共新闻自由一直被严防死守，封锁在一个僵化保守的角落里。

第二节 苏共改革后推行的新闻自由化

新闻自由化虽然跟新闻自由有一定联系，但新闻自由化与新闻自由产生的根源不同。我们在前面探讨和分析了苏共新闻自由的概念、特征与性质，这里重点来探讨苏共新闻自由化的特质。

一 苏共改革推行新闻自由化的概念

自由的本意是不受拘束，不受限制。从法律意义上讲，即公民在法律规定的范围内，随自己意志活动的权利。哲学上把人认识了事物发展的规律性，自觉地运用到实践中去，叫作自由。

追求无拘无束的自由，是资产阶级早期革命的崇高理想。在资产阶级取得政权后，理论家们试图从学理上解决自由问题，然而却陷入了不可调和的矛盾之中。他们采取以下原则作为解决问题的出发点：自由就是能够随心所欲。但如果采取这一原则，那么就应该承受一切后果。若根据这种"自由"的定义，刑事犯罪分子将是自由的，任何政客都可以有意识地诋毁自己的政敌。因为他们都是在随心所欲。于是，这些理论家们被迫认为必须维护社会和政府统治，以防极端的个人主义的侵害。他们呼吁政府，要在所有范围内实行限制，做出一些修正，为自由定出"特殊的条件"。[①]

19世纪，特别是进入20世纪初期，自由主义作为一种新型资产阶级政治思想产生。自由主义者代表部分激进的资本家和财团者的利益，积极反对政治的、社会的和宗教的束缚，在历史上曾经起到过进步的作用。

自由主义的理论核心就是经济自由化，尤其是交易自由化或资本市场自由化，反对政府干涉企业的生产和经营，认为企业只有在市场中自由竞争才能生存和发展。

自由化是指之前的政府限制或规定有所放宽，通常指社会（内政）或经济政策。在社会政策上它可能指出在比如离婚、堕胎、同性恋或精神类药物等范畴相关法律限制的放宽。最常看到的是用这个专有名词来指出

---

① ［俄］E. 普罗霍洛夫：《新闻学概论》，赵水福、郑保卫、许恒声译，新华出版社1987年版，第136页。

经济自由化，尤其是交易自由化或资本市场自由化。这些政策通常叫作"新自由主义"。

不过，需要指出的是，这个"自由化"和民主化是截然不同的两个概念。即使没有民主化，自由化也会针对某单一事件出现以应付一些政策以及社会转变，比如政府资产自由化，以开放给私人市场收购，而民主化则更偏重于政治，可能由自由化引发，但会触及更多政府功能。

自由化的关键在"化"上，"化"的本义是"变化、使变化、融化、熔化、消化"等，表示动作的结果形态。最常见的就是作"后缀"用，加在动词或形容词之后，构成动词，表示转变成某种性质或状态，比如美化、恶化、潜移默化等。

"化"一旦跟"新闻自由"组合起来，构成"新闻自由化"，就形成了跟新闻自由完全不同的另一种形态。如果说新闻自由是公民的一项政治权利，是宪法所规定的公民的言论、出版自由在新闻传播活动中的体现和运用。那么，苏共中央总书记戈尔巴乔夫全力倡导的新闻自由化则完全突破了新闻自由的界限，使苏联新闻界彻底走向了随心所欲、无政府、无自律、绝对自由化状态。发展到高潮期，苏联新闻界几乎进入了"以欺骗、诽谤、空想、虚假，甚至颠倒黑白的新闻为武器"，来对抗由列宁、斯大林亲手缔造起来的苏共新闻思想，最终表现为对苏共和苏联社会主义建设事业极具破坏力量的"诽谤炸弹"。①

这样看来，苏共后期所推行的新闻自由化可以界定为：由苏联共产党中央主导，在新闻舆论界自上而下推行新闻自由主义；放开之前对媒介的政府限制，取消新闻检查制度；放弃共产党意识形态领导地位；鼓励吸引外资，全民办报；揭露个人崇拜时期的所有罪行，清除国家机关中的官僚主义者、腐化堕落分子、教条主义和追求个人名利地位的人；扩大言论、集会和争鸣自由等。目的在于促进意识形态领域的改革，推广马克思列宁主义中的进化因素，以替代过时的、阻碍社会发展的、顽固的、缺乏创造性与和平中庸的苏联保守主义，最终限制或消除苏共的垄断权力，在苏联国内建立起忠于社会主义的反对党。

这场新闻自由化运动具有如下特征：

(1) 由苏共中央总书记主导，以"公开性"与"舆论多元化"为指

---

① Е. Прохоров:《Введение в теорию журналистики》, 1980, 160.

导思想,开展新闻自由化;

(2) 取消中央政府之前对媒介的所有限制,废除了新闻检查制度;

(3) 放弃苏联共产党对意识形态的领导权,培植忠实于社会主义的反对党;

(4) "公开性"改革成为媒体批评旧制度的新出口,国家日常工作中各种各样的失误现象和制度缺陷成为新闻眼;

(5) 随着《苏联报刊与其他大众传媒法》的起草与颁布,苏共新闻自由化走向法律模式,表明苏共新闻事业发生了根本性转变;

(6) 由共产党办报演变为全民办报。①

苏共新闻自由化已经远远超出了社会主义新闻自由的本质,背离了社会主义新闻事业的社会责任。苏联社会主义建立70多年,新闻事业始终担负着极为重要的任务。苏共充分利用各种媒介手段,完成了新经济建设,战胜了法西斯德国的侵略,经济和军事上形成了与西方抗衡的局面,并用新闻自由促进了社会主义制度的自我完善。

但是,新闻自由毕竟只是政治权利的一部分,它只在一定范围内起作用。而以戈尔巴乔夫为首的苏共中央企图利用新闻自由化来解决一切历史遗留和社会现实发展问题的做法,显然是背离了苏联社会主义发展道路。事实上,社会体制的完善要靠经济的发展、政治的民主化、全社会文化水平的提高来支撑,它是一项复杂的系统工程,不是单靠新闻自由便能解决一切问题的。

二 苏共改革推行新闻自由化的实质

苏共中央总书记戈尔巴乔夫执政之前,苏联经济停滞,政治保守,腐败现象滋生,社会生活缺乏活力,长期积累起来的社会矛盾正逐渐显露出来。苏联报业积弊如山,受众常用"死气沉沉"、"空洞说教"等来描述苏联的报刊,有人甚至辛辣地嘲讽说,《真理报》上没真理,《消息报》上没消息。

1985年3月,戈尔巴乔夫担任苏共中央总书记,拉开了改革运动的序幕。在1986年举行的苏共二十七大上,戈尔巴乔夫指出,形势迫使苏联"不能局限于局部的改进,必须进行根本的改革",并且提出了经济体

---

① 张举玺:《论"公开性"对苏共新闻事业的影响》,《新闻爱好者》2012年第11期。

制改革的基本方针。二十七大以后，他又将政治体制改革提上了日程，强调要"完善社会主义民主"。与这些要求相适应，戈尔巴乔夫在新闻界极力倡导"公开性"与"舆论多元化"，推动新闻自由化运动，提出"历史无空白"、"批评无禁区"的口号，认为新闻媒介是"实行公开性的最有代表性和群众性的讲坛"，"报纸应当支持公开性原则"，"应当将更多的事实公之于众"。

按照戈尔巴乔夫实施新闻自由化的要求，苏联新闻媒介在宣传方针和内容上进行了大幅度的调整，使整个报界出现了一番活跃的景象：报纸的信息量增加，报道面拓宽，批评监督多，言论禁区少，版面变得活泼多样。但是，随着时间的推移，新闻自由化深入开展，各种各样的社会思潮纷纷涌现，报刊舆论日趋混乱。从根本上来看，苏共新闻自由化的实质主要表现在以下四个方面。

（一）潜移默化：苏共主动放弃对新闻媒介的管控

列宁一贯认为，无产阶级党报应该明确坚定地宣传党的纲领、路线和方针。十月革命胜利后，布尔什维克采取了一系列组织措施，克服重重困难，在国内战争和经济恢复时期，初步建立了一个以中央报刊为主，以地方报刊为辅，以党的机关报为主，以服务于不同读者的专业报刊为辅的新型报业网络。列宁曾三次提出把工作重心转到经济建设上，要求报纸调整好方针，把经济报道放在宣传的首要地位。到斯大林时期，苏共遵循列宁的办报思想，强化了党对报刊的领导，苏联报业体系全面形成，在推进社会主义建设，确保卫国战争胜利，战后经济恢复中做出了不可磨灭的贡献。

到戈尔巴乔夫执政前，虽然经历了赫鲁晓夫时期、勃列日涅夫时期、短暂的安德罗波夫和契尔年科时期，但苏联报业始终恪守列宁对报纸的党性原则，即报纸"应当成为各个党组织的机关报"，"应当接受党的监督"，"应该为千千万万劳动人民，为这些国家的精华、国家的力量、国家的未来服务"。在党管媒体的原则下，苏联已发展成为世界上报业最发达的国家之一。

戈尔巴乔夫倡导新闻改革的重要内容之一，就是倡导舆论"公开性"、放松和放开对传媒的控制。应该说其初衷是好的，至少表达了愿意倾听民声的意愿。但是，在对媒体由"绝对控制"到"绝对放纵"的急剧转变过程中，当各种反对社会主义、否定苏联社会主义制度、攻击苏共的言论已经充斥苏联报纸杂志之时，苏共中央和戈尔巴乔夫继自动放弃对舆论的引导之后，又主动向前跨出了放弃舆论阵地的危险一步。

1990年2月，苏共中央二月全会通过了《走向人道的民主的社会主义》行动纲领草案，提出苏共的奋斗目标是在苏联建立"人道的民主的社会主义"，宣称"彻底放弃苏共在话语权上的垄断地位"。在这一行动纲领指导下，1990年3月苏联非常人民代表大会修改苏联宪法，苏共放弃在苏联社会的合法领导地位。同年6月，随着《苏联报刊与其他大众传媒法》的颁布，苏共彻底放弃了对新闻媒介的管控，反对派趁势掌握宣传工具，抢占舆论制导权与制高点。

（二）循序渐进：取消新闻审查制度

新闻自由化的高潮在于取消新闻审查制度和办报无禁忌。既然苏共肯主动放弃对新闻媒介的管控，那么取消新闻审查，开放办报限制势在必行。从1986年戈尔巴乔夫授意起草《苏联报刊与其他大众传媒法》，到1989年9月的讨论稿，争论最激烈的问题是"政府对新闻媒介的干预"、"办报人权限"和"新闻自由与责任"等。

从1990年6月12日颁布的《苏联报刊与其他大众传媒法》来看，第一章第一条就取消了新闻审查制度，赋予苏联公民享有言论自由和新闻自由的权利。这意味着苏联公民享有以任何形式的舆论工具发表意见，寻找、选择、获取和传播信息的权利。

第二章明确规定，各种组织和年满18岁以上的公民都有权利开办媒体；印数千份以下的媒体不用登记注册；编辑部、出版人享有充分的自主权，包括经营权、人事权、发稿权等政府一律不得干预。

如果说"公开性"和"舆论多元化"政策是作为戈氏政治改革的一项重要内容，试图借助这一政策，允许私人、各党派和外资办报，有效推动其政治和经济改革的话，那么《苏联报刊与其他大众传媒法》的颁布，则使苏共的各种反对派报刊获得合法地位。

（三）滥用自由：负面新闻成为媒介的"暴风眼"

新闻自由化使苏联新闻界一改过去新闻报道中报喜不报忧的做法，开始对发生的负面新闻和恶性事故进行及时而详尽的报道。对1986年乌克兰发生的切尔诺贝利核电站事故和"纳西莫夫海军上将"号客轮沉船事故进行及时报道，政府就此还多次举行记者招待会，向国内外记者介绍人员伤亡情况。对视为军事机密的核潜艇起火事故，官方也改变了以往的回避态度。1986年底，哈萨克斯坦首府阿拉木图发生青年学生游行事件，塔斯社及时进行了报道。

对过去政府一直讳莫如深的所谓消极面问题，如酗酒、吸毒、卖淫、经济犯罪等，也成为新闻媒介关注和报道的内容。对阿富汗问题，苏联电视台直击主题，公开报道苏军的伤亡情况。对苏军中存在的一些问题，开始不留情面地予以揭露。

一时间，苏联新闻媒体上充满了对社会弊端的揭露，记者笔触所及，无所不包，如食品供应短缺、国营企业破产、医护质量低劣、民族冲突、恶性事故、监狱内情等。而且，各媒体在报道这类事件时往往竞相攀比，比谁揭露得最多，谁披露的消息最惊人，谁的用语最尖刻，谁的鞭笞最猛烈。

1990年前后，在这方面最引人注目的报刊是《共青团真理报》、《星火》周刊、《莫斯科新闻》和《论据与事实》。《论据与事实》原是一家小报，由于不断刊登一些内幕新闻，发行量由几十万份一度增至3000万份。

（四）媒介审判：从反思历史问题到否定现实

随着新闻自由化的步步展开，苏联社会舆论随之兴奋起来，报刊不断刊发文章，对苏共和政府的大政方针，对历史事件和人物进行重新审视和评价。《苏维埃文化报》专门开设了一个"直言"栏目，号召人们各抒己见，畅所欲言。于是，一些过去秘而不宣的隐情开始被披露报端：当年斯大林是怎样处决红军将领的；斯大林的妻子阿利卢耶娃为什么饮弹身亡；末代沙皇尼古拉二世及其家属是怎样被处决的；赫鲁晓夫子女回忆父亲的生活；布哈林绝笔书的内容等。

确切地说，1987年前，这种讨论和批评主要集中在勃列日涅夫时期的"僵化和停滞"上。对斯大林时期的历史旧账虽然有评析，但大部分文章还是采取了全面分析的态度，承认依靠新制度的优越性，苏联在很短的时间内取得了重大的经济和社会进步。

但是，从1987年1月戈尔巴乔夫提出在苏联历史中"不应该有被遗忘的人物和空白点"之后，苏联媒介兴起了一股"历史热"。除了对苏联历史上的冤假错案进行大平反之外，重点是对斯大林在30年代"大清洗"时所犯下的错误或罪恶进行媒介审判。斯大林时代的大量绝密档案资料、照片、书信等被公之于众。不仅如此，对斯大林的声讨和批判还很快形成了"多米诺"效应，由否定斯大林、"斯大林模式"，发展到攻击列宁和否定十月革命，进而发展为对苏联过去政治经济体制的全面否定，认为社会主义是一种倒退，只有离开社会主义才是"向全人类进步方向的迈进"。

继否定苏联历史之后，紧接着又将矛头指向现实社会。《苏联报刊与其他大众传媒法》于1990年6月颁布后，以丑化苏共、责骂社会主义为宗旨的报纸杂志和广播电视，从此可以堂而皇之地发表攻击社会主义和执政党的言论，合法地将各种反苏反共的声音传遍全苏联。有的报刊甚至公然刊登退党者的文章，声称留在苏共党内的都是些"不正派的人"，导致退党人数日益增多。随着苏共在人民群众和苏共党员中的形象不断被丑化，执政党的威信和执政的合法性也在急剧削弱。据统计数字显示，1990年苏共有180万名党员退党。1991年前7个月，退党者就猛增为240万人。剩余的1500多万名党员，则对政治表现出麻木态度，对党和国家的前途命运漠不关心。

这种从否定苏联历史到否定苏联现实社会的媒介舆论，在当时形成了压倒性优势，很快就突破了人们的心理防线，引发了全社会的动荡。

可以说，正是这种既不对党的历史负责，也不对国家现实负责，更不对民族未来负责的新闻自由化实质，动摇了苏共的执政党理念与意志，搞乱了苏联人民对共产主义的信仰，引发了社会舆论的动荡，导致了苏共自行解散和苏联解体。

三 苏共改革前新闻自由与改革后新闻自由化的区别

上文已经详细论述过苏共新闻自由和苏共新闻自由化的特征与本质，这里就不再重复这个话题，而就两者之间的区别展开如下探讨。

（一）法律含义不同

关于新闻自由和新闻自由化在苏联均有立法保护。

苏联《宪法》第五十条确认，考虑到人民的利益，为了巩固和发展社会主义制度，苏联公民的言论、出版、结社等自由得到保障。这些政治自由的实现，正是要通过使用新闻媒介，享有新闻自由来保证的。宪法从法律上保障那些为劳动人民的利益和为发展社会主义而奋斗的人，能够自由地使用新闻媒介的权利，同时通过提供传播消息的必要条件从经济上来保证新闻自由活动的进行。

苏联《宪法》第四十七条规定，新闻活动的自由在新闻工作者采写、传播能使广大受众准确判断社会现实的新闻写作自由上表现出来。写作自由并不等于任意提出写作任务，并根据主观决定来完成，也不是任意选择生活素材，对之任意评价。而是从客观方面恰当地反映事物的本质，在写作过程中充分展示各种知识和各种写作经验，对社会负责，对国家负责，对人民负责和对新闻媒介自身负责。

新闻自由化在苏共晚期虽然同样受到立法保护，但新闻自由化的立法目的与内容跟新闻自由完全不同。苏共晚期倡导新闻自由化的目的是为了让新闻媒体为改革造势，为改革倡导者苏共中央总书记戈尔巴乔夫树立威信，而确立"公开性"、"民主化"为新闻自由化的基本方针，实行舆论多元化。这里的"公开性"是指放开对新闻舆论的集中控制，人们有权知道一切，批判一切。"民主化"是指政治多元，意识形态多元，其实质就是让新闻媒体脱离党的领导。

这种方针一直延续到1990年6月12日《苏联报刊与其他大众传媒法》的颁布，该法典为新闻自由化确立了法律支撑，规定自法典颁布之日起，苏联实行新闻自由化，舆论不再接受审查，公民享有以任何形式发表意见和获得信息的权利，任何政党、社会组织、宗教团体以及年满18岁的公民都有权创办舆论工具。同时，基本上取消了对外国媒介在苏联境内传播的管制。

随着这部新闻法的实施，各种舆论工具合法脱离了苏共和苏联政府的控制，彻底走向了新闻自由化道路，为反社会主义思潮大开方便之门。

（二）两者本质不同

苏共新闻自由和新闻自由化两者之间的本质不同。

社会主义新闻自由是无产阶级在与资产阶级斗争中产生，随着社会主义初级阶段的发展，巩固苏联共产党的领导和无产阶级的执政地位。苏联宪法规定的新闻自由的性质是以无产阶级禁止与取消资产阶级等其他阶级的新闻自由为前提条件，因不同的革命和建设时期的任务不同而有所差异。但是，苏联社会主义新闻自由始终置于共产党的领导之下，维护无产阶级的利益，宣传共产党的主张，以建设和实现共产主义社会作为崇高目标。

为此，苏共在讲求新闻自由的同时，一直对之赋予更多的责任，即新闻自由是有限制的，而不是绝对的，要求媒介必须承担起对社会安定、国家安全和公众身心健康的法律、道德责任和社会义务。所以，一旦涉及共产党的威信和上述责任与义务时，新闻自由会受到严格的管控。可以说，苏共新闻自由强调的首要责任，是为社会主义建设鼓劲的。

而苏共晚期推行的新闻自由化则是要冲破无产阶级的执政束缚，消除共产党对媒介的严格管控，为资产阶级在苏联复辟做开路先锋。其实质是让新闻媒体脱离苏共的领导，使各种媒介都出现社会主义的多元论，而不加任何限制，实行西方媒体至今未能实现的绝对新闻自由。

新闻媒介正是在这种"无条件民主化"、"无限制公开性"和"宣传报道无禁区"的自由化思想指导下，发表各种反对社会主义、否定苏联社会主义制度、攻击马列主义的言论，歪曲、丑化苏联社会主义革命和建设。

（三）推行结果不同

苏共新闻自由与新闻自由化推行的结果截然不同。

众所周知，苏共改革之前推行的新闻自由是伴随着苏共新闻体制建设过程而逐步形成的。由于新闻自由的阶级属性，苏共新闻自由始终是围绕着不同时期的建设任务来推行的。

十月革命初期，面对国内外反对势力对革命的仇恨和资产阶级媒介对布尔什维克党的恶意攻击，列宁领导俄共在新闻自由方面采取果断措施，取缔反动报刊，剥夺其言论自由，建立起布尔什维克党的报刊体系。并在1918年7月10日第五次苏维埃代表大会上通过了十月革命后的第一部宪法，明确规定：为保障劳动者享有真正表达自己意见的自由，俄罗斯社会主义联邦苏维埃共和国消灭出版事业对资本的从属关系，将一切有关出版报章及其他任何印刷品的技术与物质手段一律交归工人阶级与农民掌握，并保证此等印刷品在全国自由传播[①]。此后，俄共第八、九、十一、十二和十三次党代会，都对新闻自由进行了专门讨论并通过了相应的决议，基本上奠定了苏共新闻自由的理论基础。

斯大林时期苏共新闻自由基本上遵循了列宁的理论思想和方针，在推进社会主义建设过程和卫国战争的胜利中发挥了重要的积极作用。这一时期，苏联报业得到长足发展，苏联社会主义报业体系全面形成，从党中央到地方党组织形成层层办报的金字塔形的媒介体系。新闻自由被高度党性化，一切皆围绕党中央的路线和方针，积极宣传战前社会主义建设、战时

---

① 《1918年苏俄宪法》，第五次全俄苏维埃代表大会1918年7月10日会议通过。

保家卫国的精神和战后社会主义建设的新成就。苏共对新闻自由的直接干预不断升温，对意识形态的宣传功能日益突出和强化。

赫鲁晓夫接管苏共中央总书记权力之后，把报刊作为推进其路线和政策的重要工具。他认为以前的新闻自由被禁锢，报刊言论过于沉闷与保守，因而允许有限度地开放新闻自由，倡导还政于民、还权于民、确保人民当家做主。由于随后出现了一批向往西方社会的自由派记者和作家，他们借揭露斯大林之机，攻击党和社会主义制度，致使1961年的苏共二十二次代表大会重提同资产阶级意识形态即反共思潮作斗争的任务。随后，苏共媒介再次进入新闻言论无自由的状态。

到20世纪70—80年代，苏联媒介被笼罩在"勃列日涅夫主义"之下。为了区别于赫鲁晓夫时期的执政方针，勃列日涅夫上台后对前任的各项政策做了修正与调整，提出了"新经济政策"方针，使苏联经济取得稳步增长，国力增强，缩小了与美国的差距，社会生活进入满足现状时期。社会主义优越性使苏共领导人急于向外推广意识形态，从1968年出兵捷克斯洛伐克到1979年入侵阿富汗，苏共领导集团打着社会主义和国际共运的旗号，大力干涉别国内政。苏联报刊这一时期的新闻自由被苏共中央严格限制，一方面掩盖真相，封锁消息，不让苏联受众了解事件真相和世界舆论对苏共意识形态扩张的反对与谴责；另一方面为勃列日涅夫的错误路线鼓吹，极力宣传大国沙文主义和"社会主义大家庭论"，整个作风又回到了斯大林时代盛行的那种大搞个人崇拜、掩盖问题、粉饰太平、阿谀奉承的老路上，新闻自由远远脱离了人民。

从新闻自由在苏联上述各个历史时期所实施的状况来看，苏联报刊向来是作为苏共和政府的喉舌而发挥着重要作用。长期以来，新闻自由只是苏共用来宣传执政方针和政策的重要工具。到戈尔巴乔夫提出"公开性"和"舆论多元化"等新闻改革措施之前，苏共新闻自由长期处于高度集中的党性原则之下，一切新闻自由皆由各级党委掌控。这种局面直接导致了新闻自由依附于宣传功能之上，新闻的选择完全要服从宣传鼓动的目的，信息的传播自由取决于执政当局的政治需要。新闻来源只有官方渠道，受众要知道什么和不知道什么皆由官方决定，受众的知晓权被彻底剥夺。新闻自由处于集中、统一、单调和封闭状态。

与上述新闻自由推行结果相比，新闻自由化实施结果则完全是另一种景象。

新闻自由化实施初期是建立在"公开性"和"舆论多元化"的基础之上，主张坚决揭露个人崇拜时期的所有罪行，清除党内和国家机关中的官僚主义者、腐败堕落分子、教条主义者和追求个人名利地位的人；主张扩大言论自由，用党对新闻出版的灵活方式来取代严格的新闻报刊检查制度，以建立"人道的民主的社会主义"为目标。

随着戈尔巴乔夫在经济上的改革连连失误，政治改革也陷入困境。希图借助新闻自由化推进政治改革，反而导致新闻媒介领域成为一盘散沙，自由主义、无政府主义、斯拉夫主义大行其道。为了规范新闻媒介言行，使之处于法律约束之下，遂于1990年6月颁布了《苏联报刊与其他大众传媒法》，不仅取消了新闻审查制度，扩大了办报人的自主权限，而且允许任何组织和个人办报。

研究结果表明，新闻自由化并没有达到戈尔巴乔夫预先设想的结果，反而出现了一系列失误，摧毁了共产党和社会主义新闻事业的理论基础。新闻媒介放弃了马克思列宁主义的办报思想，放弃了苏共的领导地位，各种反共、反社会主义、反马克思主义的思潮泛滥。苏联境内一下子涌现出大批反对党媒介，并纷纷代表其党派向苏共全面夺权。苏共党组织受到严重破坏，逐步陷入四分五裂的境地，一大批所谓激进改革分子成为苏共的掘墓人。

结　语

综上所述，这节主要论述了苏共晚期所推行的新闻自由化之含义、实质，以及新闻自由化与新闻自由之间的主要区别。

新闻自由化是由苏共中央主导，在新闻舆论界自上而下推行新闻自由主义。新闻自由化的理论基础是"公开性"与"舆论多元化"，新闻自由化的法律框架是《苏联报刊与其他大众传媒法》。在新闻自由化过程中有四个实质环节起着决定性作用：其一，苏共主动放弃了对新闻媒介的管控；其二，取消了新闻审查制度；其三，负面新闻成为媒介的"暴风眼"；其四，由反思历史到否定现实，媒介审判具有逆反历史的力量。

一提起新闻自由化，自然有人会等同于新闻自由。事实上，新闻自由化与新闻自由的性质有着天壤之别。研究结果表明，苏共晚期新闻自由化有别于苏共的新闻自由。改革前，苏共秉持的新闻自由尽管存在着许多不足,但是基本上是符合苏联国情,或者说是符合社会主义各个历史发展阶段的具体情况的。历史表明,执政党有效把握新闻自由,有利于社会稳定,有利于社会建设进程,有利于实现阶段性进取目标。苏联社会主义70年的辉煌建设成就就是明证。

建设"人道的民主的社会主义"愿望是值得称颂的,但不注重执政党的自身建设和改善民生,而是把期望寄托在"公开性"与"舆论多元化",大力吸收民主社会主义思想,甚至西方新闻自由主义内容,来摧毁马克思列宁主义的报刊思想,放弃党对新闻媒介的绝对领导地位,搞多元化党派思潮等,是完全不适合苏联国情的。

第三节 苏共改革推行新闻自由化的核心内容

苏共新闻自由化的核心内容是"公开性"、"舆论多元化"与《苏联报刊与其他大众传媒法》。这里分别予以论述。

一 公开性

纵观苏联历史,苏共作为人类第一个社会主义国家的执政党,开辟了人类历史的新纪元,一度创造出许多丰功伟绩。然而,这样伟大的执政党在1991年"8·19"事件中却未能力挽狂澜,最终因失去政权而淡出历史舞台。苏共执政之所以失败,除了长期在社会主义建设中存在的多种失误以外,戈尔巴乔夫极力主导"公开性"和"舆论多元化"因素起了重要作用。

(一) 公开性由来

"公开性"并非戈尔巴乔夫的创造。在俄语中,"公开性(гласность)"一词早已有之,字典上注明的释义是"公之于众"、"让公众都知道"。1902年,列宁在《怎么办》一书中提出:"广泛的民主原则要包括两个必要条件:第一,完全的公开性;第二,一切职务经过选举。没有公开性来谈民主是很可笑的。"此后,列宁还在其他著作中多次提及公开性问题。[①]

---

① 侯丽军:《对苏联公开性改革中大众传媒的重新审视》,硕士学位论文,清华大学,2008年,第18页。

当时，公开性曾是布尔什维克借助报刊和出版物揭露反革命分子、批判官僚主义，与国际帝国主义作斗争的理论工具。但是，受当时恶劣的政治经济形势影响，当革命成功后列宁不得不改变初衷，下令对一切新闻报道和出版物进行严厉的国家审查和监督。① 在经历斯大林时期、赫鲁晓夫时期和勃列日涅夫时期，苏联和苏共成为世界上最讲保密的国家和政党。公开性原则一直被束之高阁，未能得到真正的贯彻执行。20 世纪 80 年代初，安德罗波夫和契尔年科先后主政时，虽曾多次谈及这一问题，但均缺乏切实的保证措施。当然，对公开性最为重视、说得最多的还是戈尔巴乔夫。

戈尔巴乔夫重提公开性的主要原因在于：其一，他认为，没有公开性，就没有民众的参与，没有民众的参与和监督，就没有真正的民主。因此，他倡导开创公开报道情况，公开揭露问题，公开批评，公开讨论问题，还民众一个信息知情权和社会政治参与权。其二，面对 70 多年历史形成的铁幕般陈旧政体和一大批思想极端保守的党内实权派，戈尔巴乔夫急需来自广大人民的认同和支持。宣扬公开性，借公开事实，让旧体制的大量弊端暴露出来，就能唤醒民众的改革意识，赢得广泛的、自下而上的支持，获得与党内保守派斗争的力量。②

1985 年，戈尔巴乔夫一上台就针对公开性和排除实行公开性的阻力发表了大量讲话。这些讲话从内容上来看，大致可分为以下几个方面：

第一，党和国家应当直截了当和毫不掩饰地向人民介绍情况。

第二，公开性是社会主义民主不可分离的一个方面，也是整个社会生活的准则。不公开就没有也不可能有民主、群众的政治创造性及参与管理。

第三，公开性与批评是对一切实行群众监督和社会监督的一种方法。进一步发扬公开性是改进苏联建设的各部门工作的强有力杠杆和实行全民监督的有效形式。

第四，公开性不是一次性的措施，而是苏联现代生活的准则，是一个经常不断的过程。

---

① Я. Н. Засурского и О. М. 《Здравомысловой. Гласность и журналистика 1985 – 2005》. Горбачев - Фонд, 2006.

② 李玮：《转型时期的俄罗斯大众传媒》，上海外语教育出版社 2005 年版，第 7 页。

第五，公开性和民主不是为所欲为，真正的民主不能超脱法律而存在，也不能凌驾于法律之上。

第六，报刊应该支持国内的公开性原则，应当向人民提供信息，但是它应该采取负责态度。

第七，应当使公开性成为不断起作用的制度。

第八，公开性要求有关对内政策和国际政策的任何问题的意见多元化，要求自由对比各种不同的观点并进行争论。①

显而易见，从字面上看，上述戈尔巴乔夫的"公开性"理论既符合列宁的社会主义概念的实质本身，又深得人心。

（二）公开性内容

1. 戈尔巴乔夫倡导的"公开性"具体内容概括起来主要表现在以下三方面

第一，党和国家机关工作公开化和政治决策过程公开化。

公开性原则要求在全国范围内实行管理民主化，国家决策过程民主化。戈尔巴乔夫主张"扩大党、苏维埃、国家和社会组织的公开性"，使人民群众知道"在国家范围内正在解决什么问题，各级政府和党组织都做出了什么决定"②。《全民讨论国家生活重要问题法》详细地规定了应当提交全民讨论的国家生活重要问题的基本方面，实行全民讨论的民主原则和公开性原则，以及全民讨论国家生活重要问题的基本程序。这为苏联公民参与制定有关国家和社会生活重要问题的决定提供了法律保证。

第二，执行政策过程公开化。党和政府要真实、及时地公布情况，揭露和批评社会上存在的一切不良现象和不正之风。

公开性要求党和国家机关的公职人员公开政策落实和执行过程，把这一切置于人民的监督之下，对工作中出现的问题、漏洞要承担个人责任，并要作深刻的自我批评。对党员和公职人员的处分也要公开，让人民群众知道一切。同时，苏联政府还要求报刊、广播电视和其他新闻传播媒介，对国家政策的失误、官僚主义、违法乱纪、营私舞弊、特权、地方主义和社会上的关系网等不正之风进行公开批评，从而把公民的知情权与民主监督结合起来。

---

① 陈仕龙：《苏联公开性的历史和现状》，《唯实》1989年第3期。
② Попов В. П. Большая ничья：СССР от Победы до распада. ЭНАС，2005.

第三,最大限度地扩大苏维埃活动的公开性和开放性,鼓励人民就国家和社会生活中存在的问题公开发表意见。

为了提高人民对国家机关政策、决议执行结果的了解程度,苏共强调苏维埃机关要及时向人民报告工作,实行公开报告制,允许公民、记者自由出席苏维埃会议,经常向选民和居民传达工作结果。报刊、广播电视及时向人民公布各级决议和信息资料;苏维埃机关对苏维埃常会的日程和拟议中的决议内容等要定期公布和组织讨论。①

2. 根据戈尔巴乔夫就公开性的相关指示,苏共采取了八项举措

第一,为公开性立法。1986年6月苏联最高苏维埃通过了《全民讨论国家生活重要问题法》,详细规定了全民讨论的程序、总结群众建议和意见的方法,以及违反国家讨论法的责任等。这从法律形式上规定了国家和社会生活的重大问题必须公开,公民对重大问题有权进行讨论并参与决策。

第二,公开重大的党务和政务活动。报刊、广播、电视对苏共二十七大、第十九次全国代表会议以及政治局的周四例会等都进行了公开报道,报道内容越来越详细。为了扩大苏维埃活动的公开性,最高苏维埃主席团和地方各级苏维埃执行委员会坚持做到了公开会议时间、地点,并且还把会议审议的问题提前通知代表以及全体公民。

第三,公开重大问题的决策过程。苏共在召开二十七大之前,把会议上将要审议的重要文件,其中包括苏共纲领新修订草案、苏联1986—1990年经济和社会基本方针草案等,都提交给全党和全民讨论。

第四,公开报道国家和社会发生的重大事件。1986年乌克兰切尔诺贝利核电站事故发生后,苏联媒体一改以往的观望态度,积极跟进报道。随后,对"纳西莫夫海军上将"号客轮沉没事故、核潜艇着火沉没事故、哈萨克阿拉木图的学生闹事、苏军在阿富汗战争中的伤亡情况和重大的民族骚乱事件等,均及时作了公开报道,让人民得以了解事实真相。

第五,公开揭露时弊。苏共二十七大之后,苏共中央带头揭露社会上存在的各种负面现象。比如,青少年吸毒问题、妇女卖淫问题、干部利用职权搞特殊化问题、压制和打击报复问题、贪污受贿问题等,并公开承认自己在工作中的失误。一些因抨击时弊而被长期禁锢的文艺作品也开

---

① 高科:《公开性与苏联社会民主化》,《群言》1989年第7期。

禁了。

第六，公开为历史错案平反。在1987年十月革命70周年前夕，苏共中央政治局成立了"补充研究有关20世纪30—40年代、50年代初迫害事件材料委员会"。1988年2月5日该委员会宣布：为1938年以所谓托洛茨基反社会主义右倾集团罪名而遭到迫害的布哈林等20人恢复名誉。1988年8月4日苏联最高法院决定对1932—1933年的"马克思列宁主义者联盟"案、1935年1月的"莫斯科中心"案、1936年8月的"托洛茨基—基诺维耶夫反苏联合中心"案、1937年1月的"托洛茨基反苏平行中心"案等平反。1988年11月1日，苏联最高法院军事法庭宣布为1935年的所谓"莫斯科反革命组织——工人反对派集团"案平反，为在此案中受牵连的什利亚谱尼科夫、梅德韦杰夫等10人恢复名誉。[1]

第七，放宽各种限制，使人民在宽松的环境中生活。文艺节目只要一不反党，二不搞色情，各种流派均可登台演出，其是非优劣由受众去鉴别。长期被封存的数以万计的历史档案开始向公众开放。戈尔巴乔夫还亲自给"氢弹之父"——持不同政见者萨哈罗夫打电话，请他从高尔基市返回莫斯科，结束了他7年的流放生涯，恢复原来的工作。与此同时，还释放了150名政治犯，并允许400多名流亡国外的知名人士回国定居。[2]

第八，运用新闻舆论工具，加强上下对话，组织群众公开讨论大家关心的问题，提高国家政治生活的"透明度"。为此，苏共中央政治局每周星期四召开例会，星期五出版的《真理报》公布例会的情况。苏共中央经常组织各部门负责人向群众作咨询，对居民提出的批评意见一一做出答复。一些报刊、广播、电视开始广泛报道人们普遍关心的各种问题，从而使报刊的销量大增，收听率、收视率提高。

可以说，戈尔巴乔夫积极推行的"公开性"，大大促进了苏联社会的民主化进程，打破了过去政治上的神秘主义，使各级政府官员的活动置于人民的监督之下，这是对官僚主义的致命一击。这对增强人民群众的参政意识和主人翁感具有重要意义。

(三)"公开性"对苏共新闻事业的影响

公开性拉开了苏联政治体制改革的大幕。改革的目的是实现民主化，

---

[1] Попов Г. Х. О революции 1986 – 1991 годов. Согласие, 2004.
[2] 陈仕龙：《苏联公开性的历史和现状》，《唯实》1989年第3期。

民主化需要公开性来推动。而公开性主要依靠大众传媒来实施。本着"公开性"原则和举措,苏共中央对新闻制度进行了大刀阔斧的改革,允许媒体揭露所有阻碍全面改革的缺点,揭露改革中存在的任何不正当现象,从而推动改革进程。

但是,苏共中央推动新闻制度改革的根本目的并不是为了实现新闻自由,而是要配合苏共二十七大制定的基本方针——加速发展社会经济和改革经济体制,配合各项政策的实施而进行有效宣传,并作为苏共中央全面推行改革路线,争取群众"自下而上"支持,以避开苏共保守派反对的工具。①

在这种情况下,改革初期的新闻报道主要围绕改革的具体进程展开,配合苏共中央的要求,宣传改革,揭露妨碍改革的缺点。

第一,把新闻事业当作推行政治经济体制改革的工具,从"有限制"的公开性发展到"无限制"的公开性。

戈尔巴乔夫在多种场合不断地强调,公开性是社会主义民主不可分离的一个方面,是改革的重要工具,是苏联当代生活的准则。需要充分发挥舆论的力量促进改革。然而,舆论的力量只有在批评与自我批评和广泛公开性的条件下才能发挥作用。②

戈尔巴乔夫认为,新闻媒介在宣传政治和经济改革的运动中,需要自身完善和加强改革,才能充分发挥引导舆论的作用。戈氏对新闻事业的改革是从在新闻媒介中推行公开性开始的。他起初还曾为新闻媒介公开性设置了一些条件。

1987年7月14日在同报刊和文艺界负责人谈话时,戈尔巴乔夫指出:"公开性应当加强社会主义和我们人的精神,应当加强道德和社会的道德气氛。公开性是对缺点的批评,但这不是挖社会主义的墙脚,也不是挖我们社会主义财富的墙脚。"1987年11月20日,他在苏共中央全会上说:"公开性和民主应当充分地、可靠地为社会主义服务。"

这些讲话内容为新闻媒介的公开性提出了任务和要求,即发扬新闻媒介的公开性要有利于增强社会主义的价值观念。

---

① 张举玺:《中俄现代新闻理论比较》,社会科学文献出版社2011年版,第38页。
② А. Грабельников Массовая информация в России—от первой газеты до информационного общества. 2001.

但是，在随后的改革开放过程中，苏联经济体制改革遇到了前所未有的困难，不仅经济形势没有出现好的迹象，而且那些既得利益者阶层和保守派不断阻挠和抵制改革推进。戈尔巴乔夫深刻地体会到，经济体制改革如果得不到政治体制的彻底改革措施的保障，一切改革都无从谈起。于是，他马上把改革方向转向了政治领域，主张"经济改革的前提是彻底改革政治体制"，明确提出要把政治体制改革放在优先地位。

作为政治体制改革的一项重要内容，戈尔巴乔夫明确提出要实行"毫无限制的公开性"和"舆论多元化"。毫无限制的公开性思想基础在其著作《改革与新思维》中得到全面阐述。

他在论著中指出，要实行"广泛的公开性"，"力求在社会生活的一切领域有更多的公开性"，"人们既要知道好事也应知道坏事"，"要使人们更深刻地了解我们的过去和现在"。

为此，他着重强调了"我们的报纸、杂志、广播电视应该快速解冻，勇于触及一切新题目"[①]，"任何事件，不论是今天的痛处还是过去历史上的悲惨事件，都可以成为报纸报道的对象"。

1988年1月，戈尔巴乔夫在答西方记者问时明确指出，他主张毫无保留、毫无限制的公开性，要求新闻媒体放手实行公开性。当年6月，他在苏共第19次全国代表会议上提出，"公开性要求在对内政策和国际政策的任何问题上实行舆论多元化，摈弃精神垄断的做法"。他力主代表会议正式通过了《关于公开性的决议》。随后，戈尔巴乔夫又进一步提出了"批评无禁区"的主张。[②]

在公开性原则不断刺激之下，苏共新闻事业从原来那种高度集中、高度封闭的体制模式中逐步解脱出来，发生了较大改变，呈现出短暂兴盛局面。（1）新闻媒介开始重视客观反映国内外情况，报道视野拓宽，信息量不断增加，凡是社会关注的国内外重大事件，不管是好是坏、是喜是忧，都能及时给予报道；（2）随着批评稿件增多，来自群众的舆论监督日益活跃，涉及的范围从与人们切身有关的问题逐步扩展到内政外交等方面，被批评者的级别也在提高；（3）自由讨论的做法逐步发展，言论禁

[①] Горбачев М. С. Жизнь и реформы：［в2т.］. Новости, 1995.
[②] 文有仁：《戈尔巴乔夫背离社会主义方向的新闻改革及其恶果》，《当代思潮》1994年第4期。

区逐步打破,从历史问题到现实问题,从经济改革到政治改革,掀起一场场激烈争鸣;(4)新闻媒介的独立性在增强,报社实行总编辑负责制,总编辑独立地行使编辑权、管理权,突破封闭式的用人制度,工资制度也发生了改变。公众接触新闻媒介的积极性空前高涨,报纸的发行量和广播电视的收视率空前提高,几份全国性大报纸的发行量都在千万份以上,成为世界新闻界奇观。

但是,随着戈尔巴乔夫"批评无禁区"的主张出台,苏联新闻界报道和言论自由日益活跃,全盘否定斯大林历史功绩的报道和怀疑社会主义政治方向的言论日益增多,人们的思想出现混乱。到1990年初,苏联新闻媒介上全面否定苏联历史和社会主义制度的报道和言论基本占了上风。[1]

新闻媒介在公开性发展历程中始终被苏共当作推行政治经济改革的宣传工具。在公开性推进的过程中,其性质由初期"加强社会主义的价值观念"、"维护社会主义墙脚"的宣传工具,逐步演变为后期的"揭黑曝丑、无禁区"的反党反社会主义的工具。

第二,允许私人、各党派团体和外国人办报,苏共放松对报刊的绝对控制权。

在戈尔巴乔夫"公开性"的主张鼓动下,苏共逐步开放舆论阵线,允许反对党派团体、私人和外国人在苏联境内开办报纸和广播电视台(站)。于是,一大批非正式的、未经注册的、五花八门的出版物在苏联境内纷纷亮相。

到1990年初,仅反对派新创办的出版物就多达上千种。[2] 一些原先名不见经传的报刊规模得到迅速扩大,有些新创办的报刊快速蹿红,如《论据与事实》周报、《莫斯科新闻》周报、《星火》周刊等实际上成为不受苏共领导的媒介新秀,担当着党外舆论旗手。

1990年3月召开的苏联第三次人民代表大会通过了《苏联宪法修改补充法案》,该法案直接删除了共产党的领导作用条款,规定"苏联公民有权结成政党、社会团体","一切政党、社会团体和群众运动应在宪法和苏联法律的范围内进行活动"。这部放弃苏共的领导地位,承认多党制

---

[1] 张允若:《对苏联新闻业的历史反思》,《国际新闻界》1997年第5期。
[2] Кузнецов И. В. История отечественной журналистики – (1917—2000). 2003.

的修正案，为各党派、团体办报及私人办报奠定了法律基础。

1990年6月，苏联最高苏维埃正式颁布《苏联报刊与其他大众传媒法》。该法典第二章第七条明确规定："创办大众传媒的权利属于人民代表委员会和国家其他机关、政党、社会组织、群众团体、创作协会、依法创办的合作社、宗教团体、公民其他联合组织，劳动集体，以及年满18岁的苏联公民。"这就使反对派政党团体办报、私人办报完全合法化。

到1990年10月，有700多家原先未经注册的媒介机构得到正式注册登记，其中包括13家党团报刊和上百家私人报刊，甚至还出现了独立的通讯社。随后，许多机关报刊纷纷宣告独立。如《莫斯科新闻》周报、《论据与事实》周报分别宣布脱离苏联新闻社和知识协会。作家协会《文学报》、工会《劳动报》、苏共莫斯科市委机关报《莫斯科真理报》等都删去了报头上的"机关报"字样，宣称成为独立的报纸。甚至就连苏联最高苏维埃公报的《消息报》也宣布完全脱离政府机关。①

1989年9月，苏联国家广播电视委员会和一家苏、意、法合资公司创办了"国际文传通讯社"，它很快成为叶利钦等民主派的喉舌，并在新闻市场上超过了塔斯社。

随着苏共领导层指导思想的根本性转变，从极左到极右的形形色色的政治团体和组织蜂拥而起，迅速创办起自己的报纸，极力宣传自己的观点和主张，苏联新闻事业陷入了一片无政府主义的海洋。

第三，改变党报的作用和内容，放弃社会主义新闻制度。

虽然戈尔巴乔夫不断地深化公开性，极力主张"舆论多元化"，使党报的作用和内容发生了翻天覆地的变化，但是直到1990年《苏联报刊与其他大众传媒法》颁布之前，苏联党报的性质按规定并没有发生根本变化。

苏共1990年2月提出的纲领性草案重申，"苏联共产党把自己在中央和地方的新闻机关看做实现自己政策和思想、进行组织工作和思想教育工作的重要工具"。准确地说，这种性质并没有背离列宁对建立全俄政治报纸的著名论断："报纸不仅仅是集体的宣传员和集体的鼓动员，而且是集

---

① 文有仁：《戈尔巴乔夫背离社会主义方向的新闻改革及其恶果》，《当代思潮》1994年第4期。

体的组织者。"①

即便是戈尔巴乔夫把舆论工具当作公开性的论坛，但他依然在倡导公开性要运用舆论工具，对党和政府实行社会监督。然而，时间推移至1990年7月15日，戈尔巴乔夫突然宣布，随着"政治多元化的实际形成"，国家电视和广播职能的行使"应该是独立于政治和社会组织"，不允许任何政党、政治派别或集团垄断。

一些本来属于苏共的或者苏共领导下的报刊纷纷转向宣传反对党的路线、方针、政策的轨道。有的成为改革激进派的传声筒，有的被认为是民主派报纸的旗手，有的被指责为"给苏联英雄的过去抹黑"、"散布混乱"。

一批私人报纸不惜以耸人听闻的报道、荒诞无稽的假新闻，乃至造谣、诽谤和给苏共及社会主义抹黑等来吸引读者。那些新涌现的五花八门的反对派报刊更是以丑化苏共、诬陷社会主义为己任，不惜动用捕风捉影、无中生有等手段，从否定斯大林到否定列宁，否定苏联社会主义的伟大成就，为沙皇俄国唱赞歌。②

随手翻翻当时的报刊，到处充斥着这样的报道：（1）歪曲历史，全盘否定斯大林，丑化列宁，抹黑社会主义制度，攻击苏联共产党。（2）宣传资本主义制度，吹捧反共的民主派。（3）鼓动民族分离主义。（4）宣扬封建迷信、色情和凶杀新闻。（5）反对派新闻工作者公开建立自己的组织，从事反对苏共、反对社会主义制度的活动。③

苏共主动放弃舆论阵地，使舆论界形成无政府状态，满天飞的反党反社会主义的言论，加上西方一些新闻媒介对苏联的强大宣传攻势，使人民对社会主义的信念急剧弱化，助长了党内外反对派势力的发展。苏联出现了信仰危机，进入了社会、政治和经济极度混乱的不稳定时期。

在苏联1991年"8·19"事件中，紧急状态委员会争取恢复社会主义阵地的努力之所以遭到失败，其原因固然很多，但是对舆论工具的失控则是关键因素。在整个事件期间，苏联国内反对派掌握的舆论工具和西方新闻媒介竭力煽动群众反对紧急状态委员会，支持叶利钦，直接导致反社

---

① Ленин В. И. Полн. Собр. Соч. Москва：Советская школа Изд. №5.
② 文有仁：《戈尔巴乔夫背离社会主义方向的新闻改革及其恶果》，《当代思潮》1994年第4期。
③ 同上。

会主义的力量气焰嚣张，而坚持社会主义的力量却凝聚不起来，许多人袖手旁观。① 于是，紧急状态委员会试图通过软禁戈尔巴乔夫，逮捕叶利钦，以挽救苏共和苏联生命的行动在一片反对声中遭受失败。

塔斯社政治评论员奇奇鲁认为，在戈尔巴乔夫执政期间，苏联报刊在公开性和舆论多元化的激励下，猛烈批评苏共前领导人的政绩，鄙视苏联社会主义举世瞩目的成就，否定共产党的执政价值，不仅导致苏联共产党垮台，而且导致国家解体。

事实上，公开性在很大程度上是戈尔巴乔夫在 20 世纪 80 年代中期看到其"改革"进程受挫后才大力推出的。准确地说，公开性是苏联社会风气不正的表现。它所提供的大量虚假"信息"损伤了苏联人民的潜在意识，为"改革"确定了一个不真实的定义。在改革前几年，可以说公开性是一场"排除异己"的运动。戈尔巴乔夫通过舆论工具推动公开性实施，从盲目揭露和批判中抓出了前几年的"异己"。他排挤掉了很多有才能的学者和记者，却起用了一批没有职业素质、专门取悦上司而随时准备制造各种虚假信息的追随者。② 这些追随者在很大程度上带有"用虚假信息去冒充事实"的味道，描写黑暗，否定历史，传播片面信息，利用欺骗手段去挽救"改革"。

改革之前，为了维护典型的高度集中的政治经济文化体制，苏共的新闻事业不允许丝毫反映社会冲突的事情存在。因此，苏共对新闻机构的管理普遍通过行政的、单向监督的方式，使之纯粹作为宣传工具、党政的传声筒。一方面严格遏制大众传媒社会协调功能，即作为大众传播信宿不满负向情绪的宣泄工具，以回避社会冲突；另一方面在找不到适当方法消除国内长期积累的"冲突"情况下，又必须进一步加强集中管理体制，报道与现实违背的"定制新闻"，形成恶性循环。③

在这种大背景下，戈尔巴乔夫推出公开性与舆论多元化主张，使长时间积累的内部矛盾和压力通过大众传媒突然释放出来，在一定程度上引起社会矛盾集中爆发，冲击苏共统治地位。

---

① 文有仁：《戈尔巴乔夫背离社会主义方向的新闻改革及其恶果》，《当代思潮》1994 年第 4 期。
② 王贞一：《论新闻的"公开性"——苏联解体的舆论伏笔》，《新闻天地》2008 年第 5 期。
③ 黄文龙：《安全阀：大众传媒的社会角色》，《新闻视界》2008 年第 3 期。

事实证明，新闻媒介的本质功能是报道新闻，传播信息；表达意见，引导舆论；传授知识，推广教育；提供服务，普及娱乐；多种经营，创造效益。[①] 而苏共对新闻媒介长期实行严格管控，使新闻媒介的上述本质功能遭受到很大程度的压制，逐渐形成了新闻媒介言论高度集中，管理高度集权，新闻检查严格，新闻报业无法可循的局面，一旦遭遇戈尔巴乔夫"公开性"和"舆论多元化"主张，必然爆发"溃坝"局势。

综上所述，戈尔巴乔夫所倡导的公开性最初是在社会主义范畴内展开的，但在政治深化改革的进程中，它渐渐偏离了最初的方向，并最终演变为一场颠覆社会主义制度的剧变。由于新闻事业始终置身于这场剧烈的社会变革之中，它所经历的变化也是异常深刻的。它由政治改革的宣传工具演变成颠覆社会主义的利器，并成为苏共亡党的掘墓者。这种教训为世人树起了一面警示镜。

二 舆论多元化

（一）舆论多元化的含义

"舆论多元化"是由"舆论"和"多元化"组合而成的。

1. 舆论

关于舆论的概念是一个仁者见仁，智者见智的话题，人们在各抒己见的过程中都认识到了舆论的重要性。然而，对于舆论的定义，至今没有达成共识。有学者认为，在一定社会范围内，反映社会知觉和集合意识的共同意见即舆论。但是，学界对这种定义并不看好，原因在于舆论的核心本体是"意见"还是"态度"，存在较大分歧。

为了消除分歧，学界不再仅仅停留在舆论是什么的争论上，而是将目光转向了舆论应该包含的若干要素，比如，"议题"、"公众"和"共同意见"等要素，试图通过对这些要素的分析，找出其间的共性含义。但是，受不同学科之间差异所干扰，学者们从各自学科领域出发，侧重点不同，不管怎样去分析和揭示舆论要素，都无法找到舆论的普遍特性，对舆论所下定义，都存在学科的局限性。

虽然让多学科普遍接受的舆论定义没有找到，但是学者们在大争论中却发现，不管从什么角度去定义舆论，"意见"始终是舆论研究的核心。

[①] 张举玺：《实用新闻理论教程》，河南大学出版社2012年版，第83、84页。

也就是说，舆论的本体是"意见"。意见的流动问题始终是舆论传播所关注的核心。这里的意见是指对某一事情的一定看法或想法，通常是通过态度、信念和价值来表现的。若从社会学角度来看意见的概念，意见即对某种态度、信念或者价值的言语表现。换而言之，意见也可以用行为去表达，比如用服从或者抗议等方式表现出来。

这样说来，态度与意见之间也存在差别，具体地说，态度是对事物的一种基本倾向，是一种直接和直观的感性定向。意见则是对某种时局的理性反映。

研究结果表明，社会舆论形成过程有两个要素密不可分：其一是自发地产生于群众的议题；其二是被利益集团的有目的引导。社会一旦发生什么新问题，就会有相应的议题或思潮出现，一些人会敏锐把握时机，站在自己的政治立场和经济基础上，用既有的文化素养自发地、分散地表达对该问题的意见和态度。随着持有类似意见和态度的人群在一定时期内逐步聚集，在一个比较大的区域内不断传播，最后凝聚成令人注目的社会议题或群体意见。在这种语境下，某些政治团体领袖或权威人物，会根据社会群体的意愿，有目的地迎合需求，积极设置议程，提出相应主张或号召，以引起社会广泛共鸣，最后形成社会舆论。社会舆论这两个要素缺一不可，意见或态度先从群众中来，经权威有目的设置，再传播到群众中去。①

新闻媒介在反映社会舆论，积极推动、促成和引导社会舆论过程中发挥着重要作用。众所周知，一种社会舆论若只停留在茶余饭后的街谈巷议中，它所发挥的力量是有限的。只有经过报纸、通讯社、广播、电视等新闻传播工具的广泛传播，唤起人们对某一社会问题的注意，才能把舆论凝聚起来，影响人们的思想和行动。所以新闻界又被公认为"舆论界"。有的政治集团利用新闻传播工具放出"政治空气"，以试探社会舆论反应，这是对新闻工具的舆论作用的进一步扩张。舆论是新闻报道的重要内容，新闻报道是舆论传播的主要方式，舆论与新闻关系密切。②

新闻媒介不时介入到舆论产生和作用的各个环节中。归纳起来主要体

---

① http://www.baike.com/wiki/%e8%88%86%e8%ae%ba.
② 《微博中的舆论场现象及其舆论形成的特点》，http://wenku.baidu.com/view/4f980e37b90d6c85ec3ac69.html。

现在三个方面：一是反映并代表舆论；二是引发舆论；三是引导舆论。①

由此可见，舆论即群众的言论，是一定范围内的多数人针对现实社会以及社会中的各种现象、问题，以言语、情感、行为等方式表达出来的大体一致的信念和态度，通过新闻媒介，有组织、有计划、有预谋地在社会上广泛传播，以唤起民众对某一社会现象或问题的注意力，最后凝练成社会舆论，以达到影响人们思想和行动的目的。

2. 多元化

关于多元化的概念是个见仁见智的话题，原本是一种唯心主义的哲学观点，认为世界是由多种独立的、不相互依存的实体构成的，始终是由单一性向多样化发展，由统一性向多样化发展。

笔者认为，多元化不同于多样化，多样化指一个统一的或共同的东西有越来越多的不同表现。多样性并不排斥统一性或共同性。统一性与多样性的关系正如共性与个性、普遍性与特殊性的关系一样。比如，人人都要穿衣服，这是共同的，但衣服的花样是各色各样的，尤其是女装，颜色艳丽，花样翻新。这是多样化，不是多元化。

多元化显然不同于多样化。俄文中的"多元化"（плюрализм）一词是从英文引进的，而英文中的 Pluralize（多元化）是由 Pluralism（多元论）引申出来的。从字面上说，多元化就是多数化，但多元论绝不仅仅是主张事物是由多数组成部分构成的，而有着特殊的含义。众所周知，唯物论主张精神从属于物质，唯心论主张物质从属于精神，因而它们都是一元论，不是多元论。但是，多元论则认为世界是由多种本原构成的，即主张世界是由多数彼此独立的组成部分构成的，它们之间缺乏从属性或统一性。比如，主张心物平行的二元论就是一种多元论。此外，承认物质或精神是最后的实在，却否定物质本身或精神本身的内在有机联系，也可以说是多元论。比如，德模克里特的原子论可以称为唯物主义多元论，莱布尼茨的单子论可以称为唯心主义多元论。②

由此可见，多元论在哲学上是以承认世界的多元化或一定程度的多元化为前提的，其共同特点是彻底否定统一性，或在一定程度上否定统一性。可以说，多元化现象就是指完全缺乏或在一定程度上缺乏统一性，统

---

① 李良荣：《新闻学概论》，复旦大学出版社2003年版，第55—57页。
② 黄枬森：《试论多元化》，《中国高等教育》1996年第10期。

一物分为彼此绝对独立或在一定程度上独立的组成部分。从这个意义上也可以说，多元化就是多中心，多元论就是多中心论。诚然，在现实生活中，这种相对的多元化与多样化很难截然分开，但在一定的条件下，多元化和多样化之间存在着不容抹杀的界限。我们按照这一理解就可以得出多元化定义。

多元化的简要定义应该是多个在某种程度上相似，但独立并行、平起平坐的物体、人员、意识、观念、文化、机构或组织等。在一个专业环境里保持多元化意味着更多。多元化可以应用到社会、政治、经济、军事、战略、经营、投资、市场、教育、思维方式、舆论等。

由此看来，多元化意味着多种利益集团、政治力量、决策中心的共存与相互制衡。多元化之所以产生，首先是因为没有一个压倒一切其他力量的绝对权威，其次是因为存在着鼓励多种权力参与竞争的机制。

3. 舆论多元化

什么是舆论多元化？从上述关于"舆论"、"多元化"的分析论述，我们可以给"舆论多元化"下个定义。舆论多元化，就是各个不同利益的阶级、阶层和团体，都有平等利用舆论工具来表达自己的意愿、建议与要求的权利。

苏共中央总书记戈尔巴乔夫提倡"舆论多元化"，就是要求执政的共产党放弃对意识形态的领导，放弃以马克思列宁主义为指导，放弃马克思主义在意识形态领域的主导地位。戈氏主张，党不应垄断领导作用和垄断探索的权力；认为党领导舆论，以马克思主义引导舆论，使马克思主义在意识形态领域中起主导作用，会导致僵化、教条主义和官僚专制主义，扼杀人们的首创精神。因此，他要求所有大众传媒要推行"舆论多元化"，其目的就是要促进意识形态多元化、政治多元化和多党制的建立，并使党的思想来源和指导思想多元化。[①]

（二）舆论多元化的本质

1917年11月10日，即十月革命胜利后的第三天，列宁签署新闻出版法令，取缔了一批鼓噪要推翻苏维埃政权的资产阶级报刊。西方资产阶级报刊和俄国资产阶级文人对此进行了猛烈的抨击。在辩驳中，列宁提出了影响深远的论断："出版自由会加强世界资产阶级的力量。"这一特定环

---

① 李振城：《苏联兴亡的沉思》，改革出版社1998年版，第267页。

境下提出的论断，在斯大林时期演变成了舆论必须一律。人民管理体制向党代表人民管理体制的转变，从舆论工具的管理机制上保护了这一做法。当时，苏联不仅在宣传口径上坚持舆论一律，而且全苏新闻事业的巨细事务，都由斯大林和苏共中央包办。[1] 1948 年，苏共中央曾为一份普通的《鳄鱼》杂志作出决议：更换主编，扩大杂志 0.5 个印张。

赫鲁晓夫出任苏共中央总书记后，大力破除个人迷信和教条主义，大力促进舆论界的改革，借以推动苏联的民主建设。他提出了提高新闻工作者社会地位和加速舆论工具大众化的方针，批准塔斯社可以不经过苏共中央机关报《真理报》直接向世界发布新闻。赫鲁晓夫的女婿、《消息报》主编阿朱别伊，则促成了"苏联新闻社"的成立。塔斯社的独立和带有"民间"性质的苏联新闻社的出现，打破了通讯社必须由党中央直接管理的惯例。

舆论一律的观念重新占据主导地位是在勃列日涅夫时代。一个典型的事例是，1980 年 4 月苏共中央和苏维埃最高主席团授予勃列日涅夫以列宁奖金的消息，《真理报》《消息报》《莫斯科晚报》都在同一天的第一版使用了同一个主标题——"始终不渝为和平而奋斗"，副标题和内容也完全相同。根据勃列日涅夫的舆论观，苏联权威教科书认为舆论系统"是社会政治报道活动的一种形式"，其功能是"用共产主义精神影响人们的意识和行为，形成人们的观点、志向和理想"。[2]

1985 年 3 月戈尔巴乔夫上任后，尖锐地批评苏联社会发展停滞、面临危机，必须彻底改革。他提出了"完善社会主义"的理论，与理论界、新闻界多次探讨舆论工具在这一历史阶段的地位及作用。1987 年 1 月，苏共中央全会闭幕不久，中央就召开了全苏新闻工作者协会第六次代表大会。戈尔巴乔夫在会上要求苏联所有的舆论工具都应贯彻党的公开性和批评与自我批评原则，参与和促进改革。他要求舆论界与社会改革现实"对表"。戈尔巴乔夫明确提出，"为了加深社会主义民主和提高人民的政治素养，需要更充分地利用舆论工具"；"为了使整个社会参与讨论，广开言路是非常有益的；这也可以说是要使每一种报刊上都出现社会主义的

---

[1] Алтунян А. О единстве, гласности и плюрализме // Знамя. - 2001. - No 2. - C. 174.

[2] Прохоров. Е. П. 《Введение в теорию журналистики》, 1980 г.

多元化"。戈尔巴乔夫为这种舆论多元化的注释是，捍卫社会主义的基本价值，公开讨论国家和社会的重大问题，扩大社会监督，以完善和保证党和政府决策的正确性。在这里，戈尔巴乔夫明确地将舆论界放在了国家和社会监督体系的位置。①

针对苏联过去片面强调社会主义"政治上、道义上一致"的传统观念，以及党内外不允许存在不同意见的实际做法，强调并推行舆论多元化。如果出发点是为了推进社会主义制度建设，加强党的领导地位，极大改善民生条件，可以说，这无可非议。

但是，戈尔巴乔夫则是片面强调舆论多元化，允许并鼓励各种资产阶级思潮、反马克思主义观点自由泛滥。确切地说，改革之初，作为苏共中央总书记的戈尔巴乔夫不可能去反对马克思主义，也没必要去鼓励各种资产阶级思潮。只是在极力推进经济改革的过程中，发现苏共党内积弊如山，重重保守势力严重制约着经济改革措施的实行。所以，他急于求成，以社会存在不同利益群体为由，重用那些在思想、理论、舆论、文艺等领域主张自由或不同政见者②，大力提倡"意见多元论"、"言论多样性"，夸大个人在社会变革大潮中的作用，推进各种思潮进行"百家争鸣"，主张实行"政治多元化"，进而怀疑坚持马列主义为指导思想是在搞"精神垄断"，以至于他最后提倡"人道的民主的社会主义"。

如此看来，戈尔巴乔夫推崇舆论多元化的本质就是要取消马列主义的指导地位，使党失去正确而统一的指导思想的理论基础和行动指南，从而使苏共的性质发生根本变化，使资产阶级思想成为其指导思想的一元。只允许反共反社会主义的观点、思想公开发表，而决不许坚持马克思主义立场的人进行反驳。③ 同时，推行舆论多元化的目的还在于让广大党员动摇对共产主义的理想信念，对党的前途失去信心，使阵营最终溃散或者无疾而亡。

（三）舆论多元化对新闻自由化的影响

前面分析了舆论多元化的含义与实质，下面着重观察一下舆论多元化

---

① 唐惠虎：《戈尔巴乔夫舆论观初探》，《社会主义研究》1989 年第 4 期。
② 李慎明等：《居安思危之三：苏联亡党亡国 20 年祭》，http://blog.sina.com.cn/s/blog_4b0d50110102e00v.html。
③ 李慎明等：《苏联亡党亡国反思："公开性"与指导思想"多元化"》，《红旗文稿》2012 年第 5 期。

对苏联晚期新闻思想造成的深刻影响。

第一，多党制确立，苏共失去对舆论阵地的领导。

舆论多元化是戈尔巴乔夫继"公开性"原则之后，推出的又一大"革命性"倡议。准确地说，舆论多元化是从戈尔巴乔夫的意见多元化、思想多元化、意识形态多元化和政治多元化等步步演变过来的。戈尔巴乔夫的意识形态多元化是他的政治多元化的舆论准备，政治多元化则是他的意识形态多元化的必然归宿。

戈氏意识形态的多元化，就是对新闻舆论工具实行"开禁"，允许人们有批评马克思列宁主义和社会主义的"自由"，而唯独没有马克思列宁主义反批评的自由和社会主义的地位。戈氏的政治多元化就是要搞多党制，反对苏共对权力的"垄断"。他认为，实行多党制是"真正民主制度的特征"，只有这样做，才能消除党的"政治垄断"现象，排除"官僚管理体制的独裁专政"。

从1987年起苏共党内逐渐形成了三大派别：以叶利钦为代表的所谓"激进派"，以利加乔夫为代表的所谓"传统派"和以戈尔巴乔夫为首的所谓"主流派"，而且斗争不断加剧。

在戈尔巴乔夫政治多元化的倡议下，苏联国内一夜之间冒出了大大小小6万多个不同的政治组织和派别，各种反共反社会主义人物以其本来面目粉墨登场。从此，各派政治力量在混乱中向苏共夺权，致使苏共丧失领导权，丧失执政地位。1990年3月，苏联举行人代会，修改《宪法》第六条，取消苏共法定的领导地位，正式确立多党制。

自此，苏联新闻事业脱党去共化的演变在法律程序上宣告完成。

第二，媒介逐步进入无政府状态。

坚持党性原则，是社会主义新闻事业的根本原则。执政党坚持对新闻事业进行领导，这是党性原则的具体体现。但是，苏联晚期新闻事业由于受到舆论多元化的冲击，先前对新闻宣传工作的各种行政管理措施被逐步明令废止，导致苏共从中央到地方各级党委，在短期内完全放弃了对原属媒介机构的直接领导。大批媒介机构纷纷独立，各自为政，从制度上放弃了党对新闻事业的领导，从根本上抛弃了党性原则。

特别是1990年6月，苏联政府颁布的《苏联报刊与其他大众传媒法》规定，国家机关、政党、社会团体、宗教组织，以及年满18岁的公民都有登记创办媒介机构的权利，这使反对党派、团体和私人办报完全合法化。到 1990 年 10 月，在短短 4 个月内，苏联就有 700 多家报刊进行了登记，其中私人报刊约占 1/7。与此同时，还出现了独立通讯社、广播电台、电视台及相关独立经营频道。苏联媒介领域从此进入了无政府状态。

在上述媒介机构中，约有 1/3 新创刊的媒介属于苏共各反对派政党，它们的主要任务就是制造各种反共言论。甚至不断刊登那些退党者的文章，污蔑继续留在苏共党内的，都是些"不正派的人"，直接导致退党人数剧增，从心理上起了瓦解苏共的作用。① 与此同时，原属苏共中央和苏联政府的一些大报大刊，如《真理报》《共青团真理报》《劳动报》《红星报》《莫斯科新闻》《文学报》《消息报》等许多机关报刊都纷纷脱离原属机关，宣告独立。《消息报》甚至长期批评苏共和苏联政府，支持各地的"民主派"和民族主义者。②

第三，负面新闻、虚假新闻泛滥成灾。

媒介脱离苏共管理之后，仿佛脱缰的野马，出笼的猛虎，任何一件小事，不管是今天的一件交通意外还是历史上的一件错案，都能成为新闻媒体长篇累牍的报道和炒作对象。

媒介纷纷发表揭露官场的黑暗、任人唯亲、营私舞弊、贪赃枉法、草菅人命的文章，以及夸大其词，淋漓尽致地宣扬酗酒、吸毒、赌博、卖淫等社会阴暗面，严重扰乱了平民百姓的日常生活。与此同时，那些激进派报刊还大量刊登否定苏联历史、歪曲苏共历史功绩的文章，发生在列宁和斯大林时期一些鲜为人知的事实和失误，被一些居心叵测的政客和阴谋家们无限夸大和歪曲后渲染于报端。为了扩大发行量，一些媒体不惜煽风点火，故意捏造耸人听闻、荒诞无稽的假新闻以吸引读者眼球。有些反对派报刊不惜重金，专门邀请一些社会名流和权威人士，开辟专栏，针对苏共和苏联社会主义阵营大肆造谣，戏说民族关系，蛊惑民族独立等。这些虚假新闻和虚无报道，很快就引起民众对政府的强烈不满，国内民族矛盾尖锐。人们对社会主义制度产生怀疑，苏共的威信丧失殆尽，自第二次卫国战争养成的民族自豪感受到沉重打击。

第四，内外媒介勾结形成反共浪潮。

---

① Ненашев М. Ф. Иллюзии свободы : российские СМИ в эпоху перемен（1985 – 2009） - Логос, 2010. c – 37.

② 赵强：《舆论失控：苏联解体的催化剂》，《求是》2010 年第 21 期。

舆论多元化为西方反共思潮大开门户，内外媒介勾结，沆瀣一气，形形色色的反共势力，如同山洪般奔涌而出，在苏联境内外策动和掀起一场声势浩大的反共反苏反社会主义浪潮。

根据戈尔巴乔夫的指示，苏联从 1987 年 1 月起，完全停止干扰英国 BBC 对苏联的广播。随后，对美国之音和欧洲自由广播电台等多家西方电台的对苏广播开放了领空与频道管制。从此，苏联民众可以随时随地收听到来自西方自由电台的声音。这些西方国家政府的喉舌大肆宣扬西方的生活方式，介绍西方对苏联改革的态度和观点，用西方的立场和视角评价苏联的政治局势。这对当时正处于改革十字路口的苏联人来说，其蛊惑性、煽动性不言自明。对此，美国国际广播委员会认为，"苏联停止干扰西方广播，可能比戈尔巴乔夫决定从东欧撤军 50 万的允诺更重要。对美国来说，它为促进苏联社会的和平演变，提供了难得的机会"。但是，苏联并没有就此打住，同年 12 月，苏联决定拨款 400 万外汇卢布，进口 20 种西方国家的报刊，在国内公开出售。这进一步助长了西方对苏联的舆论攻势。①

综上所述，戈尔巴乔夫推行的舆论多元化，在执政的最初几年里，新闻解禁，批评的声音增多，可读性得到加强，读者随之增多，这些都证明了舆论多元化的积极作用。但是，戈尔巴乔夫高估了大众传媒的作用，指望靠新闻自由去推动政治改革，却没有料到舆论多元化的自由会带来意识形态的混乱，导致苏联媒介在改革中被反对派言论裹挟着，一步步偏离改革目标，走向异化。

与此同时，各种形形色色的政治团体和社团组织，掀起办报热潮，大肆宣传各自的观点和主张，把苏联新闻业变成了一片无政府主义的海洋。可以说，舆论多元化起初虽然不是为了直接推进新闻自由改革，但在实施过程中则极大地刺激了新闻自由化的发展进程，使苏共经过几代人不懈努力才构建起来的社会主义思想大厦在短短五六年间就从内部垮塌，并最终促成了苏共解散和苏联解体。这种刻骨铭心的教训值得我们警醒。

三 《苏联报刊与其他大众传媒法》

随着戈尔巴乔夫倡导并深入推进"公开性"与"舆论多元化"政策，

---

① 赵强：《舆论失控：苏联解体的催化剂》，《求是》2010 年第 21 期。

苏共中央对新闻制度进行了大刀阔斧的改革，允许媒体盲目揭露所有阻碍改革的缺点，任意描写黑暗，否定历史，传播片面信息，甚至可以使用欺骗手段去排除"异己"等，导致苏共新闻思想出现混乱，媒介进入失控和无序状态。

为了规范新闻舆论界的无序状态，使之更好地为改革服务，苏联政府于1990年6月颁布了《苏联报刊与其他大众传媒法》。该法典由七章三十九条内容组成，规定新闻舆论从此不再接受检查，呈现出六大特色。

（一）取消审查制度，推行绝对化新闻自由

总则第一条开宗明义，直接划定新闻自由。"报刊和其他传媒工具是自由的。苏联宪法保障公民享有言论自由和出版自由，享有通过报刊和其他大众传媒自由表达意见和信仰，收集、选择、获取和传播信息与思想的权利。"这种权利以法律形式得到确立和保障。

为了推行新闻自由，第七条明确规定，"创办大众传媒的权利属于人民代表委员会和国家其他机关、政党、社会组织、群众团体、创作协会、依法创办的合作社、宗教团体、公民其他联合组织、劳动集体，以及年满18岁的苏联公民"。① 这从法律形式上确定，各种组织和年满18岁的公民个人都有创办大众媒介的权利。

为简化办报程序，第八条规定创办者只要在创办地向大众媒介管理机构递交一份登记申请，一个月内就能收到开办许可证。但是，要求创办者"自收到许可证之日起一年内，应开业运行。一旦超过一年期限而未开办者，其许可证自行失效"②。可以说，用"登记许可证制度"取代以往的"审批制度"，不仅简化了程序，提高了效率，也反映出新闻媒介从创办之时起，政府就取消了审查制度。

值得注意的是，并不是所有信息传播都需要到大众媒介管理机构去登记才能开展活动。第十条就明确规定了无须登记的范围："国家政权和管理机构、其他国家机构等有权不经登记即可公开传播信息，颁布官方文件、其他各种法令、司法及仲裁公报。"除此之外，"企业、社会组织、教学和科研机构有权不经登记，即可出版和传播工作中所需的信息资料和

---

① 《Закон СССР о печати и других средствах массовой информации》，12 июня 1990 г., Статья 7.

② 《Закон СССР о печати и других средствах массовой информации》，12 июня 1990 г., Статья 8.

文献。用科技设备制作不用于公开传播，或作为手稿复制的印刷、音响、声像产品的活动不需要登记。"特别是"大众传媒在发行量不足 1000 份的印刷品时也不需要登记"，① 这条规定等于向所有持不同政见者、苏共反对派、非政府组织、民间社团等彻底敞开了舆论大门，可以随心所欲地创办媒介机构，畅所欲言地发表各自的政见。自此，大批媒介机构既脱离了苏联政府媒介管理机关的管辖，又充分享有本法典所规定的舆论自由。

该法典规定，在苏联创办媒介的程序有两种：一种是发行量在千份以上的媒介必须登记，登记获准后就能开展新闻传播活动，且所有新闻活动不再接受政府监督和检查；另一种是发行量低于千份的媒介不经登记就能实施新闻传播活动。②

为保障大众传媒机构记者们的职业活动不受任何干扰，第三十六条明确规定了"国家机关、社会团体和官员如果阻碍记者的合法职业活动，强迫记者传播或者拒绝传播新闻，将被追究刑事责任"。这标志着政府不得以任何形式干涉媒介自主经营和新闻工作者享有的新闻自由。

这些规定一改苏共中央 70 多年秉持的新闻审查制度，有意迎合了苏共中央总书记戈尔巴乔夫主导的"公开性"与"舆论多元化"政策。

（二）经营权放开，传媒商业化

苏联在 20 世纪 30 年代形成了自己的社会主义新闻事业模式。新闻改革前，苏共从中央到地方形成了各种层次的党委机关报刊。所有机关报刊都受同级党委的领导，总编辑由同级党委任命。这些媒体所有的资产均被作为党产，几乎所有办报经费都由国家财政预算拨付。

此外，各种群众团体的报刊、专业报刊、通讯社、广播电视台站等新闻媒介，都作为国有资产而置于苏共领导之下，不允许私人办理任何媒介。正因为如此，国家财政每年需要向这些社团媒体拨付大笔补贴资金，而媒介对新闻业务无法自主经营，自上而下的各级报刊几乎长着一个相同面孔。③

取消对媒介的国家财政拨款，开放媒介经营权，使传媒商业化成为

---

① 《Закон СССР о печати и других средствах массовой информации》，12 июня 1990 г., Статья 10.
② 张举玺：《中俄现代新闻理论比较》，社会科学文献出版社 2011 年版，第 126 页。
③ Замятина Т. Свобода прессы: победы и поражения // Эхо планеты. – 2003. – № 41. – С. 14–17.

《苏联报刊与其他大众传媒法》的典型特色。

为了保障新闻业务自主，媒介经营权放开是关键。为此，第四条规定，"编辑部有权在经济独立、独立核算条件下从事自己的生产经营活动"。① 这从根本上解决了媒介经营严格受党政约束的问题。媒介报道什么、不报道什么，完全由编辑部说了算。为了保证媒介的发行量、吸引更多的广告业务，追求营利目标，编辑部在报道内容上必然要大力关注受众所关心的热点和议题，去设置报道程序，制作符合时代潮流的版面，以吸引读者，引导舆论。

在确保编辑部和主编的权职方面，第十五条规定，"大众传媒活动章程由创办人确定，由编辑部或其他大众信息出版发行机构在业务独立的基础上贯彻执行"；"编委员会按照大众传媒编辑部章程规定的程序组成，主编担任编委员会主任"；"主编由大众传媒创办人任免，或根据大众传媒编辑部章程规定，进行选举和罢免。主编主持大众传媒编委会和编辑部的工作，在同创办人、出版人、作者、国家机关、社会组织、公民联合会、公民个人以及法庭的关系中，代表该大众传媒"。除此之外，"主编对大众媒介活动负全面责任"。② 主编的地位在这里得到确立，这对其主导媒介的生产经营活动具有重要作用。

针对传媒商业化后利润分配问题，第十七条进一步明确了创办人、编辑部和出版人的生产关系、财产和利润分配关系，"创办人和出版人有确保编辑部工作人员应有的劳动生产条件和社会生活福利的义务"，"大众传媒活动收入（利润）归创办人、编辑部和出版人所支配"。三者按编辑部章程所规定的支配份额分成。③

上述条款明确规定了媒介创办者、编辑部、出版人享有充分的自主经营权，包括生产经营权、人事任免权、发稿权，为传媒商业化铺平了道路。一大批国家级报刊媒介先后转为自负盈亏的主编负责制机构，支配权逐步被主编和资深记者掌控。

---

① 《Закон СССР о печати и других средствах массовой информации》，12 июня 1990 г.，Статья 4.

② 《Закон СССР о печати и других средствах массовой информации》，12 июня 1990 г.，Статья 15.

③ 《Закон СССР о печати и других средствах массовой информации》，12 июня 1990 г.，Статья 17.

(三) 放弃党性原则，"溃坝式"开放舆论阵地

苏共中央书记戈尔巴乔夫上台之前，新闻事业一直是苏共所领导的革命事业的一个重要组成部分，党所掌握的各种机关报刊①，都必须"由确实忠实于无产阶级的可靠的共产党人来主持"，"应该完全服从于党中央委员会的领导"。②苏共一直秉持列宁的著名论断，即"报刊不仅仅是集体的宣传员和集体的鼓动员，而且是集体的组织者"③。并且要求各种新闻媒介必须从不同角度、以不同的方式，宣传党的路线、方针、政策，做党和人民的耳目、喉舌。严禁宣传与党的路线、方针、政策背道而驰的东西。提倡在报刊、电台对党和政府工作人员进行舆论监督，不允许借口批评错误来否定社会主义，否定党的路线、方针和政策。④

戈尔巴乔夫执政后，全力倡导公开性，推进舆论多元化，允许私人办报，提倡反对派组建政党，创办媒介，对宪政和改革发表意见。戈尔巴乔夫的主张完全体现在《苏联报刊与其他大众传媒法》第一条、第七条和第十四条规定之中。

为了迎合戈氏主张，第一条第3段取消了苏共对舆论阵地的把关人地位，明确规定了"禁止对大众信息进行检查"。如果说禁止苏共继续做舆论阵地的把关人地位还属于开放言论自由的话，那么第七条规定⑤"创办大众媒介的权利属于人民代表委员会和国家其他机关、政党、社会组织、群众社团、创作协会、按照法律创办的公民合作组织、宗教和其他联合组织、劳动集体，以及年满18岁的苏联公民等"内容，显然是有意将戈氏倡导的"公开性"与"舆论多元化"的主张法律化了。同时，被合法化的还有反对派政党团体办报和私人办报。

第七条内容显示出苏联新闻事业"去共化"主张得到法律的支持。意味着苏共主动放弃了对新闻事业的把关人地位，放弃了社会主义宣传阵地，也放弃了社会主义新闻媒介必须坚持的党性原则。放任自流地将办报权拱手送给了反对派政党、社团组织和国际反苏反共势力，它们可以轻易

---

① 张举玺：《中俄现代新闻理论比较》，社会科学文献出版社2011年版，第14页。
② 《列宁全集》（第31卷），人民出版社1963年版，第182、183页。
③ Ленин В. И.. Полн. Собр. Соч. М. : Изд-во Советская школа, №5, 11.
④ 文有仁：《戈尔巴乔夫背离社会主义方向的新闻改革及其恶果》，《当代思潮》1994年第4期。
⑤ 《Закон СССР о печати и других средствах массовой информации》，12 июня 1990 г., Статья 7.

地找到办报人创办新媒介，并迅速成为反党反社会主义的舆论阵营。

为了进一步鼓励反对派创办媒介，掀起全社会办报高潮，第十四条对大众传媒登记申请遭拒和其活动被终止所引起的民事和财产纠纷还做出了明确规定，"大众传媒登记申请被拒绝受理，或者国家机构在一个登记月内未完成审理，以及其活动被终止，创办人或编辑部可按民事诉讼法规定的程序向法院起诉，由法院作出判决，其中包括财产纠纷"。"在确认大众传媒登记申请受拒，或者其活动被非法终止的事实后，法院即可撤销关于拒绝受理的书面通知，或者废除关于终止该大众传媒活动的相关决定。同时，判决责任方赔偿创办人、编辑部和出版人由此所遭受的损失，包括因拒绝受理或终止活动期间应获得的收入。"① 这条法规可以说为那些计划大办媒介（即创办发行量超过千份以上的媒介机构）的团体、组织、党派或个人给予了法律保障。

随后，在苏联涌现出的五花八门的反对派报刊，以丑化苏共、诋毁社会主义为己任，不惜动用捕风捉影乃至无中生有的手段，歪曲历史，否定苏联社会主义建设成就，否定斯大林，丑化列宁，攻击苏联共产党，吹捧资本主义制度，鼓动民族分离。

一些本来就属于苏共或在苏共领导之下的报刊，也纷纷转向了宣传反对苏共执政路线、方针和政策的轨道，有的成为了"改革激进派的传声筒"，有的被认为是"民主派"报纸，有的则成了"戈尔巴乔夫改革大军的大炮"。

还有一些苏共党报党刊声明脱党，转向独立，以耸人听闻的报道、荒诞无稽的假新闻乃至造谣、诽谤，靠给苏联社会主义抹黑来吸引读者。

可以说，苏共中央搞"溃坝式"开放舆论阵地，主动放弃新闻事业，容许和纵容反对党派办报，主观上想提高苏联社会主义民主化程度，客观上造成了人们的思想混乱，动摇了社会主义信念，破坏了社会稳定基础，促成了苏共瓦解。

（四）禁区虽明确，但惩戒力度缺失，违法责任形同虚设

像其他法典一样，《苏联报刊与其他大众传媒法》不仅明确规定了新闻自由的范围，也圈定了不得逾越的禁区。第五条"严禁滥用言论自由"

---

① 《Закон СССР о печати и других средствах массовой информации》, 12 июня 1990 г., Статья 14.

规定，"严禁使用大众传媒报道国家或其他受法律保护的机密材料信息，严禁使用大众传媒号召以暴力推翻或改变现行国家制度和社会体制，严禁使用大众传媒宣传战争、暴力和恐怖行为，严禁使用大众传媒宣传种族、民族、宗教的特权地位或偏执，严禁使用大众传媒传播淫秽作品，严禁使用大众传媒唆使触犯其他刑律的行为"。① 事实上，禁区主要涉及"泄露国家机密"、"号召暴力推翻政府"、"宣传战争和暴力"、"煽动民族仇恨"、"传播淫秽作品"、"教唆犯罪"、"侵犯公民隐私"七个方面，将这些内容设置成言论自由的禁区，有助于国家政体稳定、民族团结、文化上进、社会安定、人民安居乐业。

为了维护禁区的威严，第七章专门规定了违法责任。比如，针对滥用新闻自由，第三十五条规定："根据苏联和加盟共和国法律，对记者滥用新闻自由、传播损害公民、组织声誉和尊严的虚假信息、对法院判决施加影响等行为，将追究刑事、行政或其他责任。""违反苏联报刊与其他大众传媒法的责任，由有过错的国家机关、社会团体和官员、大众传媒编辑部、编辑（主编）以及有过错的记者承担。"②

这里值得注意的是，"对记者滥用新闻自由将追究刑事、行政或其他责任"。问题在于"刑事、行政或其他责任"只是个模糊概念，到什么程度算违法，涉及什么内容该追究刑事责任，什么内容该追究行政责任，什么内容该追究其他责任，其他责任又是指什么而言的，相应的惩戒尺度怎样确定等均未作刚性规定。这必然给违法者和执法者造成很大的弹性空间。执法者对违法者无法量度惩戒，违法者有恃无恐，可以不负任何责任，继续为所欲为。既然执法者无从追求违法者责任，那么过错方也就不用承担任何责任。这样看来，新闻自由禁区形同虚设。

为了防止记者的合法执业活动受到阻碍，第三十六条明确规定，不允许国家机关、社会团体和官员干涉大众媒介活动。"如果阻碍记者的合法职业活动，强迫记者传播或者拒绝传播新闻，将被追究刑事责任，并处以

---

① 《Закон СССР о печати и других средствах массовой информации》，12 июня 1990 г.，Статья 5.

② 《Закон СССР о печати и других средствах массовой информации》，12 июня 1990 г.，Статья 35.

500 卢布以内的罚款"。① 这条的要点在于"追究刑事责任"和"罚款"。"刑事责任"在这里仍然是个模糊概念，没有实质内容。"罚款"尺度上限虽然规定了 500 卢布，但当时普通职工的人均月工资达到了 700 卢布。对于国家机关、社会团体和负责人来说，这个罚款上限显然不足挂齿。也就是说，这条规定只是个象征性的标识，没有任何法律约束力。

对于惩戒非法制作和传播大众信息，第三十七条规定"大众传媒没有依照本法典进行登记，或在被终止出版与发行后仍继续制作和传播其产品，将被追究行政责任，即由人民法院对之处以 500 卢布以内的罚款，并没收其全部印刷或其他产品"；"在一年内重复违犯本条第一部分的规定，将追究其刑事责任，处以 1000 卢布以内的罚款，并没收违法者用来制作或传播信息产品的技术器材，也可不没收"。②

这条规定关键点有两个，其一是"追究行政责任，处以 500 卢布以内的罚款，没收全部印刷品"。事实上，这个惩戒前提并不存在。按照该法典第十条规定，发行量在千份以内的大众媒介不用登记即可开展传播活动。要想突破千份界限，只要前往大众媒介管理机关去登记即可，根本就无须违法开展活动。没有违法前提，惩戒也就无从说起。其二是"追究其刑事责任，处以 1000 卢布以内的罚款，并没收制作、传播新闻产品的技术器材，也可不没收"。乍一看，这是对"重犯"加重了惩戒力度，由追究行政责任，上升到了追究刑事责任，罚款也由上限 500 卢布提升到了 1000 卢布，并附带没收制作和传播器材。只要稍作分析就能发现，这个惩戒前提并不存在，并且在最后还明确指出，"也可不没收"。所以，这个三十七条规定虽然具有一定的法律意义，但却不具备实际操作的可能性。这样，对上述多处违法责任的追究和惩戒力度形同虚设。

（五）执法机关不明，执法责任模糊

在《苏联报刊与其他大众传媒法》中数次提到过"大众传媒登记机关"，该机关究竟是什么级别的政府机构，有何权力，有何公信力，又代表谁去把关，它还代表苏共吗？这显然是不可能的。因为在此之前，苏共对报刊的把关一直由"报刊保密检查总局"执行。

---

① 《Закон СССР о печати и других средствах массовой информации》，12 июня 1990 г., Статья 36.

② 《Закон СССР о печати и других средствах массовой информации》，12 июня 1990 г., Статья 37.

报刊保密检查总局成立于1922年，是布尔什维克行使文学和新闻出版审查权力的主要机构。它曾被赋予极大的权力，包括行使政治与意识形态的把关权、调节书籍市场、剔除出版物中的有害毒素及严防反党反社会主义的、泄露国际军事机密的有害于民族团结和挑起宗教矛盾的言论出现。背负着如此重大的使命，该机构不断膨胀，到1940年时，莫斯科总部就有174名专职审查干部，在全苏各地分部工作的审查员已超过5000人。该机构有权禁止印刷出版"不合适的"文稿，有权审查电台、电视台的工作，有权责令暂停出版书刊或取消节目播出，有权减少发行量，有权关闭出版社并将责任领导送交法院或将案件移交政治局……可以说，报刊保密检查总局最后成为苏联的"意识形态克格勃"。①

　　人权和民主是戈尔巴乔夫新思维的基本要素，他认为建立人道的、民主的社会主义，首先必须让人民了解国家和社会事务。而传媒不仅是从上而下公开国家和社会事务的通道，同时也是人民实行政治监督和制约的由下至上的通道，为了保障这条改革通道的畅通，1987—1988年先后取缔了报刊保密检查总局的大部分权力。这意味着克里姆林宫主动放弃了对传媒的控制。

　　如果说"大众媒介登记机关"属于政府机构，那么这个机构应该隶属于文化部和国家出版、印刷和书籍发行委员会。对全苏报刊监督监管的重任由苏共一级总局转交给政府部委二级或者三级机构进行管理，且管理水平仅停留在登记注册层面，根本就无力对全苏报刊媒介的违法违规行为进行有效监察监管，更别说对违法违规行为进行惩戒。也就是说，"大众媒介登记机关"只是一个摆设而已，面对苏联媒介和舆论界的无序和混乱局面，只能望洋兴叹，无能为力。

　　戈尔巴乔夫指望靠传媒自由化推进社会民主，但是他没有料到传媒自由化是把双刃剑，在促进百家争鸣的同时，也会带来思想混乱。民主的确需要传媒自由，但是自由如果没有真实可信的法制和党性约束，就会带来新的行为不受限制的危险。这种"行为不受限制"首先表现为传媒公开历史丑闻的无限制、过激性和偏差，其次表现为戈尔巴乔夫本人将传媒自

---

① Боффа Дж. От СССР к России : История неоконч. кризиса, 1964 - 1994 . - М. : Междунар. отношения, 1996. ст - 218.

由"为己所用"。① 事实上，传媒自由从一开始就是一种幻想，它并没有逃脱"宣传工具"的命运，只是从党的工具转变成戈尔巴乔夫的宣传工具，从宣传社会主义转而声讨社会主义。并且，这种转变渐渐走向了极端化，成为只许宣传改革，不能有丝毫反对之声的另一种意识形态的舞台。

值得注意的是，戈尔巴乔夫一厢情愿地认为，他把传媒从长期、严格的审查和压抑中解放出来，赋予它自由，传媒一定会对他感恩戴德，并永远成为他坚定的朋友。但是，事实证明，在政治斗争中传媒的自由无异于空想，这块无比重要的阵地你一旦主动放弃，则必然有反对派迅速占领。最终，激进改革的主编和记者们纷纷走向戈尔巴乔夫的对立面。他们打着独立传媒的幌子，要求从根本上脱离党的控制。到1989年，戈尔巴乔夫已经越来越明显感受到传媒的失控。他一方面希望出台有关新闻方面的法律来解决问题，另一方面又不能违背其"公开性"和"舆论多元化"思想，就授意起草《苏联报刊与其他大众传媒法》。1989年11月，该草案提交给苏联人民代表大会讨论，12月4日在报刊上发表，交由全民讨论，直到1990年6月12日予以颁布。

但是，这部到处都是漏洞，法律概念模棱两可，禁区形同虚设，根本就不具法律约束力的传媒法问世，并没能解决苏联传媒的无政府状态问题，反而给传媒的极端自由化增添了法律依据，将苏联传媒彻底推向了自由化。

（六）尊崇西方自由主义，为激进改革量身定做

自由主义的一个理论核心就是自由经济，反对政府干涉企业的生产和经营，认为企业只有在市场中自由竞争才能生存和发展。传媒作为一种特殊的商业机构，不仅应通过市场竞争获得生存和发展，更重要的是通过市场获得经济独立，维持财政上的自给自足，使其不受特殊利益的压迫，从而享有真正的舆论自由。

在"舆论多元化"思想和自由主义理论的指引下，《苏联报刊与其他大众传媒法》于1990年8月1日生效，取消了报刊出版审批制，代之以出版登记许可制度。苏联通过立法进一步赋予大众传媒充分的政治自由。同时，激进的市场经济改革又赋予大众传媒充分的经济自由，从而使其大众传媒业从传播理念到经营机制，从传播理论到实践都发生了"去共化"

---

① 李玮：《转型时期的俄罗斯大众传媒》，上海外语教育出版社2005年版，第16—17页。

蜕变。一套以西方民主、自由思想和新闻理论为指导,以私有化、市场化为运行机制的"新型大众传媒体制"在苏联社会主义国度内得以建立。

笔者翻阅大量解密后的俄文文献后发现,苏共中央总书记戈尔巴乔夫虽然全力以赴地推行"公开性"和"舆论多元化"政策,但其根本目的在于借此推进政治经济改革,巩固苏联共产党的领导地位。为了配合"公开性"和"舆论多元化"政策的实施,戈尔巴乔夫早在1986年就授意议会要尽快起草苏联大众传媒法。但由于各种原因,直到1989年9月大众传媒法草案才放到他面前。当戈氏怀着欣喜的心情从前到后一行不落地看了一遍后,才发现这不是他要的大众传媒法,而是一部要彻底解除苏共和他本人对传媒控制的法典。

资料显示,戈尔巴乔夫对草案的许多条款都很不满意,特别是对完全放弃苏共的审查权不满意。于是,他指示议会重新起草或者全面进行修改,然后交由苏联人民代表大会讨论。1989年12月4日,经过多次修改后的草案,共七章四十三条在报刊上发表,交由全民讨论。1990年6月初,经全民讨论后的大众传媒法草案(内容调整为七章三十九条)重新交到戈尔巴乔夫面前。

面对这样一部"去共化"法案,他的心情极为矛盾:一方面为了表示自己锐意改革的决心,换得国际社会的认可和新闻界的好感,他必须坚决支持苏联大众传媒法尽快颁布;另一方面为了坚持党性原则和维护自己的权威,他又不能接受这部法律的实施。①

迫于形势需要,他最后还是签署了《苏联报刊与其他大众传媒法》。事实上,苏联议会当时已经在叶利钦的控制之下,该法典的起草和制定,其实完全是在叶利钦和议会反对党的操纵下进行的。不管如何去修改,该法典都会成为一部为激进改革派量身定做的法律,将1985年以来传媒的激进行为完全合法化,并彻底解除了苏共对传媒的控制。该法取消新闻查禁,解除传媒垄断,实现传媒自治,从政治上确立了苏联意识形态的多元化,扩大了党内反对派的影响,使苏共丧失了最后一个斗争的阵地。该法生效不过一年,1991年8月苏共即宣告解散,12月苏联完全解体。②

---

① 江流、陈之华:《苏联演变的历史思考》,中国社会科学出版社1994年版,第161页。
② 史天经:《普京"可控民主"与俄国新闻媒体》,《青年记者》2006年第19期。

综上所述,《苏联报刊与其他大众传媒法》彻底取消了"把关人"制度,禁止审查、解除垄断,完全实现传媒自治,表现出更加自由和开放的主导思想。尽管有太多的疏漏,太浓的自由主义色彩,但至今仍然被俄罗斯学者评价为是一部激进的、革命的法典,它不但取消了新闻审查、确立了言论自由、给予多种主体创办大众传媒的权利,第一次把大众传媒的管理直接纳入了法制轨道。

但从根本上来说,《苏联报刊与其他大众传媒法》放弃党性原则,用"溃坝方式"瞬间开放舆论阵地,尊崇西方自由主义,推行绝对化新闻自由,完全脱离了苏联国情和苏共党情。大众传媒向来被看作执政党的主要执政工具,传媒自由可以反映出国家民主化程度。但是,如果把传媒自由当成推动国家民主进程的重要手段,而主动放弃党对它的控制权,那么传媒自由就会给社会带来混乱,给执政党带来灭顶之灾。

事实证明,戈尔巴乔夫改革的失败、苏共的解散、苏联的解体,与苏共对传媒控制权的丧失有必然的联系。可以说,《苏联报刊与其他大众传媒法》的不设防、不作为极大纵容了反对派创办媒体的热潮,它们煽风点火、肆意捏造新闻,大肆滥用新闻自由,践踏新闻原则,成为苏共历史的"审判者",并最终彻底瓦解了苏联社会主义新闻事业。

可以说,《苏联报刊与其他大众传媒法》是一部绝对新闻自由化的法典,这股绝对新闻自由化思潮意外地加速了苏共亡党的进程。假如《苏联报刊与其他大众传媒法》能坚守党管媒体原则,在面对数十年积累起来的社会矛盾压力时,用"提闸放水"的方式,逐步开放新闻舆论阵地,循序渐进地减少社会舆情压力,那么就有理由相信苏联的历史将会改写。

结　语

综上所述,苏共改革推行的新闻自由化由三个步骤组成,即公开性、舆论多元化和《苏联报刊与其他大众传媒法》。

公开性要求公开苏共、国家机关工作、政治决策过程和执行政策过程,最大限度地扩大苏维埃活动的透明度,鼓励人民就国家和社会生活中存在的问题公开发表意见。为实现这些目的,苏共专门采取了 8 项措施。这些措施规定,新闻事业是推行政治经济体制改革的工具,媒介等舆论阵地从"有限制"的放开发展到"无限制"的放开，允许私人、各党派团体和外国人在苏联境内自由创办媒介机构。为了全盘开放媒介舆论阵地，苏共放松了对媒介的绝对控制权，还逐步改变了党报的作用，并最终放弃了社会主义新闻制度。

舆论多元化允许苏联各不同利益的阶级、阶层和团体，都有平等使用舆论工具来表达自己的意愿、建议与要求的权利。其本质就是要取消马列主义的指导地位，使苏共失去正确而统一的指导思想和行动指南，从而导致苏共的性质发生根本变化。在推行舆论多元化的过程中，苏共逐步丧失了对舆论阵地的领导地位，苏联媒介进入无政府状态。与此同时，负面新闻和虚假新闻在苏联泛滥成灾，境内外媒介相互勾结，形成一浪高过一浪的反共反社会主义浪潮。事实证明，舆论多元化极大地推进了新闻自由化的进程。

为了规范新闻媒介的无序状态，使之更好地为改革服务，在戈尔巴乔夫授意下，苏联政府于1990年6月颁布了《苏联报刊与其他大众传媒法》。该法典直接取消了媒介的审查制度，推行绝对的新闻自由化。与此同时，放开了媒介的经营权，将传媒全面推向了商业化市场。新闻舆论市场遭遇了西方自由主义的"溃坝式"冲击。大众传媒法虽然明确规定了一些禁区，但由于缺乏惩戒力度，执法机关不明，执法责任模糊，导致所有的违法责任形同虚设。绝对新闻自由化在这部法典中得到了合法地位。

研究结果显示，苏共中央总书记戈尔巴乔夫推行的新闻自由化在苏共亡党过程中形成如下渐进模式：提倡新闻公开性→推行舆论多元化→引进西方意识形态→揭露历史阴暗面→放大群众仇共情绪→溃坝释放反苏压力→听任舆论全面失控→苏共活动被禁止→苏联国家解体。①

这个模式清楚地表明，新闻自由化运动是导致苏共亡党、苏联解体的重要原因之一。其中，舆论多元化给西方意识形态以可乘之机，境内外反共舆论势力相互勾结，大肆揭露和捏造历史阴暗面，煽动民众仇共情绪，鼓吹民族独立，号召推翻苏共执政党地位。这是新闻媒介脱离苏共领导的关键和舆论失控的阀门。可以说，在改革进行的关键时刻，苏联新闻舆论成为推倒苏联大厦的最后一个操盘手。俄罗斯前总统叶利钦说得更明确："正是新闻传媒发起的揭露苏联历史黑暗面和现存体制缺点的运动，直接

---

① 赵强：《舆论失控：苏联解体的催化剂》，《求是》2010年第21期。

动摇了这一帝国的根基。"由于新闻自由化运动,媒体被隐藏于苏共决策层内的资产阶级代表们当成了反共反社会主义的舆论武器,步步瓦解并摧毁了苏共意识形态大厦的根基,掏空了苏联社会主义制度的核心价值体系,加快了苏共失去执政地位和苏联解体的步伐。

第四章 苏共推行新闻自由化的动因与构想

本章着重梳理苏共推行新闻自由化的政治原因、经济原因和文化原因，分析苏共推行新闻自由化的目标、措施与发展状况，探讨苏共推行新闻自由化的价值与意义。

第一节 苏共推行新闻自由化的背景

1985年3月，戈尔巴乔夫上任，此时的苏联面临严重的内忧外患。经过几十年努力，苏联在20世纪70年代初实现与美国的战略均势，但过高的军事投入严重阻碍苏联社会的正常发展，西方人讽刺苏联为"有庞大军队的第三世界国家"。加上20世纪80年代前半期苏联领导人频繁更迭，缺乏有效的改革措施，党内贪污腐败严重，使苏联局势更加不利，经济几乎停滞，与美国的差距扩大，改革势在必行。

戈尔巴乔夫尖锐地指出苏联所处的严重困境，认为"国家的历史命运，社会主义在当代世界上的地位，在很大程度上取决于我们今后如何引导我们的事业"[①]，表明改革决心。政治、经济、文化等多方面的原因，使新闻自由化成为苏共必须推行的改革措施。

一 推行新闻自由化的政治原因

（一）戈尔巴乔夫时期苏联的政治困局

戈尔巴乔夫接管的苏联政治上内外交困，一场改革在所难免。

国内方面，此时的苏联政治高度专制。个人集权和个人专制在苏联一

---

① 苏群译：《戈尔巴乔夫言论集》（1984—1986），人民出版社1987年版，第47页。

直存在，干部任命制、职务终身制使苏联形成一个庞大的官僚集团，他们思想僵化，贪污受贿，作风腐败。1970年4月，戈尔巴乔夫被任命为斯塔夫罗波尔边疆区党委第一书记。他在回忆录中指出："至于说到第一书记的作用，那么只有过去沙皇省长的地位可以与之相比。一切权力实际上都掌握在他们手中……总之，第一书记是一种特殊现象，是政权体制中的关键人物。他的职位和巨大权力不是人民给的，也不是差额选举的结果，而是莫斯科——苏共中央政治局、书记处、总书记本人——给的。"[1] 这种自上而下的干部任命制使官员对总书记唯命是从，集权统治更加牢固。

集权统治下滋生大量特权阶层，他们生活奢靡，严重腐蚀着苏联政权。从斯大林时期就已形成的特权阶层尽情享用着国家提供的种种福利和设施，高级别墅、特供商店、专门的医院、数不清的补贴和福利。一些官员还贪污腐败，欺上瞒下。到戈尔巴乔夫时期，特权阶层的势力已经相当强大，戈尔巴乔夫本人十分清楚这股势力对社会主义体制建设的困扰。1987年11月，他专门针对这种情况做出批示："经济中的障碍机制及其社会和意识形态的一切后果，导致了社会结构的官僚主义化和各级官僚阶层的'不断繁衍'。这些官僚阶层在整个国家、行政乃至整个社会生活中都具有不可估量的影响。"[2]

国际环境也不容乐观。20世纪80年代的世界局势发生很大改变，多极化趋势进一步加强，西欧、日本等国利用新技术革命快速发展。和平与发展成为世界主流，人们愈发认识到国家间的竞争归根到底是综合国力的竞争，而经济和科技水平是综合国力的重要指标。

在和平与发展这一发展趋势下，超级大国的冷战和军备竞赛遭到质疑，从军备竞赛转向综合国力的竞争成为苏美调整政策的重点。1985年3月11日，苏共中央全会重申国家对外政策的基本方向（即"和平和进步的方针"）。戈尔巴乔夫在大会上指出："今天人类面临的如此可怕的威胁，是过去从未有过的。摆脱现状的唯一理智的出路，是对立的势力谈妥立即停止大气层军备竞赛。在诚实和平等的基础上达成协议，不去企图

---

[1] ［俄］米·戈尔巴乔夫：《真相与自白：戈尔巴乔夫回忆录》，述弢译，社会科学文献出版社2002年版，第68页。

[2] ［俄］米·戈尔巴乔夫：《改革与新思维》，苏群译，新华出版社1987年版，第52页。

'胜过'另一方，不要求对方接受自己的条件。"①

事实上，苏联存在的问题归根结底是高度集权的政治体制所导致的。最高苏维埃只是名义上的最高权力机构，事务的决定权握在几个高层领导人，尤其是在总书记一个人手里，一党专政、以党代政成为普遍现象。由于"党不仅在决定原则性的政治和经济发展目标方面起定调的作用，而且还要指挥全部社会实践活动。因此，这种党的领导作用就不可能由普通党员或普通党员的会议来担负，而只能由高度组织起来的官僚集团来发挥作用"。② 这些官僚集团成为滋生腐败的温床，严重破坏苏联民主政治的发展。

严峻的国内外形势使改革提上日程，戈尔巴乔夫决心调整发展战略，改革僵化的政体。在1985年4月23日召开的中央全会上，戈尔巴乔夫做了《关于召开苏共例行第二十七次代表大会和有关筹备和举行代表大会的任务》的报告，报告分析了世界发展新形势和苏联的严峻局势，指出苏联发展中存在种种问题，如政治僵化、官僚作风严重等，并据此提出加速国家社会经济发展战略和社会主义全面改革的任务。戈尔巴乔夫指出："我国社会各个领域的状况是多么严重，多么需要进行深刻的变革。党产生了力量和勇气，能够清醒地评价局势，承认必须进行根本变革和改造。"③

（二）困局中的尝试

戈尔巴乔夫对苏联体制内存在的腐败、专制等问题非常了解，他希望进行一场改革来摆脱这些问题。早在1984年10月，戈尔巴乔夫在一次会议讲话中就特别提到"新思维"和"公开性"，且在1984年10月他在与外交部长兼好友谢瓦尔德纳泽的一次私人谈话中谈论到苏联已经变得腐烂时，戈氏说："我们正在寻找一个问题的答案：我们应该怎样生活？……我们提供了一个简单的公式：多一些民主，多一些公开，多一些人道。总之，所有事情都要发生改变，以使人们感觉到自己在社会中的的确确作为

---

① ［俄］米·戈尔巴乔夫：《对过去和未来的思考》，徐葵等译，新华出版社2002年版，第222页。
② ［捷克］奥塔·希克：《共产主义政权体系》，现代外国政治学术著作选译组，江苏人民出版社1982年版，第97页。
③ ［俄］米·戈尔巴乔夫：《改革与新思维》，苏群译，新华出版社1987年版，第20页。

一个人来生活。"①

戈尔巴乔夫试图在保持原有制度的基础上，改革苏联僵化的体制，让它以更民主、更符合宪法的方式发挥作用。他认为"官员们应当学会怎样听和怎样学、怎样同其他利益集团去就政策选择问题进行商讨和谈判、怎样进行信息和观点的自由交换……党自身必须像他领导的社会一样进行'民主化'"。②

但是，由他主导的这场改革进展并不顺利，颁布的政策法令受到各种阻碍。戈尔巴乔夫对领导干部实行差额选举，苏共二十七大上，很多老干部在差额选举中落选，但他发现"新上来的干部依然背着过去的包袱，除少数人外，多数人在工作中仍然使用旧的工作作风和工作方法"。③

对外政策的改革同样十分迟缓。戈尔巴乔夫强调世界是相互依赖的整体，"人类利益"、"全人类价值"高于一切，主张将苏美竞争由军备领域转到经济领域，顺应世界的发展趋势。他对涉外部门的人员进行调整，以期促进改革的顺利实行，但是这些举措并未引起太大变化，外交活动依然墨守成规，行动滞后于改革的步调。

戈尔巴乔夫把改革内外交困的原因归结为缺乏"公开性"，他认为"必须使社会政治思维发生急剧的转折"④，"公开性"能有力促进改革的发展，并制定保障公开性的法律文件。戈尔巴乔夫高度赞扬公开性，认为"发展公开性是集中各种各样的意见和观点的方法，这些意见和观点反映了苏联社会各个阶层和各行各业的利益。如果不通过批评，特别是通过来自'下面'的批评检验自己的政策，同消极现象作斗争，防止产生消极现象，我们就不可能前进。我不能设想，没有这些，还有什么民主可言"。⑤

（三）政治改革的突破口：新闻自由化

大众传媒以其特殊性决定了它与政治不可分割的联系。有怎样的政治

---

① ［美］马歇尔·戈德曼：《苏联改革出了什么问题》，诺顿出版社1991年版，第82—83页。
② ［英］雷·沃克：《震撼世界的六年：戈尔巴乔夫的改革怎样葬送了苏联》，张金鉴译，改革出版社1999年版，第125页。
③ 辛华编译：《苏联共产党第二十七次代表大会主要文件汇编》，人民出版社1991年版，第68页。
④ ［俄］米·戈尔巴乔夫：《改革与新思维》，苏群译，新华出版社1987年版，第53页。
⑤ 同上书，第92页。

制度，就会有怎样的新闻体制，政治上的改革必然会引起大众传媒的改革。大众传媒是国家政治生活的"风向标"，且对政治生活具有反作用。

翻阅新闻事业史，会发现新闻事业的发展与政治的发展呈现正相关。每一次大的社会变革，都会引起新闻领域的相应变化，同时新闻媒体反过来又推动或强化政治的发展。在17世纪资产阶级革命风起云涌的欧洲，资产阶级提出天赋人权、自由平等，并要求建立资产阶级政权。政治上的变革反映在新闻领域，就是自由主义报刊理论的产生。1644年，约翰·弥尔顿向英国国会提交了一篇关于抨击出版检查制度的演说词，后来印成小册子，即著名的《论出版自由》。书中充分肯定言论自由，认为言论出版自由是"一切自由中最重要的自由"，这与资产阶层在政治上的要求相呼应，并进一步推动资产阶级革命的发展。

大众传媒与政治的相互关系在苏联也得到了验证。在十月革命胜利前，列宁通过从事新闻报刊活动进行革命宣传组织工作，报刊成为无产阶级夺取政权的舆论工具。列宁确定了无产阶级党报的方针和原则，即报刊具有党性，是无产阶级事业的一部分，它要服从党的领导和监督，以宣传马克思主义为己任，充分发挥其宣传组织功能。十月革命胜利后，列宁认为新成立的苏维埃政权的任务是建设和管理国家，报刊的职能也随之发生变化。列宁认为报纸应当"由主要报道政治新闻的工具，变成对人民群众进行经济宣传的重要工具"[1]。因为"我们无疑学会了政治，这方面我们不会受人迷惑，这方面我们有基础。而经济方面的情况却不好。今后最好的政治就是少谈政治"[2]。这说明列宁根据社会环境的变化不断调整报刊的定位与功能，报刊在夺取和巩固苏维埃政权方面发挥了巨大作用。

1924年1月列宁逝世后，斯大林成为苏联最高领导人。之后苏联走上高度集权的发展道路，即通常所说的高度集中、专制色彩浓厚的"斯大林模式"，对新闻体制的管理也表现出专制主义倾向。斯大林很好地继承了列宁关于报刊"党性原则"的思想，但却无视列宁关于报刊监督职能和新闻自由的阐述。他对新闻媒体采用计划经济式的管理模式，新闻媒体的经营、管理、人事安排、报道内容等全部由党和政府严格控制，苏联制定严格的新闻检查制度，建立自上而下的报刊监督系统，由地位高的全

---

[1] 《列宁全集》（第34卷），人民出版社1985年版，第172页。
[2] 《列宁全集》（第40卷），人民出版社1986年版，第154页。

国性大报监督下级报刊。报刊也成为斯大林打击政敌、树立自己权威的工具。20世纪30年代，斯大林发动大清洗运动和肃反运动，新闻媒体纷纷为其宣传助威，给斯大林个人崇拜造势。可以说，斯大林模式塑造了对报刊的计划管理体制，报刊反过来也强化了斯大林模式。

此后，苏联基本沿用斯大林的统治模式和新闻体制，不过期间赫鲁晓夫的改革使新闻体制产生一些松动。1956年赫鲁晓夫上台后，对政治经济领域实行一系列改革。为了配合改革，苏联一度放松对新闻媒体的控制，要求新闻报刊改变僵化的风格，苏联文学界涌现出一批批判和反思斯大林统治模式的作品。但是随着赫鲁晓夫因"健康原因"被迫下台后，勃列日涅夫全面恢复斯大林时期的集权统治，随即再次收紧对新闻媒体的控制。

上述史实直观地展现出政治发展与大众传媒的紧密关系，政治的变化引起大众传媒的变化，大众传媒反过来也推动政治进一步发展。大众传媒对政治发展的重要性不言而喻。因此，当戈尔巴乔夫提出改革时，大众传媒的改革在所难免。

戈尔巴乔夫开始在新闻领域寻求改革出路。新闻媒体是国家各项事业的宣传员，在改革中具有不可替代的作用。为使政治改革顺利进行，戈尔巴乔夫号召将公开性扩大到新闻领域，推行新闻自由化，实现舆论的自由和思想多元化，为推行改革营造舆论氛围。在改革初期，新闻自由化确实发挥了重要作用，新闻界突破以往的报道禁区，扩大报道范围，革新报道方式，及时报道公众感兴趣的新闻，受到了读者的欢迎。

二 推行新闻自由化的经济原因

（一）戈尔巴乔夫时期苏联的经济状况

苏联长期实行中央计划经济体制，国家拥有绝大部分财产并通过中央计划控制经济，市场因素和企业自主权基本被排除在外。这种高度集中的"行政命令式"管理体制曾使苏联经济得到快速发展，但是随着经济发展环境的改变，苏联经济每况愈下。

戈尔巴乔夫面对的苏联经济出现严重的问题。经济问题表现在多方面：由于长期片面发展重工业和军事工业，农业和轻工业一直处于落后状态。即便身居高位，戈尔巴乔夫也无法弄清真正的军事开支费用。根据大概估算，苏联70%的经济都在以某种方式服务于军工业。戈尔巴乔夫曾针对这种局面抱怨说："我们搞出来的坦克比人还多。"① 1975年后，苏联经济的增长速度明显减慢，财政状况十分糟糕。工业上依然是粗放的发展方式，高耗能、低产出现象普遍存在，大量企业亏损，无人经营、无人负责现象严重。农业上，生产停滞，技术装备落后，农产品收购价格很低，这严重挫伤了农民生产热情，大批农民离开农村另谋生路。

苏联社会经济停滞，国民收入和社会总产值不断下降。社会总产值1976—1980年降到4.2%，1981—1985年降为3.6%，国民收入70年代上半期降为5.7%，下半期降为4.3%，1981—1984年降为3.5%。② 新技术革命的发展加剧世界政治、经济发展的不平衡，1983年苏联经济增长速度第一次落后于美国，1985年日本呈现出超越苏联的发展势头。

在糟糕的经济发展背后，还有一些隐蔽性因素使社会不平等现象更加严重。在长期物资短缺的经济环境中，金钱收入上的差距并不是最严重的问题，更重要的是对稀有资源接近的能力，这使苏联出现以下特殊的经济现象。

首先，特权阶层的特殊消费权利远超出普通民众的想象。为使国内精英服从自己的统治，苏共采用一种隐秘的工资制度，被任命的官员按照等级的不同享有相应规格的特殊待遇。例如，当鲍·叶利钦成为政治局候补委员时，国家给其家庭配了两位厨师、两位服务员、一个女仆、一个园丁组和一套豪华别墅等。叶利钦就此认为："谁在职务阶梯上爬得越高，谁就生活得越舒服，谁也就会对失去这种生活更加感到不情愿和痛苦。这样他们也就变得更加顺从更加可靠了。"③ 苏联每年消耗巨资供养这些特权阶层，既增加国家负担，又拉大社会贫富差距。

其次，苏联存在大量的黑市，加剧了社会不平等现象。黑市上的物品交易很丰富，人们把自己从不同渠道（比如，偷窃国家财产）得来的物品拿到黑市交易，或高价出售，或以物换物，它使人们获得他们从正式渠道无法得到的商品和服务。作为"第二经济"，黑市是人们增加收入的一个渠道，在一定程度上缓解了物资紧张局面。那些有能力得到稀缺物资的人们拥有的财富不断增加。但是，那些没有东西可卖也没有途径接近稀缺

---

① ［俄］安·格拉乔夫：《戈尔巴乔夫之谜》，述弢译，中央编译出版社2005年版，第149页。

② 陈之骅：《苏联兴亡史纲》，中国社会科学出版社2004年版，第676—677页。

③ ［俄］鲍·叶利钦：《叶利钦自传》，朱启会等译，凯普出版社1990年版，第127页。

资源的底层劳动者的生活却十分糟糕,这也导致社会两极分化更加严重。

苏联经济持续衰退。苏联出口的主要商品如石油、天然气等,在国际市场价格出现下跌,导致苏联外汇收入减少,直接缩减苏联进口消费品的数量,使消费品短缺状况雪上加霜。另外,由于预算赤字急剧增加,苏联不得不大量加印钞票,这使通货膨胀加重,经济状况不断恶化。

(二) 经济改革的阻力

糟糕的经济状况使改革成为必要。经济改革在安德罗波夫时期就开始酝酿,契尔年科也没有表示反对,戈尔巴乔夫一上台就继续着手解决经济问题,这是他初期改革的重点。

1985年4月23日,戈尔巴乔夫在中央全会上提出"加速"战略,并试图通过"加速"战略促进经济向集约化、高质量发展,以此来"实现向生产力全面发达的、社会主义生产关系成熟的、经济机制理顺的高组织形式和高效益的经济过渡"。①"加速"战略规定了1986—2000年苏联十五年经济发展总目标:在经济发展发面,国民收入增加将近一倍,即由1985年的5670亿卢布增加到约11340亿卢布,年增长4.7%;工业产值增长一倍,由1985年的8070亿卢布增加到16140亿卢布;劳动生产率增长1.3—1.5倍,年均增长5%—6.3%;国民收入的能源消耗量降低40%,金属消耗量降低近50%等。② 在社会发展和提高居民社会福利方面也做出相应的规定:居民人均实际收入增加一倍,年均增长3.5%;加强教育、医疗等基础设施的建设等。

在《改革与新思维》论著中,戈尔巴乔夫系统论述了经济改革的必要性与紧迫性。他把苏联描述为"一部大机器的巨大飞轮在转动,而与工作岗位相连接的传送皮带却在空转,或者转得十分无力"。③ 因此,主导经济改革并非心血来潮,而是迫切需要。

戈尔巴乔夫采取一连串措施改革经济。他裁减政府部门,如1985年11月,由5个"农业产业"部和1个国家委员会合并成为一个"超级部",它们的人员(约7000人)减少了47%。这种措施也在工业和教育

---

① 辛华编译:《苏联共产党第二十七次代表大会主要文件汇编》,人民出版社1987年版,第34页。
② 鲁军:《戈尔巴乔夫改革与执政能力研究》,华东师范大学法政学院2005年版,第36页。
③ [苏]米·戈尔巴乔夫:《改革与新思维》,苏群译,新华出版社1987年版,第13页。

领域尝试推行。① 他大力精减各部门人员，如中央计划委员会的工作人员被裁减了一半多，从 1986 年的 2650 人减少到 1988 年的 1095 人。联盟各部工作人员减少了 46%，从 1986 年的 160 万人减少到 1989 年的 87.1 万人。② 但是一年后经济状况依然没有好转，很多措施在实施中遇到抵触，这使改革变得十分困难。

首先，旧的官僚体制从根本上阻碍着改革的发展。在计划经济体制下，形成一批既得利益者，比如政府各部门的行政官员和企业中的管理人员，他们依靠旧的计划体制获得权力和利益，各种利益关系复杂，如果进行改革，裁减管理部门，扩大企业自主权，势必危及他们的特权和利益，因此他们极力排斥改革。此外，老一代的官僚为计划经济奉献了大半生，他们将此视为自己的至高荣耀，对他们来说，改革意味着对自己功劳的否定，因此也对改革多加阻挠。

其次，旧的思维模式使改革流于形式。几十年的计划经济体制已经使官僚阶层形成一套固定的管理体制，他们习惯于行政命令式的领导方式，制订详细的工作计划，给各部门和各单位规定指令性任务和预算拨款。商品货币关系和价值规律得不到应有的重视，甚至被定性为资本主义的东西加以排斥。他们因循守旧，不愿改革，与改革相关的举措多被敷衍了事。

最后，改革的措施并不完善，一些措施甚至对经济造成恶劣影响。比如，反酗酒运动、反对非劳动收入等均告失败。始于 1985 年的反酗酒运动是一项脱离实际的冒进措施。酗酒现象在苏联长期存在，一方面是因为苏联处于中高纬度地区，气候寒冷。另一方面，国内政治生活的压抑也使人们容易借酒消愁。酗酒给苏联经济发展带来一系列破坏性影响，工人旷工，生产的产品质量低劣，刑事案件、交通事故频发。1985 年 5 月，苏联政府颁布决议严格制止酗酒行为，限制酒类生产，并从重制裁酗酒者。

反酗酒运动的弊远大于利，给苏联经济造成严重损失。酒类产品在苏联消费品中占有重要地位，酒类产品的减少导致国家税收锐减，与酒类相关的经济领域遭受重创，酿酒业遭到沉重打击，葡萄种植面积大量减少，上千家葡萄酒厂破产。同时由于无法满足饮酒需求，社会怨声四起，一些

---

① ［英］雷·沃克：《震撼世界的六年：戈尔巴乔夫的改革怎样葬送了苏联》，张金鉴译，改革出版社 1999 年版，第 101 页。

② ［美］安·阿斯伦德：《戈尔巴乔夫为经济改革进行的斗争》，平特出版社 1991 年版，第 196 页。

人对改革也产生怨恨情绪。1988年9月,反酗酒运动惨淡收场。

反对非劳动收入运动也严重挫伤劳动者的积极性。1986年5月苏共中央、苏联部长会议和最高苏维埃主席团发布《关于加强反对非劳动收入的斗争的措施》[①],指出非劳动收入就是对社会无益的收入,包括盗窃、投机倒把、贪污以及从事法律所禁止的副业等。这项运动主要是打击官员的违法犯罪活动,但是实施它的主体恰恰是它要打击的官僚阶层,因此它在实施中"避重就轻",严惩通过"诚实劳动"挣得额外收入的劳动者,而对贪污腐败的官员置若罔闻,这阻碍了商品经济的发展,也严重挫伤人们的劳动积极性。1987年下半年,这项运动偃旗息鼓。

严重的经济状况使戈尔巴乔夫意识到不能停留在对经济问题的小修补上,而需要对经济制度进行深入改革。他认为苏联传统的经济制度有两大缺点:一是"僵化的中央集权制",中央指令高于一切;二是缺乏有效的工作激励,从而无法调动生产积极性,使劳动效率低下。据此,戈尔巴乔夫提出对苏联经济体制进行彻底的改造。

(三)新闻自由化对经济改革的意义

初期经济改革的失败使戈尔巴乔夫迫切希望寻求新的突破口,新闻自由化成为这个突破口。戈尔巴乔夫认为经济改革需要"公开性"的支持,"公开性"是"纠正缺点的强有力杠杆",苏联"需要公开性就像需要空气一样"。[②]而新闻媒体以其自身特性成为推行"公开性"的重要工具,新闻自由化势在必行。

推行新闻自由化有积极意义,其中大众传媒是活跃思维的舆论工具,是改革的宣传者,也是各经济阶层表达意见的平台。疏通上下交流的通道,对改革大有裨益。

新闻自由化是活跃思维的有力工具。初期经济改革的失败使戈尔巴乔夫认识到如果不转变人们的思维,经济体制改革也不可能成功。自上而下改革的失败使他转而寻求来自下层民众的支持,这就需要"开启民智",使民众认识到改革与自身利益密切相关,是必须采取的措施。戈尔巴乔夫号召进一步发扬公开性:"苏联社会不应该有不受批评的禁区,这一点也

---

① 于佳、卿孟军:《加速战略、新思维与戈尔巴乔夫时期苏共公信力的丧失》,《湖南师大学报》(社会科学版)2013年第1期。

② [苏]米·戈尔巴乔夫:《改革与新思维》,苏群译,新华出版社1987年版,第92页。

完全适用于舆论工具……在党内，尤其是在中央全会上，不可能有不允许批评的人，也不可能有无批评权利的人。"①

民众对改革一直持观望和怀疑态度，新闻自由化有助于唤起民众的创造性和对改革的支持。在公开性原则指导下，新闻媒体公开报道和讨论一些以前被禁止的话题，如贪污、腐败、盗窃、卖淫等社会问题，这使民众逐渐相信一些改变正在发生，他们的改革热情逐渐被点燃，开始组织起来支持戈尔巴乔夫的改革，抵制改革反对者。

1986年2月，苏共第二十七次代表大会通过戈尔巴乔夫的政治报告和《苏联共产党纲领修订本》，文件阐述了对改革的构想和相应的方针政策，并提出对经济体制进行"根本改革"，主要措施包括：结束中央干预下级经济部门业务活动的做法；坚决扩大联合公司和企业的独立自主性的范围；各级经济部门改用经济领导方法；消除陈旧的理论概念，要改善和探索社会主义所有制的实现形式，发挥合作社所有制的潜力，提高企业作为社会主义商品生产者的作用。② 这表明戈尔巴乔夫开始注重扩大企业自主权和发挥市场作用，这是对以往计划经济体制的很大突破，新闻媒体成为这些措施的宣传者，改革的措施被民众了解和支持，给改革的反对者施压，促进改革的推行。

对大众传媒本身而言，大众传媒私有化也是新闻自由化发展的动力之一。1986年，苏联新闻界一些人士提出新闻媒体私有化的意见。此后苏联逐步放松对传媒的控制，大众传媒虽然在理论上还是国家所有，但许多国家级媒体机构已开始实行由媒体自负盈亏的总编辑负责制。戈尔巴乔夫认为，只要报刊不违背民主改革路线，任何报道内容都是允许的。这种改变促使媒体根据读者和市场需求调整经营思路和报道内容。而当时民众迫切希望通过报刊了解有关改革的相关内容，因此大众传媒的报道内容和范围都变得丰富多彩起来。这大大提高了报刊的发行量，1986年秋季报纸杂志的征订量大增：《共青团真理报》增加300余万份，《苏维埃俄罗斯报》增加100万份，《消息报》增加4万份，《共产党人》杂志增加7万份。③

---

① 苏群译：《戈尔巴乔夫关于改革的讲话》（1986.6—1987.6），人民出版社1987年版，第161页。
② 鲁军：《戈尔巴乔夫改革与执政能力研究》，华东师范大学法政学院2005年，第38页。
③ 吴非、胡逢瑛：《俄罗斯传媒体制创新》，南方日报出版社2006年版，第246页。

三 推行新闻自由化的文化原因

苏联拥有许多优秀的文化艺术成果，但在 20 世纪 30 年代逐渐形成的高度集权的文化体制使苏联文化事业遭受重创。苏联对文化领域设立禁区，严格审查，文化发展变得停滞和僵化，这导致人们思想守旧，教条主义、官僚主义泛滥，严重阻碍着改革的推行，因此文化领域亟须进行一场解放思想、开放言论的改革。

（一）苏联的高压文化

十月革命带来了新的社会制度，也开启了新的文化转变。列宁认为文化艺术事业应成为"有组织的、有计划的、统一的党的工作的一个组成部分"，① 出版社、书店、图书馆等一切文化机构"都应当成为党的机构，向党报告工作情况。有组织的社会主义无产阶级，应当注视这一切工作，监督这一切工作……无一例外，从而使'作家管写，读者管读'这个俄国古老的、半奥勃洛摩夫式的、② 半商业性的原则完全没有立足之地"。③

列宁关于文化的阶级性观点成为苏联管理文化的理论基础，随着政治集权的加剧，苏联在文化专制的路上越走越远。斯大林上任后，进一步加强对文化的控制，甚至有人评价说"斯大林遗产的首要成分是人们的不自由"。④ 苏联在文化领域实行严格的审查制度，不符合马克思主义思想的文化被认为是反革命的、威胁政权安全的文化而加以镇压。作家写作、记者报道等都必须符合社会主义主旋律，不然就会丢掉工作甚至遭受迫害，编辑们为保护自己不受牵连，对作品进行更严格的审查和删节。文化界充斥替官方宣传呐喊的政治作品，真正优秀的作品却无法面世，苏联优秀的文化遗产被无情践踏。

在政治高压下，斯大林模式的文化体制逐渐确立。知识分子学术自治机构被取消，科学院等一些原本独立的机构也被收归为国家机构。符合意识形态成为创作的唯一要求，对党和国家的无限热爱、对领袖人物的强烈

---

① 《列宁选集》（第一卷），人民出版社 1998 年版，第 663 页。
② 奥勃洛摩夫是俄国作家伊·亚·冈察洛夫的长篇小说《奥勃洛摩夫》中的主人公，他是一个怠惰成性、害怕变动、终日耽于幻想、对生活抱消极态度的地主。
③ 《列宁选集》（第一卷），人民出版社 1998 年版，第 664 页。
④ ［俄］德·沃尔科戈诺夫：《斯大林》（下册），张慕良等译，世界知识出版社 2002 年版，第 1423 页。

爱戴、对阶级敌人的仇恨等作为普遍的文化价值观被广泛宣传，文化界失去独立创作的权利，苏联文化生活的活力日趋枯竭。许多优秀的作家和诗人或被驱逐出境，或流亡国外，其中有俄国天才诗人约瑟夫·勃罗德斯基，《在斯大林格勒战壕里》一书的作者维克多·涅克拉索夫，才华横溢的文艺批评家安德烈·西尼亚夫斯基……这些人物的离去是苏联文化界的一大损失。

此外，苏联政府还利用丰厚的物质报酬拉拢"自由派"的知识分子。一旦出版"符合需要"的作品，就会收获"巨额的版税、大量的重版和宏大的观众队伍，以及花样与审查一样繁多的乡间别墅、出国旅行及其他种种特权"，[①] 这种情况下，很多人为了物质利益而放弃内心的追求。

知识分子迫切希望获得文化上的自由和解放。美国作家赫德里克·史密斯在《俄国人》中提到一位苏联作家对他诉苦："在错综复杂的审查过程中，那些据他所称是最有趣的材料尽被砍去，留下来的只是一篇纯粹宣传性作品。十八个月来，为了使他的稿子获准出版，他苦苦地哀求着，拖着沉重的脚步到俄罗斯共和国文化部某个委员、全苏文化部、区党委会、莫斯科党委会负责意识形态的部门以及文化部剧院管理局等机关去——所有这些一切甚至都是在稿子到达官方审查机构图书出版管理总局之前所作的努力。他呻吟着说，仅仅在某一级预审中，他们就改动了一百处——我亲自数过，他们答应说不再改了——但事实上并非如此。以后他们又作了更多的改动。"[②] 苏联令人窒息的文化控制可见一斑。

尽管创作环境如此糟糕，依然有众多的知识分子坚守内心的信仰，他们不畏权势，甘当保护这些伟大艺术和文化的信使。娜杰日达·曼杰尔什塔姆就是其中一员，她的诗人丈夫奥西普·曼杰尔什塔姆因为一首讽刺斯大林的诗被处死在集中营里，其诗集也被列为禁品，娜杰日达·曼杰尔什塔姆主动担当起保护丈夫遗作的使命。为避免被逮捕，她一度在国内东躲西藏，把丈夫的诗作分散在几个信赖的朋友那里藏好，同时她自己几乎把所有的诗都背了下来，这样她也成了保存诗作的活档案。尽管身体不好，她依然坚持给青年知识分子讲学、上课，希望把丈夫的精神财富传承

---

① ［美］赫·史密斯：《俄国人》，上海《国际问题资料》编辑组译，上海译文出版社1978年版，第226页。

② 同上书，第225页。

下去。

这些知识分子还经常在一些特殊的纪念日举行一些很私密的小聚会以相互交流，在那里，他们"摆脱了戴上枷锁的官方文化主流中所包含的那种虚假和伪善……人们的言语中毫无反革命的色彩，但是从中却能感到一种纯洁、政治的融洽，这正是俄国知识界的天然面貌"。① 正是他们的不懈努力才保存了一大批优秀的文艺作品。

（二）持不同政见者的文化冲击

高度的文化专制产生了严重后果。十月革命胜利后，苏维埃政权采取各种措施镇压旧知识分子，培养顺从自己意识形态的新知识分子，体现在政治领域就是高度僵化的政体和政党崇拜、领袖崇拜等。其中对国家领袖的个人崇拜更是达到无以复加的程度，斯大林、赫鲁晓夫、勃列日涅夫都深深陶醉于对自己的绝对崇拜中，并且利用这种崇拜加强自己的集权统治，苏联的民主政治遭到极大破坏。

政治文化的僵化使苏联政治经济制度呈现高度的稳定性，但是知识分子追求的某些精神特质像正义感、社会责任感等很难被清除干净，很多知识分子转入地下继续自己的追求。苏联政权平静的背后是持不同政见者运动的风起云涌，这股运动冲击着苏联僵化的政治文化，潜移默化地影响着人们的政治态度和认知，对苏联改革产生重要影响。

持不同政见者产生于赫鲁晓夫时期。赫鲁晓夫试图对苏联进行政治经济体制改革，他上任初期，大规模平反冤假错案，释放被关押的政治犯，号召揭露苏联社会生活中存在的问题和不足。在松动的环境中，社会生活和文化领域也开始"解冻"，大量反映社会阴暗面和民众疾苦的作品面世，像杜金采夫的《不单单是为了面包》、阿赫玛托娃的《诗歌集（1909—1960）》、索尔仁尼琴的《伊凡·杰尼索维奇的一天》等作品都是这类题材的代表。在苏共二十大上，赫鲁晓夫公开批判斯大林的个人崇拜，并由此展开一场影响深远的思想解放运动，这使苏联出现一批否定斯大林及其统治模式的知识分子，他们本能地质疑官方意识形态，批判社会黑暗，成为苏联最早的持不同政见者。

赫鲁晓夫时期的持不同政见者只是零散地分布，进行一些私下的活

---

① ［美］赫·史密斯：《俄国人》，上海《国际问题资料》编辑组译，上海译文出版社1978年版，第237页。

动，到勃列日涅夫时期他们已经发展为有组织的持不同政见者运动。1965年12月5日，在莫斯科的普希金广场爆发了以"遵守宪法"为口号的游行示威活动，这是持不同政见者发动的第一次公开运动。自此，持不同政见者运动蓬勃发展。对于不断发展的持不同政见者运动，当局采取诸如开除公职、流放、关进精神病院等手段加以镇压，但是这支队伍从未真正消失。

持不同政见者的运动并没有形成合法的与苏联政权抗衡的政治力量，但它对苏联政治文化产生了深远影响。它潜移默化地影响着人们的政治认知和政治立场等，是僵化的政治文化背后的一股新鲜血液。它传播的民主、自由、维护人权的思想深得人心，甚至政府部门的一些官员也开始受其影响，关心和支持萨哈罗夫等人的言论。

这种政治文化到戈尔巴乔夫时期发挥了关键作用，这个群体也成为戈尔巴乔夫改革的人才基础。今天的俄罗斯学术界一致认为这些被称为"苏共二十大产儿"的群体在戈尔巴乔夫的改革中发挥了不可替代的作用。正如麦德维杰夫所指出的："在许多方面，新一代苏联领导人都是二十大的一代，戈尔巴乔夫的政治生涯也是在赫鲁晓夫时代才开始的，他在30岁时就已经是苏共二十二大的代表，就已经举手赞成过二十二大决议。"[1]

苏联体制的僵化和高度集权是戈尔巴乔夫决心改革的对象，持不同政见者主张的民主、自由化改革很符合戈尔巴乔夫的改革需求，戈尔巴乔夫上任后，任命了一批曾经的持不同政见者作为自己改革的助手。事实上，他发表的许多改革新思维对于那些持不同政见者而言早已不是新事物，比如他的外交新思维与萨哈罗夫等人的"趋同论"相类似，他的一些改革纲领与麦德维杰夫、萨哈罗夫、图尔钦三人于1970年在《致苏联领导人的一封信》中对问题的分析和提出的改革措施，几乎毫无二致。[2] 持不同政见者的思想观点已经成为主流政治文化在发挥作用。

在这股政治文化的影响下，各个领域都开始松动，文学、电影、艺术、新闻等领域相继放开管理，文化上的改革对新闻自由化起了很大推动

---

[1] ［苏］罗·麦德维杰夫：《赫鲁晓夫政治生涯》，述弢译，社会科学文献出版社1991年版，第2页。

[2] 王鹏：《勃列日涅夫时期持不同政见运动及其对苏联政治文化的影响》，《当代世界社会主义问题》2010年第1期。

(三) 文化改革对新闻自由化的推动

苏联采取的文化高压政策对其发展极为不利。无论苏联如何封闭自己的文化，也不能阻止整个世界文化的开放性发展趋势，继续对文化高压专制只会让自己孤立于世界，继而落后于整个时代潮流。事实上，苏联文化也的确脱离了世界文化发展的步伐，它的文化、社会理论和学术研究等都变得自我封闭，对西方的各种学说和理论持绝对的否定态度，这使苏联无法吸收人类文明发展的最新成果，给自身发展造成不利影响。

戈尔巴乔夫的改革要推广开，就必须打破这种文化专制，使文化界自由发展，促进人们思想解放。他采取一连串措施推动文化界的解放：第一，解禁电影，如1985年5月，禁放电影《阿戈尼亚》被解禁；第二，释放政治犯，阿诺托利·夏兰斯基、安德烈·萨哈罗夫等一批著名的政治犯先后获得自由；第三，赋予大众媒体新的自由，推行新闻自由化。这也是最重要的措施，戈尔巴乔夫任命一批自由派的知识分子执管主流报刊，如《星火》《苏联文化》《莫斯科新闻》《新世界》等。他还采取许多其他措施为文化自由发展创造条件，如为一大批作家平反昭雪，取消对文化领域行政命令式的领导方式等。

新闻自由化提供了多元文化的表达平台。赋予知识分子以言论自由，是一项至关重要的文化改革措施。而大众传媒是言论自由的重要表达手段，它不仅是国家从上到下的宣传和公开各项事务的渠道，也是自下而上的表达言论和舆论监督的渠道。为了疏通这个渠道，戈尔巴乔夫推行新闻自由化，指出"捍卫社会主义的基本价值是我们报刊的传统。任何事件，不论是今天的痛处或是过去历史上的悲惨事件，都可以成为报刊分析的对象"。[①] 他逐渐扩大大众传媒独立权：减少新闻报道的禁区；赋予新闻机构自主权，实行总编辑负责制，新闻机构的报道内容都由社长或总编辑决定，无须上级部门的审批；放宽对新闻出版业的审查，除国家和军事机密外，其他内容都可以自由发表和出版，苏联报刊保密检查总局形同虚设。

在改革中，大众传媒迅速发展。1987年，全速广播电台、青年广播电台和灯塔广播电台恢复广播直播，灯塔广播电台还开辟午间半小时的"改革专题综述"节目，直播国内政治事件、介绍政治观点，萨哈罗夫等

---

① ［苏］米·戈尔巴乔夫：《改革与新思维》，苏群译，新华出版社1987年版，第94页。

人也通过电台表达政治意见。大量曾被禁止的影片也重见天日，许多揭露历史罪恶的电影如《多一点光亮》《东方西方》等公开播放。出版业也得到发展，1987 年苏联诺贝尔文学奖获得者帕斯捷尔纳克的《日内瓦医生》在国内出版，索尔仁尼琴、阿赫玛托娃等人的著作也大量出版。报刊、广播、电视等媒体给人们提供了自由表达观点的平台，沉闷已久的文化界重新恢复生机。

繁荣的文化也推动了新闻自由化的发展。比如，小说《阿尔巴特街的儿女们》是一部反映斯大林时期镇压事件的作品，地方部门一直阻挠它的出版，戈尔巴乔夫亲自批准出版这部广受争议的小说，这带动了一大批被禁作品的解禁，其中包括许多持不同政见者、被镇压的死难者等创作的作品。由于读者对这些作品的极大兴趣，《旗帜》《十月》等一些有影响力的文学刊物争相转载这些作品，这些刊物的发行量激增。繁荣的文化极大丰富了大众传媒的报道内容，促进新闻自由化的进一步发展。

结 语

戈尔巴乔夫执掌的苏联问题百出，政治、经济、文化等方面普遍出现衰落趋势，改革是必须采取的措施。但新事物的产生不可能一帆风顺，苏联僵化的体制更是拒绝改革这样的字眼。要改革就需要有必要的舆论支持，戈尔巴乔夫提出"公开性"改革，而扩大"公开性"的重要手段就是新闻媒体，新闻自由化就在这样的背景下应运而生。

在戈尔巴乔夫之前，苏联领导人曾尝试过多次改革，都收效甚微，因为那些改革没有触及问题的根本——高度集权的管理体制。在这个体制下，苏联社会封闭、僵化，经济与市场脱节，文化压抑，政府严格控制意识形态，新闻媒体严格按照领导的意思播报新闻，担当政府的宣传工具，而无法提供政府和群众沟通的平台。

戈尔巴乔夫深入考虑苏联面临的困境，意识到苏联需要一场深刻的变革来实现社会主义制度的自我完善，但是改革受到多方面的阻挠。政治上，高度集权的政治体制严重阻碍着苏联社会的正常发展，管理机构严重膨胀，办事效率低下，官僚主义、教条主义泛滥，特权阶层生活腐化，他们一边维护着既得利益，一边对改革多加排斥；经济上，长期僵化的经济管理体制阻碍着经济的进一步发展，官员习惯了行政命令式的领导方式，无视市场在经济发展中的作用，对改革多加阻拦，许多决策议而不决，决而不行，行而不果；文化上，高度的文化专制使文化生活丧失活力，日渐枯萎，有思想的知识分子被一群外行的官僚阶层领导着，真正有价值的作品被埋没，这也使得人们思想僵化，因循守旧，排斥改革。

面对僵化的体制和保守派官僚对改革的阻挠，戈尔巴乔夫的政治经济改革迫切需要民众的支持。他指出"人的思维、人的社会认识水平和公民立场具有决定性意义"，"公开性是对毫无例外的一切管理机构的活动进行全民监督的有效形式，是纠正缺点的强有力杠杆"。[①] 而扩大公开性最有力的工具就是新闻媒体，戈尔巴乔夫在新闻领域发起"公开性"，推行新闻自由化，让新闻媒体公开揭露问题，突破报道禁区，以各种方式讨论社会存在的缺点和问题。

综上所述，推行新闻自由化具有其必要性和合理性。戈尔巴乔夫试图从新闻领域找到改革突破口，使苏联实现"社会主义内部的完善和改革"，它在实施初期也的确收效良好，但改革究竟能否成功依然充满变数。

第二节　苏共推行新闻自由化的战略构想

作为改革的先行军，推行新闻自由化在苏共改革进程中意义非凡。大众传媒作为一种舆论工具，在社会中占有举足轻重的地位。大众传媒使民众的观点、意见等得以传播、沟通，同时提供各种纷繁复杂的信息。戈尔巴乔夫试图从舆论上打开改革之门，对新闻自由化抱以厚望。

一　推行新闻自由化的目标

戈尔巴乔夫推行新闻自由化并非为了实现新闻自由，新闻自由化有着浓重的政治气息。公开性改革是贯穿戈尔巴乔夫执政始末的关键词，推行新闻自由化不过是公开性的手段之一，改革要达到的目标与推行新闻自由化的目标息息相关。

20 世纪 80 年代，苏联的传媒业发展水平已经很高，但却被高度集中的新闻管理体制所掌控，无法实现信息的有效交流。官方是唯一的消息来

[①] ［苏］米·戈尔巴乔夫：《改革与新思维》，苏群译，新华出版社 1987 年版，第 90 页。

源，传媒的言论高度统一，直接反映党和政府的意图。当改革走入困境的时候，戈尔巴乔夫开始思考如何清除改革障碍，"公开性"成为改革的突破口，而大众传媒成为他扩大公开性的重要工具。

（一）呈现弊端：强调改革必要性

苏联的大众传媒长期被当作政治宣传工具，而非信息传播工具。在戈尔巴乔夫上台前，苏联领导人坚持认为苏联社会主义社会中不存在任何矛盾和冲突，全国人民紧紧团结在建设社会主义这一伟大目标周围，与此目标不符的利益诉求和冲突被压制着无法得到合理解决。在这一政治路线下，媒体重视正面教育，把社会描绘成一幅美丽的画卷，对社会弊端避而不谈，新闻记者在严格的限制下，也难以发出批评的声音。

戈尔巴乔夫上台后，坦承苏联社会存在着许多政治、经济问题。他无法容忍糟糕的现状，决心革除弊病，推动苏联社会健康发展。他认为在"缺乏公开性的情况下，我们对某些东西已习以为常了。不仅普通人，就连一些负责人也是如此"。[①] 长期的言论压制和片面化教育使报刊对负面内容噤若寒蝉，民众对社会真实状况知之甚少。这使民众逐渐失去参与公共事务的兴趣，思想也变得保守僵化。

戈尔巴乔夫上台时，苏联大众传媒尤其是报业发展水平已经相当高，这客观上增加了媒体报道的影响力。据1986年统计，全苏有8000多家报纸，发行量为1.85亿份；杂志5000多家，发行量为2.26亿份。苏联从中央到地方的六个行政级别都有对应的报纸，报业结构呈金字塔形。[②] 位于塔顶的《真理报》是"报纸中的报纸"，在国内外颇有影响。

此外，苏联的广播、电视等媒介的发展起步很早，到20世纪80年代末，全苏有地方电台176座，转播台6270座，同全苏广播电台一起组成庞大的、用71种民族语言播音的国内广播网。居民拥有接收工具18740万架，平均每千人653架。[③] 电视业的发展也很迅速，绝大部分电视节目都实现了彩色化，20世纪80年代末，苏联居民拥有电视机3500万台。

戈尔巴乔夫意在通过新闻媒体呈现社会弊端，强调改革的必要性。过去媒体总是把社会描述成"理想国"，但是这些骄人成绩背后堆积的问题

[①] [苏] 米·戈尔巴乔夫：《改革与新思维》，苏群译，新华出版社1987年版，第63页。
[②] 张允若、高宁远：《外国新闻事业史新编》，四川人民出版社1996年版，第222—223页。
[③] 郑超然、程曼丽等：《外国新闻传播史》，中国人民大学出版社2012年版，第262页。

却被有意淡化或忽视。比如：苏联虽然有着丰富的钢铁、天然气等资源，但是由于浪费、开发技术落后等原因造成实际上的资源匮乏；虽然粮食总产量在世界名列前茅，但每年苏联进口粮食的数量却大得惊人；虽然统计数据显示苏联人均医疗资源世界第一，但是医疗服务质量却持续走低；虽然它有发达的航天技术，但是国民经济水平却明显落后……

但是媒体的报道往往只说好的一面，而从不披露存在的问题。种种问题困扰着苏联的继续发展，"党和国家机关的实际行动落后于时代和生活本身的要求。问题增加的幅度比解决的大。社会变得越来越难以管理"。[①]

呈现社会弊端，对于改革的推行意义重大。苏联僵化的体制是造就诸多社会问题的根本原因，在新闻自由化的推动下，媒体对社会问题公开呈现，引发公众对体制的思考，以深度改革为主旨的公开性改革得以趁此时机进入公众视野并彰显出其必要性。

（二）解放思想：营造改革氛围

改革要想顺利推行，需要一个良好的改革氛围。必须在苏联僵化的思想体系上打开一个口，使改革一步步推进，新闻媒体自然要承担起宣传改革和解放思想的任务。

苏联的大众传媒作为国家的一个构成部分，是国家的宣传和统治工具。它是为严肃的政治目的服务，娱乐功能基本被忽视，媒体的报道内容千篇一律，枯燥乏味，充满说教。媒体的报道内容更像是"学习资料"，而不是"新闻"，这使读者对媒体日益丧失兴趣。1976年的一次关于苏联问题的研究显示，在所有城市报纸的报道中，读者对报道该城市自身的东西最不感兴趣。这可能是由于苏联大众传播媒介强调传播富有教育意义的内容、注重有关是非、合理行为方面报道的结果。甚至连电视上的猜谜节目也要加入一些可怜的说教。[②] 戈尔巴乔夫希望利用媒体作为人们思想交流的平台，通过推行新闻自由化扩大言论自由，使不同的思想交锋，以活跃人们的思想，营造改革氛围。

苏联有辉煌的文化遗产，但伴随高度集中的政治、经济专制所形成的文化专制，严重扼杀了苏联的文化创新。有利于党的意识形态的文化创作受到鼓励，反之则遭到残酷镇压。这种文化氛围同样体现在新闻领域，一

---

① ［苏］米·戈尔巴乔夫：《改革与新思维》，苏群译，新华出版社1987年版，第19页。
② ［美］郝·阿特休尔：《权力的媒介》，黄煜等译，华夏出版社1989年版，第124页。

位在苏联工作的美国记者曾经提到他和一位苏联同行的对话，苏联记者向他痛斥苏联存在的社会问题，但当被问及为何不诉诸报端之时，那位苏联记者"喝了许多伏特加酒之后，突然爆发出一阵抽泣，口口声声重复着他从来没有接受过批评苏联社会的教育"。①

不出意料的是，非官方的文化并没有因为压迫而销声匿迹。一些非正式的团体通过私人聚会等方式交流思想，针砭时弊，表现出在公开场合难以看到的真诚。其中比较重要的就是持不同政见者的活动，他们主张民主、自由，排斥苏联官方僵化的思想。但是为避免惹上不必要的麻烦，所有的运动都是私下里举行的，甚至在戈氏推行改革的初期，他们也没有立马跳出来支持改革。

持不同政见者的观望态度并不是孤立的。长期压抑的社会氛围磨灭了人们追求自由的勇气和信仰：公开性改革是否能坚持下去？改革会在多大程度上达成初衷？民众并不确定，他们不愿轻易做"出头鸟"承担改革的巨大风险。戈尔巴乔夫敏锐地注意到此点，他认为政治高压下的保守思想和官僚主义阻碍了改革的发展，公开性如想继续，思想解放势在必行。

（三）争取民心：获取民众对改革的支持

戈尔巴乔夫的改革最开始是自上而下展开的，但是初期经济改革的失败使他意识到上层官僚对改革的极力抵制。面对强大的阻力，他不得不改变思路，谋求下层民众对改革的支持。问题的关键在于疏通上下层交流的通道，让民众理解并支持改革的推行。

为了表达改革的决心和争取民众的支持，戈尔巴乔夫将监督政府的职能赋予新闻媒体。长期以来，新闻媒体都处于苏共的控制之下，无法发挥其对政府的监督职能。这样苏联政府内部的问题就无法通过大众传媒表达出来，民众对行政的知情权和监督权都难以实现。戈尔巴乔夫意识到了下层民众的力量，"他从上面发动的变革只有得到来自于下面的压力才有保证……仅靠来自上面的命令是不够的"②。这样一来，一方面民众能通过新闻媒体了解到政府体制中存在的种种弊端，进而支持改革；另一方面，戈氏此举增强了民众对改革的信心，也很合时宜地利用了下层力量给上层

---

① ［美］郝·阿特休尔：《权力的媒介》，黄煜等译，华夏出版社1989年版，第126页。

② ［美］小杰克·马特洛克：《苏联解体亲历记》，吴乃华等译，世界知识出版社1996年版，第72页。

造成压力。

　　新闻自由化的另一个作用是重新建立民众对大众传媒的信任。苏联对报刊进行的种种限制与它的政治、文化氛围息息相关。在当局的高压政策下，新闻工作者不敢触碰报道禁区，只是报道符合当局需要的"正确的事实"，这就切断了公开讨论和沟通的表达渠道，使民众对报刊失去信任，并逐渐失去参与公共事务的兴趣。80年代流传的"真理报上无真理，消息报上无消息"道出了民众对报刊的失望和不信任。正如郝伯特分析的那样："在那没有坦率和公开讨论的场合中，受压制的人民将陷入麻木不仁的状态，并安于贫困潦倒；而没有人民的支持，坦率和公开讨论的局面绝不可能形成。"①

　　争取下层民众的支持，成了戈尔巴乔夫在改革困境中新的突破口。戈氏需要做的，一是让民众了解改革的内涵，看到改革对其有利的一面。二是赋予他们言论表达的权利。而这两点，都需要依托大众传媒才能实现。

　　新闻自由化提供了民众表达言论自由的平台。新闻自由化是促进信息传播的有力手段。戈尔巴乔夫希望通过放松对新闻媒体的管控，促进信息的有效传播和沟通，使民众获得表达言论的平台，这对长期受压抑的民众具有很大吸引力。"人们越是了解情况，他们的行动也就更加自觉，他们也就越能支持党，支持党的计划和纲领目标。"戈氏在1985年自信地认为。②

二　推行新闻自由化的措施

　　新闻自由化是一个逐步推进的过程，它不仅是新闻领域的改革，也将使整个社会体制发生变革，因此必将受到各种势力的阻挠和反对。面对重重阻力，戈尔巴乔夫从多方面入手，促使新闻自由化步步推行开来。

　　（一）官方宣扬战略意义

　　要使一个改革理念被人接受，首先要把它放到一个较高的战略地位，通过召开会议、制定法律政策等手段，把公开性的理念宣扬出去，凸显其战略意义。戈尔巴乔夫的确也是这样做了，早在戈尔巴乔夫当选苏共中央总书记之前的1984年，他就曾详细论述过公开性问题，认为"公开性原

---

①　[美] 郝·阿特休尔：《权力的媒介》，黄煜等译，华夏出版社1989年版，第108页。
②　[英] 斯蒂芬·怀特：《戈尔巴乔夫及其亡后》，剑桥大学出版社1991年版，第71页。

则是社会主义民主不可分割的一个方面,也是整个社会生活的准则"①。戈氏上台后,"公开性"的字眼越来越多地出现在各种会议上,它的战略意义被反复提及。

在苏共二十七大上,戈氏提出扩大公开性,他认为:"不讲公开原则,没有也不可能有民主、群众的政治创造性,群众也不能参加管理……当国家和社会上的一切受到人民监督、人民看到一切的时候,确实很不自在。因此,我们必须使公开性成为绝对有效的制度。"② 在1987年苏共中央一月全会上,戈氏继续强调公开性的重要性。在1987年出版的《改革与新思维》中,戈氏较全面地论述了公开性的内涵和意义,并指出新闻媒体是推行公开性的重要阵地。1987年,在庆祝十月革命胜利70周年大会上,戈尔巴乔夫高度肯定公开性的成就,号召进一步扩大公开性。他说:"我们不做任何删改和限制地刊登了所有人的讲话,坦率地说,也增加了人们对我们的信任和我们自己的权威……我们不怕我党和我国人民了解他们。"③

1988年1月8日,戈氏在会见新闻媒体机构、意识形态机关等领导人时又说:"民主化与公开性不仅仅是改革的手段,而且是我们社会主义制度的实质","我们主张毫无限制和毫无保留的公开性"。④ 1988年6月在苏共第十九次代表会议上,专门就公开性做出决议,"把公开性视为实现人民的社会主义自治和实现公民的宪法权力、自由和职责的必要条件。所有领域里的公开性是继续深化改革及其不可逆转过程的最重要条件之一"。

该决议指出:"必须取消使用关于社会化信息技术为基础的搜集、处理和传布体系,保证各类图书馆开放,用立法方式整顿档案资料的利用。""制止报刊发表批评文章,以及刊登有损公民名誉和人格的非客观报道文章都是不允许的。公开性要求大众信息媒体担负起社会、法律和道德责任。""不容许利用公开性损害苏维埃国家、社会的利益,损害个人

---

① 《戈尔巴乔夫言论集》,人民出版社1991年版,第23页。
② 沈志华:《一个大国的崛起与崩溃》(下册),社会科学文献出版社2009年版,第1129页。
③ [俄]阿·切尔尼亚耶夫:《在戈尔巴乔夫身边六年》,徐葵等译,世界知识出版社2001年版,第205页。
④ 《真理报》1988年1月10日。

权利；不容许宣传战争和暴力，反动的种族主义、民主和宗教偏执性，以及宣传残暴行为，传布淫秽作品，不容许利用公开性行骗。"①

（二）领导人发挥带头作用

1985年夏，戈尔巴乔夫撤换宣传部长，但是要想根本改变局面，还要总书记本人有更多的行动，只有总书记才能在这个顽固的官僚体系中开辟出新局面。苏联推行公开性的第一个行动是戈尔巴乔夫的列宁格勒之行。1985年5月，戈尔巴乔夫到访列宁格勒，从扎伊科夫那里看到一份录像带，里面是戈尔巴乔夫在斯莫尔尼宫与该市党组织积极分子会见时的讲话，戈氏要求将录像带内容在电视上全文转播，此举引起全国轰动，切尔尼亚耶夫在日记中写道："人们观看了昨天晚上戈尔巴乔夫在列宁格勒的演说和会见的电视转播，简直惊呆了。今天人们都在问：'看了电视吗？'我们终于有一位这样的领袖：他熟悉事态，对工作专心致志，善于用自己的语言把自己的想法告诉人民，他不拒绝与人交往，不怕给人以一个不够伟大的形象，他确实想推动一下这部停滞已久的大车，给人们鼓鼓劲，解除他们身上的羁绊，使他们无拘无束，保持清醒的头脑，让他们思考和创造，创造。"② 民众似乎看到真正的变化就要来临。

戈尔巴乔夫禁止悬挂他的肖像，新闻报道中只提"中央全会决议"，而不是"总书记指示"。1985年戈尔巴乔夫接受两次别开生面的记者采访，成为公开性的突破口之一。1985年9月，戈尔巴乔夫接受美国《时代》杂志采访，在采访时，预先设定好的问答被即兴交谈所代替，戈尔巴乔夫侃侃而谈，《真理报》全文转发这次谈话，这在国内外引起了极大震动。在同年10月接受法国三个电视记者采访时，他如法炮制，针对犀利的提问轻松应答，访谈大获成功。这两次访谈传递出领导人新的作风以及同媒体打交道的新面貌，也为其他领导人树立了榜样。人们发现这位年轻的苏联领导人极具个人魅力，健谈而有气魄。自此，公开性便扩大到新闻领域，它鼓励报刊、电视和广播批评揭露苏联社会生活中的陋习和缺点，对社会产生强烈冲击。

1986年7月底至8月初，戈尔巴乔夫赴远东地区访问，他走上街头

---

① 沈志华：《一个大国的崛起与崩溃》（下册），社会科学文献出版社2009年版，第1130页。
② ［俄］阿·切尔尼亚耶夫：《在戈尔巴乔夫身边六年》，徐葵等译，世界知识出版社2001年版，第47—48页。

同人们交谈，听取意见。他说："我们对缺乏公开性和批评的局面已有所习惯……到目前为止我们一直在谈论民主，而现在应该运用它和重视它……不要害怕自己的人民。要给地方新闻部门充分的自由。公开性——这就是社会主义……"① 此外，他还写书宣扬公开性和新闻自由化。他的改革思想得到西方国家的称赞，1990年戈尔巴乔夫获得诺贝尔和平奖。

（三）报刊调整报道内容和编辑队伍

在新闻自由化的鼓励下，一批有影响力的报刊率先打破禁区，充当新闻自由化的领头羊。《星火》《莫斯科新闻》等报刊开始发表一些过去被禁止的资料和信息，环境污染、贪污受贿、吸毒等社会负面问题也见诸报端。一些文学刊物如《新世界》《旗帜》《各民族友谊》等争先转载曾经的被禁作品，受到读者追捧，发行量大增。

1986年2月13日，《真理报》发表《净化，开诚布公的谈话》一文，这成为报刊首次宣传公开性的标志。文章首次提出："必须从我们的生活中挖掉官僚主义、滥用职权、裙带风、挥霍公款过豪华生活的毒根。党唯有把那些偶尔钻进党内来的坏蛋和无所事事的人清除（净化）出去才能得到巩固。"② 这篇文章引起巨大反响，这一期的报纸成为抢手货，文章被大量复印和传阅。

1987年3月召开苏联新闻工作者第六次代表大会，会议提出新闻工作的两大任务：第一，新闻工作要准确反映改革的进程和成果，帮助党和国家在改革和加速社会经济发展中取得成就；第二，新闻界本身要进行改革。③

在公开性的推动下，新闻界突破禁区，大胆报道苏联社会生活和历史上的种种问题。1986年初，《消息报》经济评论员苏哈切夫斯基公布一系列数字说明苏联工农业生产十分落后，消费品短缺情况严重。《共青团报》披露招生考试中一些院长、教授收受贿赂，暗箱操作的消息。切尔诺贝利核电站发生爆炸后，《青春》月刊曝光了乌克兰一些高级官员为避

---

① ［俄］阿·切尔尼亚耶夫：《在戈尔巴乔夫身边六年》，徐葵等译，世界知识出版社2001年版，第100页。

② ［俄］维·阿法纳西耶夫：《〈真理报〉总编辑沉浮录》，贾泽林译，东方出版社1995年版，第161页。

③ 沈一鸣：《苏联舆论工具在改革中的新变化》，《当代世界社会主义问题》1987年第4期。

免核辐射把自己的孩子送到外地却对当地居民封锁消息,使他们面临核辐射危险的内幕。同时,新闻媒介还公开一些民众闻所未闻的吸毒、卖淫等社会问题。随着报道的深入,大量的历史问题也被曝光。报刊大量披露斯大林清除红军将领,布哈林绝笔书内容等。

为促进新闻自由化的推行,大众媒体的编辑队伍得到调整,顽固保守的主编被撤职,代之以一批支持改革的新主编,这在一定程度上推动了新闻自由化的发展。党中央机关报《真理报》的主编阿法纳西耶夫被撤,取而代之的是该报经济部主任、主张改革的维·帕尔费诺夫;党中央机关刊物《共产党人》的主编由另一位亲戈尔巴乔夫的伊万·弗洛罗夫接替;《莫斯科新闻报》主编变为伊戈尔·雅科夫列夫;维塔利·科罗季奇成为《火星报》主编;主要经济刊物《经济问题》1986年进行了改组,"保守派"恰哈图罗夫院士下台,由"改革派"波波夫教授接替主编职务;科学院新西伯利亚研究所主要学术刊物《回声》主编换为戈尔巴乔夫的助手阿甘别季扬院士。此外,其他中央报刊也遭到了撤换主编、改弦更张的命运,或早或迟,最终都由"反对"戈尔巴乔夫的改革变为"支持"戈尔巴乔夫,这些报刊有《消息报》《苏维埃俄罗斯报》《文学报》《共青团真理报》《苏维埃国家报》《计划经济》,等等。[①]

(四) 允许私人、各党派团体和外国人办报

要推行新闻自由化,放松报刊创办权就在所难免。早在1986年,苏联新闻界就有人提出允许私人创办电台和报纸的意见,认为苏共应减少对传媒的控制,赋予媒体更多的自主权,多样化的报刊所有制有助于多元化声音的呈现和大众传媒的蓬勃发展。

在公开性指导下,苏共逐渐减少对大众传媒的控制。

1987年5月,苏联停止对美国之音以及其他反苏广播电台的干扰,苏联境内出现名叫"尼卡"的非政府系统创办的电视台,电台从经营管理到内容制定,都由电台内部的委员会决定。

1988年,苏联废除新闻审查制度,取消报刊保密检查总局的检查职能。

1988年10月,苏联取消对西方报刊严格审查的政策,允许以前被禁的西方出版物在报亭公开出售,如美国的《国际先驱论坛报》、英国的

---

① 严功军:《变迁与反思:当代俄罗斯传媒转型透视》,重庆出版社2006年版,第91页。

《卫报》等都在苏联境内开售。

相关的法律也开始制定，以保护这些私人创办的媒体。1986年，苏联最高苏维埃宣布将在1990年颁布新闻出版法。1990年6月，苏联第一部新闻出版法《苏联报刊与其他大众传媒法》问世，它对新闻出版自由、大众传媒的组织活动、新闻工作者的权利与义务、违反新闻出版法的惩罚措施等作出规定。

其中最引人注目的内容就是取消新闻审查制度，扩大办报的权限。它明确规定："创办大众传媒的权利属于人民代表委员会和国家其他机关、政党、社会组织、群众团体、创作协会，依法创办的合作社、宗教团体、公民其他联合组织、劳动集体，以及年满18岁的苏联公民。"① 这使反对派政党团体办报和私人办报完全合法化。

戈尔巴乔夫对国内的变化有充分的心理准备，他在1986年7月的一次政治局会议上说："对于所发生的，我们既不该吃惊，也不该愤怒，而应该看做正常的现象，因为这是客观进程所产生的。到处都在实行民主化，所以，当有人反对或者表示不同意时，不要不高兴。"②

三 推行新闻自由化的发展状况

在高强度的媒体报道下，大量的社会问题被公之于众。民众发现自己所处的社会完全是另外的一面，资本主义社会存在的社会弊病在他们引以为荣的社会主义国家里同样存在，有些问题甚至更加严重。戈尔巴乔夫指出："所有的情况足以使人认识到，我国社会各个领域的状况是多么严重，多么需要进行深刻的变革"，"不是改革，就是停滞"，③ 报刊的这些揭露性报道也带来自身发行量的剧增，这促使媒体更加猛烈地揭露社会弊端。

但是新闻自由化的推行并不是一帆风顺的，上层官僚的阻挠、下层民众的怀疑等不利因素都阻碍着新闻自由化的发展，且随着新闻自由化的深入发展，也出现了许多棘手的问题。总体上，新闻自由化的发展状况大致分为以下几个阶段。

---

① 新华社新闻研究所编：《苏联东欧剧变与新闻媒介》，新华出版社1993年版，第18页。
② ［俄］阿·切尔尼亚耶夫：《在戈尔巴乔夫身边六年》，徐葵等译，世界知识出版社2001年版，第104页。
③ ［苏］米·戈尔巴乔夫：《改革与新思维》，苏群译，新华出版社1987年版，第20页。

(一) 初期：缺乏保障机制，导致推行受阻

推行新闻自由化需要一些配套的法律、政策保证它的实施，然而在它推行的初期，并没有完善的保障政策，加上一些官僚阶层的抵制，使新闻自由化的推行不断受阻。

首先是法律政策的缺失，这使一些少数敢言的人受到惩罚，打击了人们的积极性。一些胆子较大和诚实（或者天真）的人确实按照戈尔巴乔夫的话去做了，而后来几乎不可避免地成为自己所抱怨和指责的人的牺牲品。1986年8月的一天，戈尔巴乔夫在一次外出散步时遇到一位当地加工厂的工人，他告诉戈尔巴乔夫："他们在共产党（中央委员会）全会上讲我们可以以列宁的方式批评他们当中的每一个人。我冒险这样做了，有一次工会委员会全会议上批评了一位鱼类加工厂的经理。今天我就没有工作了。"① 媒体在公开性的旗帜下报道这些事件时，反而适得其反，遭到了打击报复。

官僚阶层也对改革进行抵制，报纸上的一些批评并没有得到相关部门的回应。戈尔巴乔夫在接受一位外国记者采访时提到他在改革初期收到的几封信，是一位哲学系毕业生、共青团书记写的。他在信中写道："米哈伊尔·谢尔盖耶维奇，我想告诉您，人民在您一边，大家都希望变革，但是地方领导人不让您知道实情。他们在极力抵制。"另外一封信写道："米哈伊尔·谢尔盖耶维奇，在二十七大精神的鼓舞下，我怀着激动的心情找到自己的领导谈心。您知道他对我说什么吗？别激动，这类运动我们见得多了，这次运动也会过去的。我们从来也未做什么，现在仍然如此。"②

甚至戈尔巴乔夫本人对一些批评也感到不适。1986年5月18日，《真理报》发表文章《加速的幻想》，指责卡拉什尼科夫在伏尔加格勒州实施的一项旨在提高该地区农业生产能力的加速战略没有任何实质进展，大量的资金无影无踪，同时文章指责卡拉什尼科夫本人官僚思想严重，作风武断。卡拉什尼科夫并没有对此做出回应，这篇报道反而引起戈尔巴乔夫的不满，他指责时任《真理报》的主编阿法纳西耶夫："你什么时候才

---

① [美]马歇尔·戈德曼：《苏联改革出了什么问题？》，诺顿出版社1991年版，第101页。
② [俄]斯拉文：《尚未结束的革命：戈尔巴乔夫访谈录》，孙凌齐等译，中央编译出版社2003年版，第15页。

能停止这种自作主张的做法？你老是把矛头指向自己人！"① 后来阿法纳西耶夫了解到，总书记之所以恼怒，是因为他与卡拉什尼科夫一家是多年的朋友，两人的妻子也是好朋友。这件事也恰恰证明戈氏只是利用新闻自由化为改革开辟道路，而不是真的追求新闻自由。

这些事件挫伤了人们的积极性，当人们看到提出批评并没有取得实质上的变化，反而使批评者受到惩罚时，就没有人再热衷于讲真话了。

（二）扩大阶段：舆论多元化，内容良莠不齐

在遭遇初期的阻碍后，新闻自由化的发展步伐逐渐加快，其中一些事件的发生使人们认识到公开信息的重要性，也加快了新闻自由化的发展步伐，比如切尔诺贝利核泄漏事件。事故发生后，苏联相关部门一度隐瞒信息，这阻碍了民众对事故情况的了解。1986年5月29日，戈尔巴乔夫在政治局会议上说："我们处于本国人民和全世界人民的监督之下……我们要对全世界公开宣布所发生的事情。"在1986年7月3日的有原子能专家参加的政治局会议上，他又重申信息公开的重要性："当时对中央一切都保密……逢迎、阿谀奉承、摆样子、在各种不同的领导人周围建立个人联系和各种团体等风气充斥着整个系统。我们要结束这一切……事故本来是可以防止的。如果有准确无误和及时的消息的话，中央委员会会采取措施，事故就不会发生。但我们遇到了极端不负责任的情况……我们没有任何迫使自己掩盖真相的需要。我们应做出充分的结论——这是我们对全人类的责任。"②

新闻自由化的推行使一些之前不为人知的信息被报道出来，社会舆论呈现多元化发展，但是总体上新闻报道的质量普遍较低。一些报刊打着公开性的幌子，制造耸人听闻的报道、荒唐无稽的假新闻乃至造谣、诽谤来吸引读者，新闻自由化逐渐成为他们任意妄为的借口。雷日科夫的描述很生动地呈现了这些低水平的言论对社会生活的影响：

"被报章杂志宣传鼓动搞得狂热的人们，抓住任何理由（甚至是极其荒唐的理由）便成群结队地游行示威。不是有人决定在索尔恩采沃建个鞋厂吗？于是有人嚷嚷：我们的孩子绝对不能在那样的环境里呼吸。要让

---

① ［俄］维·阿法纳西耶夫：《〈真理报〉总编辑沉浮录》，贾泽林译，东方出版社1995年版，第172页。
② ［俄］阿·切尔尼亚耶夫：《在戈尔巴乔夫身边六年》，徐葵等译，世界知识出版社2001年版，第94—95页。

示威者相信，现代化的制鞋厂生产在生态学方面是无害的，并且示威者本人而是需要穿鞋的，但是这些却说没有起多大作用……再来谈谈这些人反对动力学的事情吧。他们说，修水力发电站就会把河流分段截开，这样一来，鱼儿将死绝，森林将消灭，这些说法是完全正确的。但是，这里所指的是在平原修建水电站，而在山区、峡谷建水电站却什么也不会截断，什么也不会毁灭，从生态学方面看是绝对无害的，还可以得到难以置信的廉价电力……可就是这些水电站也随意受到攻击，现在我们再来看看核电站吧，这是一清二楚的。切尔诺贝利就在这些电站之中，它还在这些电站未建成时就已存在了。那么热力发电站呢？它们破坏了热力平衡，例如莫斯科的中央热力发电站吧，它在社会舆论的影响下，很快被关闭了。这样一来，水力发电是不允许的，核发电那就更不用说了，热力发电也不合适，那该怎么办呢？怎么照明，怎么取暖，怎么……？我们又回到蜡烛照明时代吗？回到烧柴火的时代吗？"①

为了解决舆论混乱状况，1987年2月13日戈尔巴乔夫专门会见了新闻界代表。他强调新闻界的批评应以事实为基础，做到有理有据，要向民众宣传新事物、新思想，但在实践中新闻报道依然混乱不堪。《纽约时报》1989年10月23日指出："苏联报纸每天充斥着从飞碟之谜到对布尔什维克革命的亵渎性批评之类的耸人听闻的新闻"；② 苏共莫斯科市委机关报《莫斯科真理报》登出了斯大林是沙皇暗探局的奸细这类纯属捏造的报道；《星火》周刊甚至指责"十月革命是没有必要的，是错误的"。③

1990年6月，《苏联报刊与其他大众传媒法》颁布，它取消了书报检查制，允许各类社会组织和公民个人办报，以法律的形式确保公民创办报刊的权利。新闻法颁布后的短短两个月，苏联境内涌现出700多家新的报刊进行登记注册，其中不乏一些反对党创办的报刊，这些报刊更是以丑化苏共、社会主义为己任，它们利用媒体发表各种反共言论，攻击漫骂，造谣诽谤，无所不用其极。与此同时，一些人士写的反驳造谣、歪曲的文章

---

① ［俄］尼古拉·雷日科夫：《背叛的历史：苏联改革秘录》，高洪山等译，吉林人民出版社1993年版，第95—96页。

② 新华社新闻研究所编：《苏联东欧剧变与新闻媒介》，新华出版社1993年版，第15页。

③ 同上书，第22页。

却登在不显著的位置甚至不被刊用。

（三）领导人不成熟的改革思想影响新闻自由化的发展

戈尔巴乔夫推行的新闻自由化，主要是想利用新闻媒体动员苏联民众支持改革，但是新闻改革的理论并不完善，且戈尔巴乔夫本人的改革思想也经常犹豫不决，左右摇摆，这在很大程度上影响了新闻自由化甚至整个改革的发展状况。

在改革时期，苏联并没有一套适用于改革的新闻学来影响或改变苏联政府与媒体之间的良性互动，据留学莫斯科国立大学的吴非从该校新闻系教授普罗霍罗夫处了解，戈尔巴乔夫时期苏联对马列主义新闻理论的研究基本处于停滞状态，学者们并不赞同戈尔巴乔夫简化马列主义的新闻观，即新闻报道以戏剧化手法呈现，吸引读者不断关注报道内容的刺激性，新闻报道的平衡性和公正性被忽视。① 政府依然习惯用 20 世纪 50 年代的管理办法去解决新闻自由化进程中出现的问题。

戈尔巴乔夫犹豫的个性对他的政治生活产生很大影响。《真理报》前主编阿法纳西耶夫认为戈尔巴乔夫的主要缺点是：不坚定，模棱两可。"戈尔巴乔夫想把不可调和的东西——把左派、民主派与右派、保守派——调和起来。"② 他对不同派别的态度也阴晴不定，让人捉摸不透。

阿尔巴托夫也深感戈尔巴乔夫政策的摇摆性。他感慨道："不管戈尔巴乔夫犹豫不决的原因是什么，他作为一个领导人的前后不一致变得越来越明显。我常常问自己：戈尔巴乔夫最终所要的究竟是什么？他真正想的究竟是什么？"③ 比如戈氏虽然鼓励公开性，却对《星火》周刊、《莫斯科新闻》等激进的民主媒介进行批评，而很少批评保守派媒体。

戈氏自己的思想也随着改革进程而发生改变。最初他强调："不允许利用公开化反对社会主义。"1988 年，他退了一步，主张"毫无限制的公开化"。到了后来，他提出"人道的民主的社会主义"，主张"意见多元化"、"舆论多元化"、"意识形态多元化"。这样，戈氏的"新思维"把

---

① 吴非、胡逢瑛：《俄罗斯传媒体制创新》，南方日报出版社 2006 年版，第 29 页。
② ［俄］维·阿法纳西耶夫：《〈真理报〉总编辑沉浮录》，贾泽林译，东方出版社 1995 年版，第 193 页。
③ ［俄］阿尔巴托夫：《苏联政治内幕：知情者的见证》，徐葵等译，新华出版社 1998 年版，第 431 页。

人们引导到对苏联共产党和社会主义制度的全盘否定上。[①] 上层政治也变动频繁，新的部门不断出现，政策变动也很大。而所有这些都导致新闻自由化发展方向的不明朗。

戈尔巴乔夫一些不当的措施使新闻改革局面更加复杂。比如戈氏甚至希望通过人事更替选出一些支持改革的人担任相关职务，替换掉新闻界一大批新闻编辑人员，然而事实证明这种大规模的人事更替并没有给局势带来太大改观。实际上，有许多戈尔巴乔夫自己提拔的人转而起来反对他，特别是在这些人的权力基础受到戈氏政策威胁的时候。

结　语

公开性改革是戈尔巴乔夫时期，苏共在国际、国内复杂的政治、经济困局之下进行的一场主动性改革。大众传媒的改革是公开性改革的一部分，同时也是政治、经济、文化改革在遭遇困境之时的方法诉求。戈尔巴乔夫推行的新闻自由化本就有着浓重的政治气息，这就决定了它不可能是真正的新闻自由，但是这在当时的环境下已经是非常大的进步了。推行新闻自由化希望达到的目标，即在新闻自由化的推动下，促使苏联僵化的政治、经济格局全面松动，给改革营造氛围，实现社会主义内部的自我修复和完善。

在公开性思想的指导下，戈尔巴乔夫不遗余力地推行和扩大新闻自由化。他利用各种场合宣扬公开性和新闻自由化的必要性；鼓励新闻媒体利用公开性自由发表言论，抨击社会弊端；放宽报刊的创办权，允许党派团体、个人包括外国人自由创办报刊，并制定新闻法保护这些报刊的权益；他自己身体力行，主动接近新闻媒体，促进各项事务的公开。然而新事物的发展不可能一帆风顺，新闻自由化的推行触动了一大批权贵的切身利益，他们害怕把权力放到阳光下，拒绝接受新闻媒体的监督，对改革多加抵制，这在很大程度上影响着新闻自由化的推行和发展。

在经历初期的推行不畅后，新闻自由化开始迅猛发展。由于人们对改革的认识并不清晰，在解除了长期的压抑控制后，苏联社会开始热衷于自我揭露，无视社会发展取得的成就，这给以后人们全盘否定苏联体制埋下

[①] 叶永烈：《一个红色帝国的消亡——从苏维埃到俄罗斯》，《时代文学》2002 年第 2 期。

了隐患。戈尔巴乔夫本人摇摆不定的改革态度，也导致后来新闻自由化的发展离预期目标越来越远。

借助新闻媒体这个"东风"，公开性的发展势头越来越猛。可是，打开了公开性的大门，却没有一个成熟的引导措施，谁知道这是不是一杯自酿的苦酒呢？

第三节 苏共推行新闻自由化的价值与意义

推行新闻自由化在苏共改革中具有重要的战略意义。作为现实政治体系的重要环节，新闻传媒是党和国家政策、措施的宣传者。在改革初期，新闻自由化的推行的确发挥了积极作用，它使媒体的舆论监督功能得到加强，刺激僵化体制，提高政府和媒体的反腐能力，有力促进了苏共的政治改革。

一 加强舆论监督功能

加强媒体的舆论监督功能是推行新闻自由化的一项重要内容。几十年来，发生在克里姆林宫内的一切对普通民众来说始终是个谜，政府的决策和指示都来自一些掌握实权的高层人物，没有任何的公开性可言。戈尔巴乔夫认为应当加强新闻媒体的舆论监督，使报刊、广播、电视等新闻媒介成为"最具代表性的和群众性的论坛"。[①] 他专门立法保障新闻媒体对国家政治领域的采访，1986年6月苏联最高苏维埃通过《全民讨论国家生活重要问题法》，详细规定了全民讨论的程序和方法，以及违反国家讨论法的惩罚措施等。

（一）公开性改革之前的大众传媒

苏联长期奉行高度集中的新闻发展模式，媒体从属于各级党政机关部门，作为国家权力工具的一部分在社会生活中发号施令，几乎没有舆论监督功能。这个新闻体制形成于斯大林时期，其后历届苏联政府基本沿用这一体制。苏联的新闻媒体言论高度统一，政府处于媒体的监督范围之外。

苏联的大众传媒长期处于政府的监控之下。虽然苏联对外宣称没有书报检查制度，但其实它只是没有一个公开的"书报检查法"，在实际操作

---

① ［苏］米·戈尔巴乔夫：《改革与新思维》，苏群译，新华出版社1987年版，第91页。

中，苏联存在极为严格的书报检查活动。苏联专门设有报刊保密检查总局，负责领导和审查各项新闻工作，媒体从新闻报道到经营管理都要接受严格而琐碎的管制和审查。此外，出版总局、克格勃、外交部、作家协会等一大批组织和机构也进行着形形色色的书报检查活动，从文学创作到新闻报道，无不受到重重审查。

为激励审查工作的顺利进行，审查部门恩威并施，审查出色的工作者会得到升迁、物质奖励等，审查不力者则要受到惩罚甚至会有牢狱之灾。为保持队伍纯洁，媒体工作者的家属也受到严密的监察。种种审查使大众传媒被政府牢牢控制，而传媒之于政府只是一个传声筒，根本不可能发挥监督政府的职能。

除政府对媒体的管制外，苏联还在报刊内部建立了金字塔式的报刊自我监督体系。级别高的报刊不仅具有绝对的舆论权威，同时还承担着批评监督全国报刊的使命。像《真理报》《消息报》这类的大报可谓是"报纸中的报纸"，其他报刊的言论都以它们为指导，不敢越雷池半步。这样金字塔式的报刊监管体系，有效地保证了新闻界的自我管控，使社会舆论高度统一。

在改革之前，苏联所有的媒体都被国家垄断，经费全部来自政府预算拨款，新闻报道纯粹为政治服务。新闻媒体处于苏共的控制之下，无法发挥其对政府的监督职能，这样一来苏联社会存在的问题就无法通过大众传媒表达出来，舆论监督更无从谈起。

舆论监督本就是新闻媒体的功能之一，这也是马克思主义新闻理论的本质属性。恩格斯指出无产阶级通过报刊进行的"无情的自我批评引起了敌人极大的惊愕，并使他们产生了这样一种感觉，一个能给自己奉送这种东西的党该具有多么大的内在力量啊"。[1] 戈尔巴乔夫的公开性改革正是想利用报刊进行自我批评和自我监督，从而使苏联社会主义制度实现自我完善。

（二）戈尔巴乔夫对舆论监督的构想

赋予新闻媒体监督职能，是戈尔巴乔夫推行新闻自由化的一个重要内容。在谈到舆论工具的监督作用时，戈尔巴乔夫说，舆论工具应当"成为民主监督的保障，监督决议是否正确，是否符合群众的利益和需要，然

---

[1] 《马克思恩格斯全集》（第38卷），人民出版社1973年版，第36页。

后监督这些决议的完成情况"。① 戈氏的新闻思想也是在马克思、恩格斯、列宁的新闻思想基础上形成的。

新闻自由是马克思新闻思想的重要内容。"自由确实是人的本质,因此就连自由的反对者在反对自由的现实的同时也在实现着自由。"② 在各类自由中,马克思认为新闻出版自由是最重要的自由:"没有出版自由,其他一切自由都是泡影。"③ 马克思认为不仅要承认新闻自由,还应当立法保护新闻自由的实现,并对滥用新闻自由做出惩罚。

列宁继承了马克思的新闻思想,并依据社会发展环境的变化而进行调整。在战争年代,列宁曾将报刊视为革命建设的"脚手架",强调党对新闻事业的绝对领导,新闻自由此时让位于新闻管制。在国内外紧张的局势下,对舆论工具进行集中管制、限制新闻自由的做法,有助于巩固新生政权的稳定,这是可以理解的。"新闻自由"、"新闻监督"是列宁晚年新闻思想的重要内容,但是随着列宁的过世,新闻自由就停留在了理论阶段,而没能付诸实施。此后上任的斯大林从各方面加强新闻专制,无视新闻出版自由,这种新闻专制政策在此后的苏联发展中延续下去。戈尔巴乔夫上任前,新闻界依旧是粉饰太平、遮掩矛盾,严格的审查制度继续发挥着强大的信息管制功能。

戈尔巴乔夫本人的成长经历深刻影响着他改革思想的形成。戈氏生于1931年,其童年伴随着战争和苏联模式的形成而度过,因此在那个年代成长起来的人对苏联模式的弊端十分痛恨。他本人在回忆录中写道:"为了下定决心进行改革,就必须经历我所经历过的生活,必须目睹我所目睹的一切。必须来自一个经历集体化和1937年大清洗悲剧的家庭。必须上莫斯科大学——她应该用黑体字标出。"④

戈尔巴乔夫提倡的"公开性"是改革的重要内容,它对大众传媒的改革有着深刻的影响。加强新闻媒体的舆论监督即是推行新闻自由化的目标之一,"公开性是对毫无例外的一切管理机关的活动,进行全民监督的

---

① 新华社新闻研究所编:《苏联东欧剧变与新闻媒介》,新华出版社1993年版,第108页。
② 《马克思恩格斯全集》(第1卷),人民出版社1995年版,第67页。
③ 同上书,第94页。
④ [俄] 安·格拉乔夫:《戈尔巴乔夫之谜》,述弢译,中央编译出版社2005年版,第10页。

(三) 舆论监督展现效力

苏共第十九次代表大会指出，舆论工具在扩大公开性方面有重要作用。"舆论工具应当全面地反映党、国家机关和社会组织的活动，为社会主义社会的团结服务，积极宣传积累的经验，充当全民监督国家状况的工具。"②

"公开性"中的新闻媒体打破封闭的现状，媒体公开报道苏共中央的重大党政活动，如中央政治局会议、领导人与外国政要会晤、答记者问等。苏联部长会议主席雷日科夫曾在书中这样写道："1988年7月13日，电视台、广播电台及中央各报刊的记者们破天荒地应邀来到苏联部长会议主席团的会场上。此举也许可以看做是我国政府活动的一个新时代——公开性、坦率性、面向人民、同人民对话的时代的开端。"③

新闻媒体的报道使政府处于人们的监督之下，推动一些重大问题的决策过程的公开。报刊、电台、电视台就政治、经济问题组织公开讨论，有的报刊还安排领导人与普通民众在媒体上对话，或者开通热点电话听取群众的意见和建议，《苏维埃文化报》等报刊还开辟"直言"专栏，专门刊载群众言论。政府和媒体的沟通变得更加顺畅，苏共二十七大、第十九次全国代表会议等都进行了公开报道，会议的时间、地点、要审议的问题也提前公布出来。苏联40多位部长级干部先后在《问题·探索·解决》节目中向观众作报告，媒体带领民众"走进"克里姆林宫，使"他们看到了政府是怎样工作的，听到了在讨论重大问题时的尖锐争论，了解到在做出直接关系到人民利益和国家生活的决议时是怎样斟酌再三的"。④

一些事关重大的事件也被及时报道。过去一些被视为"家丑"的事件得到充分报道，如切尔诺贝利核泄漏事故、黑海沉船事件、哈萨克学生闹事等都得以见诸报端。

切尔诺贝利核泄漏事件使人们更加认识到信息公开的重要性。1986年4月25日晚，核电站的工作人员在4号机组做实验，由于操作不当

---

① [苏]米·戈尔巴乔夫：《改革与新思维》，苏群译，新华出版社1987年版，第89页。
② 尧凌珊：《苏共第19次全国代表会议文件和评论》，新华出版社1988年版，第164页。
③ [俄]尼·雷日科夫：《大动荡的十年》，王攀等译，中央编译出版社1998年版，第293页。
④ 同上书，第296页。

(也有说是反应堆的设计缺陷所致),第 4 发电机组爆炸,核反应堆全部炸毁,大量放射性物质泄漏,这成为核电时代以来最大的事故。据后来估算,核泄漏事故后产生的放射污染相当于日本广岛原子弹爆炸产生的放射污染的 100 倍。爆炸使机组完全损坏,8 吨多强辐射物质泄漏,尘埃随风飘散,致使白俄罗斯、乌克兰、法国、瑞典等许多地区遭到核辐射的污染。

对于核事故是否该公之于众,政治局意见不一。有些人主张弱化事故的严重程度,他们习惯了用掩盖的方式处理各种问题,对事故漠不关心,甚至苏联核能动力工程的元老级人物都对事故轻描淡写,亚历山德罗夫院士和斯拉夫斯基院士向政治局说:"并没有发生什么可怕的事嘛,这种情况对工业性反应堆简直司空见惯,你最好喝上两盅伏特加,就点儿小菜,好好睡一觉,到时候什么后果也不会有的。"[①] 为了掩盖真相,当年的 5 月 1 日,苏联政府在离切尔诺贝利 140 公里的基辅市照常举行了传统的五一国际劳动节大游行活动,还禁止医生透露事故清理者患病的真正原因。

但是严重的核污染根本不可能隐瞒,面对国际社会的一片谴责,在沉默了 14 天后,苏联政府被迫改变态度。戈尔巴乔夫明确表示"无论在解决实际问题时,还是向社会舆论说明情况时,我们都绝不同意隐瞒真相……必须提供与事件有关的全面信息"[②]。他发表电视讲话,坦承所发生的事故,随后关于事故的进展被及时报道,政府部门多次召开记者招待会向国内外记者介绍事故伤亡情况。这次事故使苏联政府更加认识到信息公开的重要性。

1986 年 9 月发生的"纳西莫夫海军上将"号客轮沉没事故中的报道更加公开和及时。在沉船发生不到 48 小时,苏联海运部副部长列·涅迪亚克召开记者招待会公布事故的起因以及伤亡情况。这相对以往是很大的进步。

斯皮塔克地震中,新闻媒体的速度比切尔诺贝利进步很多。1988 年 12 月 7 日 11 时 41 分 23 秒,亚美尼亚地区的斯皮塔克镇发生 6.8 级(也有说 6.9 级)大地震,地震造成数万人死亡,50 多万人无家可归,建筑、

[①] [俄]米·戈尔巴乔夫:《真相与自白回忆录》(精选本),述弢译,社会科学文献出版社 2002 年版,第 138 页。

[②] 同上书,第 139—140 页。

道路被毁，通信中断。地震当天，苏联就成立了以部长会议主席雷日科夫为首的中央救灾委员会，并于次日凌晨赶赴灾区。12月8日晚，雷日科夫在灾区通过广播呼吁全国以及各加盟共和国都应加入救援之中。相关领导人每天都和新闻界人士会面，汇报救援情况以及回答各种尖锐的问题，电视、广播、报纸等每天报道灾区状况。《期望报》《家庭周刊》等报刊纷纷刊登寻找亲人的信息，帮助灾区孩子与父母团聚。

舆论监督在改革初期发挥了不错的效果，新闻媒体的监督权得到很大提高。记者被引进克里姆林宫政府大楼，亲历一个决议在产生前的激烈争论和再三斟酌。"在摄像机镜头下，从最高领导人到其他与会者都更深切地感到对社会、对人民所担负的责任……与会人员对讨论的问题准备得更充分，发言和争论更具原则性，大家都极力想把自己对某个问题的观点告诉给电视机前的数百万观众。"[①] 一些官员面对报纸的批评不得不做出检讨，比如苏共中央政治局委员谢尔比斯基，他在任乌克兰党委第一书记时，报纸批评他工作做得不好，面对舆论指责他不得不亲自在《真理报》发表署名文章对自己工作的不足做出检讨，这在以前几乎是不可能的。

二 刺激僵化体制，提高反腐能力

随着新闻自由化的发展，新闻媒体的报道范围不断扩大，内容更加丰富，在反映时弊的同时也促进思想多元化发展，苏联长期僵化的体制开始松动。新闻媒体对贪腐现象的揭露也促进了政府反腐能力的提高。

（一）体制与腐败

列宁使马克思、恩格斯对社会主义的构想变成了现实。他认为，必须有一个纪律严明的党去夺取和建立新政权，按照"民主集中制"作出各项决议。这个制度在沙皇专制体制下展现了强大的生命力，也是战后巩固政权的有力手段，它对之后建立起的苏联的社会体制产生了重大影响。

建国伊始，掌管政权的布尔什维克就采取一种严厉的统治形式。虽然理论上政权由苏维埃掌握，但实际上权力被共产党牢牢控制着。所以名义上，苏共有一个民主的体制，而实际上总书记才是权力的集大成者，权力是自上而下的，而非自下而上。这一方面便于总书记加强集权统治，另一

[①] ［俄］尼·雷日科夫：《大动荡的十年》，王攀等译，中央编译出版社1998年版，第296页。

方面它也成为滋生腐败的温床。

绝对的权力导致绝对的腐败。当国家权力被一个阶层垄断时，体制背后的腐败也就在所难免。精英阶层享有特殊的消费权利，一些特殊的商店和部门给他们提供高质量的产品和特殊待遇，地位高的官员获得的待遇级别也更高。地位高低决定了消费权利的大小，为了获得更多的特权生活，官僚唯有往上爬得更高，正如叶利钦在《我的自述》中所描述的："你在职位的阶梯上爬得越高，归你享受的东西就越丰富……如果你爬到了党的权力金字塔的尖顶，则可享有一切——你进入了共产主义。"①

大卫·科兹认为苏联体制兼具社会主义特征和非社会主义特征。它的社会主义的一面表现在：生产资料的国家所有制；通过计划手段调节经济；计划经济下的充分就业等。而它的非社会主义特征也非常明显：党—国精英对政治、经济等权力的垄断，以及这种垄断给他们带来的种种特权。大卫·科兹指出："显然，不管是工人阶级，还是苏联人民，总体上并没有掌握苏联体制。权力滞留于党—国制度的最高层。"②

在缺乏有效的监督机制的情况下，体制下的腐败得以长期存在。列宁曾非常重视党的作风建设，要求党的领导干部廉洁奉公，但是自斯大林加强集权统治以来，党内腐败愈发严重，他们利用各种手段侵占国家财产，利用职权收受贿赂，安插亲信。僵化的体制纵容了贪腐现象的加剧。法国作家罗曼·罗兰在1935年到访莫斯科时发现，连"无产阶级伟大作家"高尔基都享受着超高级待遇，他居住在豪华别墅中，身边的服务人员达四五十人之多，而高尔基自己欣然享受着这一切。

戈尔巴乔夫深刻认识到苏联僵化的政治体制是阻碍社会发展的根本所在，这个体制也是滋生腐败的温床，官僚主义、形式主义严重。新闻自由化作为改革的先行者，冲击着僵化的体制，揭露腐败现象，监督反腐进程。

（二）新闻自由化冲击僵化体制

新闻自由化在推行之初受到不少阻碍。长期的官僚主义和教条主义使官员变得墨守成规，他们不愿意接受监督和批评。法国作家安德烈·纪德

---

① ［俄］鲍·叶利钦：《我的自述》，朱启会等译，东方出版社1993年版，第129页。
② ［美］大卫·科兹等：《来自上层的革命：苏联体制的终结》，曹荣湘等译，中国人民大学出版社2002年版，第30页。

曾在书中讲到他到苏联参观期间遇到的一件事：同车的苏联官员赞美路两旁新种的树，并认为这些树在几年之后就能遮阴，但其实这些树都是死树。他感慨道："无疑是在不合适的时期植下的；我的意思是说：在一个不利于树的生长的季节；我猜想是为着服从上头下来的一个命令，必须遵照实行而不许批评。这是要自然界来屈服的，不管是树，是人。"① 这在一定程度上反映出苏联官员在工作中习惯服从上级安排，官僚作风严重，汇报情况时习惯报喜不报忧，政策与现实脱节。

戈尔巴乔夫要求官员正确看待报刊的批评并及时回应报刊的质疑，他说："如果不通过批评，特别是通过来自'下面'的批评来检验自己的政策，同消极现象作斗争，防止产生消极现象，我们就不可能前进。我不能设想，没有这些，还有什么民主可言。"②

新闻报道的深入不断冲击着僵化的体制。1987年5月6日，《真理报》发表文章《停止迫害》，谈论专制的领导方法对社会发展的危害，还陈述了一些不合上级心意的人员受到迫害的事实。文章点名批评巴什基里州委第一书记、最高苏维埃主席团委员米·沙基洛夫，认为他的一些做法粗暴破坏法制。在舆论压力下，沙基洛夫被解除职务，与其相关的一些领导也遭到处分，被非法迫害的人得到平反。

特权阶层也成为新闻报道的对象。戈尔巴乔夫时期的特权阶层数量依然十分庞大，他们有专门的轿车、免费的医疗、特供的商店和服装店等，过着真正的"社会主义生活"。1988年起媒体对干部特权的批评越来越激烈，在强大的舆论压力下，戈尔巴乔夫取消了格拉诺夫斯基大街的特供餐厅，政治局委员和中央书记不再享用苏共中央预算拨出的伙食补助，家用汽车、卫队和进口食品分配方面也做了限制，必需品开始凭卡供应。

不仅是政治体制，新闻业自身体制的僵化也得到改善。在传统新闻体制模式的长期禁锢下，苏联的新闻业形成了一套古板、僵化的工作作风和一系列报道"禁区"，新闻报道内容完全由领导根据"政治需要"来决定，新闻版面布置死板，内容枯燥，套话连篇。这种情况下，媒体根本无法传达真实的资讯。

---

① ［法］安德烈·纪德：《从苏联归来》，郑超麟译，辽宁教育出版社1999年版，第139页。
② ［苏］米·戈尔巴乔夫：《改革与新思维》，苏群译，新华出版社1987年版，第92页。

在新闻自由化推动下，苏联新闻界冲破以往的报道禁区，扩大新闻报道范围，将民众感兴趣的新闻以活泼的文风迅速报道。在《苏联部长会议报道》节目中，电视台的工作人员恰如其分地选择发言的要点甚至意见冲突，真实反映会议内容。这样，受命者不仅对政府委托的事情负责，还要让全国人民满意，这种舆论压力大大提高了他们的工作效率。此外，《问题—探讨—解决方法》《热点访谈》《在苏联政府里》等节目也成为沟通政府和民众的重要渠道，节目中提出的问题、民众的反映等信息都被认真整理，转交相关部门分析研究。

（三）新闻媒体助力反腐

新闻自由化的推行，不仅刺激了僵化的体制，在打击腐败问题上也发挥着积极功效，提升了政府反腐能力。腐败严重腐蚀着苏共政权的稳定，在新闻自由化的推动下，一些早就存在的社会问题不断被曝光，如官员腐败、黑市交易、贪污腐败、妇女卖淫等。新闻报道不断揭露社会腐败阴暗面，既监督反腐治理，又给反腐提供证据。

同贪污腐败现象作斗争，是媒体的一项重要任务。在"公开性"的推动下，新闻媒体曝光了一系列贪污腐败现象。《共青团真理报》披露招生考试中相关工作人员收受贿赂，营私舞弊的现象；1988年苏共召开第十九次全国代表会议期间，《星火》周刊刊登了高级侦察员格德良和伊万诺夫合写的文章，文中披露苏联有数以千计的"地下百万富翁"，他们以各种方式侵吞国家财产，有的还贩卖官职。文章批评了代表选举方法的不完善，导致会议代表中有不少贪污腐败者，而这些人是没资格代表人民参加会议的。这篇文章引起很大反响，人们纷纷要求严格审查会议代表的资格，严惩腐败分子。

新闻媒体对贪腐现象的曝光发挥了实效。《莫斯科新闻》和《星火》等报刊揭露乌兹别克党中央第一书记拉希多夫侵吞国家资产达40亿卢布，是"乌兹别克棉花案"的主犯①，而拉希多夫背后的主要庇护者就是原苏共中央总书记勃列日涅夫。这掀起了苏联民众声讨腐败的新高潮，戈尔巴乔夫亲自监督该案件的审理，要求各级政府加大反腐力度。

---

① 乌兹别克棉花案是20世纪80年代苏联查处的最大的腐败案之一。该案主要是官员夸大乌兹别克共和国的棉花产量，以此骗取国家巨额财政拨款。根据对该共和国5年棉花产量的调查，该地区至少虚报棉花产量500万吨，骗取国家财政拨款30亿卢布。

新闻媒体在揭露官僚贪腐方面成绩斐然。据报道,"自加强对官僚主义的批评以来,苏联有 60 多名部长被解职,共和国、州委一级被撤换的干部也不少。苏联总检察长向报界透露,全国有 20 多万滥用职权的党政官员受到了惩罚,甚至连军内和克格勃等一些要害部门的问题也被披露出来,导致某些高级官员的下台"。①

新闻工作者也积极捍卫自身的权利,同官僚主义作斗争。乌克兰一名记者因为报道内容触怒了当地领导而被乌克兰的克格勃非法监禁,新闻界群起声讨,揭露克格勃的罪行,最终使这名记者恢复了自由,乌克兰克格勃首脑也因此被开除职务。

新闻领域的新风气使报纸征订量大增,读者开始通过报纸了解时政和最新言论。

三　促进苏共政治改革

(一) 政治改革:改革的根本所在

在苏联进行的一系列改革中,政治改革是改革的根本所在。政治改革既是社会矛盾和问题发展的必然结果,也是解决这些问题的一种重要方式。政治改革就是要在不变革现存制度的前提下,对现有的政治关系、政治制度的自我调整、完善和革新,其目的是进一步健全和完善现有政治制度体系。

戈尔巴乔夫上台时,苏联政治、经济发展均面临困境。政治僵化,官僚作风严重,贪腐盛行;经济发展速度不断下降,社会收入差距加大,普通民众生活困难;过高的军费开支加重经济负担,苏美冷战不断遭受国际社会的批评。初期经济改革的失败使戈尔巴乔夫认识到苏联发展存在的问题归根到底是高度集权的政治体制所导致,这个僵化的体制阻碍社会发展,也成为滋生腐败的温床。

戈尔巴乔夫认为社会主义制度有强大的自我完善能力,必须实行政治改革,以彻底铲除苏联发展遇到的阻碍。他指出:"我国的全部历史证明,通过对指令性体制的修修补补来摆脱国家和公民所处的困境的做法是

---

① 何崇元:《报刊必须跟上时代——苏联报刊努力扩大公开性》,《新闻战线》1988 年第 3 期。

毫无成效的。如果硬要这样走下去，我们会把国家搞垮。"①

1988年6月28日至7月1日，苏共召开第十九次代表大会，会议的中心议题是讨论政治体制的改革。戈尔巴乔夫提出："由于十月革命胜利而形成的政治体制发生了严重变形，结果不仅使斯大林及其亲信的独裁，而且使大批镇压和目无法纪的行为有可能出现。那些年形成的行政命令的管理办法对我国社会的各方面发展产生了有害的影响。现在我们所遇到的许多困难，其根源也可以追溯到这个体制。"②"现行的政治体制几十年不是在法律范围内组织社会生活，而主要是执行强制命令和指示。口头上宣扬民主原则，实际上却是独断专行；在讲台上宣扬人民政权，实际上是唯意志论和主观主义；大谈民主制度，实际上是践踏社会主义生活方式准则，群发批评和公开性……今天，改革的根本问题——无论是经济改革，还是社会文化领域的发展，或是教育人们以主人翁的态度关心我国发生的一切，正是碰到了僵化的权力体制及其命令强制结构这个障碍。"③

政治改革注定不可能一帆风顺。通常而言，在统治阶级内部存在保守派和改革派两种势力，他们对改革的态度截然不同，保守派反对改革，改革派推进改革。苏联政治改革面临的状况也是如此，保守派势力非常强大，一方面改革触动了他们的既得利益，另一方面守旧的观念也使他们排斥新事物。他们出于不同的考虑而共同抵制政治改革，改革推行的难度很大。戈尔巴乔夫坦诚"假如政治体制仍然不动，仍然毫无变化，那么我们就无法实现改革的任务"。④

（二）新闻自由化推动政治改革进程

新闻自由化的发展对推动政治改革具有重要意义。1987年11月20日，戈尔巴乔夫在苏共中央会议闭幕词中说："现阶段舆论工具的作用怎么估计也不会过高，它应该促进民主化进程，提出与经济改革有关的问题，要像在改革的第一阶段那样站在前列，帮助解决新任务。报刊材料应更内行、更深刻、更具有分析性。"⑤

---

① ［俄］米·戈尔巴乔夫：《真相与自白回忆录》（精选本），述弢译，社会科学文献出版社2002年版，第238页。
② 尧凌珊：《苏共第19次全国代表会议文件和评论》，新华出版社1988年版，第38页。
③ 同上书，第40页。
④ 同上书，第41页。
⑤ 付显明：《1987年苏联新闻界活动纪事》，《国际新闻界》1988年第2期。

新闻自由化首先使新闻界发生了极大变化，从新闻内容到报道风格，再到管理体制，无不发生显著的变化。新闻媒体广泛报道以前被视为禁区的内容，报刊中越来越多地出现一些文章，指出如果不触动政治制度本身，那么任何改革都不会成功。英国《金融时报》1987年11月3日刊登文章说："苏联知识界的改革先锋不是作家诗人，而是新闻记者。"①

新闻界变得更加自由和开放，这十分有益于推动政治改革。随着"公开性"向各个领域的渗透，苏联新闻媒体从揭露社会存在的问题，发展到对党政方针和历史事件的重新审视。中央电视台专门开辟《问题·探索·解决》栏目，邀请读者公开讨论感兴趣的话题，并就社会发展存在的问题向相关领导问责。许多报刊也设立类似的专栏，或刊登读者来信，或抨击时弊，或建言献策等，这都十分有利于推动政治改革进程。

首先，官方意识形态得到改革。斯大林式的僵化教条思想长期居于苏联主流意识形态，受其支配的政治体制也僵化守旧，阻碍社会的发展进步。在新闻自由化的带动下，新闻媒体不断宣传新思想、介绍西方先进的管理体制，极大冲击固有的意识形态，从前被视为异端的思想学说逐渐成为官方的意识形态。

持不同政见者的言论自由得到充分保障，他们的思想在社会产生极大影响。过去持不同政见者的言论一直被视为反动言论被打压，一些敢言者甚至被处死。推行新闻自由化以来，开放的言论环境提供给他们充分的表达空间，单一的意识形态逐渐走向多元化，意识形态的强制性逐渐减弱，思想观念的多元化成为现实。

其次，民主化改革进一步发展。苏联报刊大量刊登不同政见的文章，对时政弊病表达不同观点，比如：呼吁成立立法委员会来监督警察和国家安全委员会，限制克格勃的权力；呼吁成立新的政治组织以制衡共产党的权力；裁减党政机关的工作人数，纯洁党的队伍；取消官僚阶层的特权，废除他们的特殊消费等。

（三）政治改革影响新闻自由化发展

推行新闻自由化的最终目的是要为改革尤其是政治改革服务，政治改革直接影响新闻自由化的发展。在1986年苏共二十七大上，戈尔巴乔夫

---

① 侯丽军：《对苏联"公开性"改革中大众传媒的重新审视》，硕士学位论文，清华大学，2008年，第46页。

专门就公开性作出决议,提出要扩大公开性,而新闻媒介成为扩大公开性的最重要的工具,在"公开性"旗帜带领下,新闻自由化迅速发展。由此不难看出,新闻自由化本身具有浓重的政治色彩,政治改革的发展直接影响新闻自由化的发展,新闻媒体的发展与上层政治密切相关。

推行新闻自由化不是放任新闻媒体的报道,它是要配合政治改革。因此,对报道内容也有一定的选择倾向。戈尔巴乔夫认为:"我们力求在社会生活的一切领域有更多的公开性。人们既应知道好事,也应知道坏事,以便扬善除弊。在社会主义制度下就应该如此。"但同时他也强调:"重要的是要看到所有积极的、建设性的东西,在改革的条件下要用这些东西武装起来,使之成为全民和全党的财富,要利用那些在改革的条件下萌芽的新方法。"[①] 在进行新闻报道时,"非常重要的是你采取什么样的立场",而这个"立场"主要就是要为政治改革服务。

基于政治改革的目的,戈尔巴乔夫习惯用政治的眼光考量新闻媒体的报道。他认为,媒体喋喋不休地讨论应不应该改革是没有意义的,新闻报道应重点宣传改革以及如何进行改革。据担任过《真理报》总编辑的阿法纳西耶夫回忆,戈尔巴乔夫非常关注新闻工作,并希望报刊能够成为他的支持者。苏共二十七大结束后,戈尔巴乔夫打的第一个电话就是给《真理报》,他希望《真理报》能够支持他的改革,阿法纳西耶夫也积极保证会坚定不移地支持他。

新闻媒体的批评报道如果有损改革,也会受到领导人的指责。1987年10月13日,《真理报》发表文章《商人涌来》,文中批评在推行的合作社运动中,存在一些投机倒把行为,一些商人倒买倒卖短缺商品,攫取高额利润,损害人民的正常生活需求。然而这篇报道触怒了雅科夫列夫,他指责《真理报》破坏合作社运动,称呼《真理报》工作人员是"保守分子"、"教条主义者"。

1987年7月14日,戈尔巴乔夫在会见新闻界人士时,高度评价舆论工具对改革所做的贡献,并强调公开性和民主不是为所欲为,应加强社会主义和人的精神,注重社会道德。1987年8月3日,《真理报》刊文《讨论的素养》,文章指出在公开性下,讨论的数量增多,但素养不够,讨论应注重反映人民和社会利益。

---

① [苏] 米·戈尔巴乔夫:《改革与新思维》,苏群译,新华出版社1987年版,第88页。

结　语

从20世纪70年代中期以来，苏联的政治、经济、文化等的发展均遭遇困境。苏联开始失去前进的速度，经济状况越来越乱，积累下的问题越来越多，形成了某种阻碍社会经济发展的机制。

在初期经济改革失败后，戈尔巴乔夫认识到僵化的体制本身阻碍了苏联的发展，他决心来一场体制内的改革，以实现社会主义制度的自我调整和完善，"社会主义作为一种社会制度显示了其解决复杂的社会进步问题的巨大可能性。我们相信它具有自我完善、更充分地发挥自己的潜力、解决21世纪前夕提出的有关当前社会进步的重大问题的能力"。[1]

公开性改革正是为了摆脱困境的一场主动性改革，新闻媒体成为推行公开性的最重要的工具。公开性最初的内涵是让民众了解真实的信息，对国家各项事务进行监督。在公开性的指导下，新闻界开始推行新闻自由化，促进真实信息的沟通，发挥舆论监督功能。戈尔巴乔夫认为舆论工具是改革依靠的重要力量。他认为，人们越是了解情况，他们的行动也就更加自觉，他们也就越能支持党，支持党的计划和纲领目标。

应当看到，推行新闻自由化的确起到了一定的积极作用。首先，媒体的监督功能得到实现。舆论监督以其特有的公开曝光的特点具有很强的震慑力，是社会主义民主政治的重要内容。新闻媒体不断突破报道禁区，揭露社会阴暗面，报道官员贪腐行为，并监督这些问题的解决。其次，知识分子等不断发表不同的政见，抨击时弊，使社会思想多元化，刺激僵化的体制。最后，新闻自由化带来的这些变化有助于推动苏共的政治改革，而政治改革一旦成功，必将使社会重现活力，获得长远发展。

改革带来了自由，但是这种自由只能掌握在那些善于利用它为社会发展服务的人手中，若非如此，这种自由反而会被别有用心的人利用，继而使其走向与预期目标相反的罪恶道路。公开性也是如此。对于善于思考、具有独立精神的人来说，公开性是一笔财富，然而对于一些别有居心的人来说，公开性成为反政府、制造社会矛盾的工具。

---

[1] [苏] 米·戈尔巴乔夫：《改革与新思维》，苏群译，新华出版社1987年版，第48页。

改革是一场破旧立新的过程,"破"与"立"之间的平衡是非常重要的。如何协调改革中的思想交锋、矛盾冲突是需要认真考虑的问题。对于过去,既不能全盘否定,也不可一味肯定,而应取其精华,去其糟粕,一切为改革服务。没有一个成熟的"立"的规范,新闻自由化的发展与其初衷渐行渐远,改革也最终走入末路,谁知这杯苦酒该谁饮?

第五章 苏共新闻自由化演进过程

改革已是箭在弦上,只有通过改革,才能解决苏联社会存在的政治、经济等矛盾。但是,要进行全方位的改革,必须从思想上进行导向。戈尔巴乔夫深知大众传媒对改革的重要性。于是,他从新闻媒体入手,以"公开性"、"舆论多元化"等为手段,在大众传媒领域掀起一场轰轰烈烈的新闻自由化运动。本章重点观察和分析苏共新闻自由化的演进过程。

第一节 苏共新闻自由化的初始阶段及角色

一 苏共新闻自由化初始阶段的任务

(一)提高决策透明度,形成舆论监督

苏联新闻体制长期奉行"舆论一律"的原则,各项决策的颁布"暗箱操作",新闻媒体的舆论监督职能得不到有效发挥,因此新闻自由化初始阶段一个重要的任务就是借助新闻媒体提高决策的透明度,形成有效的舆论监督。苏联新闻体制长期呈现出"舆论一律"化倾向。在新闻出版方面,秉承报刊的"党性原则",重视组织和鼓动功能,使苏联新闻事业继续保持在社会主义轨道上稳步运行。但是,斯大林刻意回避和无视列宁晚期新闻思想中关于"新闻自由"和"新闻监督"的部分,不顾新闻舆论的客观发展规律,大搞新闻专制,使新闻媒体工具化,新闻内容教条化,新闻事业形成了高度集中、高度封闭的斯大林模式。在这种封闭的新闻体制下,苏共高层与人民和普通党员之间的沟通渠道被堵塞,在缺乏有效监督的环境下,官僚主义、贪污之风盛行,严重腐蚀着苏联政权。

戈尔巴乔夫担任苏共中央总书记后,主导苏共全面推行新闻改革。戈尔巴乔夫在苏共二十七大上强调,苏联报刊、电视和广播的首要任务,在于"对苏共二十七大决议进行公开的、坦率的讨论,要多采取一点实际行动和主动精神，少说一点空话"。他认为，新闻改革应使新闻体制成为苏联政治制度进一步发展、全面完善和加深社会主义生活民主原则的鲜明表现之一，提高对党和国家政府的舆论监督作用，扩大制定重大决策和实施这些决策的透明度。①

根据戈尔巴乔夫新闻改革的要求，苏共采取了以下措施：

（1）公开重大的党务和政务活动，提高国家政治生活的透明度。苏共中央政治局每周星期四开例会，报刊、电视都作公开报道，报道的内容越来越详细。戈尔巴乔夫特别重视报道政治局例会公报中的信息量，使人民及时了解党对一些国内外重大问题的方针政策和相应决定。②苏共中央经常组织各部门负责人向群众作咨询，对居民提出的批评意见一一做出答复。最高苏维埃主席团和地方各级苏维埃执行委员会坚持做到：不仅把召开苏维埃会议的时间、地点、提交会议审议的问题提前通知代表，而且提前通知全体公民。③

（2）公开重大问题的决策过程。苏共在召开二十七大之前，就把二十七大上将要审议的重要文件包括苏共纲领新修订本草案、苏联1986—1990年和2000年经济和社会基本方针草案，都提交给全党和全民讨论。苏共还提前两个多月向全国人民公布了《苏共中央关于第十九次全国代表会议的提纲》，组织全国人民进行讨论。④

（3）运用舆论工具，形成监督。苏联报刊、电台等舆论工具，组织群众围绕社会热点问题进行公开讨论。通过新闻媒体对各级苏维埃和中央的53个部委和850个公司、大企业进行监督，对行政机关和政府官员执行政策的情况实行监督；一些媒体专门开设监督专栏，如《人民监督》《直言》等专栏，刊登人民的意见和建议。基于充分的证据和事实的基础上，一些领导干部的官僚作风和贪腐行为受到中央级报刊的点名批评。各级党政机关对媒体的批评报道做出书面答复后，媒体还继续跟踪报道，核实问题是否得到解决。

（二）追求真实新闻，反对旧有报道模式

新闻是对客观发生的事实的客观陈述。事实是第一性的，新闻是第二

---

① 邱志华：《苏联新闻改革概况》，《国际观察》1988年第4期。
② 高科：《公开性与苏联社会民主化》，《群言》1989年第7期。
③ 陈仕龙：《苏联公开性的历史和现状》，《唯实》1989年第3期。
④ 同上。

性的。新闻的本源是事实，从这一特性出发，要求新闻必须真实，绝不可凭空想象和有任何虚构。因此，新闻中所包含的种种性质如政治性、指导性、趣味性都是由事实派生的，是事实本身所包含的。先有事实，后有新闻，事实和新闻的这种关系、位置不可颠倒，否则就失去了新闻的本质属性。①

真实是新闻的生命。然而苏共在斯大林模式新闻体制的影响下，新闻报道并不是对客观发生的事实的客观陈述，而是完全按照上级指示进行的政策等宣传，从版面设置到内容选取都十分僵化，报纸等媒体刊登的内容更像是"学习资料"，而不是新闻报道。新闻媒体处于严格的党政控制和干预之下，单向地向群众宣扬上级的政策和指示，对于群众的意见，尤其是批评性意见则很少报道。

为了打破旧的报道形式，大力推行新闻自由，苏共中央要求主要报刊专门增设版面刊登读者来信。在政治权力的鼓励下，报刊上读者的声音开始增多，一些读者来信甚至被刊登在了头版头条。《消息报》每周都策划一个专题对本周的读者来信进行综述，反映读者对热点问题的不同意见和看法。记者还经常就读者反映的问题进行追踪采访。新闻媒体的这些做法赢得了读者的好感和信任，越来越多的人向编辑部写信，这种与读者密切联系的双向互动报道模式得到较好开展。

事实上，苏共提倡新闻改革的初始阶段，主要立足于给大众传媒以新闻自由，让媒体敢说真话，报道真实的新闻，客观反映群众的意见和要求，不刻意去左右新闻的真实性。在苏共积极倡导下，新闻界以追求真实报道为时尚，各新闻单位都想办法在生动、灵活和多样化上做文章。

在公开性号召下，苏联记协主席，《真理报》总编辑阿法纳西耶夫提出对新闻工作的新要求：（1）坚决根除空话、漂亮话，反对用一些赶时髦的术语。要讲真话，不要欺骗读者。（2）集中力量提高稿件质量，不要再追求总数字。（3）开阔视野，大胆报道和支持改革的典型人物，帮助生产者转变思想。（4）帮助解决管理、完善经济机制问题，提高科技报道的作用。（5）改变侧重点，改变专题比例，改变对生产专题和社会专题的态度。要转向人，通过人的利益和需要的棱镜报道广泛的问题，用

---

① 胡正荣：《新闻理论教程》，中国广播电视出版社2001年版，第30—32页。

人的尺度衡量社会问题。(6) 报纸不要充当"最高法官"的角色。①

《共青团真理报》在头版开辟了《直线电话》专栏，邀请一些中央部委负责人和社会知名人士参与编辑部举办的电话连线，通过电话直接回答各地读者提出的问题，然后再把谈话内容刊登在报纸上。苏联中央电视台还开办青年专题直播节目《第十二层楼》，邀请青年人和社会人士参与节目，就青年人关心的各类问题展开讨论。

那些粉饰太平，回避矛盾和问题的新闻报道，在还新闻以真实的倡导中急剧减少。与此同时，许多原先设立的新闻报道禁区被突破。揭露与批评性报道大量增加，有关吸毒、嫖娼、贪腐等问题都可以在报刊和广播电视中报道。中央电视台在每天新闻节目之后还特意安排了专题节目《改革探照灯》，哪里的改革进展缓慢，遇到阻力，电视记者的摄像机就照向哪里。

苏联新闻改革之风受到广大社会公众的欢迎，在群众中引起热烈反响，产生了良好的社会效果。

(三) 冲击旧新闻体制，立言论自由之氛围

苏联大众传媒在改革之前大致分为三种类型，即印刷媒介、广播媒介和电视媒介等。在延续了60年之久的斯大林新闻体制模式管理之下，各种媒介受到新闻制度的严格约束。报道什么，不报道什么，全部由苏共高层决定。由此导致新闻栏目过度拘谨，新闻腔和官话文章泛滥，过多理论和教条说教等内容充斥报刊、广播和电视，引起了受众的逆反心理，遭到排斥和抵制。在通过国内合法传媒渠道无法满足信息需求的情况下，民众转而诉诸境外的各种"非法"广播和出版物，使苏共意识形态宣传工作的效能大打折扣。

针对实际情况，苏共中央根据戈尔巴乔夫的指示，采取了下列举措：

(1) 提倡百家言，不搞一言堂。在有关社会生活各个方面的宣传报道中，新闻机构摒弃了以往人为制造"意见一致"的假象，允许发表不同见解，允许不同意见进行争论，相信广大群众能够从这些争论中辨明是非，得出正确的结论。例如，在对苏联历史问题和一些历史人物的评价方面，新闻媒体的报道并无框框，而是反映各个社会阶层中客观存在的不同

---

① 韦政强：《苏联新闻报道的新变化》，《新闻业务》1986年第12期。

见解和看法。①

（2）放宽各种限制，使人民在更为宽松的环境中生活。为了调动全国人民改革的热情，营造有利于人民公开发表意见的社会气氛，苏联政府放宽一些不应有的限制，在文艺界，对过去查禁的小说、诗歌、电影和戏剧解除了禁令。电影制片厂和各剧院组织自己的艺术委员会，负责影片及剧目的审查。戈尔巴乔夫强调指出，要相信已建设社会主义 70 年的苏联人民有鉴别是非的能力。对持不同政见者，苏联也改变了以往的做法，采取了更为宽容的态度。戈尔巴乔夫亲自打电话给苏联"氢弹之父"萨哈罗夫，让他从流放的高尔基市回到莫斯科，并允许他会见西方记者。苏联政府停止对西方国家俄语广播的干扰，对苏联居民出国旅行的限制也大大放宽。同时，苏联政府还表示，欢迎移居国外的苏联人重返家园和回国访问。②

（3）通过舆论工具广泛反映群众的意见和要求。苏共第十九次代表会议决议指出，限制报刊发表批评性言论，也同刊登触犯公民的荣誉与尊严的非客观报道一样，是不能容许的。要求舆论工具负起社会责任、法律责任和道义责任，每位受到批评的公民都有权在同一家报刊上公布有根据的答复，在开放性和批评的土壤上不应滋生派性，不应出现蛊惑，不应有民族的、地区的或者小团体的自私行为。苏共二十七大以来，苏联报刊、电台、电视台讨论问题的空气十分活跃。《文学报》《莫斯科新闻》等都开辟了专栏，让人们直抒己见，畅所欲言，抨击时弊。讨论的问题广泛涉及党的改革、干部问题、非劳动收入、工资制度、社会公正、教育改革、文艺改革、北水南调等各个方面。③

二 苏共推行新闻自由化之后新闻媒体的作用

（一）突破"禁区"，揭露社会弊端

这里所言禁区，是指一个"未经许可不允许进入"的特殊区域。苏共的媒介"禁区"，就是从不触及消极面。新闻报道报喜不报忧，对发生的负面新闻和恶性事故不及时进行报道，不把真实情况通告给普通百姓。

---

① 高凤仪：《引人注目的苏联新闻改革》，《新闻通讯》1988 年第 5 期。
② 高科：《公开性与苏联社会民主化》，《群言》1989 年第 7 期。
③ 王立行：《戈尔巴乔夫的公开性及其利弊》，《苏联东欧问题》1989 年第 5 期。

在这个"禁区"中,最为隐蔽和完全不能涉及的是"特权阶层"。这个特权阶层,是苏联国内外的批评者对享受特权官员们的统称。

斯大林时期,在物质激励制度下诞生了特权阶层,将经济腐败、特权和政治等级结合在一起。人民和政府官员产生了等级差别。由于信息高度封锁,斯大林的特权制度具有高度的隐蔽性,上层腐败对于普通民众来说仅仅限于传说。到勃列日涅夫时期,形成一个个"官僚氏族集团",这些集团内部儿女联姻,官官相护,贪污渎职,使执政党与民众之间的隔阂越来越深,民心尽失。

到 20 世纪 80 年代末,这些官僚集团羽翼丰满,他们将大量国家财富占为己有,使国内日益复杂的局势时刻遭受经济和政治危机的威胁。具体来说,从 20 世纪 70 年代中期以来,苏联国民经济已经停滞不前,经济工作越来越乱,而且问题日益尖锐。社会生活中出现了许多腐败现象,形成了某种阻碍社会经济发展的机制。

戈尔巴乔夫认为,苏联国内面临的经济发展停滞、社会不正之风、政治领域党的领导被削弱等问题,只有通过改革才能被一一化解。"改革是一场革命,而且是最和平、最民主的革命。我们将在民主化进程的范围内,去克服那些在社会革新过程中遇到的和将会遇到错误立场乃至直接的对抗。"[①]

但是,苏联社会的保守思想和不正常精神状态制约了改革的发展,必须营造出一种社会氛围,来调动人民的积极性和主动性,以冲破消极因素对改革的束缚。何以堪当重任?戈尔巴乔夫首先想到大众传媒,赋予传媒推行公开性和舆论多元化的权利,借助传媒的力量,全面揭露党政和社会存在的问题和弊端,才能真正触及"禁区"的内部,实现社会的无禁区化。

在新闻媒体的主动响应下,许多过去属于"报道禁区"的内容开始见诸报端。《真理报》率先在头版刊发了一篇由克格勃首脑切布里科夫主笔的文章,揭露和批评克格勃官员滥用权力。《莫斯科新闻》指责中央委员会有人反对戈尔巴乔夫的改革。《鼓动员》杂志在 1986 年第 2 期刊发了《公开性的光芒》,文章详细报道了白俄罗斯共和国内务部长、司法部长、检察长,以及其他一些走上破坏社会主义法制道路的执法机构领导人先后被解职的原因。新闻检查制度也成为被抨击的对象。《星火》周刊主

---

① [苏]米·戈尔巴乔夫:《改革与新思维》,苏群译,新华出版社 1987 年版,第 87 页。

编在答英国 BBC 广播公司时声称，由于过去被禁止写的问题现在能够不断地写了，不仅文章立刻变得生动有趣起来，而且读者喜欢读这样的内容，《星火》周刊由此变成最受欢迎的杂志。

社会发展中存在的一些阴暗面开始被报道出来，批评的广度和深度都比以前大大加强。过去批评和谴责的锋芒主要针对社会上游手好闲者、投机取巧者、酗酒者和吸毒者。现在，媒体对于社会消极面作了广泛暴露，批评的"等级"越来越高。报刊可以公开批评苏联政府机关和苏共中央部委的领导。记者同官僚主义之间的斗争结果，取决于谁更真实。因为官僚主义者最怕公开让人看见其真实面，记者只要实事求是，去认真采写新闻报道，就比较容易获胜。各种灾情事故也得到较为及时的报道。正如苏联塔斯社社长洛谢夫所要求的那样，"生活不单单是由美好方面构成的。苏联也经常发生飞机失事、列车颠覆等灾情事故。我们认为，所有这一切新闻，都应该及时刊登在报纸上"。1987 年 3 月，塔斯社及时报道了列宁格勒①一家国营公司破产的消息。美国一位记者统计说，这是自十月革命以来，苏联第一家破产的国营公司。而在这以前发生的比它严重得多的切尔诺贝利核电站事故，塔斯社则沉默很久，直到西方报道后才开始报道。

虽然突破"禁区"异常艰难，遭遇保守势力和既得利益者的强烈抵抗，但是要想使苏联快速脱离危机，顺应民意，必须突破这样的"禁区"，揭露社会所存在的弊端。②

（二）媒介加强党和政府与群众的对话

就大众传媒与党、群众三者的关系来说，苏共在戈尔巴乔夫执政前一直遵循着斯大林的精神导线论。所谓精神导线，即媒介是党向群众讲话，进行宣传、鼓励、灌输的渠道。

列宁早在十月革命前就指出，社会主义运动不会从工人群众中自发产生，它必须由先进的马克思主义者从外部灌输到工人的头脑中去。这种灌输的工具，主要是指党的报刊。这一思想被斯大林接受，并发展成了精神导线论。

斯大林认为，报刊是党每日每时用自己所需要的语言，向工人阶级讲话的最有力的武器。这一观点及由此决定的新闻政策，使得苏联新闻媒介

---

① 现为圣彼得堡市。
② 邱志华：《苏联新闻改革概况》，《国际观察》1988 年第 4 期。

的主要功能是承担自上而下地发布指令性和指导性消息,宣传上级领导的思想和与此精神相符的典型等。至于群众的疾苦、批评、建议,却不能借这种导线反映到最高领导层。

高层领导依照媒体营造的"拟态环境"来制定计划、方针和措施,媒体的宣传又使错误的政府议程发展为媒介议程,给国家发展造成不利影响。20世纪30年代后期,斯大林就宣布苏联已建成社会主义,赫鲁晓夫时期又提出"共产主义建成论",勃列日涅夫更是提出直接建设"共产主义"等观点。显然,这些提法都与苏联的现实社会经济发展程度不相符。在这个过程中,媒体作为高层的传声筒,大肆宣传这些不切实际的观点,媒介议程完全由政府来设置,而政府议程又严重脱离实际,这导致新闻媒体忽视公众关心的社会问题,无法发挥舆论监督功能。媒体与政府的这种相互配合使错误的政府议程和媒体议程不断恶化,这种极端的精神导线论给国家的发展埋下了巨大隐患。

戈尔巴乔夫对斯大林的精神导线论及由此造成的后果,自然看得很清楚。为了改变这一状况,戈尔巴乔夫强调说,必须善于根据群众对政策的接受情况来校正政策,保证反馈作用,汲取来自人民的思想、意见和建议。群众的思想、意见和建议怎样才能上传到领导者那里呢?显然,戈尔巴乔夫想借助媒介的沟通渠道。他认为,对苏联领导人来说,完全有必要通过报刊与公民建立直接的交往,接受公民来信,与公民建立"反馈联系",通过下面的批评,来检验自己的政策。在重视民意,重视反馈的同时,戈尔巴乔夫并没有忽略新闻媒介自上而下的传导性质。[①]

由此可见,戈尔巴乔夫对媒介与党、群关系的认识,显然与斯大林的精神导线论存在巨大区别。斯大林只承认新闻媒介在党、群间自上而下的单向传导作用,戈尔巴乔夫则在承认自上而下传导作用的同时,注意到了新闻媒介在党和群众之间自下而上的反馈功能。事实上,自上而下的传导及自下而上的反馈,乃是同一传播过程中互相联系、互相作用的两个环节。从传播学角度看,后者比前者无疑要全面、科学得多。[②]

戈尔巴乔夫的思想,其反馈通道论,宗旨是要告知人民必须知道、想要知道的一切事情,主动听取人民群众的呼声、建议和批评,与人民进行

[①] 张昆:《戈尔巴乔夫的新闻思想》,《中国广播电视学刊》1989年第3期。

[②] 同上。

平等对话，满足他们的精神需求。而这一切愿望，都期许通过新闻媒介，在党和人民之间架起反馈联系的桥梁，加强与群众的对话和交流。让每个公民都可以通过新闻媒介提出社会必须认真考虑的意见、信念和评价。

正是因为改变了过去呆板的公式化报道，通过新闻媒介加强党和政府领导与群众的对话，进而有组织有效率地加强了反馈联系，每月由各级党组织、苏维埃和经济机关，在认真分析和研究读者反馈的近 4 万个问题、意见和建议，并通过报纸、广播和电视向全国公民公布对这些建议和意见所做出的决定。①

另一个显著的变化，就是新闻时效性大大增强，时政新闻和社会新闻的数量大幅增多，内容变得翔实。1986 年发生的一系列重大事件，如苏共二十七大、苏美首脑会晤等，媒体都做了现场转播。电视摄影师经常对各企业进行突击采访，及时揭露其管理方法上存在的不当行为。在改革推进一年多的时间里，直播节目扩大了 12 倍之多。

另外，苏联电视台还增加了不少群众喜闻乐见的节目，大体可分为四类：第一类是访谈类节目。电视台邀请学者、专家、知名人士发表电视谈话，阐述群众关心的问题，解释内外政策以及政治、经济、文化生活的重大问题。如在《问题·探索·解决》节目里，大多数苏联部长向人民做了独特的报告。这些节目的收视率一般都很高。第二类是揭露性节目。用录像向观众揭露社会问题，如盗窃、凶杀案、飞机失事、车祸、追捕吸毒等过去讳莫如深的问题。第三类是对外交往性节目。从 1985 年开始，电视台经常举办名为《电视桥》的节目，意在通过电视，增进同各国人民的交往。其具体做法是同有关国家的电视台商定具体时间，各自邀请各阶层人士，通过通信卫星线路在屏幕上共同讨论某一问题。第四类是娱乐性节目。播放过去鲜有的电视连续剧、侦探片等，节假日还播放一些西方的流行歌曲音乐会、摇滚乐。②

三 苏共新闻自由化扮演的角色

（一）高度集权新闻体制的破冰者

苏联长期实行高度集权的政治经济体制，包括新闻领域的各项事务的

---

① 邱志华：《苏联新闻改革概况》，《国际观察》1988 年第 4 期。
② 沈一鸣：《苏联舆论工具在改革中的新变化》，《当代世界社会主义问题》1987 年第 4 期。

运作与发展都由苏共发号施令。对于无产阶级政党而言，党对革命事业应起到引导作用，在根本路线、方针政策上做出全局性的指导，而不应过分干预社会事务的具体运作。然而，苏共的领导违背了这一原则性要求，把党组织凌驾于国家权力之上，以党代政、党政不分，混淆了党组织与国家机关的职能。这对党和国家的发展造成不利影响，在缺少必要监督的情况下，党内的官僚主义、贪污腐败、脱离群众等现象就在所难免。苏共作为执政党包揽了国家各项事务的运作与发展，对新闻领域的管理也是如此。

苏共作为苏联唯一执政党，在新闻上，长期实行严格的新闻控制，压制舆论监督和新闻批评。灌输内容并严重脱离实际，理论教育内容空洞陈腐，流于形式，一味地按抽象原则大谈社会主义的优越性和资本主义的腐朽性，对自己存在的问题轻描淡写，无视西方资本主义的新发展和新变化。新闻宣传教育成了"瞎子和聋子的对话"。[①]

新闻自由化运动成为突破这一僵化新闻体制的"破冰者"。戈尔巴乔夫以自身的行动支持新闻自由化改革。他在1985年5月的列宁格勒之行成为轰动一时的新闻，戈氏走到群众中，与人们面对面交谈，回答人们的问题，这是自赫鲁晓夫执政后苏共最高领导人第一次在街头与群众直接沟通。不久之后，戈氏在接受美国《时代》杂志采访时，现场即兴访谈，改变了苏联领导人刻板的形象。

领导人的带头作用激发了人们改变现状的动力，新闻自由化改革逐渐被接受和推广，极大冲击了旧的新闻体制。新闻媒体呈现出如下新气象：

第一，新闻媒体开始重视客观反映国内外情况，报道面得到拓宽，信息量增多。凡是社会关注的国内外重大事件，不论是喜是忧，都能及时予以报道。

第二，批评稿件增多，来自群众的舆论监督日趋活跃，所涉及范围从人们切身利益相关的问题，逐步扩展到内政外交等方面，被批评者的级别也越来越高。

第三，自由讨论的做法逐步得到发展，言论禁区被打破。谈论的话题从历史问题到现实问题，从经济改革到政治改革，呈现出百家争鸣的局面。

---

① 季正矩：《苏联共产党兴衰成败的十个经验教训》，《当代世界与社会主义问题》2004年第1期。

第四，新闻媒体的独立性在增强，报社实行总编负责制。总编可以独立行使编辑权、管理权和用人制度等。①

随着上述新气象的出现，公众接触新闻媒体的积极性空前高涨。报纸的发行量和广播电视的视听率空前提高。戈尔巴乔夫十分肯定报刊的积极变化，他指出："报刊普遍活跃的一个迹象就是搞群言堂，而不是一言堂。总结和自我总结越来越让位于各种各样的采访谈话、'圆桌'座谈和刊登读者来信。"②

（二）推动"公开性"的先行者

公开性原则是列宁生前所倡导的，由于他英年早逝，加上随后苏联面对的复杂国内外形势，公开性原则一直被历届苏联领导人束之高阁。苏共二十七大以后，戈尔巴乔夫在新闻界竭力倡导"公开性"、"透明度"，提出舆论工具是"实行公开性的最有代表性和群众性的讲坛"，"报纸应当支持公开性原则"，"应当将更多的事实公诸于世"。"公开性"拉开了苏联政治体制改革的大幕。改革的目的是实现民主化，民主化需要公开性来推动，而公开性主要依靠大众传媒来实施。③

新闻媒体并非推行公开性的唯一渠道，但却是极为有效的渠道，是推动"公开性"的先行者。报刊、广播、电视是最具有代表性和群众性的公开性讲坛，苏共就是通过新闻媒体向广大人民反映各个领域的实况，向人民公开政府的工作，使人民的呼声能通过新闻媒体没有任何"阻碍"地反映到苏共上层，从而加强上下对话，密切联系群众，使人民及时了解党对一些国内外重大问题的方针政策和相应决定。苏共中央经常组织各部门负责人向群众作咨询，对居民提出的批评意见一一做出答复。一些报刊、电视、广播开始广泛报道人们普遍关心的各种问题，从而使报刊的销售量大增。有不少人通过电台、报刊参与关于改革的自由讨论。进而通过新闻媒体，形成民主监督。苏共中央委员会要求各级领导人要及时地和实事求是地回答报刊的质问和对他们的批评任何人都不得置身于监督之外。④

正是苏共运用报刊、广播、电视等，加强了上下对话，组织群众公开

---

① 王立行：《戈尔巴乔夫的公开性及其利弊》，《苏联东欧问题》1989年第5期。
② [苏] 米·戈尔巴乔夫：《改革与新思维》，苏群译，新华出版社1988年版，第91页。
③ 张举玺：《论"公开性"对苏共新闻事业的影响》，《新闻爱好者》2012年第11期。
④ 高科：《公开性与苏联社会民主化》，《群言》1989年第7期。

讨论大家关心的问题，提高国家政治生活的"透明度"。这样，把政府置于人民的监督之下，从而加强了与人民的联系。①

戈尔巴乔夫高度肯定新闻自由化改革在推动公开性方面的作用："苏共中央在开始改革时依靠两种强大的实际力量——党的委员会和舆论工具。我甚至要说，假如舆论工具在中央四月全会以后并未立即积极认真地参与这一过程，那么，党就可能不会达到今天这样的就改革的全部问题进行讨论的水平，而问题是广泛的，各不相同的和互相矛盾的。"②

新闻自由化改革使新闻界出现了新气象，也带动了政治、经济领域相关问题的公开，加强了上下层的沟通与联系。苏共要求各级领导机关要配合新闻媒体的工作，重视民意的反馈，通过新闻媒体加强与民众的联系和对话。政府事务被置于新闻媒体的监督之下，促使他们不得不做出一些改变，推动了改革的进行。媒介的批评广度和深度得到加强，批评的对象从过去的"苍蝇"扩大到"老虎屁股"。

结　语

1985年戈尔巴乔夫在危机重重的局面下，接过苏共这面大旗。为了挽救苏联于危难，使旗帜不倒，必须实施改革。戈尔巴乔夫明白，新闻媒体在传播思想文化和影响群众思想行为上具有导向作用，改革的推行离不开新闻媒体的配合。然而在苏联，旧的中央高度集权的体制尚未被彻底冲破，传统的习惯势力仍然根深蒂固。由于公开性侵犯了"官僚阶层"的利益，因而遭到了来自许多中上层干部的强烈抵制。

要打破上层的阻碍，必须先对新闻领域进行大刀阔斧的改革，打破影响苏联60年的"斯大林模式"的新闻体制，实施新闻自由化改革。在党和国家机关、社会组织、舆论工具活动中推行公开性方针，确立政治的开放性和真实性，开展实事求是的批评与自我批评，使党和全体人民更好地了解自己的过去、现在和未来。只有这样才能将改革顺利进行下去。正是公开性原则的确立，使人们感到了自身的责任，逐渐抛弃漠不关心和互相疏远的态度，激励起强大的爱国主义力量。

---

① 邱志华：《苏联新闻改革概况》，《国际观察》1988年第4期。
② ［苏］米·戈尔巴乔夫：《改革与新思维》，苏群译，新华出版社1987年版，第90页。

在新闻自由化初期"公开性"原则取得了一定的成效,主要表现在:

(1)"公开性"推动了重大党务政务活动和重大问题决策过程的公开。党务政务活动和政治决策不应是封闭式的、脱离大众的、不能触摸的,而应是开放的、参与式的、与大众合为一体的。"在'公开性'的推动下,苏共通过新闻媒体使广大人民看到政府会议的实况,使政府的工作向人民公开并为他们所理解。这样就把政府置于人民的监督之下,从而加强了与人民的联系。"[1]

(2)新闻媒体开始报道重大灾难事故和社会问题。以往,苏联党政机关对国内发生的一些重大灾难或恶性事故,通常都遮遮掩掩。苏共二十七大以后,苏联部长会议改变了过去报喜不报忧的做法,通过新闻媒体对1986年发生的切尔诺贝利核电站事故和"纳西莫夫海军上将"号客轮沉没等事故进行了及时报道,政府并就此多次举行记者招待会,介绍人员伤亡情况。

(3)新闻媒体成为群众议论国家大事、参政议政的论坛。为激发广大听众、观众的改革热情及参与意识,报刊、电台、电视台等媒体常常就经济问题、社会政治热点问题组织群众进行公开讨论,报道人们感兴趣的经济发展、文化生活、住宅建设等问题。有时,报刊还安排领导人与普通公民在媒体上对话,吸引了许多读者。正因为媒体贴近生活、贴近大众,所以呈现出活跃的局面,到1987年许多报刊销量大增。[2]

新闻自由化初期,"公开性"作为戈尔巴乔夫的一项坚定的政策是十分明确的。戈尔巴乔夫执政的最初两三年里,在"公开性"的推动下,苏联新闻开禁,批评的声音增多,可读性增强,发行量不断上升。全国呈现出积极向上的良好局面,新闻自由化改革取得显著成效。

第二节 苏共新闻自由化的展开阶段及角色

公开性与舆论多元化政策推行后,大众传媒纷纷冲破旧有新闻体制,在改革初期发挥了巨大的作用。然而,随着公开性力度无限扩大,媒体发展渐渐偏离了既定方向,成为多种社会思潮的孵化器。

---

[1] 邱志华:《苏联新闻改革概况》,《国际观察》1988年第4期。
[2] 同上。

一 新闻自由化倡导新闻公开性

（一）公开性提出的出发点

戈尔巴乔夫认为，公开性是社会主义民主的基本原则之一。根据这一原则，国家和社会发生的一切应当对人民最大限度地公开，置于人民的监督之下。公开性要求把党、国家权力机关、国家管理机关、社会团体等全国性的和地方的决议及其执行情况更多地向居民通告，将他们的工作和活动逐步公开化，让全体人民逐步公开地参与党和国家有关政治、经济、文化、外交、科技等社会生活各个领域的决策过程，参与国家与社会的管理和监督。公开性还要求实事求是地公开国家和社会的实际情况，包括当前存在的重大问题、矛盾和困难。

在苏共倡导的新闻自由化过程中，公开性原则成为新闻自由化改革的重要内容。戈尔巴乔夫认为，"公开性"原则是人民表达自我意愿的重要方式。发展公开性是集中各种观点和意见的最佳方法，这些观点和意见最能够反映苏联社会各阶层和各行业的利益。

在戈尔巴乔夫尚未当选苏共中央总书记之前，就曾于1984年论述过公开性的问题。他认为："公开性原则是社会主义民主不可分割的一个方面，也是整个社会生活的准则。广泛、及时和公开通报消息，是信任人民、尊重他们的理智和感情，是他们自己有能力搞清楚某些事件的能力证明。这种做法不仅能够提高劳动者的积极性，也是党和国家机关同官僚主义弊端进行斗争的有效工具。"[1]

在1986年2月召开的苏共二十七大上，戈尔巴乔夫以苏共中央总书记的身份，进一步阐述了公开性原则，"扩大公开性问题，对于我们来说是个原则性问题，也是个政治问题。不公开就没有，也不可能有民主、群众的政治创造性及参加管理"[2]。在宣传部长雅科夫列夫的积极谋划下，苏共二十七大正式提出了"公开性"原则。

1986年9月，戈尔巴乔夫在视察克拉斯诺达尔边疆区时，再次谈到公开性的话题，强调说，"时代的重要特征是广泛的公开性、公开讨论我

---

[1] 《戈尔巴乔夫在意识形态工作会议上的报告》（1984.12.10），俄《新闻业务》1987年第23期。

[2] 《在苏共27大政治报告》（1986.2.25），俄《新闻业务》1987年第23期。

国社会生活最紧要的问题、国家的发展,这将在社会上造成一种新的,全新的氛围"。他直接呼吁,"我们应当扩大公开性,应当将更多的事公诸于众,我们的人民应当知道劳动集体、区、州、共和国正在发生的一切"。①

1987年1月,戈尔巴乔夫在苏共中央全会上指出,"公开性、批评与自我批评以及群众监督,这是苏联社会健康发展的保证。既然人民需要它们,也就是说,所有的人都需要它们。由于苏共是执政党,这一点显得尤为重要。苏共喜欢公开性和批评与自我批评,因为这是苏共正常行使职能的正常而可靠的形式。这也正是使党避免在改革上犯错误的手段"。②

1987年11月,戈尔巴乔夫在著作《改革与新思维》中进一步肯定公开性的重要性。书中郑重呼吁:"让公开性大放光明,把一切公诸于众,它可以提高劳动人民积极性,使公开性成为社会生活的准则。没有公开性,就没有也不可能有民主。而没有民主,就没有也不可能有现代社会主义。"③ 至此,他已经把公开性提升到一个前所未有的政治高度。甚至把公开性当作管理机关活动,进行民主监督的有效形式,是纠正缺点的强有力杠杆。实行公开性可以保证苏共不犯错误。

(二)逐步取消对"公开性"的限制

在戈尔巴乔夫的大力推进下,"公开性"成为苏联意识形态领域使用频率最高的热词。"公开性"原则让新闻界打破了一切言论禁忌,实行新闻自由。凡是跟苏联有关的所有人和事,都可以进行公开讨论和批评。苏联社会全面进入舆论监督范围之列。④

在此基础上,戈尔巴乔夫进一步提出了新要求,主张实行"更广泛的公开性",力求在社会生活的一切领域有更多的公开性。人们既应知道好事,也应知道坏事。任何事件,不论是今天的痛处还是历史上的悲惨事件,都可以成为报纸分析的对象。

随着公开性的深入开展,对公开性的限制被逐步取消。进一步扩大公开性,既是苏共和国家机关履行正常职能的可靠程序,又是改进国家建设各部门工作的强有力的杠杆。进一步扩大公开性,既是保障党和国家的方

---

① 《戈尔巴乔夫关于苏联新闻改革的言论》,俄《新闻业务》1987年第23期。
② 同上。
③ [苏]米·戈尔巴乔夫:《改革与新思维》,苏群译,新华出版社1987年版,第88页。
④ 苏群编译:《戈尔巴乔夫关于改革的讲话》,人民出版社1987年版。

针政策减少失误，不犯错误和纠正缺点的好办法，又是对毫无例外的一切国家机关、管理机关以及劳动集体与社会团体实行全民监督的有效方式。

无限制的公开性被推行之后，媒体组织人们对党和政府的大政方针、对已有定论的历史事件和任务进行重新审视和评价。大量触及时政、历史敏感问题的报道纷纷出炉。一些过去秘而不宣的隐情，也陆续在报端披露。以前不能涉及的领域，包括苏共和国家的重大失误、缺点和弊端，纷纷被触及。①

逐步取消对"公开性"的限制主要采取的措施有：

（1）大规模撤换干部，为推行公开性、民主化扫清组织障碍。戈尔巴乔夫上台伊始，采取了撤换干部的行为，但那次的主要目的是试图通过整顿纪律、撤换工作不力的干部这种"行政手段"来提高劳动生产率，实现加速战略，是迫不得已的行为。1987年1月召开的苏共中央全会后，撤换干部则是主动的行为，是通过撤换干部达到推行公开性、民主化的政治目的：需要那些符合改革任务的、符合加快社会经济发展的干部创造性地和目标坚定地把党的路线贯彻到生活中去。如果说以前对大多数干部还是基本肯定的，这一次则认为整整一代人已成了保守势力。戈尔巴乔夫反复强调，改革的主要敌人是党内的官僚主义，还将干部对改革的态度作为评价是否称职的标准。他多次强调对改革的态度以及进行改革的实际表现是衡量干部的决定性一条，在干部政策上一个决定性的标准是要看干部对改革、对加速国家社会紧急发展任务的态度，并且不能凭口头所讲的，而要看行动表现。②

（2）倡导说真话、批评缺点和揭露错误，强调不存在"不受批评的禁区"。戈尔巴乔夫在苏共二十七大政治报告中，总结20世纪70年代到80年代初苏联社会经济所出现的消极现象时指出，第一个最严重的教训就是要讲真话，应当把直言不讳、开诚布公地批评一切当作一条规矩。他在报告中批评了从中央到地方的各行业工作中存在的问题。苏共还强调任何部门、任何党组织、任何工作人员，都不能不受监督，都不是不能批评的。过去被认为是禁区的问题也开始被揭露。③

---

① 邵宁：《论苏联解体前后新闻控制的演变》，《新闻大学》2003年第2期。
② 邬思源：《论戈尔巴乔夫的政治公开性》，《山西师大学报》（社会科学版）2007年第3期。
③ 同上。

(3) 资本对新闻的控制加强。苏联新闻改革过程中，在新闻控制的权能因素减少的同时，资本因素在上升。自1986年开始，苏联新闻界一些人开始提出允许私人创办电台和报纸，减少苏共中央对传媒的控制，党报编辑部与党应该脱离关系。1987年至1988年，国家放开了对传媒的控制，大众传媒理论上还属于党和国家政府所有，但一大批国家级传媒已经转为自负盈亏的总编辑负责制机构。1987年，苏联境内开始出现名叫"尼卡"的非政府系统办的电视台。这个电视台的经营方针由公共机构、合作组织、报纸代表组成的咨询委员会来决定。①

(4) 放松了对西方媒体进入苏联的管制。从1987年1月起，苏联停止了对英国广播公司频道的干扰，几个月后，又停止了对美国之音和西德德意志广播电台的干扰。②

(三) 新闻公开性的推行对媒介旧体制的冲击

新闻公开性的推行冲击了旧的新闻体制，新闻报道、报刊发行等方面都得到改进和提升。新闻公开性推行后，报刊发表了大量群众来信和学者文章。人们不再囿于过去的旧框框，许多过去的话题禁区成了热门的讨论议题，包括外交同内政的关系问题等。这使人民在社会生活中有了自己的发言权。

大量被禁止的主题突然在报刊中出现，大量闻所未闻的信息使传媒成了万众瞩目的焦点。公开性改革和由此带来的言论自由使传媒在民众中的声望骤升，人们对传媒的兴趣随着传媒传递的信息量一起递增。一时间，报纸的征订额大幅度提高，街头排队抢购报刊的景象时有发生。1987年《真理报》发行量超过1100万份，《消息报》达到800万份，订户比上一年增加了100多万份。《文学报》的订户达到20年来的最高数量，超过280万份。③ 1989年，苏联中央报纸的发行量为1.244亿份，比1988年增长16%，见表1。全国性杂志的发行量为1.932亿份，比1988年增长10.1%，见表2。④

---

① 孟超：《前苏联后期新闻"公开性"原则实践的得与失》，《新闻传播》2010年第5期。
② 刘帅：《新闻自由下的苏联解体》，《中共云南省委党校学报》2010年第6期。
③ 引自《苏联新闻界动态》1988年。
④ 引自《苏报刊发行量大幅度上升》，原载《苏共中央通报》1989年。

表1　　　　　　1985—1989年间苏联中央报刊发行量

报刊名称	1985年发行量	1989年发行量
《论据与事实》	142.4万	2045.8万
《消息报》	575万	1013.8万
《共青团真理报》	1286.5万	1758.5万
《真理报》	952.5万	966.4万
《劳动报》	1665万	1984.9万

表2　　　　　　1985—1989年间苏联中央杂志发行量

杂志名称	1985年发行量	1989年发行量
《星火》	59.6万	308.3万
《新世界》	37.9万	155.6万
《共产党人》	92.9万	93万
《农妇》	1426万	2044.9万
《女工》	1576.3万	2044.2万

随着苏共对媒体控制力的削弱，原来被禁止的如宗教刊物、国外侨民刊物、外国刊物、色情刊物、非正式出版物也陆续出现。据统计资料显示，1985—1989年间出版的非国有报刊：社会政治类993种，宗教哲学类56种，文学艺术类179种，音乐类157种，儿童类44种。①

不仅如此，苏联的广播、电视功能也发生了改变。信息传播功能成了新闻媒体的首要功能，实现了从单一的新闻宣传到各种信息的多元化传播。同时，苏联媒体的舆论引导功能和监督功能也有所增强，媒体作为"第四权力"的观念开始深入人心。就连媒体的文化教育功能与娱乐功能也开始凸显，为了满足受众的需要，文学性、艺术性、游戏性内容日益得到扩大。

但是另一方面，无限制的公开性很快呈现出不利的影响。在摆脱了长期的压抑后，媒体开始热衷于各种揭露性报道，新闻报道的真实性、客观性被忽视，这给以后人们全盘否定苏联历史和政治制度埋下了隐患。政治改革的巨大阻力使戈尔巴乔夫不断扩大公开性的范围和程度，主张"毫

---

① 李玮：《转型时期的俄罗斯大众传媒》，上海外语教育出版社2005年版，第13页。

无限制的公开性",要求新闻媒体放开手脚去做。媒体从极度的压制突然转为放任自由,很容易出现混乱局面。一些过去秘而不宣的隐情,被陆续在报端披露,如斯大林是怎样处决红军将领的,布哈林绝笔书的内容等。斯大林个人崇拜受到强烈抨击,进而批评斯大林时期的"社会主义模式",说社会主义是一种倒退。一些报纸还由抨击斯大林进而发展到攻击列宁,否定他领导的十月革命。

苏联国家广播电视委员会第一副主席列·克拉夫琴科表示,改革近两年里,电视在很大程度上摆脱了"华而不实"的现象,越来越多地偏重于尖锐的社会性节目。[①] "公开性"推出之后,在没有出台保障措施之前,媒介撰稿人为了争夺受众,不惜对事件进行各种粉饰加工、添油加醋。一时之间,黄色、暴力、丑闻奇事等充斥了新闻媒介,呈现出错乱的局面。

二 新闻自由化展开之后舆论的作用

(一)"舆论"是把双刃剑

舆论是公众关于现实以及社会中的各种现象、问题所表达的信念、态度、意见和情绪表现的总和,对社会发展及有关事态的进程产生影响。舆论监督是人民群众对国家事务和社会公共事务进行的监督。由于现代社会的复杂化和庞大化,作为分散存在的公众对监督的前提——信息获取存在较大难度,因而现代社会的舆论监督在很多情况下需要借助大众传媒,通过传媒形成关于某个问题的舆论,而大众传播媒介以其突出的传播优势可以承担此重任。所以,现实操作中大众传媒通常被视为舆论监督的主体。[②] 但是,作为舆论本身,它具有积极作用和消极作用双重属性。

舆论的积极作用首先表现在它的制约与监督作用。舆论形成于民间,并会对所讨论事件或者社会现象产生一种无形的约束力。社会舆论对政府或者个人乃至社会团体起到一定的制约与监督作用。

其次,积极舆论对社会公众的指导和鼓动的作用。积极的舆论对于个人或团体有一定的心理上的压力,因此能对个人或团体起到参考或指导、鼓动的作用。舆论可以对某些共同的价值观念起到宣传作用,以此来增强

---

① 引自《苏〈真理报〉总编辑说苏新闻报道不存在禁区》,路透社1987年10月15日电。
② 陈力丹、闫伊默:《论我国舆论监督的制度困境》,《南通大学学报》(社会科学版) 2007年第2期。

社会公众的凝聚力，有效地整合社会。

最后，舆论是新闻报道的力量所在。它能使公众的话语权趋向平等，人民作为舆论形成中的个体，他们可以随意表达自己的思想、情感，可以无约束地表达个人意见，发挥个人作用。另外，监督机制的完善也能逐渐推进社会各机制的改进。

下面，我们再来看看舆论的消极作用。

首先，不积极或不正确的言论一旦形成舆论，对于社会公众会起到带动、影响的作用。原本少数人在认识上的错误，一旦形成舆论后，便会影响、带动其他人，造成更多的人错误的认识，这样也一定会对社会造成负面的影响。

其次，舆论会被作为手段使用，从而达成个人或组织的目的。由于多数人的意见具有很强的说服力，因此有些人就会利用舆论的力量，为个人或团体的目标服务。

最后，真理不一定掌握在多数人手里，一旦多数人共同有了不正确的认识，便会对全局产生影响。在一定范围内，有接近 2/3 的人持相同意见，这种意见便会成为主导舆论，真理就会被压倒。

由此可见，舆论是把双刃剑，在利用好正确舆论的同时，也要重视舆论带给社会的负面作用。

（二）舆论多元化加速了苏共与社会的矛盾

新闻自由化改革有效增加了舆论界活力，之前的"舆论一律"氛围被彻底打破。推行新闻公开性和舆论多元化是苏共中央主导进行的一场思想解放运动，它不仅推动了苏联民主化进程，也成为政治监督的有效武器。合理推行公开性和舆论多元化，有利于信息公开，促进社会进步。但是，绝对的、毫无节制的公开性和舆论多元化，不仅不能助推党政廉洁和社会建设大力发展，反倒具有更多的消极意义。

苏联的意识形态在过去一直被严加控制，"舆论一律"的局面导致人民在政治方面的看法很不成熟。尤其是对于各种思潮的来袭，缺乏成熟的思辨能力。苏共推行舆论多元化，反倒为各种激进民主主义思潮取代马克思、列宁主义信仰创造了条件。

自从戈尔巴乔夫提出新闻公开性改革之后，各种报道禁区也为舆论多元化放开了阵地。新闻公开性倡导开展批评、反思历史的运动，使赫鲁晓夫否定斯大林的记忆被唤起。这场运动是由文学家和政论家发起的，得到了国内外形形色色的反社会主义分子的吹捧与追随。从 1987 年开始，到 1988 年升级，从批判斯大林及斯大林主义开始，到不断攻击十月革命和列宁，再上升到否定整个苏联社会主义和苏联共产党。

这场反思历史的运动从一开始就存在极大的片面性。对于斯大林、列宁等历代领导人的缺点肆意夸大渲染，以偏概全，全盘否定了他们为国家和民族所做的贡献，恶意丑化苏共并极力贬低其历史成就，从对斯大林、列宁执政时期的意识形态批判，上升到对全苏联和马克思社会主义的批判。

在新闻自由化改革的大背景下，苏联社会广开言路，言论解禁，在颠覆了苏共的光辉历史时，也美化了西方资本主义国家制度。并且，不允许坚持马列思想的人对于反共反社会主义的观点进行反驳。其中，尼娜·安德烈耶娃事件在当时就引起了不小的社会反响。

1988 年 3 月 13 日，尼娜·安德烈耶娃在《苏维埃俄罗斯报》上面发表了一封有关反对批评斯大林和苏联历史的读者来信——《我不能放弃的原则》。这封信很快就被全国各地的媒体转发，观点被大多数受众认同，也收到很多读者来信。为了这件事，戈尔巴乔夫专门召开了连续两天的国家政治局会议，并公开批判安德烈耶娃所发表的是"反改革分子宣言"，并被苏联境内各大报刊转载。

苏联媒体公开声明反共反社会主义，并集结了一部分民众进行一系列大规模的反共游行，其目的是想通过斗争迫使苏共下台。苏共在这样的局势下，不被理解，又无从解释，大权旁落，地位也随之下降。从本质上讲，新闻公开性改革的发展完全背离了戈尔巴乔夫的预想和广大人民群众的愿望，最终成为反共反社会主义势力用来夺权的手段。

随着新闻自由化改革的进展，一批思想极端、行事激进且反共反社会主义的人被释放，并被重用，担任各大报刊的负责人或编辑。他们对事件的报道风格和角度主要以大肆攻击马列主义和社会主义制度，煽动工人的负面情绪，号召群众推翻共产党为主。因此，大大加深了苏联共产党与社会的矛盾。

随着一批过去被禁的反社会主义文学作品得到"解冻"，新闻媒体纷纷跟风连载各种反社会主义的小说等文学作品，进一步扩大了这些作品的负面影响，媒体也从中盈利。各种歪曲党内历史的、反社会主义的、抹黑斯大林和列宁的，宣传自由派的作品解禁出版，成了自由派分子反社会主义、反马列主义的阵地。逐渐形成了一种谁先冲上去，谁首先反对斯大林，谁就是英雄的风气。

1987年7月，《消息报》发表文章，谴责苏联中小学所用的历史教材，认为历史教科书中充满了谎言。1988年6月，苏联教育部门决定，销毁1989年前编订的所有苏联历史课本，并取消当年中小学的历史课考试。1989年12月，苏联国民教育委员会颁发指令，取消所有大学和高等院校的马克思列宁主义课程。这样一来，全面否定了苏联的历史，破坏了之前苏联共产党努力奠定的群众基础。

反对派利用报刊等媒体制造舆论，攻击苏共政权。从抹黑苏共的形象，到质疑苏共的公费花销，再到诋毁苏共在群众中的地位，就连党员的家属也没能幸免。这从根本上动摇了当时共产党员对共产主义理想的信念，使人民群众对党的前途失去信心。大批共产党员要求退党，苏共人数骤减。

三 新闻自由化在展开阶段所扮演的角色

（一）"舆论一律"的突围者

随着新闻公开性推行，苏共此前实行的"舆论一律"局面被打破。政府允许不同的声音出现，新闻媒介开始重视新闻报道的时效性、真实性及趣味性。针对国内外新近发生的事情，不论是好是坏，都能及时进行报道。

为激发广大受众的改革热情及参与意识，各大新闻媒体常常就经济问题、社会政治热点问题组织群众进行公开讨论。比如《苏维埃文化报》等报刊开辟"直言"专栏，让人民群众各抒己见。有时，报刊还安排领导人与普通公民在媒体上对话，吸引了许多读者。

与此同时，媒体十分注重与受众开展互动，采用各种途径与受众沟通，经常发表群众来信，批评稿件不断增多，受众对党和政府的舆论监督日趋活跃，媒介的公信力随之提升。

受戈尔巴乔夫公开无禁区的鼓励，不仅群众自由讨论的局面在扩展，言论自由充分展现，就连大众传媒的独立性也得到增强。新闻刊发的决策权力由同级党委移交给了总编辑，所有内容不用再经政府和党的审查，彻底实现了新闻报道自由化。由于媒体不断注重贴近生活、贴近大众、贴近实际，苏联传媒业呈现出一派前所未有的活跃局面。1986年秋季报刊征订时，许多报刊销量大增。

可以说，苏联新闻自由改革推动了国家重大问题决策过程的公开。政治活动不应是封闭式的、脱离大众的、不能触摸的，而应是开放的、参与式的、与大众合为一体的。在公开性的推动下，苏共通过新闻媒体使广大人民看到政府会议的实况，使政府的工作向人民公开，并为他们所理解。这样就把政府置于人民的监督之下，从而加强了与人民的联系。[①]

新闻自由化给了人民充分的知情权，公民的话语权趋向平等，人民的积极性随之提高。媒体组织群众大量触及当下时政，使政府在被监督的情况下及时调整方针、政策。在苏联实施了多年的"舆论一律"被打破，出现了意见自由市场，人们对社会生活及时事政治各抒己见、畅所欲言。显然，新闻自由提高了改革过程中的反腐能力，完善了监督机制，逐渐推进社会各种机制的改进，使整个苏联呈现出短暂的媒介改革高峰期。

但是，伴随这种崭新局面而生的是，舆论不仅出现多元化，而且不断被细分，新闻道德和传播质量逐步下降。私人和社团办报合法化以后，苏联大众传媒由单一的国营模式，转变为国家经营、地方经营、股份经营和私营等多种经营方式并存的局面。媒介的管理模式也由国家管理转变为企业化管理。

（二）历史和现实的批判者

对绝大多数的苏联国民来说，由于过去一直生活在意识被严格控制的环境中，对于报刊所报道的新闻很难给予正确客观的判断。在这样的大背景中，导致人民对本国政治、经济、文化等方面的认识不全面不成熟。对于突如其来的变革，他们缺乏完善的心理准备，对于未来的展望，他们完全不知所措。虽然说新闻自由化是一场思想解放运动，推动了苏联民主化进程。但是，人们一旦在新闻自由化的环境中去重新审视和检验历史成果与现实政策，就会成为挑剔和严酷的批判者。可以说，新闻自由化在暗中发挥出批判者的作用。

戈尔巴乔夫等领导人在改革前期充满盲目乐观情绪，而完全没有对新闻自由化带来的冲击做好后果的预测。这个典型的激进主义方式的领导人认为，很多年累积下来的问题都可以通过新闻自由化改革一并解决。他在提出新闻公开性的时候，其目的就在于向人民传达改革思想，以盼得群众的支持。所以，他在改革伊始，便对人民群众许诺，改革会给他们带来美好富足的生活，以此来调动群众的积极性，得到广大人民群众对改革的支

---

① 邱志华：《苏联新闻改革概况》，《国际观察》1988年第4期。

持。他让群众对改革后迅速提高生活水平充满希望和期盼,但对改革过程中会遇到哪些挫折与改革的循序渐进程度并没有预测和传达。

然而,在改革过程中,群众对改革后的社会期望值不断提高,现实生活却越来越恶化,大众心理出现了明显反差。在这种情况下,媒体对苏共改革方案的批判,对社会主义现实生活黑暗面的曝光,对政治历史进行疾风骤雨式的批判和谩骂,都会招致群众越来越对党和政府产生不满与失望,从而积下民怨。

历史遗留问题与快速改革政策中的失误相碰撞,这是戈尔巴乔夫在改革之前所没有预料到的困难。在遇到这种困难时,他并没有及时采取有效手段加以疏导和缓解,导致苏联社会上下阶层之间产生分离现象。戈尔巴乔夫本想赋予大众传媒新闻自由,并通过大众传媒使上下得到有效沟通,但是大众传媒却在新闻自由化中成为历史与现实问题的批判者。

正如学界所分析的那样,由于这种批判者全盘否定苏联历史和现实中的社会主义制度,搞"绝对民主化"和"没有限度的公开性",不但没能纠正以往错误,鼓励人民投身改革,反而授人以柄,成了号召人们攻击苏共的大败笔,为反共反社会主义思潮的泛滥和组织的发展提供了条件。[①]

在绝对新闻自由制度下,媒介间受利益的驱使,不择手段争夺受众。除了公开消息,加强对社会监督外,各媒体还发表文章相互攻击,散布敌对情绪,使新闻自由化改革发生了质变,造成"媒介混战"局面。

由于苏共和政府在改革中不断扩大大众传媒的自主权,逐渐失去了对它的控制能力,之前的各种控制手段失效。大众传媒的发展方向偏离了规划好的轨道。

(三)意识形态多元化的推动者

舆论多样化推动了意识形态多元化的发展。大众传媒为多元化观点和思潮提供博弈平台,正是推动意识形态走向多元化的体现。但是,导致意识形态多元化还有一个重要原因,即苏共内部走向分裂,出现派别化。虽然戈尔巴乔夫在改革初期一再强调说,"改革是根据苏共的倡议开始,并且在它的领导下进行的。党认为自己有勇气、有力量制定新的政策,并能

[①] 许新等:《超级大国的崩溃——苏联解体原因探析》,社会科学文献出版社2001年版,第197页、229页。

够领导和开展社会的革新进程"。①

但是,随着形势发展到1988年,尼娜·安德烈耶娃的《我不能放弃原则》在《苏维埃俄罗斯报》上发表,成为苏共内部出现派别化的导火索。作者在文章中反对大众传媒对斯大林主义的批判,并尖锐指出,当前报刊上不少轰动一时的文章只能叫人迷失方向。除此之外,作者明确表态说,舆论界许多不正常的现象是反历史、反党现象,准确点说是逆社会主义而行的。

就是这样一封看似普通的来信,却在苏联引起了一场轩然大波。《真理报》发表编辑部文章——《改革的原则:思维和行动的革命性》,对尼娜大加反击。从苏共党内来看,真正的马克思列宁主义者极力支持尼娜的呼吁。而党内激进改革者则认为尼娜是改革的破坏者。这时,苏共党内对改革和改革措施与方向产生严重矛盾,并导致派别产生。

结　语

公开性的出发点是广泛、及时和公开通报消息,以取得人民的信任,提高劳动者参政议政的积极性,协助苏共同官僚主义弊端进行斗争,有效推进改革。公开性政策推行后,苏联大众传媒纷纷冲破旧有新闻体制,从前大量被禁止的话题准许在报刊上报道,大量闻所未闻的信息成为万人瞩目的焦点。公开性改革和由此带来的言论自由使传媒在民众中的声望骤升,人们对传媒的兴趣随着传媒传递的信息量的增加而增加。由此可以看出,戈尔巴乔夫提出的新闻自由改革是符合当时社会发展规律的,具有其合理性和必要性。

然而,舆论历来被看作是一把双刃剑。它不仅具有积极作用,也具有消极作用。在利用好正确舆论的同时,也要重视舆论带给社会的负面作用。改革初期,面对社会大众的不理解与保障机制的缺失,过度公开还处于保密期内的事实,过度揭露社会负面新闻,又会造成苏联社会事务管理上的混乱,引起民众对现实的不满。事实证明,有利于社会发展的言论十分重要,但是在政策的贯彻执行中对于度的把握和对困难的克服才是起决定性的重要因素。

---

① [苏]米·戈尔巴乔夫:《改革与新思维》,苏群译,新华出版社1987年版,第63页。

舆论多元化导致意识形态多样化，派别多元化和利益多元化加深了苏共与社会的矛盾。公开性与舆论多元化使苏共改革前的"舆论一律"被彻底打破，最终演变成了历史和现实的批判者。

可以说，戈尔巴乔夫在提出新闻自由化改革行动中，只看到了改革可以带给社会的好处，而缺少了对风险的预估。所以，导致大众传媒在新闻自由化改革过程中出现了混乱局面。为了改变和控制局面，制定和颁发《苏联报刊与其他大众传媒法》被提上日程。

第三节 苏共新闻自由化的发展阶段及角色

我们在第三章曾就苏共新闻自由化的三个核心内容：公开性、舆论多元化和《苏联报刊与其他大众传媒法》分别做出过论述。笔者认为，《苏联报刊与其他大众传媒法》的颁布与实施，标志着苏共新闻自由化已经进入最高的发展阶段。这里主要围绕该法典在新闻自由化发展阶段的推行步骤，以及承担的角色进行论述。

一 《苏联报刊与其他大众传媒法》的颁布

（一）苏联传媒法颁布背景

1990年6月12日颁布的《苏联报刊与其他大众传媒法》（以下简称《传媒法》）是苏联历史上第一部传媒法，它的颁布既与当时的政治发展状况密切相关，也与新闻界的变化密切相关。

20世纪80年代末，苏联国内发生了翻天覆地的变化。全面改革引发全国政治局势的强烈动荡，经济上的改革并没有产生实际效果，反而在一定程度上加重了国内的经济危机。政党分开过程中行动过快，形成权力真空，政府的权力被大大削减，导致部门职能界限模糊。在选举制度上，戈尔巴乔夫完全抛开民主政策，根据主观偏好随意调整干部队伍。过度的"公开性、民主化"让整个社会陷入无政府状态，改革、发展、稳定三者之间很难达到满意的切合点。

政治体制改革出台后，苏联的社会形势发生了很大变化，党内政治斗争日益激烈，国家内部矛盾愈演愈烈。改革进程逐渐被激进主义势力把控，从一党制到多党制，从议会制到总统制，政治改革带来的不是经济的增长、社会的稳定，而是国家权力之间的斗争。

为了推动政治改革有序进行，戈尔巴乔夫不断加大公开性的实施力度，政治环境的日益松动，使新闻立法成为可能。从苏联整个历史来看，戈尔巴乔夫改革时期的新闻事业具有相对宽松的自由度。随着改革的推进，加之新闻媒体自我意识的觉醒，开始发出成为社会"第四权力"的呼声，他们迫切需要一部法律保障其社会地位和获得的言论自由。

为了进一步推进"公开性、民主化"，保证人民在"绝对自由"的媒介环境下发表自己对改革的建议和意见，《传媒法》应运而生。苏联历史上第一部传媒法的颁布，具有划时代的意义。这部法典明确规定，公民享有出版和言论自由的权利，以法律形式保证了公民参与传媒活动的权利，也正是因为这部法律，新闻自由出现在苏联人民的视野当中。

（二）苏联传媒法的核心内容

1990年6月《传媒法》的颁布，从法律上取消了新闻审查制度、确立了公民的言论和出版自由，办报自主权开始扩大，第一次把大众传媒活动纳入了法律程序，为苏联的新闻自由奠定了坚实的基础。关于《传媒法》的特色笔者已在第三章中具体列举，此处不再重复。简而言之，该法典的核心主要涉及以下三个方面。

1. 以法律形式确立新闻自由

1990年8月1日《传媒法》生效后，苏联大众传媒第一次获得完整意义上的新闻自由，有权从事独立办报活动。《传媒法》第一条明确规定，报刊和其他传媒工具是自由的。苏联宪法保障公民享有言论自由和出版自由，享有通过报刊和其他大众传媒，自由表达意见和信仰，收集、选择、获取和传播信息与思想的权利。

大众传媒创办权解禁，打破了苏联时期只有国家机关和党组织才能拥有媒介传播权力的惯例，为私人办报提供了法律上的依据。根据这部法典，创办大众传媒的唯一要求，就是到主管部门去登记注册，登记程序简单明了，为广大团体或个人从事传媒活动创造了宽松条件。这部传媒法对公民享有言论自由、出版自由等都做出了详细规定，以法律形式确保公民在传媒活动中享有新闻自由的权利，使公民的传媒活动有法可依。

2. 废除书报检查制度

《传媒法》开宗明义，取消书报检查制度。该法典制定者认为，大众传媒是舆论平台，开放这个平台，利用好这个平台，对推动公开性和舆论多元化具有极其重要的意义。因此，废除对新闻媒介的检查制度，不仅有利于对保守势力进行打击，对官僚阶层进行有效监督，也方便了政府随时听取民意，获得群众对改革的支持。

传媒法实施，将苏联社会的办报活动完全推进至自由状态。大众传媒由此脱离了政府监管，各种办报活动不断涌现。

3. 办报自主权放开

《传媒法》第二章第七条规定："创办大众传媒的权利属于人民代表委员会和国家其他机关、政党、社会组织、群众团体、创作协会、依法创办的合作社、宗教团体、公民其他联合组织、劳动集体，以及年满18岁的苏联公民。"

这条规定说明，凡是年满18岁的苏联公民都有自由办报的权利，任何政府机构和社团组织都有创办媒体的自由。办报权利从过去的严格管控，到突然完全放开，强大压力瞬间挣脱束缚，苏联社会掀起一股强烈的办报热潮。

办报权限的放开使登记注册的传媒数量不断攀升。与此同时，大众传媒在报道内容、报道范围上都有很大突破，信息量急剧膨胀，一些关于社会阴暗面、历史悬念问题、当前政治改革中存在的问题等文章，纷纷出现在各种媒介的版面上。在一定程度上激发了读者的阅读欲望，报纸的发行量几乎是几十倍甚至上百倍地快速增长。

（三）为新闻自由立法

事实上，为新闻自由立法在苏联历史上已经不是第一次，而是贯穿于苏联历史的始末。历史上新闻立法的有益尝试为《传媒法》的颁布奠定了基础。1917年，世界上第一个社会主义国家诞生。以列宁为首的布尔什维克在创立一种全新的社会制度的同时，也建立起一套独特的社会主义新闻体系，该体系一直延续到苏联解体。十月革命胜利后的第三天（公历1917年11月9日），苏维埃人民委员会通过了《关于出版问题法令》（简称《出版法令》）。

《出版法令》的出台在当时引起了资产阶级和孟什维克等社会主义派别的强烈抗议，甚至一些布尔什维克党人也坚决反对这一法令。因为在沙皇统治下，布尔什维克党曾坚决要求沙皇给予人民言论、出版自由。但是《出版法令》仍然被付诸实施，根据这个法令，苏维埃政权在1917年底之前关闭了 120 家出版机构。① 由国家实施的政府垄断广告，夺取了资产阶级在报刊上刊登广告的权利，不仅使无产阶级报业得到了发展，而且是实现无产阶级出版自由的重要途径。以《出版法令》为开端，苏维埃政权确立无产阶级出版自由。

历史上，苏联共进行了三次不成功的新闻出版立法尝试，分别是20世纪60年代中期、1976年春和1986—1987年。20世纪60年代中期，苏联政府曾筹备出版法的草案，意识形态专家苏斯洛夫认为取消新闻审查会引起政治恐慌，因此法案草草收场。1976年的出版法草案只考虑宣传效果，而非法律效用，缺乏实现的机制最终也宣告结束。第三次出版立法的大多数内容与1976年出现重合，因未得到社会和媒体的支持而宣告失败。② 但是，这些草案都为《传媒法》的最终颁布奠定了基础。

1987年1月末召开的苏共中央全会，是一次在改革政策方面具有转折意义的会议。具体而言，这次全会是动员苏联人民深入贯彻二十七大制定的改革路线的大会，是二十七大制定的改革路线的继续和发展。全会的精神可以用"改革、民主、干部"六个字来概括。其中，改革是目的，民主是保证，而干部则是实现改革目标的关键。③

新闻改革是为了更好地推动政治、经济改革的进行。戈尔巴乔夫认为，之前的经济改革之所以没有取得成功，是因为公开性没有在群众中广泛推行，没把大众传媒从禁锢中释放出来。只有推行"公开性、民主化"，才能获得广大人民群众的支持，有效规范社会生活的准则，保证改革的顺利进行。

为了进一步推进改革的发展，有效进行政策宣传，大众传媒业必须进行改革，必须充分给予新闻媒介自由发展的权利空间，制定和颁布大众传媒法来保证这种自由。为此，戈尔巴乔夫在1988年7月授意3位法学家，制定一部大众传媒法草案。上述《传媒法》正是在这部草案基础上修订而成的。

在这部法律的规定中，普通民众获得了空前的办报自由和言论自由。传媒工具不再承担党和政府的喉舌功能，各种传播主体在充分享有新闻自

---

① 贾乐蓉：《苏联传媒法立法背景考察》，《国际新闻界》2012年第12期。
② 同上。
③ 施舒冬：《"改革、民主、干部"——苏共中央（1987）一月全会剖析》，《当代世界社会主义问题》1987年第4期。

由权利时，积极进行信息传播。

可以说，《传媒法》的颁布是苏联新闻立法的标志。但是，这项法律是伴随着戈尔巴乔夫一系列改革而产生的。立法的结果是各种团体及个人竞相参与传媒活动，各种思潮相伴涌现。新闻检查制度的废除，让各种杂声出现在媒体上，导致国家调控无所适从，力不从心。

"新闻绝对自由化"使苏联传媒丧失了党性原则。立法的初衷，本来是要求大众传媒极力追求新闻真实性。然而，《传媒法》颁布之后，新闻最本质的内容反而被忽略，新闻的真实性在这个时期变得无足轻重。

戈尔巴乔夫认为，只有保证大众传媒的公开性，才能更好地与群众进行有效沟通，获取大众的支持。推行新闻自由就是和群众之间建立有效沟通的桥梁，然而一些大众传媒在享有新闻绝对自由之后，反而对历史、对现实、对改革政策等，进行了大量不实报道，甚至出现了歪曲事实的现象，使得这次新闻改革偏离了最初的轨道。

二 《苏联报刊与其他大众传媒法》的实施

（一）《传媒法》实施目的

《传媒法》的颁布目的，首先是为了更好地配合改革的推进，服务于经济、政治改革，其次才是自身的改革。[①]

苏联时期，关于新闻自由的争论已经相当激烈。苏联学者认为，大众传媒是为人民服务的工具，只有具备真正的民主性，才能获得真正的新闻自由。而资产阶级所谓的新闻自由只是消极的不受国家干涉的新闻自由，是带有垄断性质的新闻自由，和苏联人民享受到的新闻自由是截然不同的。

公开性的提出，是为了让更多的人民参与到改革运动当中，及时、全面地反映来自各方面的消息。戈尔巴乔夫认为，经济改革的失败是由于没有拉近与群众的关系，只有全面推行公开性、民主化进程，才能更好地推进改革。他试图通过提高媒体的可信度，来显示他对苏联人民的诚意，从而通过大众媒体的宣传，让更多的人民投入到改革建设当中。

公开性是全国人民监督国内情况的规定，可以让全国人民团结在一

[①] 靳一：《迷失方向的苏联新闻媒介》，《当代国际政治与社会主义发展学术研讨会论文集》，2001年。

起，为国家服务。正是在戈尔巴乔夫这样的号召下，苏联新闻自由状况开始改变，从之前的严密审查逐步向无秩序方向发展。

于是，苏联大众传媒第一次成为社会舆论的发表者，不再受到党和政府的管制，掀起一场场新闻自由化浪潮。伴随着国内改革的不断推进，"历史无空白"、"反思历史"，甚至抨击改革政策的潮流愈演愈烈。

在这种背景下，戈尔巴乔夫为了规范报刊、广播、电视的传媒活动，更好地推动改革，颁布了《传媒法》。正是公开性的推行，为新闻自由奠定了基础。加上这项法律就新闻自由做出了明确的规定，保障公民享有言论自由和出版自由，使大众传媒在苏联第一次获得了充分的新闻自由。

新闻立法本是为了让大众传媒更好地配合改革，但是由于在这场改革当中，戈尔巴乔夫对当时的社会环境进行了错误的分析，改革又急于求成，在没有经过深入考察的情况下便制定了一系列规章制度。

苏联倡导的新闻自由，使政府完全放弃了对媒介的管控，传媒处于极度宽松的政治环境下，苏联传媒法的颁布归结于戈尔巴乔夫提出的"公开性"和"舆论多元化"口号。《关于"公开性"》文件的主要内容是，绝不允许压制大众传媒中存在的批评性意见，绝不允许迫害批评者，出版物要定期公布党的收支情况的详尽信息。[①] 这就造成了传媒法实施后，非但没有从根本上拉近与人民的距离，让更多的人投入到这场改革当中，反而让这种无限制的大众传媒活动愈演愈烈。

（二）传媒法实施措施

《传媒法》颁布之前，苏联对传媒的调控主要集中在政府的管控。随着一系列改革的实施，苏共中央取消了对报刊的审查制度，允许媒体揭露阻碍改革的一切问题。

戈尔巴乔夫要媒体"广开言路"，听取不同的声音，使报刊中呈现出社会主义多元化的状态。新闻媒体在传播思想文化和号召群众上具有导向作用，要想使改革顺利推行就必须依靠媒介力量，号召更多的人民参与到这场改革当中。《传媒法》颁布之后，政府采取了相应的举措，放开对新闻舆论的集中控制，让人民有权知道一切，批判一切。

雅科夫列夫担任苏共中央宣传部长后，推荐他的老朋友"民主活动家"维塔利·科罗季奇担任《星火》周刊负责人，去掉刊头的列宁勋章，

[①] 吴非、胡逢瑛：《俄罗斯传媒体制创新》，南方日报出版社2006年版，第246页。

改变报纸的办报方针，成为反社会主义的思想阵地。除此之外，《文学报》在其影响下，更换主编、扭转办报方向，成为自由主义者舆论宣传工具。①

经过人事变革的苏联媒体，在《传媒法》的庇护下，利用并制造舆论，成为改革的先行军。1986—1988 年之间，苏联一批有影响的报刊先后被"新人"接管。这些报刊包括：《消息报》、《星火》周刊、《莫斯科新闻》、《共青团真理报》、《论据与事实》周刊、《莫斯科真理报》、《莫斯科共青团员报》、《青春》杂志和《新世界》杂志等。苏共《真理报》、《共产党人》杂志和《经济报》等报刊的编辑部也大幅度进行了人事调整。② 苏联《传媒法》颁布后，这些苏联主流报纸凭借传媒法的保护伞，煽风点火，左右舆论，成为"公开性"改革的先行军。

《传媒法》生效两个月后，就有 700 多家报刊重新登记，其中约有 1/3 的传媒机构以个人名义进行登记。③ 随着新闻审查制被登记制所取代，媒体之间为了追求发行量，产生不少恶性竞争事件。片面的、不负责任的言论连篇累牍，刊发在报纸上。一些低俗、虚假的新闻篇章，同样出现在公众视野中。社会观念急剧转变，那些不断涌现的反历史思潮，都在这一时期被合法化。

苏联的广播电视也打破了原有的传播格局，在摆脱苏共的领导下，纷纷从中央广电中解脱出来，私营、商业电台在这一时期迅猛发展起来。此时，反对派极力控制电视台，并通过直播方式，发表没有事实根据的言论，肆意散布反共反社会主义的谣言，来维护自身的利益。1991 年 2 月，戈尔巴乔夫解散了"苏联国家电视和广播委员会"，成立了全苏国家广播电视公司。这是戈尔巴乔夫舍弃苏共在政治和意识形态领域之领导地位所迈出的关键一步，致使苏联广播电视事业与政府完全脱钩，进入"非党化"状态。

广播电视在脱离中央管控后，经济上不再受政府支持。在市场经济和物欲的诱导下，开始宣扬暴力、色情等内容，以吸引更多的受众，提高收视率。由于传媒法赋予大众传媒完全的新闻自由权利，以个人名义登记创

---

① 刘帅：《新闻自由下的苏联解体》，《中共云南省委党校学报》2010 年第 6 期。
② 张树华：《思想瓦解——苏共失败的重要原因》，《俄罗斯中亚东欧研究》2005 年第 4 期。
③ 王延波：《苏联新闻改革失败的启示》，《沧桑》2006 年第 4 期。

办的电台、电视台数量不断攀升，但是真正能够正常运行的，却不到登记数量的1/2。

与此同时，除本国财团对媒体实现掌控外，还出现了外资投入现象。外资以控股形式，直接参与苏联传媒行业。根据传媒法相关规定，大众传媒、职业记者组织、其他创作协会等均可以直接参加大众传媒国际领域的合作，并允许同外国公民和组织签署合作协议。这些规定为外国传媒机构和组织进入苏联传媒业打开了便利之门。

（三）《传媒法》实施结果

《传媒法》生效后，苏联大众传媒的经济关系发生了实质性变化。戈尔巴乔夫执政之前，苏联经济一直是在计划经济体制框架内运作的，而大众传媒与国家整体的经济状况有着密切联系。改革后期，市场产生了对广告的需求，于是报纸上便出现了早期的商业广告。

《传媒法》第七条规定，年满18岁的苏联公民及大众团体，均可依法创办大众传媒。这条法律从根本上改变了苏联大众传媒的所有制，为私人办报打开了大门。与此同时，苏联国有电视机构的所有权也发生了转变，非国有的电视、广播机构应运出现。

在这种混局中，国家垄断的局面不复存在，形成了多种所有制并存的局面。报纸方面，所有制类型有：同仁报纸、私人报纸、国有报纸、政党报纸和外资报纸。[1] 值得注意的是，私人报纸在这个时期发展迅速，办报路线趋向于商业化，内容以消遣娱乐为主。政党报纸在《传媒法》实施后趋于合法化存在，开始代表不同的阶级发表观点。广播电视方面，原有的传播体系被打破，形成了国家电视台、商业电视台以及外商投资的电视台共存的局面。

新闻媒介在信息传播方面能够起到引导舆论的作用，虽然苏共党内一致认为改革是有必要的，但是戈尔巴乔夫却始终没有清楚地把握改革去向。由于急于求成，匆忙之间颁布的《传媒法》，使大众传媒由党的喉舌转变为"民主派"、分裂势力的代言人、策划者和导演。[2]

一些激进主义者乘机创办自己的报纸，大肆宣扬各类负面舆论。苏联媒体掀起了一场"公开事实"和"揭露历史黑暗面"的风潮。反对派在

---

[1] 贾乐蓉：《当代俄罗斯大众传媒研究》，中国广播电视出版社2008年版，第81页。
[2] 李宏：《苏联解体的传媒因素及其教训》，《现代传播》2011年第4期。

报纸上大量刊登揭露官场贪污腐败，以及社会上酗酒、吸毒、妇女卖淫等现象的文章。这些文章极大地扰乱了公众的思想，在社会上产生大量消极、负面的影响。

与此同时，媒体开始扩大报道范围，对苏共和苏共历史进行了严酷抨击。让人瞠目结舌的是，在这些报道中，有相当一部分内容都是对历史事实的歪曲和造谣。但是，《传媒法》成为这些媒介机构的保护伞。

为了吸引读者，扩大发行量，报纸上开始发布耸人听闻和猎奇的新闻报道，假新闻充斥在各种类型的报纸版面上。广播、电视中也出现了一些反动言论，激进主义者纷纷走上荧幕，揭露苏共历史上的污点。这股浪潮造成民众对政府的普遍不满，国内政治矛盾不断激化。

《传媒法》实施后，为自由从事传媒活动奠定了法律框架。在《传媒法》的庇护下，大众传媒的传播方针发生根本转变，从积极、正面转向消极、负面。苏共形象遭到严重丑化，党的历史被肆意歪曲，党内错误被无限放大。雅科夫列夫在1991年8月的一封公开信中也指出了这一点："6年的改革……出现了反常的和十分危险的局势。随着时间的推移，它越来越清楚地表现出易于和迅速同社会上所有最反动的成分找到共同语言的愿望和能力。相反，它却极难同向往改革、革新和民主主义的人们与力量达成相互理解，建立对话。"①

综上所述，《传媒法》使苏联公民获得了充分的言论自由，这些举措原本都是为了更好地为改革服务的。但是，这项法律从开始实施，就被反动阶级所利用，通过大众媒介散布反对苏共言论，在人民中产生了极坏影响，从而使法律丧失了其颁布的意义。

三 《苏联报刊与其他大众传媒法》对传媒产业产生的作用

（一）《传媒法》对苏联报刊产生的作用

《传媒法》颁布后，苏联传媒业第一次真正享有了新闻自由。但是，这种自由不仅从政治上摆脱了苏共的领导，而且有越来越多的组织、团体、个人参与到了办报活动中。苏联大众传媒的结构和类型开始发生巨大变化，各种所有者、不同类型的大众传媒不断涌现。

---

① ［苏］亚·雅科夫列夫：《改革新思维与苏联之命运》，高洪山、冯又松译，吉林人民出版社1992年版，第361页。

此前，苏联报纸按照行政区域被自上而下划分为不同的等级，这种金字塔结构的传播形式以中央委员会机关报《真理报》为中心，逐渐向下延伸至基层报纸。① 在苏联大众传媒体系中，报纸占据着重要的位置。其中，以《真理报》最为重要，可以直接管制下层报纸。然而，《传媒法》颁布后，苏联报刊的金字塔体系瞬间瓦解，取而代之的是多种所有制并存的平行式报纸结构。报纸除发行量不断增加外，报纸的类型和传播内容随之发生巨大变化。

平行式报纸结构可以从三个方面划分：按所有制划分，可以分为国有报纸、商业报纸、政党报纸、外资报纸；按地区划分，可以分为全国性报纸和地方性报纸；按读者划分，可以分为高质量报纸和大众化报纸。② 国家对报纸的垄断局面被彻底打破，全国性报纸地位下降，各种商业报纸、教育类报纸纷纷涌现。城市街头，到处都是新出版的报纸和其他出版物。据 1991 年 5 月统计数字显示，苏联各政党、社团创办的报纸、杂志，已达数千种。③

《传媒法》取消了苏联长期实行的新闻审查制度，以法律形式规范了大众传媒的传播活动。除国家和军事机密外，其他一切传播内容均由传媒机构自行审查。这为报刊的自由传播铺平了道路。新闻传播机构的创办也由审查制更改为登记制。任何组织和满 18 岁的公民都有权利创办新闻媒体，而且登记手续十分简单，人人都可以依法从事各种传媒活动。

（二）传媒法对苏联广播、电视产生的作用

苏联广播和电视在结构方面有着相似之处。广播电视在苏共的领导下，实行国有国营体制，私人不得经营广播电视业，政府有专门的机构对其进行监管。在新闻改革之前，广播电视上几乎没有批评性报道。推行改革后，广播电台和电视台跟报纸一样，不断扩大报道范围和信息量，报道内容大量涉及社会阴暗面和批评性材料。

1990 年 7 月 14 日，戈尔巴乔夫签署《关于苏联电视和广播民主化和发展的命令》，明确规定了苏联国内广播电台和电视台独立于政治与社会

---

① 贾乐蓉：《当代俄罗斯大众传媒研究》，中国广播电视出版社 2008 年版，第 22 页。
② 同上书，第 23 页。
③ 刘向文、高慧铭：《俄罗斯联邦的新闻出版制度》，《俄罗斯中亚中欧研究》2004 年第 6 期。

组织之外，任何政党、政治派别，或者集团都不允许对其进行垄断。① 该命令指示各级党组织，必须放弃对广播电视的领导。苏联广播电视业的性质自此发生了根本性变化。

苏联广播电视业脱离党和政府的监管之后，其报道内容和类型都发生了急剧变化。过去被禁止的文学作品、影像制品被纷纷解除封印，无须审核就可以公开出版、放映。各种揭露性、批判性言论，不断出现在广电节目中。私营电台、电视台陆续在莫斯科、列宁格勒等地出现，在戈尔巴乔夫"公开性"和"舆论多元化"的掩护下，变成了专门揭露苏共和国家历史上阴暗面和消极现象的工具。

与此同时，苏联电视台还开设了一些政论性专栏，各种批评性言论、歪曲事实、肆意编造、杜撰等现象不断出现。一些激进主义者在新闻自由化的保护伞下，纷纷走上荧幕，不断歪曲和伪造历史遗留问题，以迎合戈尔巴乔夫"不留被遗忘的人物和空白点"等主张。自1990年5月后，各个地区都将境内的广播电视收归己有，不断开设新的频道，从事与苏联台截然不同的报道和播映活动。② 在《传媒法》颁布后的短短一年时间内，苏联广播电视体系进入混乱和无序状态。

（三）群雄无首，各自为政

新闻审查制度被取消，表明苏共主动放弃了对大众传媒业的管控，传媒活动从此无所禁忌。从极度控制到放任自由，苏联传媒在苏联境内掀起一股新闻自由化浪潮。与此同时，苏联广播电视行业也被苏共中央推入市场化行列。1991年2月，戈尔巴乔夫发布命令，将"苏联国家电视和广播委员会"改制为全苏国家广播电视公司。苏联广播电视业自此与政府完全脱钩，进入到"非党化"时代。③

苏联报刊与广播电视逐步从新闻专制中解放出来，在公开性与舆论多元化的争鸣中，逐渐被激进改革派和顽固保守派所控制。两大阵营借助新闻自由化风潮，极力利用传媒工具，传播利己言论。苏联大众传媒陷入无政府状态，成为各种不同社会趋向和政治流派的代言人。

随着苏共党内分裂加剧，各种反共反社会主义政党和团体大量涌现。

---

① 李瑛、何力：《全球新闻传播发展史略》，郑州大学出版社2004年版，第159—160页。
② 张允若：《外国新闻事业史》，武汉大学出版社2000年版，第349页。
③ 同上。

各种反对派抓住苏共在经济、政治改革中出现的失误大做文章,公开在大众传媒上号召民众放弃苏共领导,并借此建立自己的舆论阵地。于是,大量歪曲事实、伪造历史的虚假信息充斥媒体,处处涌荡着极度的无政府主义。

各种势力在大众传媒上无原则地相互争吵,不断发泄着仇恨与恶毒情绪,事实与谎言的界限变得日益模糊,新闻真实性被完全背弃。新闻自由化浪潮裹挟着各种媒介机构,陷入不同党派与势力的争斗场中,导致苏联大众传媒业最终走向失控状态。

结　语

为了配合政治改革的推进,规范大众传媒在"公开性、民主化"中的言行,保证人民能在"绝对自由"的媒介环境下发表自己对改革的建议和意见,苏联《传媒法》应运而生。

1990年8月1日,苏联历史上第一部大众传媒法开始生效,这部法律明确规定了苏联公民完全享有参与传媒活动的权利。国家从此放开了对传媒的集中调控,提出要媒体广开言路,发表和听取不同声音的口号。在极度宽松的政治环境下,传媒种类不断增多,报道范围和内容发生巨大变化。

各种商业报纸、政党报纸、私人报纸纷纷出炉。广播电视等电子媒介机构也逐渐摆脱政府的管控,不断扩大报道范围。大批激进分子纷纷走上荧幕,揭露苏联社会阴暗面,抨击改革中的错误言行。传媒活动变得无所禁忌。

各种党派和团体纷纷创办自己的传媒机构,大力开展传媒活动,发表利己言论。新闻自由化导致社会舆论呈现多元化,陷入各自为政的无政府的局面。

客观来看,《传媒法》的颁布具有积极意义,它表明苏联高度集中的新闻管理体制成为历史,苏联新闻事业迈入法制化进程。《传媒法》颁布的目的本是为了规范和保护新闻业的发展,但是当时复杂的局势已经无法挽回,《传媒法》的颁布反而使新闻业的发展更加混乱。苏共对传媒意识形态、经济等的垄断不再,各种反对派的报刊因此获得合法地位。反对派借机煽动工人罢工,攻击社会主义制度,鼓动推翻苏共政权,新闻自由化进入失控状态。

第四节 新闻自由化的失控阶段及角色

《传媒法》的颁布使各反对派的报刊等获得了合法地位，这些报刊更加猛烈地攻击苏共政权和政治制度。不少报刊公开抨击马列主义，煽动工人罢工等等，各种离谱的言论愈演愈烈。大众传媒的失控使其反过来成为制造思想混乱最直接、有效的武器，民主主义者、立宪民主党人、无政府主义者等利用言论自由发表各种言论，新闻自由化的发展步入失控阶段。

在媒体的推动下，苏联思想舆论阵线由统一急剧滑向分裂，快速完成了从有序到无序的转变，政府、政党失去了对新闻媒介的控制，导致人们思想混乱，成为瓦解苏共的动力源。本节就苏共新闻自由化失控时期的形态、表现及其所扮演的角色进行探讨。

一 新闻自由化进入失控状态

（一）从局面失控到法制失控

新闻自由化的失控经历了从局面到法制两个层面的失控。局面上，苏共对媒体的控制能力伴随着苏共权力的弱化不断减弱；法制上，《传媒法》的颁布从法律层面坐实了苏共对传媒控制力丧失这一事实。在法律的庇护下，新闻自由化改革愈发混乱，成为压垮苏共的重要因素。

早在《传媒法》颁布之前，新闻自由化就已经出现失控趋势。苏共对媒体的控制伴随着苏共政权的弱化而不断减弱。改革中不断恶化的经济、政治状况使苏共处于十分被动的局面，反对派频频向苏共发难，戈尔巴乔夫被迫做出一些妥协。1990年3月苏联通过了修改《宪法》第六条的决议，即"苏联共产党是苏联社会的领导和指导力量，是其政治上、国家和社会组织的核心"，最终改为："苏联共产党、其他政党，以及工会、共青团、社会团体和公众运动，通过他们的当选为人民代表苏维埃的代表以及其他方式参与制定苏维埃国家的政策为并管理国家事务和社会事务。"[1] 这一条目的修改从法律层面取消了苏共的领导地位，使多党制确

---

[1] ［俄］米·戈尔巴乔夫：《戈尔巴乔夫回忆录》，述弢等译，社会科学文献出版社2003年版，第576—578页。

立,这意味着苏共对传媒的领导地位也不复存在。

苏共领导地位的丧失使各加盟共和国和自治共和国共产党的离心力不断增强,报刊等不再唯苏共马首是瞻。苏联共产党是苏联所属共和国最重要的联系纽带,各个加盟共和国和自治共和国的共产党的阶级性是其第一属性,然而随着新闻自由化改革的发展,这一情况发生了改变。民族主义、地方主义复苏,民众指责当地的共产党不是本民族的组织,而只是苏共的支部,认为他们身在当地,心却属于莫斯科。为了重获当地民众的支持,各加盟共和国的共产党都极力表明自己的民族性和民族立场,与俄罗斯撇开距离,这种转变也折射在报刊上,报刊言论不再与苏共中央保持一致。民族主义趋势的发展使苏共内部出现分裂,各共和国共产党倾向于从本民族利益考虑问题,党的阶级性、统一性逐渐淡化,苏共在联盟内部的地位不断下降。1989年12月20日,立陶宛共产党正式宣布独立,脱离苏共的领导。

《传媒法》的颁布使新闻自由化的失控从局面失控上升到法制失控。它以法律形式终结了旧的新闻体制,使苏共彻底丧失对传媒的控制。媒体既是改革的推动者,其自身也在改革中发生巨大变化。新闻媒体不再满足于仅仅是改革的宣传者,它们开始发出自己的声音,提出政治、经济等方面的诉求,并不断揭露历史内幕,重新评价前任领导人,而许多新闻的真实性无法得到保证,但是苏共对此已经无能为力。

法制层面的变动涉及苏共政治地位到新闻管理等方面,这些法律的制定使苏共事业全面失控,失去法律的保护。多党制的确立以及多党派报刊地位的合法化,使苏共的改革事业步入全面失控状态。不同党派之间的斗争日趋白热化,他们利用手中的媒体相互攻击,新闻业沦为政治斗争的工具。

(二)走入末路的新闻改革

从新闻史角度看,戈尔巴乔夫推行"新闻改革",在一定程度上可以说是历史发展的必然。起初,新闻改革还注意维护社会主义的利益,遵循新闻工作的基本原则。但是,在当时国内外各种政治势力和思潮的压力与影响下,新闻改革逐渐偏离了社会主义方向,背离了"完善社会主义"的宗旨和轨道,以至于导向都错了,最后改革变成改向和改制,葬送了社会主义事业。

由于实行"毫无限制的公开性"和"舆论多元化",再加上控制不力,几乎达到了泛自由主义的程度,导致对苏联社会产生了不良影响。戈尔巴乔夫在《改革与新思维》中提出,要实行"广泛的公开性"、"力求在社会生活的一切领域有更多的公开性"、"人们既应知道好事,也应知道坏事",要"使人们更深刻地了解我们过去如何,现在发生了什么事"。他赞扬说:"我们的报纸、杂志、广播和电视逐渐地好像解冻了,触及到一切新的题目。"他说:"任何事件,不论是今天的痛处或是过去历史上的悲惨事件,都可以成为报纸分析的对象。"

戈尔巴乔夫宣布公开性和舆论多元化以后,在苏联原来清一色的党报中,有一些转向"独立",成为"公开性堡垒"。这些报刊以耸人听闻的报道、荒诞无稽的假新闻,乃至造谣和诽谤诋毁苏联及社会主义等来吸引读者。而在1988年苏共第十九次全国代表会议上,戈尔巴乔夫还赞扬说,"舆论工具做了许多工作以恢复历史真相和正义","批评缺点和错误"。

随着公开性程度的不断扩大,新闻媒体的报道内容更加混乱,各种虚假新闻充斥媒体。一些新涌现的五花八门的反对派报刊,不惜捕风捉影乃至无中生有地丑化苏共,丑化社会主义。这些报刊从否定苏联70年代社会主义的成就,到否定十月革命乃至为沙皇俄国唱赞歌,从否定斯大林到否定列宁、马克思。①

除此之外,当时苏联报刊上出现了大量宣扬瑞典模式的文章,宣扬西欧社会民主党的政权在经济上的"成就"。在戈尔巴乔夫提出政治体制改革优先以后,苏联报刊涌现出全面推崇西方模式的文章,吹嘘西方的多党竞争制、西方议会制、总统制以及西方民主、自由、人权等,宣扬西方价值观,鼓吹全盘私有化和在私有化基础上的完全的资本主义市场经济。②

戈尔巴乔夫刚上台时,鉴于当时苏联社会的停滞,社会各方面矛盾的加剧,以及正在孕育的一场危机,果断地进行各方面的改革无疑是正确的,而且改革是在"完善社会主义"的框架内进行。

但是,随着从科学社会主义向民主社会主义的演变,新闻改革逐步脱离了原来初衷,戈尔巴乔夫要求根本改变苏联社会主义的经济基础和上层建筑,也就是否定和摧毁社会主义制度。

---

① 文有仁:《戈尔巴乔夫背离社会主义方向的新闻改革及其恶果》,《当代思潮》1994年第4期。

② 同上。

其中，经济上反对公有制，政治上取消党的领导，意识形态领域否定马列主义的指导地位，民族关系方面对民族分裂主义势力迁就退让，这对社会主义的影响都是消极的。

尽管当时苏联的体制僵化，出现和形成了一些阻碍机制，改革存在相当难度，但并不是不能改，也不是说不能改好。关键是改革的指导方针偏离了社会主义方向。相反，一切仿照西方的经济政治模式，只能导致改革走进死胡同，以失败告终。

综上所述，戈尔巴乔夫极力推崇媒介进行改革，在"无条件民主化"、"无限制公开性"以及"宣传报道无禁区"的思想指导下，打着"新闻自由"的旗号，发表各种反对社会主义、否定苏联社会主义制度、攻击马列主义的言论等，导致新闻改革轰轰烈烈，全面走向失败。

二　失控时期新闻自由化的表现

（一）新闻自由化被媒介滥用

《传媒法》颁布后，苏联媒体获得了空前的自由。尽管不清楚这种自由会将人们带往何处，新闻工作者仍以极大的热情投身到这个"黄金时代"。《传媒法》从法律上确保了新闻媒体的充分自主权，政府不得干预媒体的经营、人事管理、发稿等权利。新的媒体不断涌现，媒体竞相报道耸人听闻的内容，并且不用对不负责任的言论负责，新闻自由化被媒体滥用。

《传媒法》使各种反对派报刊获得了合法地位。一些报刊大肆攻击马列主义和社会主义制度，煽动工人罢工，号召推翻共产党。这也是戈尔巴乔夫倡导公开性原则所始料未及的。在当时，戈尔巴乔夫倡导公开性的目的就是"让人民知道一切"，"将更多的事公诸于众"，要做到"人们既应知道好事，也应知道坏事"，"集中那些反映了苏联社会各阶层和各行业利益的意见和观点"，"公开性要求在对内政策和国际政策的任何问题上的舆论多元化"。[①]

"公开性"的提出，使新闻界突破"禁区"，矛头直指党内不正之风和社会上存在的问题，苏联新闻媒体上充满了各种对社会弊端的揭露。例如，《纽约时报》1989年10月23日指出，"苏联报纸每天充斥着从飞碟

---

① 苏群编译：《戈尔巴乔夫言论选集》，人民出版社1987年版，第26页。

之谜到对布尔什维克革命的亵渎性批评之类的耸人听闻的新闻"。[1] 苏共莫斯科市委机关报《莫斯科真理报》登出了斯大林是沙皇暗探局的奸细这类纯属捏造的报道。与此同时,一些正直人士所写的关于反驳造谣和歪曲事实的文章,却被刊登在不显著的版面位置,甚至有的文章还不被刊用。

媒体上的声音愈发不着边际,对历史横加诋毁和指责。比如将列宁、斯大林说成是历史的罪人,攻击十月革命是一场"灾难",是错误的。这些言论从根本上否认苏联政权的合法性,动摇苏共统治根基。而且媒体的言论越是离谱,就越能吸引读者。一时间,苏联媒体似乎陷入一个发展的怪圈:即谁揭露的阴暗面越多,发表的言论越夸张,谁就能赢得更多受众,获得更多利益。政治、经济等利益的驱动使媒体竞相丑化、谩骂苏共,攻击社会主义制度。

在《传媒法》的鼓动下,一些报刊为了摆脱苏共和主管部门的束缚,先后宣布自主经营;一些苏共或国有的报刊不再是代表党的喉舌,而是纷纷独立自主,成为社会刊物,或为编辑记者集体所有。此后,在办理了登记手续的报纸中,苏共掌握的媒介仅占1.5%。[2]《论据与事实》、《莫斯科新闻》周刊、《星火》周刊等一些传播自由、激进思潮的出版物,印数急剧膨胀,达到数百万份,甚至上千万份,而且经常是刚出版就被抢购一空。

与此同时,新闻媒介揭露官场黑暗、任人唯亲、营私舞弊、贪赃枉法、草菅人命的文章漫天飞,甚至还夸大其词、淋漓尽致地宣扬酗酒、吸毒、赌博、卖淫等社会阴暗面,严重扰乱了平民百姓的日常生活。久而久之,负面新闻、虚假新闻报道泛滥成灾。

(二)媒介传播秩序混乱

所谓媒介的传播秩序,即新闻媒体在内容生产和传播中表现出的特点和规律等。新闻自由被滥用导致苏联媒介传播秩序陷入混乱局面,给自身和社会发展带来不利影响。新闻媒体以其自身特质决定了其兼具商业性和政治性,其中政治性的特点使新闻媒体承担着重要的社会公共职能,如传

---

[1] 新华社新闻研究所编:《苏联东欧剧变与新闻媒介》,新华出版社1993年版,第15页。
[2] 中共中央党校东西方政党和文化比较研究中心:《苏共的失败及教训》,中共中央党校出版社1994年版,第168页。

播知识、教育大众、传承文化等等。这些社会功能的实现有赖于一个正常、理性的媒介传播秩序。然而，无限制的公开性导致媒体传播秩序混乱不堪，给社会发展造成极为不利的影响。

媒介传播秩序的混乱表现在媒介管理、内容发布等方面。

在媒介管理上，一方面，苏共丧失了对媒介的管理权，无力干预媒体的活动；另一方面，媒体并没有获得期望中的自由，媒体的管理权被分散在不同党派和团体手中，沦为新的政治势力的斗争工具。

多党制的确立及多党派报刊的涌现加剧了新闻管理的混乱。苏联报刊逐渐归属于不同的党派，并为他们的政治目标造势。比如，《自由之声》由激进的民主主义者控制，《新生活报》由社会民主党人出版，《公社》依附无政府工团者，等等。苏联国内涌现出上万个不同的政治组织和团体，他们利用手中的媒体进行政治斗争。经过重新洗牌的传媒格局四分五裂，管理混乱。

在内容方面，媒体大肆发布各种未经核实的耸人听闻的消息，比如本节第一部分中列举的种种污蔑苏联历史的新闻报道。虽然新闻媒体在改革初期曾发挥了积极作用，揭露社会问题，促进改革的推行，但是随着新闻自由化程度的不断扩大，媒体的内容呈现混乱局面，新闻客观、真实等原则被抛弃。在"历史无空白"、"批评无禁区"口号庇护下，报刊内容日益混乱，成为人们发表不负责任言论的平台。

媒介秩序的混乱导致其舆论引导功能失调，对正在进行的改革造成不利影响。媒介与舆论有着密切联系，因此媒介又常常被称为"舆论工具"，舆论赋予了媒介无形的力量，媒介可以反映舆论，引导舆论，引发舆论等。它通过舆论力量，达到自身调控社会秩序的功能。但是，在戈尔巴乔夫执政时期，为加强对所谓"公开性"工作的组织领导，媒介秩序被彻底颠覆。戈尔巴乔夫任命雅科夫列夫为苏共中央宣传部长，又先后提升他为中央书记和政治局委员，主管意识形态工作。随后，雅科夫列夫对苏联主要报刊和新闻媒体的领导班子进行了大幅度的调整，他撤去了一批坚持马克思主义、坚持社会主义的负责人的职务，同时把一批信得过的自由派分子安排到领导岗位上，从而牢牢控制了思想舆论界的领导权。从此，这些报刊、电台、电视台便成为积极批判苏共历史和苏联社会主义制度的吹鼓手。

《传媒法》的颁布使苏共丧失了对媒介秩序的规范能力，媒体发表文章或播放节目，无须专门的机构审查。可以说，在当时只要有钱，想出版什么都可以。

三 新闻自由化在失控阶段扮演的角色

（一）成为"反对派"的斗争利器

大众传媒以其自身特性决定了其与政治千丝万缕的联系。大众传媒是政治的风向标，新闻自由化的失控也是政治斗争白热化在新闻领域的表现。自戈尔巴乔夫改革以来，苏联党内外各种派别的涌现使政治改革与政治斗争相伴相随。

在政治多元化的背景下，苏联国内涌现出 6 万多个不同的政治组织或团体。政治斗争愈演愈烈，加上改革政策的多变，这些因素不断侵蚀着苏共对媒体的控制。《传媒法》的颁布本想规范新闻界的秩序，却适得其反，加剧了新闻界的混乱。《传媒法》颁布后，许多反对派报刊通过登记注册取得合法地位，他们更加肆意地利用报刊攻击社会主义制度，煽动工人罢工，使社会局势更加混乱。

《传媒法》的颁布使非正式报刊获得了合法地位，这更加便利了各党派以新闻媒体为阵地展开斗争。非正式报刊的大量涌现是新闻自由化失控的一个明显表现。自戈尔巴乔夫推行政治改革以来，社会上成立了上千个新的政治党派和组织团体，他们大都筹办了自己的报刊，其中一些报刊取得了较大影响，例如《自由之声》（激进民主主义者的报刊）、《新生活报》（社会民主党机关报）、《公社》（无政府二团主义者报刊）、《基督教民主党公报》、《公民尊严》（立宪民主党报刊），等等。根据独立报刊目录中心的统计，在《传媒法》颁布之前，这类用俄文出版的非正式报刊已达 500 余种。[①]《传媒法》颁布后，大量报刊通过登记注册取得合法地位，进一步加剧了新闻自由化的失控局面。

苏联报刊逐渐归属于不同的党派，并为他们的政治目标造势。事实上，随着政治斗争的加剧，新闻传媒尤其是报刊已经沦为政治斗争的工具。这些报刊大都公开反对社会主义，攻击苏共政权。1990 年 3 月 27 日，利加乔夫给戈尔巴乔夫写信说："在民主和公开性的旗帜下俯视着社会的思想和道德基础。敌对势力的破坏工作与外部敌对力量勾结在一起

---

① 程曼丽：《"新闻法"颁布以前的苏联非正式报刊》，《国际新闻界》1990 年第 4 期。

了。继东欧之后，他们的目的是在苏联'瓦解社会主义'，毁坏科学社会主义道路上的社会改造，将我们国家带入资本主义发展的范围内。"①

"8·19"事件加速了苏共的瓦解，同时给苏共新闻事业带来致命打击。1991年8月22日，叶利钦以支持政变为由下令暂停《真理报》《苏维埃俄罗斯报》《莫斯科真理报》等六家报纸的出版，所有报纸都要重新登记注册。重新登记后的报纸在发行量和影响力上都大幅下滑，它们或改变性质，或改变名称，走上了与之前不同的发展道路，如《消息报》成了独立报纸，《共产党人》改名为《自由思想》。

苏共在"反对派"进攻下，大权旁落，地位迅速下降。反对派利用媒体发表各种言论，攻击现行改革和苏联制度的腐朽，似乎完全抛弃苏联的历史遗产才能走上发展之路，这是对戈尔巴乔夫改革构想的背离，但是失控的局面已非他能掌控。从本质上讲，苏联的"公开性"运动走上了极端的道路，完全背离了广大人民群众的利益和愿望，成为反共反苏的斗争利器。

（二）抹杀苏共历史和现实的工具

对历史批判的升级是伴随着"公开性"力度不断扩大而发展的。起初，"公开性"和"舆论多元化"是有一定的政治界限的，其前提是"完善社会主义制度"和加强作为"社会主义政治组织的最高形式和政治体制的核心的苏共的领导作用"。但是不久，这种界限逐渐变得模糊起来，调子也越来越高。到1986年6月的苏共中央全会上，戈氏提出，要实行"彻底的公开性"。在1987年1月的全会上戈尔巴乔夫指出，要实行"最大限度的公开性"，强调"苏联社会不应该有不受批评的禁区，这一点也完全适用于舆论工具"。②

戈尔巴乔夫的鼓励促进了对历史批判程度的扩大。1987年7月，面对在全国各种刊物上出现的大量反对党的领导和社会主义的文章，戈尔巴乔夫鼓励说："让我们的言论多样化一些吧！让全社会都参加。"③ 在同年11月发表的《改革与新思维》中，他对此讲得尤为集中，明确要求"让

---

① ［俄］叶·利加乔夫：《戈尔巴乔夫之谜》，王廷玉等译，吉林人民出版社1992年版，第118页。
② 苏群译：《戈尔巴乔夫关于改革的讲话》，人民出版社1987年版，第151—153页。
③ 黄宏、纪玉祥：《原苏联七年"改革"纪实》，红旗出版社1992年版，第56页。

公开性大放光明"。① 1988年1月，在会见党的意识形态领域的领导人时，他再次强调，"我们主张毫无保留、毫无限制的公开性"。② 1988年6月，戈尔巴乔夫在苏共第十九次代表会议上提出："我们肯定意见的多元化，摈弃精神垄断的做法。"③ 他进一步批示说，必须废除过去的"精神垄断"和"意识形态专制主义"，使马克思主义以外各种思想和意见自由存在和传播。

很快，"公开性"和"舆论多元化"成为反对派搅乱党内外思想，彻底否定苏共历史的挡箭牌。苏共莫斯科市委机关报《莫斯科真理报》1989年3月30日发表文章说，斯大林曾是沙俄时代特工组织的成员。《星火》周刊1990年12月第51期刊登的《告别上帝》一文，竟把列宁称作"上帝"，诬蔑他是"不善良的人"、"革命残酷性的人"。此文还说，"十月革命是不必要的、错误的"，因为当时俄国已经"很富"。

此类言论充斥苏联报刊。某些报刊文章甚至说十月革命带来了"灾难"，斯大林是"暴君"、"刽子手"；攻击社会主义制度是"兵营式共产主义"、"官僚专横制度"；辱骂苏共是"黑手党"、"党阀专制"。一些文章还说，社会主义理论错误的根源是列宁主义，列宁的社会主义可在一国首先胜利的理论是"左倾"。

苏联许多新闻媒介把党政机关工作人员说成是"反对改革的保守势力"，使他们承受巨大压力而难以正常工作。一些报刊把军队说成是"保守势力的老巢"，"一切教条主义和反对民主的根源"，"苏联同别国关系紧张的罪魁"。④ 报刊热衷于揭露军队腐败现象、犯罪状况、军官特权等，其中不少是夸大失实之词、谣言甚至是谎言。这种对军队的攻击，动摇了官兵的社会主义信念，使军心涣散，也破坏了军民关系。

对于这股反历史潮流，苏共虽有所察觉，却没能扭转这一局面。苏共中央政治局委员、中央书记梅德韦杰夫1989年11月在一次讲话中指出，目前在新闻领域中，有的利用"公开性"来满足个人的野心，有的已具有反社会主义的性质。1990年7月举行的苏共二十八大的一项决议强调指出："党报作为党和社会的革新和团结的集体组织者的作用不断削弱"；

---

① ［苏］米・戈尔巴乔夫：《改革与新思维》，苏群译，新华出版社1987年版，第88页。
② 黄宏、纪玉祥：《原苏联七年"改革"纪实》，红旗出版社1992年版，第72页。
③ 许征帆：《社会主义论库》（下卷），中国人民大学出版社1988年版，第864页。
④ 李妍：《大众传媒与俄罗斯社会变革》，《中俄经贸时报》2008年4月7日。

"对那些侵害人民的精神道德财富、侵害人民的爱国主义和国际主义传统、侵害苏军和执法机关尊严的人没有给予应有的反击";"党报和党刊的版面有时被用于宣传与苏共格格不入的观点,刊登歪曲苏维埃国家过去历史、歪曲党和人民为我国独立和自由所进行的英雄斗争的材料"。[①] 这些讲话指出了媒体的错误倾向,但是媒体并没有因此收敛,新闻自由化改革继续朝着失控方向恶化。

媒体的报道产生了实质的效果,对历史的否认和反感使一些具有政治象征意义的地标和名称等遭到破坏。1990年,苏联掀起改名高潮,以历史人物或事件命名的城市、街道等的名称被更换,绝大部分恢复了沙俄时期的旧名,如列宁格勒恢复了沙俄时期的名称圣彼得堡。领导人的纪念碑,十月革命、卫国战争等纪念碑受到破坏,为人唾弃,连苏联的国旗、国徽和国歌等也不断遭受嘲弄。戈尔巴乔夫不得不专门颁布法令禁止粗暴凌辱与国家历史有关的纪念碑。

戈尔巴乔夫以"人民应该知道一切,自行判断一切"为掩护,倡导"公开性"和"舆论多元化",实质是让各种错误思潮任意泛滥,默许人们否定历史上很多不应该否定的问题,从而为各种反共反社会主义的言论大开绿灯。此外,他以反对教条主义为借口,来解释马克思主义,倡导党的指导思想多元化。他宣布,"坚决放弃意识形态的垄断主义",实质是否定马克思列宁主义作为党的唯一指导思想。

(三) 瓦解苏共的动力源

媒体在改革中扮演着重要角色,当报刊舆论一致声讨苏共、批判列宁和斯大林等苏共领袖时,苏联陷入政权危机,其意识形态和执政地位均遭受质疑,各种矛盾不断恶化,失控阶段的新闻媒体成为瓦解苏共的重要一员。

苏联很多媒体甚至一些党报党刊纷纷掀起一股攻击马列主义、暴露社会阴暗面的狂潮,侵蚀着苏共的意识形态。右翼势力乘机推波助澜,在新闻宣传战线,乃至整个意识形态领域掀起了一股步步深入,直至全盘否定苏共历史和苏联领导人的浪潮。苏共党员的思想被搞乱了,苏联人民的思

[①] 文有仁:《戈尔巴乔夫背离社会主义方向的新闻改革及其恶果》,《当代思潮》1994年第4期。

想被搞乱了。①

在报刊成为反马克思主义、反社会主义的阵地的同时，电视台也不甘落后。几位年轻记者创办的直播政论性节目《视点》《第五车轮》，就公开抨击和批判苏共。一些"反对派"抓住时机，通过电视直播，合法地将各种反苏、反共的声音传遍全国。后来，苏共的党代会和全程电视直播的人民代表大会也成为"反对派"反共反苏的重要舞台。

新闻自由化改革的失控导致苏共意识形态遭受怀疑，继而苏共的领导地位也受到质疑。面对媒体上这些颠倒黑白的文章，苏联人民逐渐失去了对党和国家的信任，失去了对社会主义和共产主义的信仰。1989年末，苏共控制的一所研究机构进行了一次全国性的民意调查，结果显示，几乎2/3的民众对直接影响他们生活的地方党组织和官员持批评观点。另一项全国性调查显示，约3/5的党员认为一般的党政干部平庸无能、毫无作用。退党的人数不断增加，据苏联官方公布的统计数字，1988年退党人数为1.8万，1989年为14万，1990年上半年退党人数就达37万。②

意识形态的崩盘使民众对苏共的政治信用产生怀疑，苏共政权的合法性备受质疑。意识形态在维护政权稳定方面具有重要作用，在苏联更是如此。苏共维护政权稳定的方式之一就是使民众形成意识形态层面上的信念，即相信他们目前遭受的困难都是暂时的，光明的日子总会到来。这种信念促使大部分人继续忍受糟糕的社会现状，坚信苏共的领导能力。然而，随着新闻自由化改革的深入展开，这种政治信任受到动摇，人们惊讶于苏联历史和现实中的种种阴暗面，比如对持不同政见者的迫害，秘密处决政治犯等。加上一些报刊添油加醋或捕风捉影的夸张描述，民众对苏共丧失信任，继而疏远甚至敌视苏共的领导。

随着马列主义被抹黑以及苏共地位的下降，苏共政权的合法性遭受质疑，苏共政权岌岌可危。莫斯科市委第一书记答记者问时说："目前苏联社会上流行一个说法：60年代如果想升官就应该入党，90年代想升官必须退党。"③一些苏共领导强烈反对这股反社会主义思潮，却无力改变这一局面。

---

① 朱继东：《新闻宣传战线在苏共亡党中的迷失及警示》，《红旗文稿》2013年第18期。
② 俞邃：《苏联解体前后》，江苏人民出版社1995年版，第319—320页。
③ 同上书，第320页。

结　语

综上所述，戈尔巴乔夫所倡导的新闻自由化，在最初几年里，使新闻报道得到解禁，批评的声音逐步增多增强，媒介的发行量和收视率得到提高，这些都证明了新闻自由化的积极作用。但是，戈尔巴乔夫高估了大众传媒的作用，指望靠新闻自由去推动政治改革，却没有料到公开性、舆论多元化的自由会带来意识形态的混乱，导致苏联媒介在改革中被反对派言论裹挟着，逐渐偏离改革目标走向异化。

与此同时，各种形形色色的政治团体和社团组织掀起办报热潮，大肆宣传各自的观点和主张，把苏联新闻业变成了一片无政府主义的海洋。无限制的"公开性"导致了大量"虚假信息"的产生，损害了苏共的意识形态和执政地位。在改革前几年，戈尔巴乔夫通过舆论工具推动公开性实施，从盲目揭露和批判中抓出了前几年的"异己"。他排挤掉了很多有才能的学者和记者，却起用了一批没有职业素质、专门取悦上司而随时准备制造各种虚假信息的追随者。[①] 这些追随者用虚假信息去冒充事实、描写黑暗、否定历史、传播片面的信息，甚至利用欺骗手段去挽救"改革"。

《传媒法》颁布后，新闻自由化的发展更加不可控制，苏共丧失了对媒体的控制权，各党派趁机兴办自己的媒体进行政治斗争，将新闻自由化改革带至更加混乱的局面。戈尔巴乔夫在这一过程中负有不可推卸的责任，他在推行新闻改革时摇摆不定，片面地搞"公开性"、"民主化"和"舆论多元化"，以至于造成社会思想的失控，为各种反对势力的兴起创造了条件，为各种思潮的涌入打开了闸门，很大程度地冲击了苏共的社会思想基础和历史合法性。同时，在不恰当的时机划分党政职能，使得苏共的政权丧失，加速了瓦解进程。

千里之堤，溃于蚁穴。可以说，苏共对媒体控制权的丧失导致反共反社会主义的舆论一步步壮大，摧毁了苏联意识形态大厦的根基，掏空了苏联制度的核心价值体系，加快了苏联演变和解体的步伐。

[①] 王贞一：《论新闻的"公开性"——苏联解体的舆论伏笔》，《新闻天地》2008年第5期。

第六章　苏共新闻事业在自由化浪潮中沉没

面对新闻自由化浪潮汹涌袭来，苏共中央如何抉择，成为苏共新闻事业存亡的关键所在。本章通过分析苏共中央主动放弃媒介"把关人"的角色，引发苏联传媒业震荡，传媒所有制分化，多党制传媒在纵横捭阖中的所作所为等，观察苏共新闻事业在自由化浪潮中的沉没过程。

第一节　苏共丧失对媒介的控制权

苏共丧失对媒介控制权的核心标志是颁布《苏联报刊与其他大众传媒法》（以下简称《传媒法》），在这部大众传媒法中，苏共主动放弃了"把关人"的地位，使人人办报合法化。

一　颁布《传媒法》，主动放弃"把关人"的地位
（一）"把关人"概念

"把关人"是由"把关"引申而来。把关原义是指把守关口，一般用作比喻，即根据已定的标准和原则，严格检查，防止出现差错。

把关人（gate keeper）概念，最早由美国社会心理学家库尔特·卢因在《群体生活的渠道》（1947年）一文中提出。他认为，"信息总是沿着含有门区的某些渠道流动，在那里，或是根据公正无私的规定，或是根据'守门人'的个人意见，对信息或商品是否被允许进入渠道或继续在渠道里流动做出决定"。[1]"把关人"既可以指个人，如记者、编辑等，也可以指媒介组织，是对传播过程中的信息进行选择、过滤、放大及其处理人的

---

[1] 张国良：《传播学原理》，复旦大学出版社1995年版，第155页。

总称。

在卢因之后，对把关人的研究不断深入，其中以怀特的研究最为突出。20世纪50年代，传播学者怀特将"把关人"概念应用于新闻研究领域，发现在大众传播的新闻报道中，传媒组织成为实际上的"把关人"，他们通过对信息的取舍形成最终与受众见面的内容。

作为新闻传播领域的一个重要概念，把关人理论得到学者的广泛关注。把关人理论是探讨在传播过程中，传播者如何对信息的传播予以选择、过滤和放大，从而实现对传播进行控制的一种理论。把关人的把关一般划分为搜集信息、过滤信息、制作信息、传播信息四个过程。把关行为是主观见之于客观的一种行为，对信息传播和社会发展造成重要影响。把关人既是社会系统中的重要一环，也是新闻业健康、有序发展的内在需求。

大众媒介的把关人不是一个人，而是在传播中可以控制信息流量、流向，影响着对信息理解的所有传播者，是一种系统。一个人只要在传播中对有关的信息进行评价、修改和加工，他就是在把关。[①]

由此可以得出结论，在新闻传播活动中，把关是指对信息进行选择、过滤、加工的行为。把关人，是指从事把关活动的人。信息流动过程，存在众多的把关环节，每个把关环节存在众多的把关人。把关人，既可以是信息生产或传播过程中加工、梳理的个体，也可以是复杂的单位组合体——媒介机构或媒介组织。

在大众传播活动中，传播者无一例外地都发挥着把关的作用。把关人对信息进行处理，包括选择、过滤和放大，其核心和关键是选择。对大众传播而言，其把关人群体的行为，包括对信息的选择性采集、选择性写作与选择性编发三个方面。[②] 政治、经济、文化、技术等因素不同程度地影响着把关行为的开展。把关是一个多环节、多层次的过程，在国家层面上，执政党和政府是最重要的把关人；在媒介组织内部，编辑、记者按照组织规定进行信息的把关和选择。不同层次的把关行为共同发挥着大众传播中的把关人作用。

（二）"把关人"被"公开性"和"舆论多元化"取代

准确地说，苏联"去共化运动"是从戈尔巴乔夫执掌苏共伊始就露

[①] 赵建国：《传播学概论》，郑州大学出版社2008年版，第73页。
[②] 邱沛篁：《新闻传播手册》，四川大学出版社2004年版，第168—169页。

出端倪的。1985年3月11日戈氏上任之际，苏联面临着来自国内的严峻形势和国际的重大挑战。

于是，在1985年4月苏共中央召开的全会上，戈尔巴乔夫首次提出改革的意见，这被大会认定为"加速社会经济发展战略方针"，并在1986年初召开的苏共二十七大上得到批准。这套经济体制改革总体方案和若干配套措施，施行不到一年的时间便因重重阻力而被迫中止。人们看到的是，经济改革"打空转"。于是，苏共中央在没有认真思考和查找原因的情况下，就认为存在一个"障碍机制"，即传统的政治体制阻碍了经济改革，转而把改革的重心转向了政治改革。为了给政治改革做舆论宣传，戈尔巴乔夫极力推崇"公开性"与"舆论多元化"原则。并以此为手段，要"塑造社会主义新形象"，使苏联达到社会主义的"崭新的社会状态"。

戈尔巴乔夫认为，苏联几十年的社会主义实践说明，苏联社会主义制度是一种"极权官僚式的社会主义"，共产党的领导造成"政治垄断"，导致"人与生产资料、财产的异化"；马克思列宁主义指导造成"精神垄断"，导致"人与文化的异化"。因此，他极力推动的政治改革，是主张对社会主义制度的根本性改造。

戈尔巴乔夫试图通过内部的调整和改革使苏联的体制以更民主、更符合宪法的方式发挥作用。他认为，"官员们应当学会怎样听和怎样学、怎样同其他利益集团去就政策选择问题进行商讨和谈判、怎样进行信息和观点的自由交换……党自身必须像他领导的社会一样进行'民主化'"。[①] 概括地说，戈尔巴乔夫要通过政治改革而实现的新型社会主义新形象包括七大特征：

（1）在苏联建立起真正的、现实的人道主义制度；

（2）有效而活跃的经济制度；

（3）社会公正的制度；

（4）具有高度文化素养和道德的制度；

（5）真正民主的政治制度；

（6）各民族真正平等的制度；

---

① ［英］雷·沃克：《震撼世界的六年：戈尔巴乔夫的改革怎样葬送了苏联》，张金鉴译，改革出版社1999年版，第125页。

（7）渴望和平、同各国建立正常和文明关系的制度。①

为了达到上述预期改革目的，公开性和舆论多元化成为戈尔巴乔夫的重要手段。1987年2月，他在苏共中央会见舆论和新闻界领导人时，强调指出，在苏联历史和文学研究中不应该有被忘却的名字和空白点，应该本着"公开性"原则，还原和公开历史本来面目，要毫不留情面地重新审视苏共历史及一切现实生活中的阴暗面。此后，他提倡"彻底的公开性"、"最大限度的公开性"，让人们"放手去干"。他这样做的目的起初并不是为了要改变苏联社会主义性质，也不是要推翻苏联共产党的领导，而只是想借助媒介舆论之力，打击苏共党内保守派，减少改革的阻力。即便是这样，共产党对媒介舆论的"把关人"角色还是逐步被公开性和舆论多元化所取代。

于是，公开性和舆论多元化变成了"单行道"，专门用来揭露苏共历史上和现实生活中的阴暗面和消极现象，成为批评苏共缺点的代名词。媒介等舆论工具在去"把关人"的蛊惑之下，从集中批判勃列日涅夫的"停滞时期"开始，到谴责斯大林的"专制统治时期"，继而否定列宁对缔造社会主义苏联的历史功绩。在这场媒介舆论大批判中，社会主义体制和社会主义制度被混为一谈，在批判体制缺陷的同时，也否定了制度，否定了苏联社会主义历史。

到1988年底，主张激进改革的主编和记者们所表现出的无政府行为，大大超出戈尔巴乔夫当初所料，他们不仅在媒介上大肆否定社会主义，否定苏联共产党，而且要求从根本上脱离苏共的领导。与此同时，大批反对派创办的地下报刊犹如雨后春笋般涌现出来。整个苏联媒介舆论市场处于一种失控和无政府状态。戈尔巴乔夫一方面希望出台有关传媒法来解决问题，一方面又不愿违背其"公开性"和"舆论多元化"思想，就授意起草苏联新闻法。

（三）颁布传媒法，苏共放弃"把关人"地位

1989年11月，《传媒法》草案提交给苏联人民代表大会讨论，12月4日在报刊上发表该草案，交由全民讨论，直到1990年6月12日予以颁布。这是苏联历史上第一部新闻法，也是最后一部成文的新闻法。

该法典"去把关人"的核心内容主要涉及第一章第一条，第二章第

---

① 王立新：《苏共兴亡论》，中共中央党校出版社2007年版，第162页。

八条、第十五条。这些条款相继规定，苏联报刊和其他传媒工具是完全自由的，公民享有言论自由和出版自由，享有通过报刊和其他大众传媒自由获取和传播信息与思想的权利。禁止对大众信息进行检查；凡是年满18岁的苏联公民皆有权自由创办大众传媒，所创办的大众传媒在履行登记手续后即可开展活动。登记受理机关为苏联部长会议所属的国家管理机关，共和国、地方人民代表委员会有关执行和管理机关。登记申请自受理之日起必须在一个月内审理完毕；大众传媒活动章程由创办人确定，由编辑部或其他大众信息出版发行机构在业务独立的基础上贯彻执行。主编由大众传媒创办人任免，或根据大众传媒编辑部章程规定，进行选举和罢免。主编主持大众传媒编委会和编辑部的工作，代表该大众传媒。

这部新闻法在苏联70多年的历史上第一次取消了新闻检查，给予了普通民众言论自由，保障了新闻记者的权利，并给予除国家、国家机关和苏联共产党以外的各种主体以创办大众传媒的自由。根据这部法律，对于传媒的调控实现了由党的纪律向法律的转变。

《传媒法》生效后，苏联高度集权的新闻体制宣告结束——苏共对传媒的垄断消失了，不仅包括意识形态的、新闻审查的垄断，还有经济上对于媒体的垄断都一并消失了。相当一部分原属于苏共所有的传媒，依法转到了记者和他们的劳动集体手中。与此同时，各种所有制、各种类型的大众传媒不断涌现。从此，苏联新闻体制和性质发生根本性变化。

戈尔巴乔夫本想借助《传媒法》调控和节制日益混乱的媒介舆论市场。但是，这部"去把关人"的新闻法不但没有控制舆论潮流，反而纵容了反对派报刊的泛滥，使混乱局面加剧。到苏联解体前，大多数新闻媒体都走到了苏共的对立面，贬损社会主义价值观、彻底否定苏联历史和苏共政权成为舆论的主流。

看到这种情况，当时就有人预言：苏共、苏联即将陷入一场失去控制的风暴之中。后来事态的发展，的确验证了这一点。随着苏共统一思想的崩塌，苏共党内派别丛生，党的凝聚力和战斗力丧失。

多党制的确立和《传媒法》的颁布共同作用，使苏共从法律到现实都丧失了把关人地位。事实上，戈尔巴乔夫最初是反对多党制的，然而随着形势的变化，他的态度也发生了改变。早在1986年中期之前，戈尔巴乔夫虽然认识到了苏共的高度一元化领导体制的弊端，开始着手进行改革，并提倡政治多元化，希望一切不同政见和主张都可以在苏联政治体制范围内取得一致。但是，面对苏共党内外谈论多党制时，他明确表示反对，认为苏联的一党制是历史形成的，即使有三四个政党存在，也可能保持强迫命令的做法，多党制的论调是对社会主义的不信任。不久，在改革形势不断恶化以及种种压力下，戈尔巴乔夫才打开了政治多元化闸门。他表示，政治多元化、多党制是社会中进行广泛民主化带来的，不应当像魔鬼怕神像一样害怕多党制。如果出现了多党制，并且符合社会的实际利益，苏共准备同所有坚持苏联宪法及其所规定的社会制度的社会团体合作并对话。

直到1988年苏共第十九次全国代表大会，会议才正式决定，意识形态多元化是苏共在意识形态领域内的方针。戈尔巴乔夫在这次会议上主张把"多元论"引进政治体制。实质上，戈尔巴乔夫的政治多元论是放弃马克思主义对意识形态的领导权和共产党的领导，让资产阶级意识形态、反党反社会主义思潮占领意识形态阵地，实行政党轮替，让反对党取代共产党。[①] 在政治多元化口号的鼓动下，各类政党和社会团体如雨后春笋般涌现，反对派势力迅速壮大。

在这种严峻的形势下，苏共以立法形式完全取消了新闻检查制度，听任反对党派随心所欲，颠倒黑白地传播反共反社会主义言论，破坏了苏共的指导思想，破坏了苏共的团结和统一，瓦解了党的组织。一些重要政治人物纷纷退党，苏共内部发生分裂，出现各种派别。

1991年7月，苏共内部已经分裂成众多党派。比如，以戈尔巴乔夫为首的苏共行动纲领派，以利加乔夫为首的苏共布尔什维克纲领派；以叶利钦为首的苏共民主纲领派，以谢尔盖耶夫为首的俄罗斯共产党倡议派，以鲁茨科伊为首的俄罗斯共产党人民主派，以谢瓦尔德纳泽为首的民主改革运动派等十多个大党派。

在党内外反对派的夹攻下，社会矛盾日益激化，而苏共却束手无策，国家陷入全面危机。广大人民群众包括许多党员在内都对苏共感到绝望，对社会主义前途丧失信心，对苏共的信任危机演化为对苏共的厌恶，苏共的权威遭到根本性破坏。

二 "人人办报"合法化

《传媒法》的颁布实施不仅取消了新闻审查，确立了言论自由，给予

---

① 王立新：《苏共兴亡论》，中共中央党校出版社2007年版，第165页。

多种主体创办媒体的权利,而且解除了对大众传媒的行政管理,将其直接纳入了法制的轨道。尽管在通过该新闻法之前,苏联新闻事业已经在"公开性"和"舆论多元化"政策影响下拥有了极大的新闻自由度,但是大体上依然保持在苏共的绝对领导之下。《传媒法》的颁布使苏联大众传媒第一次享受到了政治上的新闻自由,成为独立的社会机构。

(一)取消传媒的创办权限

《传媒法》第七条"大众传媒的创办权"规定:"创办大众传媒的权利属于人民代表委员会和国家其他机关、政党、社会组织、群众团体、创作协会、依法创办的合作社、宗教团体、公民其他联合组织、劳动集体,以及年满18岁的苏联公民。不准垄断任何种类的大众传媒(包括报刊、有线和无线广播、电视和其他媒介等)。"

尽管在当时的社会条件下,在这一法律条款中还没有写出"私人所有"的字样,并且其表述风格也是苏联公文式的,但是劳动集体、公民及公民团体依法享有创办大众传媒的权利的表述,实际上打破了苏联时期只有国家机构和党组织才能创办大众传媒的做法,为创办私人所有的大众传媒提供了法律依据。根据这部法律,创办大众传媒的唯一条件是进行登记,由此开启了大众传媒所有制转变的大门。①

在此之前,创办报刊无须登记,而需要上级机关批准。于是,一批过去属于苏共的报纸迅速进行了登记,由此脱离了原部门而获得了独立报刊的地位。比如,苏联共青团机关报《共青团真理报》的报社作为创办人进行登记后,该报便成为了报社集体所有的独立报纸。《莫斯科共青团报》原主管部门是全俄列宁共产主义共青团莫斯科市委,该部门在《传媒法》实施之后马上对该报进行了登记。但是,该报编辑部在得知消息后随即又以不带括号的该报报名进行了再次登记,成为报纸最终的所有者。②

在这次登记浪潮中,进行登记的主体是报刊,它们或以报社集体名义,或以记者集体名义作为创办人,也有以与其立场接近的机构作为创办人进行登记的。

除了改变原有报刊所有者之外,还涌现出一批新创办的报纸。其中既有独立报刊,如《俄罗斯独立报》《生意人报》,还有由新组建的政党创

---

① 贾乐蓉:《当代俄罗斯大众传媒研究》,中国广播电视出版社2008年版,第12页。
② 同上书,第82页。

办的报刊。由此，出现了办报高潮。到 1990 年 10 月，即《传媒法》正式生效两个月之后，已有 700 多家报刊，包括 13 个党派报刊进行了登记。其中 1/7 宣称不属于任何党派，纯属个人报刊。①

苏联国家出版委员会统计数字显示，1991 年 3 月 15 日苏联共登记了 1800 种面向全苏读者发行的报纸和杂志，其中将近 850 种报纸是首次出版。其中，233 种属于编辑部和出版人，291 种属于社会组织，124 种属于协会，99 种属于合作组织，55 种属于合作企业，24 种属于股份公司，19 种属于宗教组织。由这些数据可以看出，属于私人出版物的约占总数的 1/3。②

与此同时，苏联广播电视领域也发生了较大变化。伴随着失控政治进程的发展，苏联各加盟共和国纷纷要求独立。在加盟共和国获得独立主权的同时，原属于苏联所有的加盟共和国电视台之所有权也顺势转到了独立的共和国手中，由此而发生了国有电视台所有权的转移。

1990 年，俄罗斯联邦（苏联的加盟共和国）在与苏联争权中，得到了全苏第二套电视频道作为俄罗斯联邦所属电视台，并将其改为"俄罗斯电视台"。这成为了苏联电视领域内所有制变化的先声。在随后愈演愈烈的解体过程中，各加盟共和国不但继续将原来属于苏联的电视台据为己有，加盟共和国内部的地方政权也开始瓜分同级的电视机构。③

这样，一批地方的电视机构伴随着地方政权力量的壮大和独立浪潮，被掌握在地方政权手中，变成了地方政权的财产。④ 在这种情况下，由于原统一管理广播电视的机构——原苏联国家广播与电视委员会⑤的作用被削弱。因此，1991 年 2 月 8 日，根据戈尔巴乔夫的指示，通过了《成立全苏国家广播电视公司》（О создании Всесоюзной государственной

---

① Р. П. Овсепн. История новейшей отечественной журналистики. Издательство МГУ. 1996 с. 171.

② Р. П. Овсепн. История новейшей отечественной журналистики. Издательство МГУ. 1999 с. 193.

③ 贾乐蓉：《当代俄罗斯大众传媒研究》，中国广播电视出版社 2008 年版，第 83—84 页。

④ 傅显明、郑超然：《苏联新闻史》，新华出版社 1994 年版，第 187 页。

⑤ 该委员会成立于 1957 年 4 月 6 日，包括中央广播编辑委员会、中央电视编辑委员会、地方广播电视节目联合编辑委员会、行政管理处等机构。国家广播与电视委员会成立后，各加盟共和国、自治区、地区、市都成立了地方广播电视委员会。各级地方广播电视委员会由各级政府任命，由各级党组织进行监督。

телерадиовещательной компании）的命令。该命令规定，取消苏联国家广播与电视委员会，并在此基础上成立全苏国家广播电视公司。这一举措说明，苏联政府接受了统一的电视领域分崩离析，中央对地方电视机构失去实际控制力的现实。这一命令标志着苏联正式结束了以往由国家垄断电视领域的局面，苏联原有的集中化的电视管理体系崩溃了。

另外，一批不属于国家所有的独立电视公司出现了。1990年，根据当时还存在的苏联国家广播与电视委员会的命令，在中央电视台内部创办了经济核算制企业"2×2"商业电视频道。这是苏联第一家非政府的电视公司，它主要提供娱乐性节目，节目内容构成为一半广告、一半电视节目。这一电视台的创办背景是广告在电视收入中的比重日益增大，其目的在于用广告收入补充电视台的收入。这一时期还出现了大量规模较小的非法有线电视台。这类有线电视台本身并不制作节目，只是播放盗版的录像带，靠收视费维持生存。尽管这种现象不合法，但在当时却广泛存在。

（二）解除媒介垄断

《传媒法》的颁布与实施，彻底改变了苏联的媒介性质，极大地影响了苏联大众传媒的结构和类型。通过对既有报纸和新创报纸进行登记的途径，取消了过去开办媒介机构繁杂的审批制度，打破了国家垄断报刊和电子媒介的局面。《传媒法》还规定，印数不足1000份的出版物不需要登记就可以发行。这些规定加速了媒介性质的改变过程。

回顾苏联之新闻事业史，无产阶级新闻事业归无产阶级所有是苏联新闻事业的基本属性，然而这种属性在《传媒法》颁布后被打破。1917年十月革命胜利之后的3年内，苏维埃政府几乎取消了所有非国有的媒介机构。经过不断的公有制改造，到20世纪30年代，苏联的新闻出版业已经绝对国有化。个人和一般社会组织不具备创办媒介机构的条件，全部新闻媒介的创办权和管理权都集中在苏共和苏联政府的手中，这也是苏联新闻事业多为党和国家机关报的原因。但是，《传媒法》改变了这种长期一贯的态度，它确立了新的出版自由制度，把新闻媒介创办权力给了大众。苏联新闻事业长期单一主体的局面被突破，加上登记手续被简化，随之引发一场轰轰烈烈的创办媒介热潮。

据统计资料显示，在新法律生效后2个月内，就有700多家出版物登记出版。与此同时，还引发了另外一种景象，即原来的国有媒介开始与自己的创办者分道扬镳。比如，发行量超过3000万份的《论据与事实》周报趁着自由之风，与其创办者——全苏知识协会脱离了关系。《莫斯科新闻报》则努力摆脱新闻出版通讯社，走向独立办报。《消息报》脱离了最高苏维埃，《真理报》脱离了苏共中央，《文学报》脱离了苏联作协，《莫斯科青年报》脱离了列宁共产主义青年联盟等。《传媒法》决定了苏联新闻事业的改革方向，为其最终走向私有化和商业化奠定了法律基础。①

1990年6月12日，苏联在颁布《传媒法》的同时，还通过了苏维埃社会主义共和国法律《社会组织法》，规定任何组织都可以合法创办政治组织。这实际上承认了多党制在社会中的合法存在。此后，一批新的社会组织，包括政党大量涌现。其中，主要的政党有：俄罗斯联邦共和党、民主党、俄罗斯民主党、民主俄罗斯、俄罗斯基督民主联盟等。② 新形成的政党大都有自己的机关刊物。如俄罗斯联邦共和党出版报纸《社会民主党人》和《新生活》周刊，民主党出版《民主党出版物》等。据资料显示，仅1990年一年就出版了1173种由各种政党和社会组织创办的报纸、杂志和通报类出版物。由此，多党制报刊结构开始形成。

由于《传媒法》为各种社会主体创办报纸提供了法律依据，因此各种新类型报刊不断出现。比如，沙俄时期的教会报刊恢复出版。在所宣扬的宗教中，既包括俄国本土的东正教，也包括天主教、伊斯兰教和基督教。此外，还出现了大量私人报刊、商业报刊和独立报刊，如独立报刊《俄罗斯独立报》《自鸣钟》，商业报刊《生意人报》等。③

如果仅以1990—1991年两年的苏联报纸出版统计来看，《传媒法》通过之后的1991年，报纸种类、印数都有显著增长，见表1。

表1　　　　　苏联报纸统计情况（1990—1991年）④

年份	报纸种类	总期数	每期平均印数（千份）	年总印数（千份）	平均每种报纸每期印数（千份）
1990	4808	523886	165546	37848556	34.4
1991	4863	500516	160224	27303596	32.9

---

① 李玮：《转型时期的俄罗斯大众传媒》，上海外语教育出版社2005年版，第37页。
② Р. П. Овсепн. История новейшей отечественной журналистики. Издательство МГУ. 1999 с. 203.
③ 贾乐蓉：《当代俄罗斯大众传媒研究》，中国广播电视出版社2008年版，第12—13页。
④ 余敏主编：《前苏联俄罗斯出版管理研究》，中国书籍出版社2002年版，第165页。

跟报刊领域内的情况类似,《传媒法》出台之后,苏联中央广播电视机构的垄断被打破,出现了商业广播、小型商业电视台、电视节目公司和有线电视台。这些电子传媒机构致力于提供与中央广播电视机构立场、风格和内容不同的消息。比如,这时苏联出现了俄罗斯第一家商业电台莫斯科回声（Эхо Москвы）,以及一些以营利为目的电视节目制作公司。

此外,政治进程也影响了传媒的所有制关系。在各加盟共和国脱离苏联的独立风潮中,一些加盟共和国在获得独立主权的同时,把原属于苏联所有的加盟共和国的电视机构也据为己有。

（三）媒介经营实行自治

《传媒法》明确了舆论工具实现经营自治的法律界限。

第四条规定:"大众传媒编辑部为法人,在编辑部章程的基础上开展业务活动。编辑部有权在经济独立、独立核算条件下从事自己的生产经营活动。"[1] 第十五条界定了大众传媒的创办人、编辑、编辑部和出版人之间的关系,并进一步申明,"大众传媒活动章程由创办人确定,由编辑部或其他大众信息出版发行机构在业务独立的基础上贯彻执行。主编由大众传媒创办人任免,主持大众传媒编委会和编辑部的工作,在同创办人、出版人、作者、国家机关、社会组织、公民联合会、公民个人以及法庭的关系中,代表该大众传媒。主编对执行本法典和其他法律文件对大众传媒活动所提出的有关要求负全面责任。"[2]

为了避免财务纠纷,第十七条确立了大众传媒创办人、编辑部和出版人的生产、财产和财务关系。该法条明确指出,"大众传媒创办人、编辑部和出版人的生产、财产和财务关系,建立在现行法律和合同基础之上。"三者在签署合同时,要明确规定编辑部运转经费,明确大众传媒活动收入（利润）归创办人、编辑部和出版人所支配,明确创办人和出版人必须确保编辑部工作人员应有的劳动生产条件和社会生活福利的义

---

[1] 《Закон СССР о печати и других средствах массовой информации》, 12 июня 1990 г., Статья 4.

[2] 《Закон СССР о печати и других средствах массовой информации》, 12 июня 1990 г., Статья 15.

务等。①

上述条款明确了媒介机构可以根据自己的章程活动，进行独立核算，并在创办人批准的基本原则指导下实行总编负责制，其中就包括制定章程，以及编辑部有义务对执行法律条款承担责任等。另外，还着重强调了大众传媒编辑部有权在经济自主和经济核算的条件下从事生产经营活动，利润则依据章程由创办人、编辑部和出版人自行分配。

在长达70多年的历史长河中，苏联新闻事业领域一直是苏共和政府的直属行政机构，人事任免由党政机关颁布命令决定。所需经费也一直由国家预算全额划拨，所产生的利润由党和政府机关照单全收。《传媒法》的颁布令苏联新闻界欢欣鼓舞，自治的权利使他们的主人翁意识倍增。

当然，新闻界不久就发现，新闻自由化、私有化和市场化带来的不仅是解放，还有一系列意想不到的困难。媒介在获得自主的同时，一切都要从零开始。国家不再提供办公场所，员工工资需要自己筹措，新闻纸的价格市场化了，印刷的费用飞涨。另外，发行费用、运输途径、读者和订数等，过去原本不需要编辑和记者操心的问题，如今都摆在他们的面前亟待解决。②

可以说，《传媒法》是一部大鸣大放的法律，它勾勒出苏联晚期新闻事业改革转型的基本目标：自由化、私有化和市场化。新闻审查的取缔使媒介自由得到保障，禁止媒介垄断使媒介私有化成为可能，实现媒介自治从理论上设定了媒介市场化的发展前景。这部法律使苏联新闻事业摆脱了苏共的苛刻约束与领导，赋予了主编与记者们更大自主性，为媒介新闻自由化提供了坚实的法律依据。

综上所述，《传媒法》的实施从政治上确立并助推了苏共意识形态的多元化。苏共党内反对派影响力自此与日俱增，许多原属于苏共的高级别的党报纷纷脱离原属单位而独立。苏联新闻事业转型大幕自此拉开。

三 苏共彻底丧失舆论阵地

表面上看，苏共丧失舆论阵地的直接原因在于《传媒法》的实施，

---

① 《Закон СССР о печати и других средствах массовой информации》，12 июня 1990 г., Статья 17.
② 贾乐蓉：《当代俄罗斯大众传媒研究》，中国广播电视出版社2008年版，第38页。

使反对派和私人办报合法化。事实上，早在此法典颁布之前，反共反社会主义的舆论大潮已经在苏共掌控之下的媒介工具上形成。特别是从1987年起，在公开性与舆论多元化政策的鼓励下，一些报刊借历史问题，尤其是斯大林时期的问题大做文章。依靠揭露历史、暴露"隐蔽"材料，一些报刊的发行量剧增。比如，1985年《人民友谊》杂志发行量只有不到12万份，1989年借刊登雷巴科夫的小说《阿尔巴特大街的儿女们》，发行量激增至近80万份，1990年突破100万份。《新世界》杂志借刊登索尔仁尼琴的《古拉格群岛》发行量由1985年的42万份猛增至1989年夏天的250万份。其他所谓"民主派"的报纸发行量也十分惊人：《论据与事实》周报1991年发行2400万份；《星火》周刊1988年发行180万册，1989年发行350万册，1990年发行高达760万册。[1] 在这股浪潮的裹挟下，各种非正式出版物纷纷登台，苏共报刊舆论阵地逐渐被蚕食。到1990年上半年，苏联境内各种"非正式"出版物多达上千种。

（一）政治体制改革：丧失舆论阵地的开端

事实上，苏共丧失舆论阵地是从戈尔巴乔夫采取实质性改革措施，即实行党政分开，推行总统制和多党制，将所谓的"民主化"根植于政治体系之中开始的。1988年苏共第十九次代表大会决定全面进行政治体制改革。从1989年开始，苏联就进入了政治体制改革的阶段，其主要表现在以下三个方面。

第一，实行党政分开，全部权力归苏维埃。

戈尔巴乔夫认为，苏共对国家权力形成了垄断，不利于民主，意图通过民主化来推动经济改革。于是决定实行党政分开，把权力重心从各级党组织转移到各级苏维埃，实现"全部权力归苏维埃"。1989年5—6月，随着苏联第一次人民代表大会的召开，国家权力的重心从苏共转移到了最高苏维埃，使苏维埃成为政治体制的核心。这次人民代表大会完全由人民自由选举产生代表，完全由这些代表来行使国家权力。

由于人民代表和最高苏维埃代表的选举是在政治多元化和舆论对苏共十分不利的情况下进行的，再加上苏共主动放弃了对这次选举的领导，一批党内民主派和党外反共分子以及持不同政见者纷纷当选。这些代表在代

---

[1] 张树华：《思想瓦解——苏共失败的重要原因》，《俄罗斯中亚东欧研究》2005年第4期。

表大会中直接反对苏共的议案，极大削弱了苏共对苏联政治的影响。

第二，推行"总统制"。

1990年2—3月，通过一系列会议的召开，最终解除了苏共一党执政的法律保障。戈尔巴乔夫完全抛弃了苏维埃制度，转而寻求从权力制衡方面获得出路，他照搬西方国家三权分立的权力结构，实行总统制。

仅从苏联政治体制上来说，总统制带来的影响并没有"全部权力归苏维埃"带来的影响大。但是，总统职位的设立却给整个苏联政治带来了极大的影响。总统职位的设立形成了一个超政党、超社团的权力，这是一项独立于共产党的权力，意在冲破共产党对政治改革进程中的束缚，以使共产党将来不能再通过控制正式的政府部门而直接统治国家。

第三，实施"多党制"。

随着各种"非正式组织"的相继成立，要求实行多党制，取消苏共一党执政的呼声越来越高。1990年1月，戈尔巴乔夫在立陶宛访问时公开表示愿意在苏联实行多党制。随后，苏共中央二月全会通过了一份关于多党制问题的草案，决定不再"在苏联宪法中规定自己的特殊地位"。3月，苏联第三次人代会修改了关于保障苏共领导作用的苏联《宪法》第六条。

这样，多党制在苏联就以法律的形式固定了下来，苏共与其他政党或社团之间不再是领导与被领导的关系，而是平等的伙伴关系或竞争关系。实行多党制后，苏联共产党的执政党地位在法律上被取消了。由于苏共内部没有统一的指导思想，再加上过去片面地强调民主而没有集中，组织涣散。因此，实行多党制后，苏共内部分裂形成了很多的派别，有的干脆宣布脱离苏联共产党[①]。而在基层，大批的党员开始退党，基层党的领导干部受到歧视和攻击。此时的苏共尽管还保留着最大政党的外表，但是党的崩溃只是个时间问题了。

在这种政治体制大背景下，苏共对媒介舆论工具的控制已经失去主动性。苏联整个媒介领域进入无政府主义状态。

（二）人事制度导致苏共媒介阵营自乱

除上述戈尔巴乔夫大力进行政治体制改革，苏共自愿放弃思想支柱，拱手让出舆论阵地之外，新闻媒体的乱象还与负责意识形态和宣传工作的宣传部长雅科夫列夫有直接关系。他具有强烈的自由主义倾向，一方面利

---

① 黄韬宏：《论戈尔巴乔夫政治改革的性质和影响》，《兰州学刊》2008年第11期。

用与戈尔巴乔夫的亲密关系直接进言等；另一方面，他积极借助长期负责意识形态和宣传的机会，拉拢了一批具有激进改革思想的苏共报刊舆论领导人，有意识地放纵和引导舆论。

1986—1988年间，苏联一批有影响的报刊先后被雅科夫列夫赏识的那批激进改革的政治家们所接管。比如，《消息报》、《莫斯科新闻》、《共青团真理报》、《论据与事实》周报、《莫斯科真理报》、《莫斯科共青团员报》、《星火》周刊、《青春》杂志、《新世界》杂志等媒介机构的领导层被"大换血"。就连苏共《真理报》《经济报》《共产党人》杂志等报刊的编辑部也被大幅度调整。比如，苏共机关最重要的理论刊物《共产党人》杂志的主编科索拉波夫被解除职务，调往莫斯科大学任教。在雅科夫列夫的支持和纵容下，这些全苏性质的主流报刊煽风点火、左右舆论，成为"公开性"运动的急先锋。①

与此同时，许多被西方自由化了的人物逐渐把持了主要报刊舆论工具。他们纠集和网罗了一批笔杆子，肆意歪曲历史，恶毒攻击苏共。这些报刊拥有大量被全盘西化前景煽动得头脑发热的读者，他们直接反对戈尔巴乔夫的民主社会主义方向，主张直接迈向资本主义。

当戈尔巴乔夫意识到媒介的"背叛"时，也曾试图挽回局面。1989年，他从党报开刀，采取了一系列加强媒介控制的措施。1989年8月，苏共中央通过《关于改革党中央出版系统问题》的决议，总结了1985年以来新闻媒介领域的教训，强调列宁关于党是社会先锋队的作用，推出新的日报《工人论坛报》，并勒令一系列出版物，如《宣传者》《政治特性》等激进报刊停刊。接着，苏共中央又推出新的杂志《对话》和《我们的遗产》，以期抗衡失控的激进传媒，提高苏共的威信。

但是，媒介掀起的揭露事实真相的运动早已使苏共的威信降到冰点，区区几种报刊的宣传根本无力回天，反而更加深了人们对苏共的怨恨情绪。对戈尔巴乔夫而言，扭转局势已是心有余而力不足，甚至他本人的权力和威望也受到严重挑战。1988年底，《论据与事实》周报资深编辑斯塔尔科夫向全国人民宣布了一项调查数据，公然表明当时国内最受爱戴的政治人物不是戈尔巴乔夫，而是萨哈罗夫。这激怒了戈尔巴乔夫。于是，文

---

① 赵黎明：《苏共垮台的价值观反思》，硕士学位论文，中国青年政治学院，2009年，第20页。

章见报第二天，斯塔尔科夫被召到苏共中央委员会，要求他辞去《论据与事实》周报编辑职务。但是，这个命令并没有被编辑部执行，苏共中央专门负责新闻事业的政治局委员提出的要求第一次被拒绝。斯塔尔科夫把其去留问题提交给编委会投票裁决，结果以 47∶2 的票数获得绝大部分人的支持而留任。戈尔巴乔夫没有再行深究，事情就此不了了之。

无论斯塔尔科夫撰文背后隐含着什么目的，也不论戈尔巴乔夫出于何种原因没有强行解决这一问题，这个事件的本身说明苏共中央总书记对新闻媒介的控制力正在消失，改革的总设计师连撤换一个媒体的编辑都力不从心。最终，激进改革的总编和记者们纷纷走向了戈尔巴乔夫的对立面。他们打着独立传媒的幌子，要求从根本上脱离苏共的所有，进行私有化，并利用传媒大肆宣传西方生活模式的诱人之处，使天真的老百姓相信，只要选择了全盘西化的道路，一切矛盾都会迎刃而解。人们深信，传媒的独立是苏联民主的根本保证之一，传媒应该成为继国家行政、立法和司法之后的"第四权力"，起到监督政府，教育大众的伟大作用。而传媒的独立，就是要摆脱某种特殊权力的控制，具体到苏联，首先就是要脱离苏共的控制。① 于是，苏联民众与大部分新闻记者们被这种幻象所蛊惑，积极投入到争取传媒独立的斗争中。

（三）主动放弃对媒介舆论的管控

《传媒法》的颁布意味着苏共主动放弃了对新闻事业的继续管控，标志着苏联新闻事业的体制和制度发生了根本性变化。这种变化主要表现在取消了新闻检查，允许各类社会组织和公民个人办报，无限制地扩大了媒介创办者、编辑部和出版者的自主权。这部法典的实施，使得苏联国内反对派报刊，包括反共反社会主义的媒介机构获得了法律保护。

一些反对派报刊以该法典为挡箭牌，频繁组织反共集会，甚至使用国外的资金买下成批刚创立的苏共报纸，一些报刊在登记过程中纷纷脱离原来的苏共创办机构而另立门户。比如，《论据与事实》周报是苏联改革以来至今在俄罗斯十分流行、发行量位居首位的报纸。它在 1990 年 10 月获得重新登记后，马上在头版声明：请读者注意，我们原来报头上标注的全苏知识协会（相当于"科协"）主办，已经变为记者集体自己主办。此

---

① 李玮：《转型时期的俄罗斯大众传媒》，上海外语教育出版社 2005 年版，第 18—19 页。

后，在办登记手续的报纸中，苏共掌握的报刊仅剩下1.5%。[①] 新一批媒介精英阶层与报纸多党化的现象成为苏联新闻事业的主流和特色。

《传媒法》的起草人之一，莫斯科大学新闻系教授普罗霍洛夫在苏联解体后回忆说，苏联政府当时颁布新闻法的主要目的是规范与管理"公开性"改革过程中新出现的媒体。媒体运作需要庞大的资金作保证，这些资金主要来自两种渠道：一种来自国家大型国有企业，另一种是当时"非法市场"上无法自由流动的资金，主要是通过国家机关的渠道流入媒体。苏联媒介混乱主要是国家经济管理混乱的延伸，部分媒体所谓反党反社会主义的表现，主要是媒体反对老特权阶层的体现。在"公开性"改革过程当中，苏联已经出现新的阶层，这些新阶层的精英分子无法寻找到自己的位置，新闻媒体自然成为这些精英们的首选。

普罗霍洛夫教授认为，《传媒法》的颁布，基本上以法律形式，承认了这个新出现的精英阶层的社会行为，现在想来，这些问题还是可以在内部解决的。但是，其前提必须是，戈尔巴乔夫在"公开性"的改革过程中减少人事方面的斗争。那么，新的精英阶层就会按部就班、心平气和地接班，他们也就不会成为反党反社会主义的坚定支持者。[②]

事实上，由于苏共主动放弃了对媒介舆论阵地的管控，正好鼓舞了这个精英阶层全部倒向对改革激进派代表——叶利钦的支持，并且不遗余力地支持叶利钦瓦解苏共，肢解苏联。因为只有摧毁苏联政权，他们才能达到自己的目的。

现在看来，苏共主动放弃对媒介舆论的管控实属无奈之举。由于政治体制的不正常改革，搞乱了苏共思想，加上戈尔巴乔夫急于依靠媒介舆论，大搞新的人事争斗，完全偏离了改革初衷。最后，导致反对派舆论力量风生水起而无力应对，针对己消彼长的局势，只能偃旗息鼓，放弃阵地。

结　语

综上所述，本节重点关注苏共主动放弃媒介舆论控制权的相关问题。

[①] 中共中央党校东西方政党和文化比较研究中心：《苏共的失败及教训》，中共中央党校出版社1994年版，第171页。

[②] 吴非、胡逢瑛：《俄罗斯传媒体制创新》，南方日报出版社2006年版，第262页。

表面看起来，苏共主动放弃对媒介舆论控制权是因为颁布了《苏联报刊与其他大众传媒法》。然而，通过系列分析发现，苏共并不是从一开始就要主动放弃对媒介舆论的控制权的。戈尔巴乔夫执政之初，满腔抱负，制定了一整套发展苏联经济的改革措施。但在特权阶层和既得利益者的重重掣肘之下，苏联经济原地打转，许多措施落实环节一筹莫展。

为了消除特权阶层对改革的阻挠，戈尔巴乔夫发动媒介舆论工具，推行"公开性"与"舆论多元化"原则，希望借助媒介工具，在全国上下掀起改革舆论大潮，以彻底抵消改革阻力。在积极配合中央总书记的改革政策背景下，苏共放开了对舆论阵线和意识形态的管控，逐步放弃了"把关人"角色，并最终颁布《传媒法》，把媒介舆论阵线由执政党意识形态管理，推向法制化管理。

《传媒法》对出版自由进行了解释，对大众传媒活动组织、大众信息传播、大众传媒同公民和组织的关系、记者的权利与义务、大众传媒领域的国际合作、违反报刊与其他大众传媒法的责任等相关内容进行了法律界定。其最大亮点是取消了新闻检查，允许各类社会组织和公民个人办报，扩大了媒介创办者、编辑部和出版者的自治权限。使得苏联国内反对派报刊受到法律保护，反共反社会主义的媒介机构获得了法律保护。于是，苏联进入了"人人办报"时代，苏共彻底丧失了媒介舆论阵地。

研究发现，苏共丧失媒介舆论阵地，不是从《传媒法》颁布之日开始的，而是从戈尔巴乔夫主导政治体制改革之初就开始了。他主张党政分家，实施多党制，支持总统制，擅自改变马列主义的初衷，并以此简单迎合社会部分阶层的意识形态，最后改变价值取向。他将媒介领域变为人事角斗场，鼓励媒介批评旧制度和阴暗角落，纵容反对派借助媒介否定历史，否定共产党和社会主义的历史功绩，导致苏共媒介自乱阵脚，在声势浩大的反共反社会主义的思潮中无力应对，只好主动偃旗息鼓，退出媒介舆论阵地。

第二节　苏联晚期大众传媒所有制呈现多元化

苏共自戈尔巴乔夫执政以来，在"公开性"、"舆论多元化"的影响下，苏联大众传媒由国家所有，苏共经营的单一体制，逐步转变为政府、党派、宗教、社团、个人等多种所有制并存的局面。

一 改革中的苏联大众传媒所有制

（一）大众传媒所有制概念

这里所说的"大众传媒"，是指在大众传播过程中所使用的，用以负载、传递、延伸、扩大特定符号的物质实体，具有实体性、中介性、负载性、还原性等特点。通常而言，向大众传播信息符号的现代物质实体，包括报纸、杂志、广播、电视、电影、书籍、通讯社、网站、手机、邮局等等。专门以传播新闻信息符号为主的物质实体是新闻媒介，它包括报纸、新闻性杂志、广播、电视、通讯社、通讯公司等。[①] 报刊、广播、电视、互联网被称为大众传播的四大媒介。

在解释大众传媒时涉及另一个概念，即大众传播。大众传媒是指各类型媒介，能否说使用这些媒介从事信息传播活动就是大众传播呢？事实上，不能这样简单画等号。因为大众传播的实质内容涉及记者、编辑等职业工作者，涉及特定的社会集团，也涉及媒介组织。也就是说，大众传播并不是简单地使用媒介从事信息传播活动，而是指专业化的媒介组织运用先进的传播技术和产业化手段，以社会上一般大众为对象而进行的大规模的信息生产和传播活动。[②]

大众传媒是传播行为的发起人，处于传播过程的首端，对信息的内容、流量和流向，以及受传者的反应起着重要的控制作用。大众传媒是从事信息采集、选择、加工、复制和传播的专业组织，或曰传播者。与其他类型的传播者相比，大众传媒具有以下几个特点：第一，地位稳固；第二，作为一种社会组织，具有自身的组织目标和组织结构；第三，是大众传播生产资料的直接控制者和使用者；第四，为一定社会的经济基础服务。

大众传媒所有制，即与大众传媒有关的生产资料占有、使用、处置并获得收益等一系列经济权利和经济利益关系的总和，简单来说，就是大众传媒归谁所有。由于大众传媒的特性及其与政治、经济千丝万缕的联系，大众传媒所有制形式受到政治、经济、文化等各方面因素的影响。

大众传媒是一种社会组织，是为一定社会的经济基础服务的。但是，

[①] 张举玺：《实用新闻理论教程》，河南大学出版社2012年版，第86页。
[②] 郭庆光：《传播学教程》，中国人民大学出版社2011年版，第99页。

大众传媒不同于国家机器和权力机关,其特点在于运用新闻手段进行活动,不仅运用新闻手段传播新闻和其他信息,而且运用新闻手段更直接地作用于经济基础。它通过报道事实和评价事实,宣传、解释一定的思想观念,倡导一定的行为规范,批驳和反对相反的思想观念和行为规范,为新闻事业的所有者和控制者创造有利的舆论环境。因此,大众传媒从性质上说,是运用新闻手段为一定社会的经济基础服务的新闻传播机构及其活动。[①]

从单一媒体来说,媒体的所有制形式主要有三种:公营、国营、私营。在中央集权的国度里,由于生产资料被统治阶级或执政党所有,大众传媒所有者往往是统治阶级、执政党或国家政府。所以大众传媒被看作是意识形态的重要部门,属上层建筑范畴。这就决定了大众传媒的所有制性质。

(二) 传媒法颁布前苏联一切传媒属于党营

1917年11月7日,以列宁为首的布尔什维克领导的十月革命推翻了俄国资产阶级临时政府的统治,建立了世界上第一个社会主义国家,俄国大众传媒的发展迈进一个崭新的历史时期。

苏维埃政权建立初期,党和政府取缔了反动的资产阶级报刊,逐步建立起社会主义的新闻体系。列宁在革命胜利前后阐发的一系列报刊思想,对社会主义报业的建设和发展,具有重要的指导意义。

作为一种新型的、代表无产阶级和全体劳动人民利益的舆论机构,苏联传媒业在战前社会主义建设中发挥了重要的作用。它大力宣传苏共的社会主义建设总路线,积极组织和推动社会主义劳动竞赛,为国民经济的恢复和发展做出了重要的贡献。这一时期,苏联传媒业继续发展,中央级报纸有所调整和增加,社会主义传媒体系全面形成。

从1941年6月22日起,在以斯大林为首的苏共和政府的领导下,苏联人民开始了长达4年之久的卫国战争。在卫国战争期间,《真理报》一度担当起苏共和全苏的舆论中心,成为思想领域反法西斯的前沿阵地。这些报刊在团结和教育人民、打击敌人等方面发挥了重要作用。

二战后,苏联传媒业经过短暂的恢复阶段,继续向前发展。其主要任务是动员人民群众全力恢复被战争破坏的国民经济,完成和超额完成战后

---

① 张举玺:《实用新闻理论》,河南大学出版社2006年版,第127页。

五年计划，并且将社会主义建设向前推进。

在特定的历史条件下，在几十年的传媒业实践中，苏联形成了高度集权的新闻体制。这种体制在革命和战争年代曾经发挥过积极作用，但是在和平建设时期其弊端不断显露出来。由于苏共和政府政治路线的失误，在这种体制下运作的苏联传媒业，曾对社会发展带来许多负面的影响。

1985年，戈尔巴乔夫上台后，苏联开始了社会政治的全面改革。大众传媒在"公开性"与"舆论多元化"方针的指导下，报刊内容有了重大的调整和变化。各种媒体竞相拓宽报道范围，增加信息量，公开揭露并议论历史和现实弊端，一时间传媒炙手可热，发行量急剧攀升。由于戈氏领导的改革日益偏离正确路线和方向，导致报刊舆论日渐混乱，不少文章从揭露社会阴暗面、批评党政方针，发展到全面否定苏联历史和社会主义制度，各种反社会主义言论大行其道。但是，这些错误舆论不管在政治上引起多少混乱，直到1990年6月12日《苏联报刊与其他大众传媒法》颁布之前，苏联大众传媒一直属于党营。①

（三）改革中大众传媒由单一党营走向市场化

新闻自由化改革是为推动苏共政治改革而进行的，新闻业的"公开性"、"多元化"改革使大众传媒发生了很大变化，传媒自主意识不断觉醒。传媒单一党营的所有制形式已不能适应改革需求，同时各党派和组织团体的报刊也不断发声，呼吁市场化经营。多方因素促使改革中的苏联传媒由单一的党营走向市场化发展。

对苏联大众传媒的"公开性"改革，开始于1985年5月戈尔巴乔夫的列宁格勒视察之行。戈尔巴乔夫在视察中的多个讲话环节均通过国家电视台，向全国进行了现场直播，引起了全国观众的热烈反响。在随后几次接受国内外记者专访时，戈尔巴乔夫皆采用了现场即兴交谈方式。其思维的灵活性和口才，一改苏共领袖在观众心中形成的一成不变的刻板印象，引起苏联与世界各国的极大兴趣。戈尔巴乔夫同大众传媒打交道的新风格为苏共其他领导人树立了榜样，"公开性"改革成为媒介批评旧制度的新出口。

于是，这变相鼓励了在报刊、广播、电视上对国家生活中各种各样的丑陋现象以及制度缺陷，发表批评和建议。批评风潮似乎成为扩大"公

---

① 张允若：《外国新闻事业史》，武汉大学出版社2000年版，第163—164页。

开性"势在必行的有效步骤。报刊上一时之间充斥着专职写作者的文章，这包括各种议题上的专家、教授、作家与部分记者。针对这种现状，戈尔巴乔夫明确指出：大众传媒必须明确责任，保障"公开性"免受侵犯。

在苏联"公开性"改革过程中，传媒扮演着改革的心脏角色。为了维护来自总书记的命令，中央媒介结构开始了一连串的人事变动。一大批媒体主编遭到撤换，代之以一批支持戈氏改革的新主编。

但是，戈尔巴乔夫对于媒介的改革仅限于人事的更换，媒介改革未能使人民意识到戈尔巴乔夫改革的真正意图。因为媒介人事变动的最终目的是为了维护总书记的改革命令，而来自基层党组织的声音却不能在群众中广为传播。媒介如果失去群众的支持与理解，那么关于苏共中央自上而下所进行的任何改革，都会停留在讨论阶段。最后，媒介难免成为改革派与保守派相互斗争的战场，而群众则成为了袖手旁观者。可以说，媒介改革的局限性是造成社会与国家机关疏离的关键。

戈尔巴乔夫在1985年底的改革遭遇挫折之后，"公开性"成为另类改革的口号，成为戈尔巴乔夫排除异己的手段。勃列日涅夫时期所培养的干部被大量排挤。这种现象在新闻界尤其严重，一些不具备马列主义基本素质与信仰的记者与编辑被大量起用，保护戈尔巴乔夫的威望与特权成为这些受宠者们的主要任务，媒介主导栏目和核心文章逐步被个人主观臆断所垄断。

从1986年开始，苏联传媒界向戈尔巴乔夫呼吁，希望苏共中央允许私人创办媒介机构，主张报刊应该拥有更多的自主权，并减少中央对传媒的控制，党报编辑部应该与苏共脱离关系。

在这种大背景下，那些被解职的媒介精英们并没有因为职务的变动而放弃职业追求，纷纷在相关团体和经济集团的资助下非法创办媒介机构。于是，这些没有登记，不受法律约束的报刊如雨后春笋般涌现，有几百家之多。

1987年，苏联境内开始出现第一家非政府办电视台。这家叫"尼卡"的电视台完全依靠自采自编自播的方法来获取信息和播发信息，运用庞大的广告收入，在莫斯科和列宁格勒播送6个小时的节目。1988年，苏联境内第一家非国营电台在立陶宛首府设立。苏联在波罗的海的三个加盟共和国的广播电台，依靠西方的援助，被政府反对派控制。1989年9月，由苏联国家广播电视委员会与德国、意大利合资创办的国际文传电讯社成立。

与此同时,许多中央级报刊认为,在报头上标明"机关报"是一件不光彩的事情。因此隶属于作家协会的《文学报》、隶属于全苏工会的《劳动报》等都删去了报头上的"机关报"字样。

按照原计划,《传媒法》应于1986年下半年推出,但由于种种原因,直到1989年12月4日由苏联最高苏维埃立法、法制和法律程序问题委员会制定的该法典的草案才正式在报刊上发表,供进一步讨论修改。到1990年6月12日,该法典被正式颁布。法典内容涉及新闻出版自由、大众传媒活动组织、大众信息传播、大众传媒与公民、组织关系、新闻工作者的义务、大众传媒领域国际合作和违法责任等。

《传媒法》的颁布表明,苏联大众传媒体制与之前相比,发生了根本性变化。它取消了新闻检查制度,允许各种党派、各类社团和公民创办媒介机构。该法典的出台,使苏联国内反对派媒介,其中包括反共反社会主义的传媒获得了法律保护。

到1990年10月,苏联境内共有700多家报刊,包括13家政党报刊进行了合法登记。一些反对派媒介以大众传媒法为依据,频繁组织反共集会,甚至用国外的钱买下大批刚出版的苏共报纸。一些报刊在登记过程中纷纷脱离原来的创办机构,另立门户。如《论据与事实》周报与创办者全苏知识协会脱离了关系,《莫斯科新闻报》与创办者苏联新闻社脱离关系。新一批传媒精英与报刊多党化的现象成为了媒介市场中的新主流。[①]

1991年"8·19"事件之后,苏共的一切活动被禁止,苏共的所有媒介自动转到了记者手中,大众传媒业加速了市场化进程。苏联社会主义时期大众传媒都属于苏共所有的垄断局面被彻底瓦解。

二 大众传媒呈现多元化业态

全苏记者联盟第六届代表大会《工作报告》资料显示,1987年全苏境内有7500种报刊,其中中央、加盟共和国、行政区的报纸约1000种,杂志超过2500种。属于党政的出版社约114家,《真理报》的发行量达到1100万份,《劳动报》的发行量达到1800万份,《消息报》的发行量达到1000万份,《先锋真理报》发行量达到1700万份。到1989年,苏联

[①] 吴非、胡逢瑛:《转型中的俄罗斯传媒》,南方日报出版社2005年版,第126—127页。

报刊数增加到了 8800 种，发行量同时上升到 2.3 亿份。杂志数量增加了 1629 种，发行量达到 2.2 亿份。一年后，报纸的发行量再次增加了 4.6%，杂志发行量增加 4.3%。①

截止到 1991 年 3 月 15 日，苏联境内（波罗的海三个加盟共和国除外）共有 1800 份报刊重新进行了登记。其中，近 870 份报纸是新创刊的，233 种为编辑部集体所有，291 份由社会组织创办，124 份由各种协会创办，55 份为合资创办，25 份由股份公司创办。仅俄罗斯联邦境内新创办的报刊就有 600 余种，在莫斯科一地有 2600 份报刊进行登记。②

上述传媒在变革过程中呈现出下列业态。

（一）所有制从单主体转向多主体

苏联大众传媒所有制从单主体向多主体转变过程，开始于 1985 年 3 月戈尔巴乔夫担任苏共中央总书记时。他在新闻界极力倡导"公开性"、"舆论多元化"原则，提出"历史无空白"、"批评无禁区"的口号，认为大众传媒是"实行公开性的最有代表性和群众性的讲坛"，"报纸应当将更多的事实公诸于众"。据此，从 1985 年底到 1986 年初，苏联大众传媒在宣传策略和内容上进行了大幅调整，整个大众传媒业出现了一番活跃的景象。报纸的信息量增加，报道面拓宽，批评监督多了，言论禁区少了，版面变得活泼多样起来，发行量极度扩大，成为历史最好时期。但是，随着时间的推移，各种各样的社会思潮纷纷涌现，传媒舆论日趋混乱，许多非法报刊应运而生。逐步突破了在苏联只有苏共才能办报的刚性禁区。

但是，真正打破苏共对大众传媒绝对垄断地位的转折点是 1990 年 6 月 12 日颁布的《传媒法》。在私有化、市场化的意识推动下，该法典首先取缔了传媒领域长期由苏共管控的严规戒律，将创办传媒的权力同时赋予了国家机构、党派组织、商业机构、社会团体和任何年满 18 岁的公民。苏联大众传媒自此迎来了第一个发展高峰，大量机构、组织和个人纷纷创办自己的传媒，新传媒如雨后春笋般涌现。与此同时，既有传媒也借重新登记之际改换门庭，成为"独立传媒"。新创立的 1110 多家传媒机构所

---

① 全苏记者联盟第六届代表大会《工作报告》。
② 吴非、胡逢瑛：《转型中的俄罗斯传媒》，南方日报出版社 2005 年版，第 151 页。

属性质如表2所示。①

表2　　　　　　　　苏联新增媒体性质及数量

传媒所有者	报刊数（种）	所占比重（%）
编辑部集体所有	233	20.99
社会组织	291	26.21
各种协会	124	11.17
同仁报纸	99	8.91
合资企业	55	4.95
政党组织	24	2.16
股份公司	25	2.25
宗教机构	19	1.71
私人	241	21.71

由此可见，在《传媒法》颁布之后，苏联大众传媒已经彻底打破了传统的苏共党营的垄断局面，形成了办报主体多元化格局。电子传媒由于其规模、经费及其技术含量要求较高，所有制转型发展较印刷媒介缓慢。但是，20世纪90年代初，非国营电台和电视台已经开始出现。1990年8月，苏联第一家集体所有的独立广播电台——莫斯科回声创建。1991年8月，美国CNN电视集团与莫斯科政府合资创办TB-6电视频道，9月出现了私人电视台Ren-TV。②

总之，苏联在解体之前，其大众传媒业多主体、多元化的所有制格局已经形成，私人所有传媒、集体所有传媒、社会组织所有传媒、党派所有传媒、宗教所有传媒、合资传媒等，纷纷登台亮相，形成相互激烈竞争的市场局面。

（二）从依靠事业拨款向市场化转变

《传媒法》颁布之前，所有大众传媒机构均为国家事业单位，各大报刊都是国家和地方机关的直属机构，传媒的运营经费归国家财政统一拨款，经营收入一律划入国家或所属机关的账户。大众传媒被苏共看作

---

① Р. Овсяпян. В лабиринтах истории отечественной журналистики. Век XX. М., 1999. ст. 229.

② 李玮：《转型时期的俄罗斯大众传媒》，上海外语教育出版社2005年版，第89页。

是意识形态的重要部门，所以传媒是国家经营的舆论阵地，从经营场所，开办经费，到工作人员的工资福利，全部由苏共和苏联政府负责解决。①

《传媒法》颁布实施之后，除了为数不多的媒体之外，大部分传媒机构开始走向了自谋生路的自由市场之路。一向习惯于只管业务不问经营的传媒人，在获得独立自主权的同时，不得不同时扮演着企业经营者、生产组织者、经费调控者、市场开拓者等多重角色。

传媒开始调整内部结构，许多媒体设立了市场部、广告部和公关部等。此外，还出现了专业广告公司、商业信息公司。但是，面对苏联在改革中日益恶化的经济形势，新闻纸、版材、油墨等印刷材料的短缺与涨价，人员费用和发行费用的大幅提高，许多报刊不得不压缩出版期数，减少版面，裁减工作人员。为了应对市场多变的局面，甚至一些热门报刊的价格还出现了"自由价格"和"议价"，同期报刊的价格在不同摊点的零售价差别很大，早晚价格也不一样。②

《消息报》1991年1月的零售价从原来的4戈比每份涨到了10戈比每份，8月涨到25戈比每份，12月涨到40戈比每份。事实上，当时官方牌价1卢布可以兑换2.75美元。甚至，一些报刊直接停办，或者出租场地。许多报刊只是依照程序登记个空名而已。

研究资料显示，苏联传媒业自《传媒法》颁布之日起，到1991年12月25日苏联解体的一年半时间内，一直处于良莠不齐，经费贫富不均的极度动荡之中。好不容易生存下来的媒介机构，其经济要么依靠广告收入，要么依靠政治献金，要么依靠金融机构或企业赞助，要么依靠外资的介入。在这四者中，广告收入本应成为媒介的生存保障，但受当时时局动荡，经济萧条的影响，多数媒介的广告收益入不敷出，无法保证自身生存。为了生存，要么投奔政治团体、金融机构、企业财团等，依靠有限的赞助经费，投其所好，勉强运转；要么大肆刊登色情、淫秽信息，或捏造虚假的历史事件等内容，以吸引读者眼球，扩大发行量。苏联大众传媒的这些拜金行为，置信息的真实性和公正性于不顾，导致传媒质量下降，公信力丧失，在市场化的潮流中迷失了本性。

---

① 李玮：《转型时期的俄罗斯大众传媒》，上海外语教育出版社2005年版，第91页。
② 同上书，第92页。

(三) 行政管理从垂直模式转向自主化

由于传媒从单主体分化为多主体，致使苏联从中央媒体到地方媒体的金字塔式垂直管理模式迅速崩溃，取而代之的是分散的自主化经营模式。当来自中央的统一控制不复存在，那些中央级大报向各地发行的行政命令随之被取消，加上邮政管理同样存在混乱，运费高涨等原因，使得中央大报如《真理报》《消息报》等失去了地区需求，全国性报纸发行量锐减，各加盟共和国、自治共和国、自治州等地方性报纸数量及发行量剧增。以俄联邦1991年的传媒业为例[①]，见表3。

表3　　　　　　　　各类地方性报纸分布情况

报纸种类	报纸品种	平均每期印数（千份）	年度总印数	备注
全部报纸	4836	160224	27303596	
全国性报纸	112	110584	19213511	
各共和国报纸	137	4487	717320	
自治州报纸	2	45	11333	
州属报纸	264	17374	2893050	
专区报纸	18	95	18646	
市属报纸	604	14792	2828728	
区属报纸	1658	8919	1384268	
基层单位报纸	2032	3896	235699	

表3中的数据表明，在1991年总共4836种俄罗斯报刊中，全国性报纸只占112种，与此相反，那些地方性报纸却远高于这个数字。事实上，首都莫斯科出版的全国性报纸在地方上很难见到，地方报刊应时而上，迅速崛起。不过，地方传媒相应分为共和国传媒、边疆区传媒、州传媒、市传媒、区传媒等。这些传媒在《传媒法》颁布之前，还是苏联大众传媒系统中的一员，如今获得自主，成为与中央级报刊平起平坐的传媒机构。但是，由于各地区的经济状况、居民人数、文化传统和地方政府的重视程度不同，地方传媒发展极不平衡，有的整个地区只有几份报纸，有的却显示出雄厚的传媒实力。苏联其他加盟共和国的传媒情况跟俄罗斯相差无

[①] 《俄罗斯联邦1991年出版年鉴》，俄罗斯金融统计出版社1992年版。

几,唯一有差别的地方是,苏联中央传媒势力在这里消失殆尽,地方传媒势力一统天下。

与首都传媒相比,地方传媒主要有以下特点:其一,地方政府创办的传媒比重较大;其二,除了某些独立意识强烈的民族自治共和国或自治州的传媒外,大多数地方传媒以生活娱乐内容为主,远离政治;其三,受居民人数和发行范围所限,地方传媒发行量一般很小。

地方传媒通常分为保守型、民主型和民族型三种类型,同时还具有多语种特点。由于地方政府视传媒为地方经济、行政独立和民族自主性的象征,所以一般都会力所能及地给予经济扶持。而传媒内部管理则完全实现了自主经营。自主后的传媒经营体制普遍采用了股份制,股东大会是最高管理机构,传媒的日常运营由理事会、编委会负责,有些传媒由主编负责。有些传媒还专门设立了监事会,对媒介的利益分配、产权转换等重要经济活动进行监督。①

三 所有制变革引发大众传媒功能转变

(一) 从"万人一刊"到"人人办报"

因大众传媒所有制发生改变,导致苏联传媒功能发生较大逆转。《传媒法》颁布之前,作为意识形态的宣传者和国家政体的维护者,大众传媒在社会生活中主要承担着苏共意识形态的宣传工具,发挥着苏联政府的喉舌,政策的宣传者和大众的组织者等功能,而这一直是苏联大众传媒的核心职能。传媒的政治属性高于一切,大部分传媒的主要内容与政治宣传有关。而且全国只允许一种形式的传媒存在,那就是在苏共的领导下,宣传社会主义思想的革命传媒。

《真理报》《劳动报》《消息报》《共青团真理报》等中央报刊是全国传媒的中心和榜样。其刊发信息为其他报刊所转载,版面风格为其他报刊所仿效。报刊种类不多,但发行量大得惊人。据资料显示,1970年苏联全国性报纸只有25种,但平均每种报纸的每期印数就达220多万份,仅《真理报》每期发行量就有110万份,《劳动报》则达到了180万份。可见当时的苏联报刊可谓"万人一报"。

但在《传媒法》实施之后,允许年满18岁的公民个人办报,这是大

---

① 李玮:《转型时期的俄罗斯大众传媒》,上海外语教育出版社2005年版,第93—94页。

家做梦也没想到的。在人人都可以办报的大背景下，私有化和商业化使大量媒体摆脱了过去的全盘政治化，开始追求丰富多彩的传媒形式与内容。大众传媒的经济职能凸显，政治宣传功能减退，信息娱乐性飙升。可以说，变革解除了苏联意识形态绝对化。原本受到排斥的各种思想文化得以滋生，宗教文化、民族文化和西方文化得以复兴。苏联出现了第一批宣传宗教的报刊，如《塔吉亚娜日》《钟鸣》《家庭东正教》等。

此外，侨民传媒开始回归，代表西方文化的外国传媒也开始以各种方式涌入俄罗斯。比如英国 BBC 广播公司、美国 CNN 电视公司以合资的方式，在苏联境内创办合资广电传媒企业。

在传媒市场化过程中，苏联大众传媒从形式到内容发生了分化、细化和专业化。到苏联解体前，大众传媒已经形成如下分类形态。①

第一，根据传媒经济来源分类，有官办传媒、政党传媒、同仁传媒、商办传媒、私有传媒等；

第二，根据传媒性质分类，有政论传媒、专业传媒、娱乐传媒；

第三，根据区域分类，有全国性传媒、跨地区性传媒、地方性传媒和国际型传媒；

第四，根据读者群分类，有专业领域传媒、社会阶层传媒、不同年龄段传媒、不同性别传媒、信仰群体传媒。

(二) 从"国家中心"转向"受众中心"

改革之前，苏联大众传媒被称为大众信息宣传媒介，它决定了苏联传媒的根本定位。从苏联传媒创办之日起，它就是苏共的宣传工具，上接党和政府，下连民众百姓。它在作为宣传党的政策，组织教育民众，控制社会舆论工具的同时，肩负着信息传递的任务。②

在苏联社会主义计划经济时代，传媒是国家事业单位，领着国家工资并享受着福利，完全根据党和政府的意愿办刊办报，发行的报刊皆由政府包销。媒体既不用考虑征订量，不用考虑报刊的价值和受众的意愿，更不用担心自身的生存问题，只要把中央和上级党委所作的指示精神用新闻方式传达下去，就算圆满完成工作。

随着戈尔巴乔夫大鸣大放进行改革，西方文化与西方传媒现代化传播

---

① 李玮：《转型时期的俄罗斯大众传媒》，上海外语教育出版社 2005 年版，第 98—99 页。
② 同上书，第 103 页。

理念，像一阵飓风一样强烈冲击着苏联的"信息即新闻，新闻即传媒全部功能"的观念。那些改革激进派记者立刻意识到，苏联传媒的政治宣传掩盖了大众传媒本来的经济和信息传播功能，苏联媒介所强调的大众信息与宣传，只是大众传媒功能之一。苏联的大众信息与宣传，仅存在于"上面"、"传媒"、"下面"三点一线之中，通过政治新闻的传达，达到说服大众、教育大众的目的即可。①

但随着苏联《传媒法》的实施，大众传媒业从国家事业单位转变成了商业机构，政府停止对传媒的"喂养"与资助，此时传媒人就已经明白，传媒没有了"上面"的指令，得靠自己生产信息；传媒没有了"上面"的经济来源，得靠自己创收，向"下面"要钱，来解决生存问题。于是，传媒人不再只看"上面"的脸色行事，其注意力开始下移，去关注其生存的新支点——"受众"及其需求。

为了获得受众的认可，传媒必须投其所好。只有了解受众的好恶，才能生产出符合其需要的信息产品，达到供需共赢。只有这样，才能最终解决传媒的生存问题。这使受众在信息传播过程中的角色越来越重要。苏联大众传媒在激荡中深刻认识到，其工作重心必须由传统的"国家中心"向"受众中心"转移。

(三) 从以新闻宣传为主走向以信息传播为中心

改革之前，苏联传媒运作的环境基本是建立在国家安全的体系上。消息来源由政府与新闻媒体人来确定，新闻的运作及发布由国家安全委员会做紧密的监控，受众的反映主要由国家安全局向政府做最后的汇报。因此，国安系统成为媒体、政府与受众相互联结的纽带。在这种模式下，苏联传媒被看作苏共最重要的意识形态机构，其主要职能是思想职能和直接组织职能。

苏联传媒首先要解决群众思想方面的问题，它从自己的思想立场出发，用新闻手段积极宣传社会发展中的经济、社会、精神方面的进程。它代表上级党委（或同级党委）、政府等发号施令，直接干预某项社会活动，对某些组织或负责人提出批评意见或建议，敦促事情通过正确的渠道得到解决，或者按照党委和政府的预期发展。

但是，到戈尔巴乔夫执政时期，这种新闻宣传模式逐渐发生改变。特

---

① 李玮:《转型时期的俄罗斯大众传媒》，上海外语教育出版社 2005 年版，第 104 页。

别是在"公开性"原则实施之后,新闻报道主要是围绕改革的具体进程展开的,配合戈尔巴乔夫的要求,宣传改革,揭露妨碍改革的缺点。但是,在随后对国家政策与历史事件的报道中,媒体完全放弃了对新闻专业化的报道精神,常常以爆料、揭内幕、使用惊人语言为时尚。这是苏联传媒由新闻宣传为主,走向以信息传播为主的分水岭。

从报道中,读者经常会看到国家政策的反反复复,对历史事件的揭露往往会出现一边倒的结论。读者开始质疑媒体所披露的信息,怀疑媒体所传播信息的真伪。从而导致苏共命运和国家利益不再有人去关心,而只关心那些耸人听闻的新闻和无休止的辩论。

随着苏联《传媒法》于1990年6月颁布,苏联直接取消了新闻审查,确立了言论自由,给予多种主体以创办大众传媒的权利,把对大众传媒的行政管理转变为法制管理。在自由主义、功利主义和拜金主义的刺激下,大批自由媒体打着回归传媒信息传播功能的旗号,竞相触及社会的阴暗面、历史问题、现实敏感问题、色情问题。与此同时,大批否定苏共、否定社会主义的言论见诸报端。媒体认为只要是受众感兴趣的就是最好的,就是应该报道的,不但能使受众的知情权得到最大限度的满足,而且能增加销量,获得经济效益。

在这一过程中,虽然大众传媒回归了信息传播功能,但是传播内容的真实性、客观性等无法得到保证,媒体上充斥着大量耸人听闻的虚假信息,新闻专业理念和职业伦理被践踏。

结　语

在戈尔巴乔夫改革之前,苏联大众传媒不仅在意识形态、结构类型方面被严格管控,就连其经营活动都要接受苏共的严格管理。所以,可以说苏联大众传媒是国营体制,苏共管理。无论从新闻纸价格、印刷费用、发行费用等都是由苏共中央规定好的。

戈尔巴乔夫执政之初,苏联经济发展出现停滞,人民生活水平急剧下降。为了改变现状,他着手进行经济改革。起初只是强调扩大企业的经营自主权,要求企业实行以自筹资金为主导内容的完全经济核算制,提出了取消指令性计划制度,实行指导性计划的要求。但由于这些改革举措没能从根本上改变经济形势,没能使老百姓的生活得到改善,因此改革很快就进入了第二阶段，使苏联经济改革的性质发生了变化，不仅要转换经济体制，更重要的是要根本改变社会主义制度，即抛弃社会主义制度，建立资本主义制度。受此影响，苏联大众传媒在大变革过程中，逐步摆脱了国营体制，由单一苏共经营模式走向了市场化。

值得注意的是，苏联大众传媒在改革初期由单纯的改革宣传工具，逐步演变成了怀疑社会主义、反对苏联共产党的舆论阵地，伴随而生的是一大批反共反社会主义刊物的非法创办。《传媒法》颁布实施之后，苏联大众传媒业由一党经营转向多主体经营局面。原本单靠国家行政事业拨款的大批传媒机构，在多方资金源的刺激和利益的驱动下，纷纷转变所有制，走向独立核算、自主经营的市场化之路。那种从中央到地方对大众传媒业进行垂直行政管理的模式从此瓦解，进入大众传媒法管理模式。

受《传媒法》影响，苏联传媒业所有制呈现出多元化业态，大众传媒功能也发生了根本性转变。原本只有苏共办报，一报全国发行的局面被打破。在《传媒法》的规定下，只要年满18岁的公民都可以办报。在人人都有权办报的大环境下，媒介收益成为生存的前提条件。为了发行量、为了吸引广告商，媒介关注的重点由"国家中心"转向了"受众中心"，由"新闻宣传"为主转向了"信息传播"为核心，凡是读者喜闻乐见的内容，都是媒介努力的方向。总之，满足受众需要，成为苏联末期大众传媒的一大特色。

第三节 苏联晚期多党制传媒结构

苏联大众传媒是苏共管理社会的重要工具，曾被党和政府严密控制。这种控制不仅体现在意识形态和行政上的垂直领导上，还体现在对大众传媒结构的刚性规定上。

一 苏联晚期传媒结构

（一）传媒结构概念

传媒是指承载传递信息的物理形式，包括物质实体和物理能。物质实体指文字、印刷品、通信器材等；物理能指电波、光波、声波等。媒介是传播赖以实现的中介，是传播活动中具有自身内在特性与规律的客观存在，对社会的发展起着直接而有力的影响。传媒发展经历了原始媒介、语言媒介、印刷媒介、电子媒介等几个大的历史阶段。① 传媒具有结构特征。

结构既是一种观念形态，又是物质的一种运动状态。结是结合之意，构是构造之意，合起来理解就是主观世界与物质世界的结合构造之意。它在意识形态世界和物质世界得到广泛应用，如话语结构、建筑结构等。这是人们用来表达世界存在状态和运动状态的专业术语。结构是一个系统诸要素之间的组织形态，包括诸要素及组织的序量、张量等。

按照表现方式，传媒可以划分为口头媒介、印刷媒介、电子媒介。按照对人体感官的作用，传媒可分为：听觉传媒，如语言、广播、电话；视觉媒介，如文字符号、图书、照片等；视觉兼备的复合媒介，如电视、电影等。按使用对象，传媒又可分为：个人媒介，如私人信函、私人电话等；大众媒介，如报纸、杂志、广播、电视、电影、图书、互联网和手机网络等。②

从表面上看，传媒各构成要素之间、媒介之间、媒介与其外部环境之间相互关联制约而达到一种相对平衡的结构，系统中各要素之间是相互影响、相互作用、彼此依存的关系，是一个平衡稳定的系统。

传媒结构主要分为纵向的层次结构和横向的依存结构。从纵向结构看，在整个媒介系统中，有报纸、杂志、广播、电视等传统媒体以及新兴的网络媒体，而这些媒介系统又有其子系统，如报纸包括了综合性报纸、经济类报纸、体育类报纸、军事报纸、都市报、晚报等。

从横向结构看，主要是各种不同媒介的地位、舆论影响力、市场占有率，以及各类媒介下属的不同子类之间相互关系并非平衡。③ 如果说，西方大众传媒的结构主要是在市场力量的作用下形成的，那么苏联大众传媒的结构则是被苏共规定好的，形成被苏共和政府严密控制的垂直管理结构。这种结构在方便了苏联政府和苏共对传媒的控制和管理的同时也显示出了明显不足，即高度整齐划一，缺乏灵活性和多样性，无法满足受众对信息的全面需求。

可以说，苏联传媒结构垂直式管理模式，犹如一座体形庞大的传媒金

---

① 甘惜分：《新闻学大辞典》，河南人民出版社1993年版，第59页。
② 同上书，第60页。
③ 肖怡：《传媒结构与舆论生态》，《当代传播》2006年第3期。

字塔。即传媒按照行政区划被自上而下划分为不同等级。具体点说，苏联传媒被划分成中央媒体、加盟共和国媒体、边疆区媒体、州媒体、自治共和国媒体、自治州媒体、城市媒体、小区媒体和基层媒体（厂报、校报、集体农庄报、国营农场报等）多个层次。

在苏联大众传媒体系中，报纸占据着中心地位，其中以中央级报纸最为重要。除此之外，在民族地区还有用民族语言出版的报纸。其中，占据金字塔塔尖位置的是苏共中央委员会的机关报《真理报》，塔底则是大量的基层报纸。[①]

（二）变革中的传媒结构

苏联传媒推行改革之后，特别是在《传媒法》颁布实施之后，其传媒结构在不断演变中，并发生着较大变化，原先那种金字塔式的传媒结构突然瓦解，取而代之的是多种所有制并存的平行式的传媒结构。

这种变化主要涉及报业、电视、广播三大传统媒体。报业结构从以党委机关报为主，发展成全国和地方报纸的结构。以所有制为标准，可以划分成国营报、商业报、政党报和有外资背景的报刊。此外，还有属于地方市政和地方自治机构的报刊。

这里需要指出的是，苏共党报体系已不复存在。由于各种政党大量涌现，适逢社会处于剧烈的变化之中，读者对政治问题高度关注，政党报空前繁荣。但是，该时期的政党报刊地位及其影响力已经远非苏共党报当年的声势。虽然报刊繁多，但杂乱无章，大多数报刊的发行范围仅限于本党成员内部，有些只作为论坛，或者不定期出版报纸，并不直接向社会传播自己的政治观点，[②] 发行量十分有限。与此同时，全国性报刊的发行量呈现萎缩趋势，特别是到了1990年以后，地方报纸的发行量开始攀升并逐步取代全国性报纸，甚至还出现了地方报刊向全国报业进军的情形。不过，这些报刊多以经济类报纸和广告报为主。

与报业相比，苏联电视传媒结构是被人为规定好的。改革前，苏联电视台按照国家的行政区域被划分成不同的级别，除了面向全国的苏联中央电视台之外，各加盟共和国、边疆区、州都有各自的电视台。它们都接受

---

① 贾乐蓉：《当代俄罗斯大众传媒研究》，中国广播电视出版社2008年版，第21—22页。

② Воронова О. А. Динамика типологической структуры региональной прессы. Вестник МГУ Журналистика. 2000/5.

苏联国家广播与电视委员会的领导。在国家的统一领导下组建了庞大的电视节目转播系统。苏联居民的电视机拥有量相当高。1979年，苏联每百个家庭拥有98台电视机。到1986年，93%的居民都是电视观众。①

《传媒法》的颁布对苏联电视结构产生了重要影响。各加盟共和国电视台和地方电视台纷纷独立，就其技术特点、组织形式、所有制、地域等多个指标，可以划分为全国电视台、地区电视台和地方电视台。此外，按照组织形式可以划分为单独的电视台和电视网；按照技术特点划分为无线地面电视、卫星电视和有线电视；按照创办主体划分为国营电视台、商业电视台和国家—私营合资电视台。②

由于政治动荡和经济衰退，居民生活水平下降，买报成为一种经济负担。而收看电视无须专门的支出，电视逐步取代了报刊的地位，成为人们经常使用和获取信息的主要渠道。1991年创办的俄美合资企业"宇宙—电视"，成为苏联时期唯一一家付费卫星电视台。在巨大的收视利益和广告利益的驱动下，电视节目中的暴力和色情内容大大增加，许多优秀的教育类节目被严重挤压。

苏联广播与电视有许多相似之处。改革前，苏联广播也按照国家行政区域划分为中央广播电台、各加盟共和国广播电台，及各边区、州、自治共和国、地区、城市广播电台。此外，还有对外广播。苏联广播包括无线广播和有线广播，建有发达的有线广播网。③

《传媒法》颁布之后，出现了商业电台。原有的广播结构被打破，随着市场经济的引入，多种所有制电台出现。1990年12月10日，苏联加盟共和国俄罗斯率先创办了俄罗斯国家电台俄国电台。1991年，苏联主管广播电视的苏联国家广播与电视委员会改组为全苏国家广播电视公司"奥斯坦基诺"。在这家新的国家广播电视公司中就包括以前的苏联国家电台："电台—1—奥斯坦基诺"；音乐—新闻台灯塔、青春电台等。事实上，在苏联解体前，就存在着两个国家广播机构：奥斯坦基诺公司和俄国电台。

---

① Терхи Рантанен Глобальное и национальное Масс - медиа и коммуникации в посткоммунистической России. Издательство МГУ. 2004. с. 99.
② 贾乐蓉：《当代俄罗斯大众传媒研究》，中国广播电视出版社2008年版，第34页。
③ 同上书，第49页。

1990年，莫斯科有非国有广播电台3家，1991年就增长到7家。① 比较成功的电台如莫斯科回声于1990年8月22日开始播出，不仅保持了它在广播市场上的领先地位，还能够自负盈亏。

许多地方台不仅转播中央电台的节目，同时也播出自己制作的节目，地方电台越来越成为电台的主流，呈现出电台地区化趋势。② 地方电台限于财政、技术和人员条件，落后于全国电台的发展，但是地方电台由于贴近当地听众，不仅受欢迎还能盈利，成为苏联末期电台的主要组成部分。

（三）多党制传媒结构形成的基础

苏联从苏共一党专政到党政分流，再到多党制并存局面，是建立在一个逐步演进的基础之上的。从1985年至1986年之间，戈尔巴乔夫提出加速政治经济改革步伐的口号，首先着手进行经济改革，但是经济形势却意外出现倒退。1986年，他提出重建的号召，其中关于媒介改革部分始于人事变动，直接任命雅科夫列夫领导苏共中央出版署。雅科夫列夫上任后撤换了许多苏共重要报刊的负责人，任命了一批有自由化倾向的媒介政客主持日常工作。③

1987年11月，戈尔巴乔夫出版了《改革与新思维》一书，宣布"新思维"是核时代的战略思维，它不仅针对国际问题，同时也作为苏联国内改革的指导方针。至此，苏共领导层逐渐形成了一种共识，认为原行政体制严重阻碍了经济改革的顺利推行，只有先进行政治体制改革，才能解决苏联各种问题。

如果说这只是一个分解苏共政治根基的开始，那么1988年苏共第十九次全国代表大会宣布苏联全面进行政治体制改革，建立"民主的、人道的社会主义"，国家权力重心由此开始从苏共系统向苏联人民代表大会的立法机构转移。以该次会议为标志，改革从经济领域快速向政治领域转移。当年12月，俄罗斯社会主义共和国联邦进行了首届人民代表的选举，民主派取得1/3席位。1989年5月，叶利钦当选为俄罗斯人民代表大会

---

① Болотова Л. Д. Отечественное радиовещание в начале XXI века: Новые реалии и старые проблемы. Телерадиоэфир: История и современность. Аспект Пресс. 2005, 149.

② Засурский Я. Н. Тенденции Фукционирования СМИ в современной структуре российского общества. СМИ России. 2005. с. 47.

③ 吴非、胡逢瑛：《转型中的俄罗斯传媒》，南方日报出版社2005年版，第13—14页。

主席团主席，苏共丧失了苏联最大加盟共和国的领导权。①

1989年11月12日，戈尔巴乔夫在《真理报》上发表《社会主义思想与革命性改革》时强调说，必须改革整个社会主义大厦，从经济基础到上层建筑，应该采用三权分立，相互制衡的政治原则。这是苏联正式由一党统辖向议会政治转轨而进行党政分离，行政、立法、司法三权分立的开始。1990年3月，苏共中央全会取消共产党对国家的法定地位，取而代之的是多党制和总统制。

1991年上半年，由各种非正式组织以及社会团体发展而来的政党就有800多个，其中在全国范围内具有较大影响的有"跨地区代表团"、"民主俄罗斯"运动、俄罗斯共产党及许多从原苏联共产党组织中分化出来的左翼组织。就这些政党的政治价值取向来看，大致上可以分为以下几种：自由主义、共产主义、社会主义、保守主义、爱国主义、民族主义等，苏联一党制的终结使得各种政党如雨后春笋般发展起来。②

由于实行多党制和对苏共的革新和改造，苏共党组织受到严重破坏，逐步陷入四分五裂的境地，一批所谓激进分子成为苏共的掘墓人。在实行党政分开的过程中，由于行动过快，缺乏周密考虑，形成权力真空，加上政府权力大大削弱，国家事务形成了党无权管、苏维埃无力管、政府无法管的"三不管"局面。③

正是因为苏联上述政治体制改革，取消了苏共的唯一执政党地位，诱使许多其他党派产生，并迅速形成政治力量。多党派在建立的同时，积极创建自己的舆论阵地，这是多党制传媒结构形成的基础。

二 多党制传媒涌现

（一）多党派风生水起

随着公开性和民主化的深入开展，苏联社会涌现出大量非正式组织和团体，从1988年到1989年，非正式组织的数量从3万个猛增到6万个。其中许多非正式组织提出了自己的政治纲领并开始按照政党形式开展活动。1990年3月苏联人民代表大会通过决议，正式废除了《宪法》第六

---

① 海运主编：《叶利钦时代的俄罗斯》，人民出版社2001年版，第27页。
② 李培鑫：《试析俄罗斯的多党制》，《青年文学家》2009年第5期。
③ 王立新：《苏共兴亡论》，中共中央党校出版社2007年版，第139页。

条中关于苏共领导地位的规定，苏共不再有法定的领导地位。1990年7月苏共二十八大以后，苏联正式宣布"结束政治垄断"，实行多党制。

该阶段的特点是，各派政党纷纷创建，分化组合异常频繁，政党政治尚未步入正轨，违法和违规现象十分严重。由于刚刚开放党禁，社会上出现空前的"政党热"，各种思潮纷纷涌现，人们热衷于政治参与，各路豪杰野心勃勃，八方精英跃跃欲试，名目繁多的组织应时而起，五花八门的政党应运而生，可以说达到了遍地开花的程度。各类以"运动"、"协会"、"阵线"、"联盟"名义确立的政党多如牛毛，有的在司法部门登了记，有的则根本没有登记。其中，左、中、右各派组织遍布全国，大、中、小政党应有尽有，泥沙俱下、鱼龙混杂、良莠不齐的现象十分严重。① 据《论据与事实》周报1992年第24期报道，苏联当时存在的各类政党有近千个。但是，在这些林林总总的党派中，有志于参加议会选举的政党和组织数量却十分有限。

在随后的俄罗斯总统选举、"8·19"事件、苏共被禁止等重大事件中，各派政治力量各显神通，融合，分裂，再融合，加剧了各派政党的分化组合烈度。在这种激烈的动荡中，原苏共党人分别建立了不同的左派组织，其中包括麦德维杰夫领导的"劳动人民社会党"、安德烈耶娃领导的"全联盟布尔什维克共产党"、安皮洛夫领导的"共产主义工人党"、克留奇科夫领导的"共产党人党"、普里加林领导的"共产党人联盟"，以及后来恢复重建的俄罗斯共产党等。此外，还有直接从俄共分裂出来的，由鲁茨科伊领导的"自由俄罗斯人民党"。

1990年10月建立的"民主俄罗斯"党派，后来也多次发生分裂，分别建立起不同的右派或中右派组织，其中包括盖达尔领导的"俄罗斯选择"派、亚夫林斯基领导的"亚博卢"集团、沙赫赖领导的"统一和谐党"、波波夫领导的"民主改革运动"等。②

不过，由于政局动荡不安，社会转型剧烈，经济危机严重，执政当局常常违规操作，各派政党的活动也十分紊乱。研究发现，苏联多党派形成过程大致可以划分为三个时期。

第一个时期（1987年至1990年1月）：多党制的酝酿。

---

① 王正泉：《俄罗斯多党政治发展的三个阶段》，《俄罗斯中亚东欧研究》2003年第1期。
② 同上。

由于戈尔巴乔夫大力推行"民主化"和"政治多元化",1987年后非正式组织开始大量出现,并随着政治改革的进程逐步向政党方向发展。至1988年6月苏共第十九次代表会议前,许多非正式组织已经具有政党的雏形,并且积极以反对党的面貌从事政治活动。1988年5月成立的"民主联盟"公开声称自己是"苏共的政治反对派",主张"发展与政党(指苏共)国家结构相对立的有选择的社会政治制度"。苏共第十九次代表会议后,苏联加速进行政治体制改革,在许多重大问题上开始偏离社会主义方向,特别是在多党制问题上立场不断松动。

在1989年12月召开的苏联人代会和苏共中央全会上,戈尔巴乔夫公开表示,宪法中关于共产党领导作用的条款可以考虑修改,1990年1月又称不反对实行多党制。戈氏的态度为反对党的建立和发展提供了便利。事实上,在这一时期多党制已经存在,如自由民主党等。

第二个时期(1990年2月至1991年8月):多党制的确立。

1990年2月,苏共中央全会通过了《走向人道的民主的社会主义》行动纲领草案,宣布放弃苏共"政治垄断"地位。同年3月召开的苏联第三次人代会修改了苏联宪法,取消了原宪法第六条有关苏共领导地位的内容,从而在法律上正式确认了多党制。从此各种政治组织更加肆无忌惮地登上政治舞台,他们纷纷召开代表大会,制定行动纲领,完善组织机构。

到1990年11月,苏联自由民主党、俄罗斯民主党等已在200多个城市建立了自己的组织。在各种非正式组织经过派生、演化成为新的合法政治组织的同时,苏共、俄共内部的民主派纷纷退党,另立门户,司法机构和行政管理机构失去对整个社会政治生活的控制,各政党处于空前的"自由发展"时期,政党竞争没有规则可依。这一时期成立的政党组织大都具有反共色彩,虽然在政策方针、行动开展上存在不同,但斗争的主要目标都是迫使苏共下台,"走上街头"成为当时各政党组织特别是"民主派"政党活动的主要特点。

第三个时期(1991年9—12月):政党角色的换位和分化组合。

"8·19"事件后,"民主派"掌握了国家政权,由过去的反对派转变为当权派,由于分权不均和在改革政策上主张不一,发生了分裂。一些党派主张放慢改革的速度,并与激进改革派拉开了距离,形成了中间势力,由俄民主党、自由俄罗斯人民党等组成的"公民联盟"是这股势力的代表。苏共被解散后，许多共产党人重新聚合，先后组建了俄罗斯共产主义工人党、俄罗斯共产党人党、劳动人民社会党等十几个政党。①

（二）多党制下的新党派

政治多元化和多党制在苏共二十八大后成为不可逆转的趋势，名目繁多的党派应运而生。《莫斯科新闻》周报1990年第28期介绍了新党派的情况和主要人物，使我们对此有了比较详细的了解和认识。

1. 苏共马克思主义纲领派

该党派成立于1989年11月。1990年2月建立了马克思主义党俱乐部联盟。其基础是莫斯科大学马克思主义研究俱乐部和莫斯科市党俱乐部马克思主义党团。该党不仅同工人运动密切联系，影响工人运动，而且还建立了一个以社会主义为目标的民主联盟，联合苏共民主纲领派和左派社会民主党的部分拥护者。

2. 民主联盟

成立于1988年5月，领导机关——协调委员会，是唯一反对苏共政治体制的政党，主张私有制，通过"不服从"来激起个性。1990年春，在乌克兰基辅召开的第四次代表大会上民主联盟分裂为激进派和改革派。激进派全面反对苏共的政治体制，改革派希望修改纲领，扩大党的社会基础。莫斯科、列宁格勒和新西伯利亚市是民主联盟的传统中心。

3. 俄罗斯联邦社会民主党

1990年5月在莫斯科成立，是西欧式传统的社会民主党。它主要依靠技术界知识分子和熟练的工人，是在苏联最高苏维埃（70人）和俄罗斯联邦最高苏维埃（50人）中实力最强的议会党团。领导机关是理事会和主席团，主席是苏联人民代表亚·奥博连斯基。

4. 立宪民主党

1990年5月于莫斯科成立，其基础是主张对公民进行法律教育的"公民尊严"莫斯科小组。党的领导人是工程师维·佐洛塔廖夫。该党希望创造性地对待革命前立宪民主党的理论遗产，因为他们认为这些遗产大部分已过时。

5. 俄罗斯基督教民主运动

1990年4月在莫斯科成立。该党不同于一些同情君主制的党，其目

---

① 章平：《俄罗斯多党制的形成与发展》，《国际社会与经济》1996年第6期。

的在于以新的意识形态代替旧的意识形态。领导机关是杜马。俄罗斯联邦人民代表、哲学家维·阿克休奇茨担任主席。

6. 人民自由党

1990年5月成立于莫斯科。脱离立宪民主联盟，新党领导人决定转向1918年3月立宪民主党第七次代表大会通过的纲领。人民自由党宣布重新恢复中断了73年的活动。遗传学研究员尤·杰里亚金担任该党主席。

7. 俄罗斯民主党

1990年5月成立。苏联和俄罗斯联邦人民代表尼·特拉夫金担任党的委员会主席。这是议会型的党，反对苏共思想是其主要思想之一，它追求社会公平的目标，给所有人一切平等的机会。

8. 自由民主党

1990年3月在莫斯科成立。自由民主党纲领提出社会的非意识形态化、多党制、经济私有化及其他一般民主要求。43岁的律师弗·日里诺夫斯基任党主席。

9. "绿"党

1990年3月成立。6月在古比雪夫市召开了成立大会，宣布"绿色"团体联合起来。

10. 俄罗斯人民共和党

1990年4月在列宁格勒成立。第一次代表大会于8月召开，俄罗斯人民共和党是俄罗斯爱国党派中最大的一个政党。它是在列宁格勒俄罗斯民族爱国中心与君主俄罗斯人民党合并后成立的。

11. 苏联民主党

1989年8月成立。主要基础是新经济经营者、企业家、合作社经营者。在西伯利亚、乌拉尔、乌克兰部分地区有一些支持者。党的主席是工程师罗·谢苗诺夫。

12. 马克思主义工人党（无产阶级专政党）

1990年3月在莫斯科成立。政治倾向性独特，以理想化的工人阶级为主，显然受第四"托洛茨基"国际的影响。领导人是记者尤·列昂诺夫。

（三）变革中的多党制传媒

舆论工具是上述政党争取群众的主要手段之一。新政党力图掌握现有的报刊，并创立新的报刊，而且深入到电台和电视台，宣传自己的思想。

由于它们进行了大量宣传，使相当一部分人确立了一个牢固的信念：苏共在自己队伍内不能进行改革，不能寻找到令人信服的理由来保持自己在社会上的政治影响。①

受政党合法化影响，政党报刊纷纷创立，并在苏联《传媒法》颁布后走向合法化。有资料表明，苏联解体之前有近 1200 种代表各种政治方向的报纸和杂志。②

随着以戈尔巴乔夫为代表的苏共和以叶利钦为首的俄联邦激进改革政府的斗争的加剧，苏联政治斗争进入白热化状态。各党派为在争权夺利中分得一杯羹，纷纷操纵各自手中的媒体，向民众展示自我形象，在热点问题上激烈攻击其他政党或政治力量。在这场政治派别的斗争中，多党派传媒处于各为其主的状态，纷纷打着民主的旗号，在争夺和巩固权力的过程中，为各自党派利益而厮杀。

为通过手中的传媒工具争取更多的民众支持，斗争双方拼命表现自己的民主精神，为此不惜赋予传媒更大的自由和独立。民众对变革命运的关注，以及还没有崩溃的社会经济保障了传媒居高不下的发行量。③ 对于新闻记者而言，高度的新闻自由化使他们成为传媒的主人，宽松的社会环境使他们畅所欲言，高居不下的发行量保障了他们的经济来源，变革中信息的重要作用使他们成为全社会瞩目的焦点。

享受着高度新闻自由化的苏联记者们充满主人翁的自豪感，视批评政府、攻击其他反对党为己任，自诩以民族精神领袖的地位，指望以救世主的说教影响大众，从而形成了新的民主传媒教条。④

如此之多的党派传媒在激烈争斗中也不忘歪曲和批判苏联体制，并且即便是在苏共领导层做出了将该体制引向民主社会主义形式的努力也无济于事。根本原因并不在于戈尔巴乔夫要把苏联带往何方，而在于苏联知识分子掌握传媒工具之后，在意识形态上发生了巨大变化。改革之前就有一些持不同政见的人，但绝大部分还是官方意识形态积极倡导者。因为这样

---

① 田娟玉：《多党制给苏联带来的问题》，《今日苏联东欧》1991 年第 4 期。
② Овсепен Р. П. История отечественной журналистики. Издательство МГУ. 1999. с. 193, с. 232.
③ 李玮：《转型时期的俄罗斯大众传媒》，上海外语教育出版社 2005 年版，第 62 页。
④ Засурский И. Реконструкция России － масс－медиа и политика в 90－е, 2001, с. 17.

做，他们就能得到舒适的生活，也能得到事业追求上的满足。①

但是，这批掌管着大众传媒的高级知识分子对官方意识形态和各自党派的实际信仰并不坚定。尤其是在1986—1987年间被任命起来的新主编们，他们一开始并不相信到手的新闻自由是真的，但不久就相信了。最高政治领导层确实给了这些编辑、记者、作家以自由，允许他们随意使用大众传媒作为工具。但是，新闻自由主义却在他们中间形成了一股新的潮流，即认为不管苏共主导什么样的新闻改革，都不会走到西方主导的那种新闻自由。只有彻底推翻苏共的统治，实行多党轮流执政，苏联才会享受到西方式的民主社会主义，或者民主资本主义，才能真正享受到新闻自由。

到了1989—1990年间，对任何形式的社会主义的信仰都在这群新闻工作者当中迅速地消失了。如果说一开始他们还把改革看作是改造社会主义的武器，但到了1990年苏联《传媒法》颁布实施后，他们正在快速走向激进化的历程。他们被赋予了自由操纵更多大众传媒的权力，因而胆子越来越大，公然为各种反共反社会主义的言论提供发表阵地。

在整个改革期间，长期担任苏联总理的雷日科夫在20世纪80年代末就指出，苏联的大众传媒已经变成了反对当局推行改革苏联社会主义方案的"一支重要力量"。② 因为他们越来越拥护资本主义，只有把苏共推翻、把苏联搞垮，才能过上西方式生活。

三 苏共传媒在党派争斗中迷失

（一）传媒作为政治改革的工具

传媒是作为改革对象，还是改革工具，其间存在重大区别。如果是作为改革对象，新闻媒介的变革将是循着"媒介变革→适应社会发展→促进社会进步"的逻辑来进行。也即新闻传媒改变自身功能单一的缺陷，调节自身以适应社会的发展，更好地发挥自身的信息传播功能，作为社会的子系统促进整个国家系统的良性运作。

而如果传媒是作为国家经济、政治改革的工具的话，其改革的逻辑就

---

① ［美］大卫·科兹、弗雷德·威尔：《来自上层的革命——苏联体制的终结》，曹荣湘、孟鸣岐等译，中国人民大学出版社2008年版，第72页。

② 同上书，第77页。

成为"媒介变革→服务于经济、政治改革→（间接）促进社会进步"。而这恰恰是苏联改革中传媒的角色定位。戈尔巴乔夫对这一点也多次做出强调，他认为传媒要首先服务于经济和政治的改革，其次才是自身的改革。新闻自由化本身具有浓重的政治色彩，政治改革的发展直接影响新闻自由化的发展，新闻媒体的发展与上层政治密切相关。由此，传媒变革不可避免地受限于政治、经济改革的发展状况，而其自身的变革也受到影响，尤其是新闻媒介功能单一、体制僵化的弊病反而不易变革。[1]

从理论上来讲，虽然苏联传媒工具并非直接以完善新闻传播体系为目标，但倘若其在政治、经济改革中发挥了积极效果，也并不违背传媒自身改革的初衷。不幸的是，苏联自1986年推行"加速战略"的经济改革收效甚微，继而在1987年转向政治改革。政治改革依旧不见起色，不但没能成为经济改革的推动力，反而陷入了纷乱的政治理念争论和党内派别斗争，领导人无暇顾及经济改革，经济形势进一步恶化。在这种大环境下，传媒不可避免地卷入了政治斗争。传媒成为各党派政治斗争的有力工具，新闻报道的内容成为反映各派别斗争形势的"晴雨表"。[2]

苏共党内的派别斗争导致苏共传媒四分五裂。改革意见的分歧使苏共内部逐渐出现分裂，因而对于传媒的管控也意见不一。戈尔巴乔夫本人对改革也没有清楚的把握，当时有一个经典的比喻，把戈尔巴乔夫的改革比作一架已经起飞却不知要落向何处的飞机。在经济改革受挫之后，戈尔巴乔夫转向政治改革寻求出路，措施之一是把持有激进思想的雅科夫列夫、谢瓦尔德纳泽等人调任中央，委以重任，有意在党内扶植起一批激进派人物，从而希望通过政治的多元化改革使体制内的贪腐等问题得到解决。而戈尔巴乔夫在两种倾向之间模棱两可的决议又进一步加剧了党内的对立和分裂，使苏共党内实际上形成了所谓传统派、激进派和中间派三个派别。

"传统派"的代表人物是利加乔夫以及后来"8·19"事件的领导人亚纳耶夫等人。传统派在政治、经济改革中倾向于维持现状，缺乏行之有效的改革措施。

"激进派"的代表人物是雅科夫列夫、谢瓦尔德纳泽、叶利钦等人。

---

[1] 靳一：《迷失方向的苏联新闻媒介》，《当前国际政治与社会主义发展学术研讨会论文集》，2001年，第431页。

[2] 同上书，第432页。

他们倡导民主、自由和市场经济，抱有"回归欧洲"的急切愿望，善于博得民众好感。在改革倾向和人员组成上具有明显的西方色彩。

"中间派"以戈尔巴乔夫为首，以其所掌握的党和国家的最高权力为强力后盾。该派具有紧迫地推行改革、解决社会问题的愿望，但在制定具体改革措施方面无所作为，效率低下，摇摆于传统和激进两派之间。

（二）苏共传媒在党派争斗中四分五裂

受苏共政治派别党内斗争的深刻影响，传媒在派别斗争中掀起层层波浪。在改革初期，"传统派"在党内一度占有上风，而"激进派"则没有优势。"政治多元化"培植起了"激进派"，同时"公开性"的政治改革方针又为"激进派"提供了冲击"传统派"的平台。

通过传媒在这一层面的较量，"激进派"逐渐取得并巩固了自己的优势地位，随后"激进派"在叶利钦等人的领导下脱离苏共，与党外的社会力量结合成为苏共政权的反对者和颠覆者。

这一复杂的政治斗争过程从1987年持续到1991年8月苏共垮台。从如下斗争片段中可以窥见传媒在这场斗争中扮演的角色。

1987年10月21日举行的苏共中央全会上，叶利钦在会上突然发难，批评改革进程缓慢，矛头指向苏共第二号人物利加乔夫，还涉及了戈尔巴乔夫。在随后的发言中，代表们纷纷发言指责叶利钦。会议通过决议宣布叶利钦这一行动为"政治性错误"。随后，叶利钦被解除莫斯科第一书记的职务，但后来又被任命了一个没有实权的部长职位。这是"激进派"同"传统派"的第一次正面冲突。

叶利钦这一次出击的结局，一方面说明在苏共中央，"传统派"还占有优势，另外也表明戈尔巴乔夫的态度在两派斗争中的重要性。正是叶利钦发言时的咄咄逼人，引起了戈尔巴乔夫的愤怒，使"中间派"站到了"传统派"一边，但戈尔巴乔夫在两派之间权衡的处事方式又为"激进派"留有余地，叶利钦并没有就此退出政治舞台。

这是"激进派"在中央的一次失利，但只是一个前奏。从1988年开始，苏联政治局和书记处经常就传媒管理产生分歧，利加乔夫认为改革中的报刊几近失控，雅科夫列夫应为此负主要责任。另一方的雅科夫列夫继续坚持改革路线，支持激进的报刊，例如《星火》《莫斯科新闻》等，打压《真理报》等保守派报刊。二人的斗争对苏共造成了严重影响："在思想问题上观点不同的不光是两位领导人，思想战线上的各个部门和所有干部也分成两大派,一派附属于雅科夫列夫,另一派投靠利加乔夫……如果利加乔夫召开一个会议,对舆论部门下达某些指示,那么雅科夫列夫第二天就会在他召集的报刊编辑会议上(或通过同编辑们的私下接触)对那些指示作一番指摘……几乎所有的中央书记都卷入冲突。"①

随后在1988年3月发生在新闻媒介领域的一次较量中"激进派"挽回了形势。事情起因于1988年3月13日《苏维埃俄罗斯报》发表长篇读者来信《我不能放弃的原则》,文章作者是列宁格勒工学院女教师尼娜·安德烈耶娃,她在文中严厉批评当时进行的改革,反对揭露和批判斯大林,认为这违背了改革的真正目标。她认为在当前改革中不少文章已经模糊了社会意识形态、公开性和鼓励非社会主义的多元化之间的界限,而这样做的后果就是人们已经逐渐背离了改革的初衷。

这篇文章一经发表就引起轩然大波,此信得到了苏联各级党委的重视,纷纷展开"研究",揣摩"上面"的政治动向。从中可以看出当时苏联的传媒扮演的是一种重要的政治参与角色,而非"社会守望"者角色,因而信件背后可能暗含的党中央政治走向的意义要远远大于信件本身反映的社会问题。

这封信的内容代表了"传统派"的意见,因而此举被视为是传统派对改革的大规模攻击,雅科夫列夫更是将这篇文章称为"复仇势力欲东山再起的纲领"。②而"传统派"认为这是民众对新闻媒介诬蔑历史这一现象的回应。政治局连续两天召开会议讨论这封信件,戈尔巴乔夫这一次站在了"传统派"的对立面。最终根据政治局的决议,1988年4月5日《真理报》发表文章《改革的原则:思维和行动的革命性》,指责《我不能放弃的原则》一文是"反对改革势力的思想纲领和宣言"。《苏维埃俄罗斯报》也被迫在头版为发表安德烈耶娃的信而道歉,承认在发表安德烈耶娃的信时"没有表现出足够的责任心和慎重态度,没有认识到这封信会使人们偏离社会在民主和公开性基础上的变革"。③ 随后雅科夫列夫取代利加乔夫负责意识形态的工作。

---

① [俄]瓦·博尔金:《戈尔巴乔夫沉浮录》,李永全等译,中央编译出版社1996年版,第153页。
② [俄]亚·雅科夫列夫:《一杯苦酒——俄罗斯的布尔什维主义和改革运动》,徐葵等译,新华出版社1999年版,第195页。
③ 付显明:《1988年苏联新闻界活动纪事》,《国际新闻界》1989年第2期。

这封读者来信引发的风波表明改革中的传媒并没有真正获得自由，而是作为改革的工具，依旧受到上级的控制。刊登读者来信历来是苏联报刊的传统，而这封信的内容又的确反映了值得关注的社会现象，如果传媒真的贯彻了公开性和多元化，就应该容纳不同的、有事实根据的意见存在，但显然事实并非如此。

在党派争斗中，"激进派"十分重视媒体的作用，采取多种措施在舆论上打压"传统派"。一方面，对传媒负责人的任用和安排选取激进分子；另一方面，在报道内容上，不断揭露苏联历史阴暗面、贪污腐化行为等，将历史和现实的罪责推向"传统派"，同时美化西方民主自由和消费社会，为激进改革的未来勾勒出美好的图景。这些举措使"传统派"首先在舆论上，进而在组织上逐渐处于下风。

在这一过程中，另一个危险的动向是日渐强大的"激进派"势力向党外的蔓延。在党内斗争激化的情况下，"激进派"的谢瓦尔德纳泽、雅科夫列夫等人纷纷要求组建新党，使党组织面临分裂的危险，两派的党内的斗争逐渐转化为苏共与反对党之间的斗争。叶利钦在这一过程中则起到了重要的作用。叶利钦在莫斯科工作多年，既有政治资本，又有相当的政治野心。[①] 1987 年的政治受挫使他比其他"激进派"人物更早地脱离了苏共，成为"激进派"和"传统派"最后斗争过程中的关键力量。

（三）苏共传媒在反共舆论浪潮中迷失

在"激进派"逐渐取得党内优势的同时，国内状况却持续恶化，经济发展不断下滑，人民生活水平急剧下降，民族分裂势力被唤起，地方公开与中央对抗，游行和示威活动此起彼伏。一系列问题使苏联政权岌岌可危，国家面临分裂的危险。

"8·19"事件是两派最后的激烈交锋。由于"传统派"不断向戈尔巴乔夫施压，要求采取强制措施稳定局面。1990 年底戈尔巴乔夫任命了一个倾向"传统派"的领导班子，其中的亚纳耶夫、帕夫洛夫、普戈等人就是后来"8·19"事件的领导者。但戈尔巴乔夫还是采取权衡的策略，进一步导致党派斗争更加激烈。1991 年 6 月 12 日，持明确反共态度的叶利钦当选为俄罗斯联邦总统，两派之间的斗争空前激化。这一次，

[①] 靳一：《迷失方向的苏联新闻媒介》，《当前国际政治与社会主义发展学术研讨会论文集》，2001 年，第 433—435 页。

"传统派"采取了孤注一掷的政治冒险,这就是震惊世界的"8·19"事件。"传统派"组成"紧急状态委员会",宣布在苏联部分地区实行为期6个月的紧急状态,戈尔巴乔夫被停止总统职务,由副总统亚纳耶夫取代,此举意图通过强力来解决国内矛盾,维系国家的统一。由于这是一场过于匆忙、在政治上又犯了许多幼稚错误的政治行动,"紧急状态"只持续了三天就失败了。

令人深思的是这次行动的舆论导向问题。"传统派"的这次行动关系着联盟国家的存亡。在1991年的全民公决中依然有76.4%的人赞成保留联盟,反对分裂国家。"传统派"理应有相当广泛的舆论基础。而且在"8·19"事件之前,"传统派"控制了苏联的大多数新闻机构,但为什么"传统派"在事件中并没有取得舆论优势呢?

有学者指出,"传统派"失利的主要原因在于,他们虽然控制了国内的传媒,但却没有控制住众多反对党派的传媒机构、地下出版物,以及一些西方的广播电台。

这个分析有一定道理,但是笔者认为,这并非问题的根本。"激进派"在几年的斗争中已经积累了相当的舆论优势,而舆论的得失并非一朝一夕的事,"传统派"想在短时间内强力收回舆论阵地是不现实的。另外,"8·19"事件中"传统派"的舆论引导理念和方式是导致其失利的根本原因。"传统派"依然希望通过控制舆论工具,发布有利于自己的言论来控制舆论,而这种理念显然是不正确的。这是苏共几十年舆论引导理念的惯性延续,但在政治、经济大环境发生巨大变化的苏联已经显得不合时宜。事实证明,强力控制和言论压制绝不是舆论引导的理想方式。[1]

如果说"8·19"事件是苏共内部分裂所导致的,那么1990年2月实行多党制后,不同党派的声音更是不绝于耳。一时间,苏联新闻界出现了一个反常的现象:谁揭露阴暗面多,谁反对政府的声音强,谁的发行量就大,谁的收视率就高。追逐读者的错误需求成为许多媒体的一种重要的潮流。

1990年6月颁布的《苏联报刊与其他大众传媒法》直接取消了新闻审查制度,明确规定"舆论不受检查",社会团体和公民有权办报,还给

---

[1] 靳一:《迷失方向的苏联新闻媒介》,《当前国际政治与社会主义发展学术研讨会论文集》,2001年,第436—437页。

予了新闻工作者更多的权利。报刊创办者、编辑部、出版人有充分的自主权，包括生产经营权、人事任免权、发稿权，政府不得干预任何经营。该法律生效两个月后，就有 700 多家报刊登记，其中有 100 多家是以个人名义登记的。于是，媒体互相追逐，恶性竞争。

各种反对派报刊获得了合法地位。一些报刊大肆攻击马列主义和社会主义制度，煽动工人罢工，号召推翻共产党的领导。在传媒的积极推动下，苏共思想舆论完成了从统一到分散，从有序到无序的转变。政府、政党对传媒舆论失控，造成人们思想混乱，成为苏共传媒迷失的一个不可忽视的原因。

在"8·19"事件中，苏共最后的一点力量，试图控制、扭转混乱局势，挽救苏联，却已不能得到苏共党员、人民和军队的响应和支持。相反，大多数人站到了"激进派"的一边。当苏共中央被解散，苏共被终止一切活动时，广大人民群众乃至广大党员都异常平静地接受了这一事实。

结 语

改革前，苏联传媒结构犹如其庞大的行政体制，按照行政区划被自上而下地划分为不同等级，是被苏共和政府严密控制的垂直管理结构。在苏联传媒领域施行改革之后，其传媒结构随着经济和政治体制改革推进过程，不断发生着演变，原先那种垂直的管理结构，逐渐被多种所有制并存的平行式传媒结构所取代。

随着公开性和民主化建设步伐的加快，苏联政局出现动荡，危机重重，社会出现了许多非正式组织和团体。苏联从此进入由苏共一党专政，到党政分流，再到多党制并存的局面。这为多党制传媒奠定了政治基础。

研究发现，苏联多党派形成过程大致可以划分为多党制酝酿、多党制确立、政党角色换位和分化三个时期。经过分化组合，与苏共同时并存的主要党派有苏共马克思主义纲领派、苏共马克思主义纲领派、民主联盟、俄罗斯联邦社会民主党、立宪民主党、俄罗斯基督教民主运动、人民自由党、俄罗斯民主党、自由民主党、俄罗斯人民共和党、苏联民主党等数十个之多。这些政党争取群众的主要手段是舆论工具。它们不遗余力地创办专属传媒机构，并收买和控制原苏共报刊、广电机构，积极宣传自己的思想，形成了多党派传媒结构。

　　苏共将传媒作为改革对象还是改革工具，直接关系到传媒的发展过程。分析发现，戈尔巴乔夫在推动政治经济改革的初期，就把传媒当作了改革工具，多次强调传媒首先要服务于经济和政治改革，其次才是自身的变革。这样，苏共传媒深陷政治改革的旋涡，受苏共政治派别党内斗争的深刻影响，并随着苏共力量的瓦解而四分五裂。最后，在多党派传媒舆论阵地的激烈竞争中销声匿迹。

结论与启示

苏联作为一个国家首先是从意识形态上垮掉的，而后才是有着全世界历史意义的坍塌，用自己的碎片塞满了俄罗斯精神复苏的道路。当然，苏联解体有着复杂的政治、经济、民族、文化、信仰、国际关系等诸多方面的原因。面对苏共的僵化体制及多重腐败，戈尔巴乔夫试图借助媒介力量，在短时间内打破改革困局，取得政治制度改革成功。但由于他本身对改革缺乏自信和掌控能力，特别是对改革缺乏明确务实的工作规划，面对积弊如山的社会问题没有去真抓实干，仅操控媒介工具在那里锣鼓喧天，隔空喊话，场面上搞得轰轰烈烈，实则空谈误国，这加速了苏共退出历史舞台的进程。

本书核心内容由苏共晚期执政生态、苏共晚期媒介生态、苏共晚期的新闻自由化、苏共推行新闻自由化的动因与构想、苏共新闻自由化演进过程和苏共新闻事业在自由化浪潮中沉没等组成。

第一章分析苏共晚期执政生态。其中对20世纪70—80年代苏联所处的世界环境、苏联国情、苏共党情、苏联民情和苏共执政环境进行梳理、分析和归纳。

20世纪70—80年代，苏联与美国之间开展的"冷战"在持续升温，双方以华约组织和北约组织为势力基础，在亚非拉、大西洋、太平洋、北冰洋等地区展开激烈的军事竞赛与对峙。为了争夺霸权，苏美双方一度认为，只要军事力量足够强大就能充当世界霸主。尽管在总体经济实力对比上，苏联始终处于劣势，然而苏联在军备竞赛上的投入却远高于美国。但是，庞大的军事力量并没有让苏联成为霸主，过高的军事开支反而使苏联经济陷入困境。可以说，激烈的军备竞赛给苏美都带来了沉重负担，且局部冲突不断。戈尔巴乔夫上台后转变态度，谋求苏美共同发展，提出了"新思维"战略。

与国际处境相比，勃列日涅夫执政初期所进行的政治经济改革，取得了一定成效。但是，随着其主导的个人崇拜以及随之而来的高度集权统治，社会正常秩序被严重打乱，大量积压的问题无法得到及时解决，造成社会矛盾十分尖锐。在经济发展方面，持续高度集中的计划经济体制，大批资源被优先用于重工业和军事工业，落后的农业和轻工业长期无法得到发展，国民正常生活必需品无法得到保障，甚至粮食都需要大量进口。然而，特权阶层却享受着名目繁多的特供和补助，使社会矛盾不断激化。

作为苏联的领导力量，苏共历经革命、战争与和平建设的不同历史阶段，从一个秘密的地下革命家组织，成长为具有基层组织、区、市、专区、州、边疆区、加盟共和国和全苏党组织，成为长期单独执政的政党。发展到20世纪70—80年代，苏共宣布苏联已经建成了发达的社会主义社会。但事实上，机构设置庞杂的苏共中央领导机关已经陷入脱离基层和苏联国情的境地。一些地方领导机关出于保护当地利益，任人唯亲，各自为政。许多身居要职的地方大员不能坚持党性原则，不受监督，无视法律，贪污受贿。上情不能下达，下情无法上传，苏共执政能力正在被削弱。

苏联是个由上百个民族组成的国家，各族人口分布极不平衡。俄罗斯族是苏联最大的民族，人口过亿，几乎占全苏人口的一半。与之并存的民族人口数量超过百万的有19个，过万的有53个，最小的民族则不足百人。由于民族人数和分布状况存在差别，导致人数较多的民族和人数较少的民族之间存在较大差异。在苏联政府长期鼓励生育政策的引导下，到70—80年代苏联人口数量比十月革命胜利时几乎翻了一番。但由于受自然环境和第二次卫国战争的影响，苏联人口男女比例严重失调，"一夫多妻"现象和人口老龄化等成为社会问题。

研究发现，在戈尔巴乔夫主导经济和政治改革之前，以勃列日涅夫和安德罗波夫等为首的苏共中央一直在强调改革。尤其值得关注的是，勃列日涅夫上任之初曾颁布过系列政策，力图对苏联经济体制做出调整和改革，并取得了显著效果。由于他误认为这是计划工作的功劳，而非改革之成效，主张加大计划工作力度，重新回到了高度集中的计划体制之中。到了安德罗波夫和契尔年科主政时期，干部队伍严重老龄化，以权谋私之风盛行，企业无人管，经济发展陷入停滞。这两位苏共总书记都下决心要马上变革，以改变这种局面，又都因健康原因而遗憾地离开人世。

当苏共中央指挥棒交到戈尔巴乔夫手中时，面对内忧外患，积弊如山的危局，如果不果断进行政治经济体制改革，苏联将面临穷途末路。在这种大背景下，戈尔巴乔夫产生了改革的紧迫感并力推改革。但应该如何去改革，历史上并没有成功经验可循，这将考验着戈氏的智慧与能力。

第二章分析苏共晚期媒介生态。其中对苏共晚期媒介政策、媒介资源、媒介技术环境和媒介生存环境进行研究。

媒介政策作为苏联国家制度的组成部分，苏联不同时期所实行的媒介政策直接影响着大众传媒，或者说整个传媒事业的风貌。苏联传媒事业同时接受苏共和政府的双重领导，苏共一般负责传媒政策制定和监督，政府负责具体业务经营与管理。然而，在实际执行过程中苏共往往越位，取代政府成为直接经营与管理者。在这种特定环境中，苏联形成了一套具有社会主义特色的媒介政策与新闻体制，大众传媒的主要功能是社会主义的宣传者、鼓动者和组织者。大众传媒完全处于苏共的绝对化领导之下。

从中央到地方，所有的媒介资源在苏共中央的领导下，实现了层层配置，层层管理。这一独特的媒介资源配置方式，有效刺激着传媒业全面发展。到20世纪70—80年代，苏联的报纸、广播、电视事业均得到飞速发展，卫星传播网络遍布全国，已建成名副其实的世界传媒大国。其传媒事业无论在体量上，还是在舆论影响力上，均处于世界传媒前列。但是，由于实行过度集中的计划管理体制，苏联传媒机制出现僵化，传播失灵、媒介功能异化现象严重。媒介作为党的舆论阵地，尽管在表面上实现了对社会舆情的驾驭，但在暗地里民意却以反对派的方式聚集着力量。

研究文献显示，苏联历任领导人都十分重视对媒介的新技术投入，不断出台新政策并划拨资金予以扶持。早在20世纪60年代中期就成功发射了"闪电一号"通信卫星，确保苏联的通信技术居国际领先地位。但是，苏联的媒介技术发展受政治、经济环境影响很大。到70年代末80年代初，随着苏联被拖入军备竞赛，国内经济下滑，苏联媒介技术更新停滞下来。在闭关锁国的"铁幕"政策中，苏联传媒业错失了采纳世界第四次科技革命所带来的新技术新装备时机，没有完成更新换代，使媒介技术与大众文化跟国际传媒环境脱节。

同时，由于政治力量对媒介系统的过度支配，直接导致媒介功能发生异位。特别是在勃列日涅夫执政时期，由于政治因素过度支配信息因素，导致媒介生态系统单一而僵化。政府通过对信息的严密控制，表面上看是一派歌舞升平景象，实则暗流涌动，持不同政见者以非官方的渠道传递一些"危险"信息与观点。媒体作为党和政府施政的舆论阵地，在这个时期无法真正表达公众的诉求与心声，大众传播系统失去内通外达的活力。

第三章分析苏共晚期的新闻自由化。其中对新闻自由特征、苏共新闻自由性质、新闻自由化实质以及新闻自由化的核心内容进行研究。

新闻自由具有阶级属性，是为一定经济基础服务的。它始终是政治权利的组成部分，是不断发展的民主手段之一。由此可见，新闻自由是具体的而不是抽象的，是相对的而不是绝对的。苏共的新闻自由是伴随着苏联社会主义制度建立而逐步形成与完善的。

苏共晚期推行的新闻自由化，无论从其含义上还是实质上，都与苏共改革前实行的新闻自由完全不同。此前，苏共秉持的新闻自由虽然存在诸多不足或缺陷，却大体上符合苏联国情，符合社会主义各个发展阶段的具体情况。与新闻自由相比，新闻自由化则是由苏共中央主导，在新闻舆论界自上而下推行的新闻自由主义。其理论基础是公开性、舆论多元化和《苏联报刊与其他大众传媒法》。其实质是主动放弃新闻媒介的党性原则，取消新闻审查制度。

苏共新闻自由化由公开性、舆论多元化和《苏联报刊与其他大众传媒法》三个核心内容组成。公开性要求公开相关国计民生的决策和执行过程，提高党政机关的透明度，从"有限制"到"无限制"地开放媒介舆论阵地，鼓励人民就国家建设与管理建言献策。舆论多元化是准许苏联各阶级、阶层和团体，都有权利平等使用舆论工具，表达自己的意愿、建议与要求。苏共中央虽然全力以赴地推行"公开性"和"舆论多元化"政策，但其根本目的在于借此推进政治经济改革，巩固苏联共产党的领导地位。然而，在推行舆论多元化的过程中，苏共逐步丧失了对舆论阵地的掌控能力，苏联传媒业陷入无政府状态。为了规范传媒业的无序状态，《苏联报刊与其他大众传媒法》应运而生。该法典以法律形式取消了媒介的审查制度，开放媒介经营权，明确规定了一些禁区，但由于缺乏惩戒力度，执法机关不明，执法责任模糊，导致所有的违法责任形同虚设。

第四章分析苏共推行新闻自由化的动因与构想。其中对苏共推行新闻自由化的背景、战略构想、价值和意义进行研究。

戈尔巴乔夫执掌苏共中央之始，摆在其面前的苏联可谓千疮百孔。政治上，高度集权的体制严重阻碍着苏联社会的正常发展，管理机构严重膨胀，办事效率低下，官僚主义、教条主义泛滥，特权阶层生活腐化。经济上，僵化的计划经济体制无视市场在经济发展中的作用，许多决策议而不决，决而不行，发展处于停滞状态。文化上，高度专制使文化生活丧失创新能力，有思想的知识分子被一群外行官僚阶层把持着，因循守旧，思想僵化。这些错综复杂的政治、经济、文化背景，促使戈尔巴乔夫决心开放媒介禁区，在新闻领域发起公开性，推行新闻自由化，期许借助媒介的审判力量，揭露问题，吸引社会各界讨论社会存在的缺点和问题。事实上，新闻自由化实施初期的确收效良好，但新闻改革究竟能否成功却充满变数。

戈尔巴乔夫推行新闻自由化本身是苏共在国内外复杂的政治、经济困局之下进行的一场主动性改革，也是一种在政治、经济、文化改革遭遇困境之时的方法诉求。新闻自由化充满浓重的政治气息，这就决定了它不可能是一场真正的新闻自由。即便是这样，在当时的环境下已经是不小的进步。戈尔巴乔夫推行新闻自由化真正的战略构想：是借助新闻自由化的推动，促使苏联僵化的政治、经济格局全面松动，给改革营造氛围，实现社会主义内部的自我修复和完善。

推行新闻自由化初期确实起到了一定的积极作用。首先是媒体的监督功能得到实现，许多贪官污吏及社会阴暗面被揭露，政府和媒体的反腐能力得到提升。其次是调动了知识分子的积极性，他们不断抨击时弊，为破解僵化体制建言献策。再则推动了苏共的政治改革，使社会重现活力。这可谓戈氏推行新闻自由化的价值与意义所在。

第五章分析苏共新闻自由化演进过程。其中对苏共新闻自由化的初始阶段及角色、展开阶段及角色、发展阶段及角色和失控阶段及角色进行研究。

顺应天时，苏共中央推行改革初期虽然触犯了官僚阶层的既得利益，遭到强烈抵制，但是在大众传媒领域实施新闻自由化，推崇公开性方针，确立政治的开放性和真实性，开展实事求是的批评与自我批评，使人们看到了希望。新闻自由化在初期发挥了积极正面作用。所取得成效主要表现在：推动了重大党务政务活动和重大问题决策过程的公开；新闻媒体能及时报道重特大灾难事故和社会问题，成为群众议论国家大事、参政议政的论坛，批评的声音增多，可读性增强，读者增多起来。由此可见，戈氏倡导的新闻自由化符合当时社会发展需要。

随着新闻自由化的展开，大众传媒公开通报情况，就历史疑点和现实热点问题，积极组织公开讨论。从前大量被禁止的话题准许在报刊上报道，大量闻所未闻的信息成为万众瞩目的焦点。新闻改革和由此带来的言论自由，使大众传媒在民众中的声望骤升，人们对传媒的兴趣随着传媒传递的信息量一起递增，发挥着上通下达的作用。公开性与舆论多元化使苏共改革前"舆论一律"的格局被彻底打破，俨然成为历史和现实的批判者。

新闻自由化历来被看作一把双刃剑，既有积极的一面也有消极的一面。当公开性从"有限制"发展到"无限制"阶段，新闻自由化也进入被滥用阶段，产生极大的消极影响。媒介无限制公开还处于保密期内的事实，过度揭露社会负面新闻，都给苏联社会事务管理造成了混乱，引起民众对现实的不满。加上舆论多元化，加速了苏共与社会的矛盾，直接导致意识形态多样化，党内派别多元化和利益多元化。为了配合政治改革的推进，规范大众传媒在"公开性、民主化"中的言行，改变和控制媒介混乱局面，《苏联报刊与其他大众传媒法》应时而生。该法典明确规定了苏联公民完全享有创办传媒机构、参与传媒活动的权利。

在极度宽松的政治环境下，传媒种类不断增多，报道范围和内容发生巨大变化。各种商业报纸、政党报纸、私人报纸纷纷出炉。大批激进分子集体亮相，揭露苏联社会阴暗面，抨击改革中的错误言行。大众传媒的传播方针发生根本转变，苏共形象遭到严重丑化，党的历史被肆意歪曲，党内错误被无限放大。

研究发现，戈尔巴乔夫从一开始就高估了大众传媒的作用，指望靠新闻自由化去推动政治改革，却没有料到公开性、舆论多元化会带来意识形态的混乱，导致苏联媒介在改革过程中被反对派言论裹挟着，步步偏离改革目标走向异化。归根结底，对于苏共新闻改革的失败，戈尔巴乔夫负有不可推卸的责任。

第六章分析苏共新闻事业在自由化浪潮中沉没。其中对苏共丧失对媒体的控制权、大众传媒所有制呈现多元化、多党制传媒结构形成进行研究。

事实上，苏共中央进行新闻自由化改革的初衷，并不是要主动放弃对媒介舆论的控制权。因为戈尔巴乔夫执政之初，曾经满腔抱负，试图从经济改革入手，想尽快把苏联的经济振兴起来。但在特权阶层和既得利益者的重重掣肘之下，改革一筹莫展。为了消除特权阶层对改革的阻挠，戈尔巴乔夫才发动媒介舆论工具，推行"公开性"与"舆论多元化"原则，希望借助媒介工具，在全国上下掀起改革舆论大潮，以彻底抵消改革阻力。在积极配合中央总书记的改革政策背景下，苏共放开了对舆论阵线和意识形态的管控，逐步放弃了"把关人"角色，并最终颁布《苏联报刊与其他大众传媒法》，把媒介舆论阵线由执政党意识形态管理推向法制化管理。

研究发现，苏共丧失媒介舆论阵地不是从颁布《苏联报刊与其他大众传媒法》开始的，而是早在戈尔巴乔夫主导政治体制改革之初就开始了。戈氏主张党政分家，实施多党制，支持总统制，擅自更换媒介主帅，挑起人事争斗，纵容反对派借助媒介否定历史，否定苏共功绩，导致苏共媒介自乱阵脚，在声势浩大的反共反苏浪潮中，因无力掌控局势，主动退让告终。

苏联大众传媒在改革初期承担着改革宣传工具，但为什么会在后期演变成为怀疑社会主义，反对苏共领导的舆论阵地呢？笔者认为，这是媒介放弃党性原则的必然后果。随着《苏联报刊与其他大众传媒法》的颁布与实施，苏联大众传媒界掀起一场去共化高潮，纷纷走向独立核算，自主经营的市场化之路。媒介关注的重点由"国家中心"转向了"受众中心"，由"新闻宣传"为主转向了"信息传播"为核心。满足受众需要，成为苏联末期大众传媒的一大特色。

回顾苏共晚年新闻改革历程，多党制传媒问题十分突出。改革前，本来由苏共独党执政，在短短几年的改革过程中，就快速走完了党政分流和多党制并存的步骤。这为多党制传媒奠定了政治基础。研究发现，苏联多党派形成过程大致可以划分为多党制酝酿、多党制确立、政党角色换位三个时期。数十个党派从诞生到发展，争取群众的主要手段是舆论工具。它们不遗余力地创办专属传媒机构，收买和控制原苏共报刊、广电机构，积极宣传自己的思想，形成了多党派传媒局面。

研究发现，戈尔巴乔夫在推动政治经济改革的初期，只是简单地把传媒当作宣传工具。传媒从一开始就深陷政治改革的旋涡，深受苏共党内政治派别斗争的影响，并随着苏共力量的瓦解而四分五裂。最后，在多党派传媒舆论阵地的激烈竞争中销声匿迹。

课题组在研究新闻自由化与苏共亡党关系过程中发现一个有趣模式①：

戈氏提倡公开性→推行舆论多元化→引进西方意识形态→揭露历史与现实阴暗面→放大群众仇共情绪→溃坝释放反苏言论→听任舆论全面失控→苏共活动被禁止→苏联解体。

从这个模式可以看出，新闻自由化与苏共亡党存在一定的演进关系。可以说，在改革进行的关键时刻，放而失控的新闻自由化成为苏联大厦倾倒的最后一个推手。正如俄罗斯前总统叶利钦生前所说的那样："正是新闻传媒发起的揭露苏联历史黑暗面和现存体制缺点的运动，直接动摇了这一帝国的根基。"

苏共传媒事业的惨痛教训，给我们带来了许多启示。②

第一，社会主义新闻事业必须坚持党性原则，执政党要牢牢掌控舆论工具，党报的领导地位不容改变。

新闻工作是共产党整个事业不可分割的一部分。新闻工作只能在党的领导下进行，无条件地服从和服务于党的总目标、总任务、总路线和各个时期的方针政策。我们必须坚持这一原则，即使在改革开放深入发展的今天，也绝对不能改变新闻事业的意识形态，不能用市场经济规律取代新闻工作的党性原则。

第二，要坚定不移地推进社会主义新闻自由，但要考虑各种因素，做到循序渐进，严格限制滥用新闻自由。

为了维护典型的高度集中的政治经济文化体制，苏共的新闻事业不允许丝毫反映社会冲突存在。因此，苏共对新闻机构的管理普遍通过行政的、单向监督的方式，使之纯粹作为宣传工具、党政的传声筒。一方面严格遏制大众传媒的社会协调功能，即作为大众传播信宿不满负向情绪的宣泄工具，以回避社会冲突；另一方面在找不到适当方法解除国内长期积累的"冲突"情况下，又必须进一步加强集中管理体制，报道与现实违背的"定制新闻"，形成恶性循环。③

在这种环境下，戈尔巴乔夫推出公开性与舆论多元化主张，使长时间

---

① 赵强：《舆论失控：苏联解体的催化剂》，《求是》2010年第21期。
② 张举玺：《论"公开性"对苏共新闻事业的影响》，《新闻爱好者》2012年第11期。
③ 黄文龙：《安全阀：大众传媒的社会角色——苏联新闻体制的启示》，《新闻记者》2008年第3期。

内部矛盾积累的压力通过大众传媒突然释放出来，在一定程度上引起社会矛盾集中爆发，冲击苏共统治地位。由此不难看出，在高举党报旗帜，强化舆论监督功能，抓好危机传播，加强网络舆论管理，强化传播手段的前提下，坚持循序渐进，逐步推进社会主义新闻自由，对平衡社会心理，化解偏激情绪，消除人民内部矛盾，促进和谐舆论环境，维护社会安定团结具有重要作用。①

第三，充分发挥新闻媒介的本质功能，倡导新闻工作多元化。

新闻媒介的本质功能是报道新闻，传播信息；表达意见，引导舆论；传授知识，推广教育；提供服务，普及娱乐；多种经营，创造效益。② 反思苏共对新闻媒介长期实行严格管控，使新闻媒介的上述本质功能遭受到很大程度的压制，逐渐形成了新闻媒介言论高度集中，管理高度集权，新闻检查严格，新闻报业无法可循的局面，一旦遭遇戈尔巴乔夫公开性和舆论多元化主张，必然爆发"溃坝"局势。

在我国社会主义进入新时期建设阶段，新闻事业应该充分满足人们追求多方面、多层次、多元化的精神文化需求，在符合执政为民的精神前提下，新闻工作必须倡导多元化，充分发挥新闻媒介的本质功能，使报道内容多样化，既有上情下达的东西，也有下情上传的内容，以充分服务于人民，服务于社会。

第四，认真对待西方媒介的扩张与渗透。

西方媒介的煽风点火、推波助澜是引起苏共新闻事业发生变化的国际因素。随着苏联解体，独联体国家和北非、中亚、西亚等地区相关国家纷纷发生颜色革命，以美国为首的西方国家"重返亚洲"的战略重点转移，其宣传工具也不遗余力地积极跟进，移向亚洲，特别是针对中国。

西方媒介打着"客观公正，维护人权"的幌子，以煽动民族仇恨，破坏社会主义制度，颠覆共产党执政为目的，向我国舆论和思想战线大肆渗透。先后建立起对华广播电台电视频道30多个，发射基地遍布泰国、菲律宾、日本、俄罗斯、若干中亚国家和其他一些国家，特别是多家境外

---

① 张举玺：《试析和谐舆论环境对化解人民内部矛盾的作用》，《学习论坛》2007年第4期。

② 张举玺：《实用新闻理论教程》，河南大学出版社2012年版。

电视节目在我国境内都可以收视。这些广播电视网络形成对我国的环状包围。①

面对西方媒介对我国进行的入侵与围攻，我们应该积极运用多种渠道，努力向世界说明中国。主动传播引导国际舆论，向世界说明和展示中国，做好新闻发布会，做强互联网，改善对外广播，增加外文报刊图书的数量。② 同时，要不断更新基础设施和技术装备，强化新闻传播手段，提高国际竞争能力，彻底改变国际新闻交流格局；一手要严格管控国内广电机构不得随意转播境外广电节目，严禁私自安装卫星天线接收装置和中外合资办台，一手要用先进技术手段积极屏蔽境外广电频道；对于西方不友好的宣传和造谣，要及时用事实予以有力批驳与还击，以正视听。

综上所述，戈尔巴乔夫所倡导的公开性最初是在社会主义范畴内展开的，但在政治深化改革的进程中，它渐渐偏离了最初的方向，并最终演变为一场颠覆社会主义制度的剧变。由于新闻事业始终置身于这场剧烈的社会变革之中，它所经历的变化也是异常深刻的。它由政治改革的宣传工具演变成颠覆社会主义的利器，并成为苏共亡党的掘墓人。

这种教训警示我国新闻事业必须严格遵守党性原则，必须恪守党管新闻媒体。我国新闻事业不管如何改革，不管制定和颁布什么样的新闻法，也不论 WTO 规则对我国新闻事业带来多么严峻的挑战，我国新闻事业都必须坚持党性原则，都必须严格遵守国有资本控股规则。苏共传媒事业的昨天，为我们树起了一面警示镜。

---

① 郭传靖：《戈尔巴乔夫的新闻思想及其带来的恶果和教训》，《声屏世界》1995 年第 11 期。

② 张举玺：《论和谐舆论环境对构建和谐社会的作用》，《河南师范大学学报》（社会科学版）2010 年第 3 期。

附录一

苏联报刊与其他大众传媒法
（1990年6月12日颁布，1990年8月1日生效）

第一章 总　则

第一条　出版自由

报刊和其他传媒工具是自由的。

苏联宪法保障公民享有言论自由和出版自由，享有通过报刊和其他大众传媒自由表达意见和信仰，收集、选择、获取和传播信息与思想的权利。

禁止对大众信息进行检查。

第二条　大众传媒

本法典中的大众信息是指通过报刊、广播和影视等媒介公开出版发行的消息和材料。

大众传媒是指报纸、杂志、有线和无线电广播、电视节目、新闻纪录片，以及其他各种公开传播大众信息的定期出版物。

大众传媒机构是指由通讯社、各种党政机关，以及其他从事大众信息传播机构开办的定期出版物编辑部、有线和无线广播电台编辑部、电视频道编辑部等。

第三条　大众传媒语言

大众传媒在从事职业活动中使用其服务对象或代表其利益的民族语言。大众传媒有权使用其他民族语言传播大众信息。

根据苏联民族语言法，国家保障苏联公民有权使用本民族语言和苏联其他民族语言获取和传播大众信息。

第四条　生产经营活动

大众传媒编辑部为法人，在编辑部章程的基础上开展业务活动。

编辑部有权在经济独立、独立核算条件下从事自己的生产经营活动。

国家下拨大众传媒的经费补贴程序，由苏联、加盟共和国和自治共和国法律确定。

第五条　严禁滥用言论自由

严禁使用大众传媒报道国家或其他受法律保护的机密材料信息，严禁使用大众传媒号召以暴力推翻或改变现行国家制度和社会体制，严禁使用大众传媒宣传战争、暴力和恐怖行为，严禁使用大众传媒宣传种族、民族、宗教的特权地位或偏执，严禁使用大众传媒传播淫秽性作品，严禁使用大众传媒唆使触犯其他刑律的行为。

禁止使用大众传媒干涉公民的私生活，侵害他们的荣誉和人格。

第六条　苏联、加盟共和国和自治共和国的报刊与其他大众传媒法

报刊和其他大众传媒立法由本法典和根据本法典颁布的苏联其他法律文件、加盟共和国和自治共和国关于报刊和其他大众传媒的法令和其他法律文件构成。

第二章　大众传媒活动组织

第七条　大众传媒的创办权

创办大众传媒的权利属于人民代表委员会和国家其他机关、政党、社会组织、群众团体、创作协会、依法创办的合作社、宗教团体、公民其他联合组织、劳动集体，以及年满18岁的苏联公民。

不准垄断任何种类的大众传媒（包括报刊、有线和无线广播、电视和其他媒介等）。

第八条　大众传媒的登记手续

大众传媒编辑部在履行大众传媒登记手续后才能开展活动。

以全苏受众为对象的大众传媒登记申请，由创办人直接递交到隶属于苏联部长会议的国家管理机关；以共和国或地区受众为对象的大众传媒登记申请，由创办人直接递交到所在共和国、地方人民代表委员会有关执行和管理机关。该登记申请自受理之日起必须在一个月内审理完毕。

以加盟共和国、自治共和国麾下的共和国和地方受众为对象的大众传

媒登记，依照该加盟共和国和自治共和国的法律规定由相应的国家机关受理。

以国外受众为对象的大众传媒登记申请，由创办人直接送交苏联部长会议或加盟共和国部长会议。

大众传媒自收到营业许可证之日起一年内，应开业运行。一旦超过一年期限而未开业者，其营业许可证自行失效。

第九条　大众传媒的登记申请

大众传媒在登记申请上需要注明：

（1）创办人；

（2）大众传媒的名称、语言、驻地；

（3）预期受众范围；

（4）章程目标与任务；

（5）预计出版周期、最大发行量和经费来源。

大众传媒注册时禁止提出其他要求。

第十条　信息传播无须登记的情况

国家政权和管理机构、其他国家机构等有权不经登记即可公开传播信息，颁布官方标准文件、其他各种法令、司法及仲裁公报。

企业、社会组织、教学和科研机构有权不经登记，即可出版和传播工作中所需的信息资料和文献。用科技设备制作不用于公开传播，或作为手稿复制的印刷、音响、声像产品的活动，不需要登记。

大众传媒在发行不足1000份的印刷品时，不需要登记。

第十一条　大众传媒登记拒绝受理的情况

拒绝受理大众传媒登记的理由如下：

（1）如果大众传媒的名称、章程目的和任务涉嫌违反本法第五条第一段规定的内容；

（2）如果注册机关先前曾发放过同样名称的大众传媒营业许可证；

（3）如果申请时处于该大众传媒活动被终止期限未满一年的。

拒绝受理大众传媒登记申请要以书面形式通知申请者，并说明本法典规定拒绝受理的理由。

第十二条　登记费

颁发大众传媒登记证明需要征收登记费，具体数额由苏联、加盟共和国和自治共和国立法确定。

第十三条　终止大众传媒活动

按照大众传媒创办人，或者登记机关，或者法院的决定，大众传媒可以终止出版和发行活动。

大众传媒如果在一年内屡次违犯本法典第五条第一段的要求时，大众传媒登记机关或者法院有权终止其出版和发行活动。

如果大众传媒自登记许可颁发之日起，逾期一年没有开展出版发行活动，恢复其活动则需要领取新的登记许可。

创办人决定终止大众传媒出版发行活动时，该大众传媒编辑部集体或编辑（主编）具有创办同名称大众传媒的优先权。

第十四条　对大众传媒登记申请遭拒和其活动被终止的诉讼程序

大众传媒登记申请被拒绝受理，或者国家机构在一个登记月内未完成审理，以及其活动被终止，创办人或编辑部可按民事诉讼法规定的程序向法院起诉，由法院作出判决，其中包括财产纠纷。

在确认大众传媒登记申请受拒，或者其活动被非法终止的事实后，法院即可撤销关于拒绝受理的书面通知，或者废除关于终止该大众传媒活动的相关决定。同时，判决责任方赔偿创办人、编辑部和出版人由此所遭受的损失，包括因拒绝受理或终止活动期间应获得的收入。

第十五条　大众传媒的创办人、编辑、编辑部和出版人

大众传媒活动章程由创办人确定，由编辑部或其他大众信息出版发行机构在业务独立的基础上贯彻执行。

主编由大众传媒创办人任免，或根据大众传媒编辑部章程规定，进行选举和罢免。主编主持大众传媒编委会和编辑部的工作，在同创办人、出版人、作者、国家机关、社会组织、公民联合会、公民个人以及法庭的关系中，代表该大众传媒。

主编对执行本法典和其他法律文件对大众传媒活动所提出的有关要求负全面责任。

编委员会按照大众传媒编辑部章程规定的程序组成，主编担任编委员会主任。

大众传媒的出版人可由其创办人担任，也可由出版社或提供物质技术和大众信息产品生产（印刷和发行）保障的法人来充当。

第十六条　大众传媒编辑部章程

大众传媒编辑部章程由编辑部全体成员大会超过三分之二以上多数票

表决通过，并报创办人批准。

编辑部章程负责调节创办人、主编、编辑部，以及全体新闻工作者之间的关系。章程包括大众传媒经营活动收入的分配原则和使用条款，以及其他条例。

编辑部章程不得与本立法相矛盾。

第十七条　大众传媒创办人、编辑部和出版人的生产、财产和财务关系

大众传媒创办人、编辑部和出版人的生产、财产和财务关系，建立在现行法律和合同基础之上。

合同要明确规定：

编辑部开办经费；

大众传媒活动收入（利润）归创办人、编辑部和出版人所支配；

创办人和出版人有确保编辑部工作人员应有的劳动生产条件和社会生活福利的义务；

其他相关条例。

第十八条　出版数据

定期印刷出版物每一期都应包含下列说明材料：

（1）出版物名称；

（2）创办人；

（3）主编的姓名的开头字母；

（4）出版序号、定期出版物的出版日期，以及报纸签字付印时间；

（5）通过邮电企业发行的定期印刷出版物的索引号；

（6）印数；

（7）价格（商业销售）；

（8）编辑部、出版人、印刷厂地址。

电视台和广播电台编辑部每次播出节目时，需播出电视台、电台编辑部的名称。而在连续播出时，电视台、电台编辑部的名称每昼夜不得少于4次。

第十九条　呈送存档样本

定期出版物在印刷后，应立即向全苏中央书库、苏联 В. И. 列宁国家图书馆、М. Е. 萨尔特科夫－谢德林国家公共图书馆、创办人，以及该大众传媒登记机关免费赠送一定份数，用于存档。

此外，还应该按照苏联部长会议、加盟共和国部长会议和自治共和国部长会议规定的程序，向其他相关机构和组织赠送一定的存档份数。

第二十条　电视和广播节目存档

电视台编辑部、广播电台编辑部应在节目播出后将声像影视材料保留一个月。在播放日志上登记播放的节目内容，包括节目题目、播出日期、节目开始及结束时间、主持人姓名。播放日志自最后一项记录签署之日起保留一年。

第三章　大众信息传播

第二十一条　大众传媒产品的传播程序

大众传媒产品的发行由出版人直接实施，或者签署协议或其他法律文件交由邮政企业、其他组织和公民代办发行。

如果大众传媒产品无出版数据则禁止传播。

第二十二条　大众信息的传播许可

大众传媒产品的号外（有版权记录的单独期号）发行，只能经编辑部主编批准出版后才能实施。

定期出版物的印数由编辑部主编与出版人协商确定。

除根据已产生法律效力的法院判决书外，不得以任何方式阻碍合法大众传媒产品传播，包括没收全部或部分印刷品等方式。

第二十三条　官方公报

根据苏联、加盟共和国和自治共和国的法律规定，大众传媒有义务刊登国家政权和管理机关向全民发布的官方公报。

大众传媒有义务在指定期限内无偿刊登已产生法律效力的法院判决或国家仲裁机关发布的决定。

第四章　大众传媒同公民和组织的关系

第二十四条　通过大众传媒获取信息的权利

公民有权通过大众传媒及时获取有关国家机关、社会团体、官员们活动的确切可信的信息。

大众传媒有权从国家机关、社会团体和官员处获取上述信息。

国家机关、社会团体和官员必须如实向大众传媒提供所掌握的消息，并使之成为可用于新闻报道的信息来源。

若国家机关、社会团体和官员拒绝提供所查询的信息，大众传媒的代表可以向其上级机关或负责人提起申诉，也可依据法律规定，向法院起诉那些有损公民权利的国家管理机关、社会团体和官员的非法行为。

第二十五条　作者材料和书信的使用

允许大众传媒在遵守著作权的前提下使用新闻学、文学、艺术和科学作品。

如果没有专门法规作出规定，任何人无权责成大众传媒发表被编辑部否决过的材料。

在发表读者来信时，允许编辑部对其进行压缩和编辑，但不得歪曲信件原意内容。

第二十六条　辟谣与反驳权

公民和组织有权要求大众传媒编辑部对发表的不符合实际情况、侵害其名誉和尊严的消息进行公开辟谣。

权力和利益被某家大众传媒侵害的公民和组织，有权要求在该大众传媒上刊登反驳文章。

辟谣要求或反驳文章应刊登在专栏内，或者使用同样的字体刊登在谣言或虚假消息曾经发表过的版面上。辟谣要求或反驳文章自收到之日起应在一个月内见报；其他定期印刷出版物要求就近刊登在下期版面上。

自收到辟谣要求和反驳文章之日起一个月内，广播与电视应在同一个节目，或同一系列广播的同一时间段内宣读辟谣要求或反驳内容。宣读的权利也可以交由要求辟谣和反驳的公民或组织代表。

辟谣或反驳文章的篇幅只要不超过一个 A4 幅面，编辑部都应同意发表，并且不得对内容进行编辑加工。

第二十七条　法院对发表辟谣或反驳文章的审理

在大众传媒拒绝发表辟谣或反驳文章，或违反规定超出一个月不予答复的情况下，当事人或组织有权自消息刊登之日起一年内向法院上诉。

法院按照民事诉讼法规定的程序，审理并责成大众传媒编辑部发表辟谣或反驳文章。

第二十八条　不公开信息的特殊情况

大众传媒编辑部、记者无权范围：

（1）说出要求不公布其姓名的提供消息的人员（法院要求公开的情况除外）；

（2）未经检察员、侦查员或调查人员的书面批准而公开预审材料；未经未成年违法者本人或其合法监护人的同意，而公开披露未成年违法者个人的身份信息；

（3）在报道中预先推测法院对具体案件的审理结果，或用其他方法在判决或宣判结果生效前向法院施加影响。

第五章　记者的权利与义务

第二十九条　记者

根据本法典，记者是指为大众传媒收集、创作、编辑或加工材料的人员，与大众传媒有劳动或其他协作关系的人员，或接受大众传媒的委托从事此种活动的人员。

第三十条　记者的权利

记者具有下列权利：

（1）寻找、获取和传播信息；

（2）为完成本职工作，采访国家机关、社会团体和官员；

（3）除法律禁止的活动外，进行任何形式的录制工作，包括利用声像技术、电影和照相技术；

（4）凭记者证可以到自然灾害区、群众集会和游行活动中进行采访；

（5）就获得的材料向专家核对事实和情况；

（6）拒绝制作和署名与个人意愿相悖的材料；

（7）撤销本人认为编辑过程中被歪曲了原意的文章上的署名；

（8）预先声明在使用笔名的情况下为提供信源者保守秘密。

新闻工作者还享有本法典所赋予的其他权利。

第三十一条　派驻记者

大众传媒在与国家机关和社会团体协商后，可向这些机构派驻记者。接受派驻记者的机关和团体必须预先将会议和其他活动情况通报给记者，并向记者提供会议材料、记录和其他文件。

第三十二条　记者的义务

（1）履行与他构成劳动关系的大众传媒的活动计划，遵循编辑部章程；

（2）核实本人所报道信息的真实性；

（3）在首发新闻报道中，满足信源提供者有关署名的要求；

（4）拒绝编辑（主编）或编辑部交办的违法任务；

（5）尊重公民和团体的权利、合法利益和民族尊严。

新闻工作者还承担本法典规定的其他义务。

第六章　大众传媒领域的国际合作

第三十三条　国际条约和协议

大众传媒领域的国际合作在苏联和加盟共和国签订的国际条约基础上实施。

如果苏联国际条约规定有与本法典中所含条款不一致的内容，以国际条约为准则。

大众传媒、职业记者组织、其他创作协会可以参加大众传媒领域的国际合作，并允许同外国公民和组织签署合作协定。

苏联公民有权通过国外渠道（包括电话、无线电台直播节目和报刊）获得信息。

第三十四条　外国大众传媒、外交机构及其他外国驻苏代表机构的活动

派驻苏联的外国记者和外国大众传媒，其代表的法律地位和职业活动，以及外国驻苏联的外交、领事和其他官方代表机构的新闻活动，由苏联和加盟共和国相应的国际条约和协议加以管理。

第七章　违反报刊与其他大众传媒法的责任

第三十五条　违反报刊与其他大众传媒法的责任

根据苏联和加盟共和国法律，对记者滥用新闻自由、传播损害公民、组织声誉和尊严的虚假信息、对法院判决施加影响等行为，将追究刑事、行政或其他责任。

苏联和加盟共和国法律还可以追究其违反报刊与其他大众传媒法行为的其他责任。

违反报刊与其他大众传媒法的责任，由有过错的国家机关、社会团体和官员、大众传媒编辑部、编辑（主编），以及有过错的记者承担。

第三十六条　不许干涉大众传媒活动

国家机关、社会团体和官员如果阻碍记者的合法职业活动，强迫记者传播或者拒绝传播新闻，将被追究刑事责任，并处以 500 卢布以内的罚款。

第三十七条　非法制作和传播大众信息的责任

大众传媒没有依照本法典进行登记，或在被终止出版与发行后仍继续制作和传播其产品，将被追究行政责任，即由人民法院对之处以 500 卢布以内的罚款，并没收其全部印刷或其他产品。

在一年内重复违反本条第一部分的规定，将追究其刑事责任，处以 1000 卢布以内的罚款，并没收违法者用来制作或传播信息产品的技术器材，也可不没收。

第三十八条　传播不符合事实的信息免责情况

在下列情况下，编辑（主编）和记者对在大众传媒上传播不符合事实的信息不承担责任：

（1）如果官方公告中包含这些信息；

（2）如果这些信息来自新闻通讯社或国家机关和社会机构的新闻部门；

（3）如果这些信息是逐字逐句引用人民代表在苏维埃代表大会和全会上的发言，社团代表、代表会议及全会上代表们的发言，以及国家机关和社团机构官员的正式发言；

（4）如果这些信息出自未经事先录音而直接播出的个人讲话，或依据本法典要求而不得编辑加工的文字。

第三十九条　精神损失的赔偿

因大众传媒传播不符合事实的信息，而使公民荣誉和尊严蒙受损害，造成非财产性损失，大众传媒以及造成过错的官员和公民应根据法院的判决进行赔偿。赔偿精神（非财产）损失的货币金额由法院裁定。

附录二

ЗАКОН СССР О ПЕЧАТИ И ДРУГИХ СРЕДСТВАХ МАССОВОЙ ИНФОРМАЦИИ
12 июня 1990 года

СОЮЗ СОВЕТСКИХ СОЦИАЛИСТИЧЕСКИХ РЕСПУБЛИК
ЗАКОН О ПЕЧАТИ И ДРУГИХ СРЕДСТВАХ МАССОВОЙ ИНФОРМАЦИИ

Глава I
ОБЩИЕ ПОЛОЖЕНИЯ

Статья 1. Свобода печати

Печать и другие средства массовой информации свободны.

Свобода слова и свобода печати, гарантированные гражданам Конституцией СССР, означают право высказывания мнений и убеждений, поиска, выбора, получения и распространения информации и идей в любых формах, включая печать и другие средства массовой информации.

Цензура массовой информации не допускается.

Статья 2. Средства массовой информации

В настоящем Законе под массовой информацией понимаются публично распространяемые печатные, аудио- и аудиовизуальные сообщения и материалы.

Под средствами массовой информации понимаются газеты, журналы, теле- и радиопрограммы, кинодокументалистика, иные периодические формы публичного распространения массовой информации.

Средства массовой информации представляются редакциями

периодической печати, теле-и радиовещания (информационными агентствами, иными учреждениями, осуществляющими выпуск массовой информации).

Статья 3. Язык средств массовой информации

Средства массовой информации осуществляют свою деятельность, пользуясь языками народов, которые они обслуживают или чьи интересы представляют. Средства массовой информации вправе распространять массовую информацию на иных языках.

Государство обеспечивает право граждан СССР на использование родного языка и других языков народов СССР при получении и распространении массовой информации в соответствии с законодательством о языках народов СССР.

Статья 4. Производственно-хозяйственная деятельность

Редакция средства массовой информации является юридическим лицом, действующим на основании своего устава.

Редакция вправе осуществлять производственно-хозяйственную деятельность на условиях экономической самостоятельности и хозяйственного расчета.

Порядок предоставления средствам массовой информации государственных дотаций определяется законодательством Союза ССР, союзных и автономных республик.

Статья 5. Недопустимость злоупотребления свободой слова

Не допускается использование средств массовой информации для разглашения сведений, составляющих государственную или иную специально охраняемую законом тайну, призыва к насильственным свержению или изменению существующего государственного и общественного строя, пропаганды войны, насилия и жестокости, расовой, национальной, религиозной исключительности или нетерпимости, аспространения порнографии, в целях совершения иных уголовно наказуемых деяний.

Запрещается и преследуется в соответствии с законом использование средств массовой информации для вмешательства в личную жизнь граждан, посягательства на их честь и достоинство.

Статья 6. Законодательство Союза ССР, союзных и автономных республик о печати и других средствах массовой информации

Законодательство о печати и других средствах массовой информации состоит из настоящего Закона и издаваемых в соответствии с ним других актов законодательства СССР, а также законов, иных актов законодательства о печати и других средствах массовой информации союзных и автономных республик.

Глава II
ОРГАНИЗАЦИЯ ДЕЯТЕЛЬНОСТИ СРЕДСТВ МАССОВОЙ ИНФОРМАЦИИ

Статья 7. Право на учреждение средства массовой информации

Право на учреждение средства массовой информации принадлежит Советам народных депутатов и другим государственным органам, политическим партиям, общественным организациям, массовым движениям, творческим союзам, кооперативным, религиозным, иным объединениям граждан, созданным в соответствии с законом, трудовым коллективам, а также гражданам СССР, достигшим восемнадцатилетнего возраста.

Не допускается монополизация какого-либо вида средств массовой информации (печати, радио, телевидения и других).

Статья 8. Регистрация средства массовой информации

Редакция средства массовой информации осуществляет свою деятельность после регистрации соответствующего средства массовой информации.

Заявления о регистрации средств массовой информации, рассчитанных на общесоюзную аудиторию, подаются учредителями в органы государственного управления, определяемые Советом Министров СССР, а заявления о регистрации средств массовой информации, рассчитанных на республиканскую или местную аудиторию, - в соответствующие исполнительные и распорядительные органы. Заявление о регистрации подлежит рассмотрению в месячный срок со дня поступления.

Законодательными актами союзных и автономных республик регистрация средств массовой информации, рассчитанных на республиканскую или местную аудиторию, может быть возложена на иные государственные органы.

Средства массовой информации, рассчитанные на зарубежную аудиторию, регистрируются в Совете Министров СССР или Совете Министров союзной республики.

Право приступить к выпуску массовой информации сохраняется в течение одного года со дня получения свидетельства. В случае пропуска этого срока свидетельство о регистрации считается утратившим силу.

Статья 9. Заявление о регистрации средства массовой информации

В заявлении о регистрации средства массовой информации должны быть указаны:

1) учредитель;

2) название, язык (языки), местонахождение средства массовой информации;

3) предполагаемая аудитория;

4) программные цели и задачи;

5) предполагаемые периодичность выпуска, максимальный объем средства массовой информации и источники финансирования.

Предъявление иных требований при регистрации средства массовой информации запрещается.

Статья 10. Случаи распространения информации без регистрации

Право на публичное распространение информации без регистрации имеют органы государственной власти и управления, иные государственные органы для издания официальных нормативных и иных актов, бюллетеней судебной и арбитражной практики.

Предприятия, организации, учебные и научные учреждения вправе создавать и распространять необходимые в их деятельности информационные материалы и документацию без регистрации. Не требует регистрации деятельность по изготовлению с помощью технических средств печатной, аудио- и аудиовизуальной продукции, не предназначенной для публичного распространения или размножаемой на правах рукописи.

Не требуется регистрация средств массовой информации при выпуске печатной родукции тиражом менее тысячи экземпляров.

Статья 11. Отказ в регистрации средства массовой информации

Отказ в регистрации средства массовой информации осуществляется только по следующим основаниям:

1) если название средства массовой информации, его программные цели и задачи противоречат положениям части первой статьи 5 настоящего Закона;

2) если регистрирующим органом ранее выдано свидетельство средству массовой информации с тем же названием;

3) если заявление подано до истечения года со дня вступления в законную силу решения о прекращении деятельности средства массовой информации.

Отказ в регистрации направляется заявителю в письменной форме с указанием оснований отказа, предусмотренных настоящим Законом.

Статья 12. Регистрационный сбор

За выдачу свидетельства о регистрации средства массовой информации взимается регистрационный сбор в порядке и размерах, установленных законодательством Союза ССР, союзных и автономных республик.

Статья 13. Прекращение выпуска или издания средства массовой информации

Прекращение выпуска или издания средства массовой информации возможно по решению учредителя либо органа, зарегистрировавшего средство массовой информации, или суда.

Орган, зарегистрировавший средство массовой информации, либо суд прекращает его выпуск или издание в случае повторного в течение года нарушения требований части первой статьи 5 настоящего Закона.

Если средство массовой информации не выпускается или не издается более одного года, для его возобновления требуется новое свидетельство регистрации.

В случае решения учредителя о прекращении выпуска или издания средства массовой информации трудовой коллектив его редакции или редактор (главный редактор) имеет преимущественное право на учреждение средства массовой информации с тем же названием.

Статья 14. **Порядок обжалования отказа в регистрации средства массовой информации, а также решения о прекращении его деятельности**

Отказ в регистрации средства массовой информации либо нарушение государственным органом установленного для регистрации месячного срока, а также решение о прекращении деятельности средства массовой информации могут быть обжалованы учредителем или редакцией в суд и рассматриваются судом, включая имущественные споры, в порядке, предусмотренном гражданским процессуальным законодательством.

Признание отказа в регистрации средства массовой информации либо решения о прекращении его деятельности противоречащими закону влечет отмену обжалуемых решений. Отмена решения о прекращении деятельности средства массовой информации влечет возмещение убытков, понесенных учредителем, редакцией и издателем, включая неполученные доходы.

Статья 15. **Учредитель, редактор, редакция и издатель средства массовой информации**

Учредитель утверждает программу (основные принципы) деятельности средства массовой информации. Редакция или иное учреждение осуществляющее выпуск массовой информации, реализует программу на основе профессиональной самостоятельности.

Редактор (главный редактор) назначается и освобождается учредителем средства массовой информации либо избирается и освобождается в порядке, предусмотренном редакционным уставом. Редактор (главный редактор) руководит работой редакционной коллегии и редакции средства массовой информации, представляет его в отношениях с учредителем, издателем, вторами, государственными органами, общественными организациями, иными объединениями граждан и гражданами, а также в суде.

Редактор (главный редактор) несет ответственность за выполнение требований, предъявляемых к деятельности средства массовой информации на основе настоящего Закона и других актов законодательства.

Редакционная коллегия образуется в порядке, предусмотренном редакционным уставом. Председателем редакционной коллегии является редактор (главный редактор).

Издателем средства массовой информации могут выступать его учредитель, а равно издательство или иное юридическое лицо, осуществляющие материально-техническое обеспечение производства (тиражирование, выпуск) массовой информации.

Статья 16. Редакционный устав средства массовой информации

Редакционный устав средства массовой информации принимается на общем собрании журналистского коллектива редакции большинством голосов при наличии не менее двух третей ее состава и утверждается учредителем.

Редакционный устав регулирует отношения учредителя, редактора (главного редактора) и редакции, полномочия журналистского коллектива. В устав включаются положения о порядке распределения и использования дохода, получаемого от деятельности средства массовой информации, другие положения.

Редакционный устав не должен противоречить законодательству.

Статья 17. Производственные, имущественные и финансовые отношения учредителя, редакции и издателя средства массовой информации

Производственные, имущественные и финансовые отношения

учредителя, редакции и издателя средства массовой информации строятся на основе действующего законодательства и договора.

Договором определяются:

средства на содержание редакции;

части дохода (прибыли) от деятельности средства массовой информации, которые поступают в распоряжение редакции, учредителя и издателя;

обязательства учредителя и издателя по обеспечению надлежащих производственных и социально-бытовых условий жизни и труда сотрудников редакции;

иные положения.

Статья 18. Выходные данные

Каждый выпуск периодического печатного издания должен содержать следующие сведения:

1) название издания;

2) учредитель;

3) фамилия и инициалы редактора (главного редактора);

4) порядковый номер выпуска и дата его выхода в свет для периодических изданий, а для газет-также и время подписания в печать;

5) индекс для периодических изданий, распространяемых через предприятия связи;

6) тираж;

7) цена (при коммерческом распространении издания);

8) адреса редакции, издателя, типографии.

При каждом выходе в эфир, а при непрерывном вещании - не реже четырех раз в сутки редакция теле-, радиовещания обязана объявлять название редакции теле-, радиовещания.

Статья 19. Контрольные и обязательные экземпляры

Бесплатные контрольные экземпляры периодических печатных изданий тотчас по напечатании направляются во Всесоюзную книжную палату, в Государственную библиотеку СССР имени В. И. Ленина, Государственную публичную библиотеку имени М. Е. Салтыкова-

Щедрина, учредителю, в орган, выдавший свидетельство о регистрации данного печатного издания.

Контрольные и обязательные экземпляры произведений печати направляются также в другие учреждения и организации в порядке, определяемом Советом Министров СССР и Советами Министров союзных, автономных республик.

Статья 20. Хранение материалов теле- и радиопередач

Редакции теле-, радиовещания обязаны хранить материалы передач в течение одного месяца после выхода в эфир, вести журнал регистрации передач, идущих в эфир без предварительной записи, в котором фиксируется тема передачи, дата, время ее начала и окончания, фамилия и имя ведущего. Журнал регистрации таких передач хранится в течение года со дня последней записи в нем.

Глава III
РАСПРОСТРАНЕНИЕ МАССОВОЙ ИНФОРМАЦИИ

Статья 21. Порядок распространения продукции средств массовой информации

Распространение продукции средств массовой информации осуществляется издателем непосредственно либо на договорных или иных законных основаниях предприятиями связи, другими организациями, а также гражданами.

Распространение продукции средств массовой информации без указания выходных данных запрещается.

Статья 22. Разрешение на распространение массовой информации

Распространение каждого отдельного выпуска (с выходными данными) продукции средства массовой информации допускается только после того, как редактором (главным редактором) дано разрешение на выход в свет (в эфир) .

Тираж периодического печатного издания определяется редактором (главным редактором) по согласованию с издателем.

Воспрепятствование осуществляемому на законном основании распространению продукции средства массовой информации, в том числе путем изъятия тиража или его части, не допускается, иначе как на основании вступившего в законную силу решения суда.

Статья 23. Официальные сообщения

Средства массовой информации, учрежденные органами государственной власти и управления, обязаны публиковать официальные сообщения этих органов.

Редакция обязана опубликовать бесплатно и в указанный срок вступившее в законную силу решение суда или органа государственного арбитража, содержащее предписание об опубликовании такого решения через данное средство массовой информации.

Глава IV
ОТНОШЕНИЯ СРЕДСТВ МАССОВОЙ ИНФОРМАЦИИ С ГРАЖДАНАМИ И ОРГАНИЗАЦИЯМИ

Статья 24. Право на получение информации через средства массовой информации

Граждане имеют право на оперативное получение через средства массовой информации достоверных сведений о деятельности государственных органов, общественных объединений, должностных лиц.

Средства массовой информации имеют право получать такую информацию от государственных органов, общественных объединений и должностных лиц. Государственные органы, общественные объединения, должностные лица предоставляют средствам массовой информации имеющиеся сведения и возможность ознакомления с документами.

Отказ в предоставлении запрашиваемых сведений может быть обжалован представителем средства массовой информации вышестоящему органу или должностному лицу, а затем в суд в порядке, предусмотренном законом для обжалования неправомерных действий органов государственного управления и должностных лиц, ущемляющих права граждан.

Статья 25. Использование авторских материалов и писем

Использование произведений журналистики, литературы, искусства и науки средствами массовой информации допускается при соблюдении авторского права.

Никто не вправе обязать средство массовой информации опубликовать отклоненный редакцией материал, если иное не предусмотрено законом.

При публикации читательских писем допускаются сокращение и редактирование их текста, не искажающие смысла писем.

Статья 26. Право на опровержение и ответ

Гражданин или организация вправе требовать от редакции средства массовой информации опровержения опубликованных сведений, не соответствующих действительности и порочащих их честь и достоинство.

Гражданин или организация, в отношении которых в средстве массовой информации опубликованы сведения, ущемляющие их права и законные интересы, имеют право на публикацию своего ответа в том же средстве массовой информации.

Опровержение или ответ публикуется в специальной рубрике либо на той же полосе и тем же шрифтом, что и опровергаемое сообщение: в газетах - не позднее месяца со дня поступления требования, в иных периодических изданиях – в очередном подготавливаемом выпуске.

Опровержение или ответ зачитывается диктором радио либо телевидения в той же программе или цикле передач и в то же время, не позднее месяца со дня поступления требования. Право выступить с ответом может быть предоставлено также самому гражданину или представителю организации, заявившим требование о публикации ответа.

Редакция обязана опубликовать ответ объемом до одной страницы стандартного машинописного текста. Редактирование текста ответа не допускается.

Статья 27. Рассмотрение судом заявления о публикации опровержения либо ответа

В случае отказа в публикации опровержения или ответа либо нарушения средством массовой информации установленного для такой публикации месячного срока заинтересованный гражданин или организация вправе обратиться в суд в течение одного года со дня публикации.

Суд рассматривает заявление о публикации редакцией средства массовой информации опровержения либо ответа в порядке, предусмотренном гражданским процессуальным законодательством.

Статья 28. Особые случаи неразглашения информации

Редакция средства массовой информации, журналист не вправе:

1) называть лицо, предоставившее сведения с условием неразглашения его имени, за исключением случаев, когда этого требует суд;

2) разглашать данные предварительного следствия без письменного разрешения прокурора, следователя или лица, производящего дознание; предавать гласности любую информацию, которая может привести к указанию на личность несовершеннолетнего правонарушителя без его согласия и согласия его законного представителя;

3) предрешать в своих сообщениях результаты судебного разбирательства по конкретному делу или иным образом воздействовать на суд до вступления решения или приговора в законную силу.

Глава V
ПРАВА И ОБЯЗАННОСТИ ЖУРНАЛИСТА

Статья 29. Журналист

Журналистом в соответствии с настоящим Законом является лицо, занимающееся сбором, созданием, редактированием или подготовкой материалов для средства массовой информации, связанное с ним трудовыми или иными договорными отношениями либо занимающееся такой деятельностью по его уполномочию.

Статья 30. Права журналиста

Журналист имеет право:

1) искать, получать и распространять информацию;

2) быть принятым должностным лицом в связи с осуществлением профессиональных журналистских обязанностей;

3) производить любые записи, в том числе с использованием средств аудиовизуальной техники, кино- и фотосъемку, за исключением случаев, предусмотренных законом;

4) по предъявлению удостоверения журналиста присутствовать в районах стихийных бедствий, на митингах и демонстрациях;

5) обращаться к специалистам при проверке фактов и обстоятельств в связи с поступившими материалами;

6) отказаться от создания материала за своей подписью, противоречащего его убеждениям;

7) снять свою подпись под материалом, содержание которого, по его мнению, было искажено в процессе редакционной подготовки;

8) оговорить сохранение тайны авторства.

Журналист пользуется также иными правами, предоставленными ему в соответствии с настоящим Законом.

Статья 31. Аккредитация журналистов

Средства массовой информации могут по согласованию с государственными органами и органами общественных объединений аккредитовать при них своих журналистов.

Органы, при которых аккредитован журналист, обязаны предварительно извещать его о заседаниях, совещаниях и иных мероприятиях, обеспечивать стенограммами, протоколами и иными документами.

Статья 32. Обязанности журналиста

Журналист обязан:

1) осуществлять программу деятельности средства массовой информации, с которым он состоит в трудовых отношениях; руководствоваться редакционным уставом;

2) проверять достоверность сообщаемой им информации;

3) удовлетворять просьбы лиц, предоставивших информацию, об указании их авторства, если такая информация оглашается впервые;

4) отказаться от данного ему редактором (главным редактором) или редакцией поручения, если оно связано с нарушением закона;

5) уважать права, законные интересы, национальное достоинство граждан, права и законные интересы организаций.

Журналист несет также иные обязанности, вытекающие из настоящего Закона.

Глава VI
МЕЖДУНАРОДНОЕ СОТРУДНИЧЕСТВО В ОБЛАСТИ МАССОВОЙ ИНФОРМАЦИИ

Статья 33. Международные договоры и соглашения

Международное сотрудничество в области массовой информации осуществляется на основании международных договоров, заключенных Союзом ССР и союзными республиками.

Если международным договором СССР установлены иные правила, чем те, которые содержатся в настоящем Законе, применяются правила международного договора.

Средства массовой информации, профессиональные организации журналистов, иные творческие союзы участвуют в международном сотрудничестве в области массовой информации и могут в этих целях заключать соглашения с иностранными гражданами и организациями.

Граждане СССР имеют право доступа к информации через зарубежные источники, включая прямое телевизионное вещание, радиовещание и прессу.

Статья 34. Деятельность представителей иностранных средств массовой информации, дипломатических и других представительств зарубежных государств в СССР

Правовое положение и профессиональная деятельность аккредитованных в СССР иностранных корреспондентов и других представителей иностранных средств массовой информации, а также информационная деятельность дипломатических, консульских и других официальных представительств зарубежных государств в СССР регулируются законодательством Союза ССР и союзных республик, соответствующими международными договорами Союза ССР и союзных республик.

Глава VII
ОТВЕТСТВЕННОСТЬ ЗА НАРУШЕНИЕ ЗАКОНОДАТЕЛЬСТВА О ПЕЧАТИ И ДРУГИХ СРЕДСТВАХ МАССОВОЙ ИНФОРМАЦИИ

Статья 35. Основания ответственности за нарушение законодательства о печати и других средствах массовой информации

Злоупотребление свободой слова, распространение не соответствующих действительности сведений, порочащих честь и достоинство гражданина или организации, воздействие журналистов на суд влекут уголовную, административную или иную ответственность в соответствии с законодательством Союза ССР и союзных республик.

Законодательством Союза ССР и союзных республик может быть установлена ответственность и за иные нарушения законодательства о печати и других средствах массовой информации.

Ответственность за нарушение законодательства о печати и других средствах массовой информации несут виновные в этом должностные лица государственных и общественных органов, а также редакция, редактор (главный редактор) средства массовой информации, авторы распространенных сообщений и материалов.

Статья 36. Недопустимость вмешательства в деятельность средств массовой информации

Воспрепятствование со стороны должностных лиц, государственных и общественных органов законной профессиональной деятельности журналистов, принуждение журналистов к распространению либо отказу от распространения информации влекут уголовную ответственность и наказываются штрафом до пятисот рублей.

Статья 37. Ответственность за незаконные изготовление и распространение массовой информации

Изготовление и распространение продукции средства массовой информации без его регистрации в соответствии с настоящим Законом или после решения о прекращении его выпуска или издания влекут административную ответственность в виде штрафа до пятисот рублей, налагаемого народным судьей, с изъятием тиража печатной или иной продукции.

Повторное в течение года совершение нарушения, предусмотренного частью первой настоящей статьи, влечет уголовную ответственность и наказывается штрафом до одной тысячи рублей с конфискацией принадлежащих виновному технических средств, используемых для изготовления и распространения информации, или без конфискации.

Статья 38. Случаи освобождения от ответственности за распространение сведений, не соответствующих действительности

Редактор (главный редактор), а равно журналист не несут ответственности за распространение в средстве массовой информации сведений, не соответствующих действительности:

1) если эти сведения содержались в официальных сообщениях;

2) если они получены от информационных агентств или пресс-служб государственных и общественных органов;

3) если они являются дословным воспроизведением выступлений народных депутатов на съездах и сессиях Советов, делегатов съездов,

конференций, пленумов общественных объединений, а также официальных выступлений должностных лиц государственных и общественных органов;

4) если они содержались в авторских выступлениях, идущих в эфир без предварительной записи, либо в текстах, не подлежащих редактированию в соответствии с настоящим Законом.

Статья 39. **Возмещение морального вреда**

Моральный (неимущественный) вред, причиненный гражданину в результате распространения средством массовой информации не соответствующих действительности сведений, порочащих честь и достоинство гражданина либо причинивших ему иной неимущественный ущерб, возмещается по решению суда средством массовой информации, а также виновными должностными лицами и гражданами. Размер возмещения морального (неимущественного) вреда в денежном выражении определяется судом.

俄文参考文献

一 书籍

［1］Абдуллаева Р. Х. XX век и развал великой державы – СССР / Р. Х. Абдуллаева. Вернисаж, 2002.

［2］Александр Яковлев. Перестройка: 1985 – 1991 / неизданное, малоизвестное, забытое / сборник документов А. Н. Яковлева и документов, связанных с его деятельностью. Международный фонд "Демократия", 2008. – 867, с. – (Россия. XX век. Документы / ред. совет Г. А. Арбатов и др.). Рез. на англ. яз. -Библиогр.: с. 861 – 867 (155 назв.)

［3］Барсенков А. С. Реформы Горбачева и судьба союзного государства 1985 – 1991 / А. С. Барсенков. Изд-во МГУ, 2001.

［4］Биккенин Н. Б. Как это было на самом деле: Сцены обществ и частной жизни / Н. Б. Биккенин. Academia, 2003.

［5］Бовт Г. Г. Завтра начинается вчера: Все хотели как лучше. / Г. Г. Бовт, А. Чудодеев. Fundamenta Press, 2000.

［6］Боффа Дж. От СССР к России: История неоконч. кризиса, 1964 – 1994: [Пер. с итал.]. Междунар. отношения, 1996.

［7］Бояринцев В. И. Перестройка: от Горбачева до Чубайса / В. И. Бояринцев. Алгоритм, 2005.

［8］Брутенц К. Н. Несбывшееся: неравнодушные заметки о перестройке / К. Н. Брутенц. Междунар. отношения, 2005.

［9］В Политбюро ЦК КПСС.: по записям Анатолия Черняева, Вадима Медведева, Георгия Шахназарова (1985 – 1991). – 2-е изд., [испр. и доп.]. Горбачев-Фонд, 2008.

[10] Ванюков Д. А. Демократическая Россия конца XX -начала XXI века / Д. А. Ванюков. Мир книги, 2007.

[11] Воротников В. И. А было это так. : Из дневника члена Политбюро ЦК КПСС / В. И. Воротников. - 2-е изд., доп. Кн. и бизнес, 2003.

[12] Ворошилов В. В. Журналистика. СПб. : Изд-во Михайлова В. А., 2006.

[13] Геллер М. Я. Российские заметки, 1980 - 1990 / М. Я. Геллер; [Фонд ист. исслед. им. Михаила Геллера]. МИК, 2001.

[14] Гиренко Ю. А. Новая русская революция: опыты политического осмысления / Ю. А. Гиренко; [Моск. шк. полит. исслед.]. Московская школа политических исследований, 2005.

[15] Гласность и журналистика, 1985 - 2005 / Междунар. фонд соц.-экон. и политол. исслед. (Горбачев-Фонд), Фак. журналистики Моск. гос. ун-та имени; под ред. Я. Н. Засурского и О. М. Здравомысловой. Горбачев-Фонд, Факультет журналистики МГУ, 2006.

[16] Головлева Е. Л. Массовые коммуникации и медиапланирование. Из. Высшее образование, 2008.

[17] Горбачев М. С. Жизнь и реформы : [в 2 т.]. Новости, 1995. - Кн. 1. - 1995. Кн. 2. - 1995.

[18] Горбачев М. С. Понять перестройку. : почему это важно сейчас / М. С. Горбачев. Альпина Бизнес Букс, 2006.

[19] Грабельников А. А. Средства массовой информации постсоветской России: пятнадцать лет спустя. Изд-во РУДН, 2008.

[20] Грабельников А. А. Массовая информация в России от первой газеты до информационного общества. Изд-во РУДН, 2001.

[21] Губер А. А. СССР: перестройка и люди : Новый этап в развитии советского общества глазами журналиста. Профиздат, 1987.

[22] Демократизация - суть перестройки, суть социализма: Встреча в ЦК КПСС с руководителями средств массовой информ., идеол.

учреждений и творч. союзов, 8 янв. 1988 г. Политиздат, 1988.

[23] Есин Б. И., Кузнецов И. В. Триста лет отечественной журналистики (1702 - 2002). Изд-во МУ, 2002.

[24] Жирков Г. В. История цензуры в России XIX-XX вв. Изд-во Аспект Пресс, 2001.

[25] Журналист в поисках информации: сб. материалов для работников СМИ и будущих журналистов / [Фонд защиты гласности; отв. ред. А. К. Симонов]. - 2-е изд., испр. и доп. Галерия, 2000.

[26] Замятина Т. Свобода прессы: победы и поражения // Эхо планеты. - 2003. - № 41. - С. 14-17.

[27] Засурский Я. Н. Средства массовой информации постсоветской России. Изд-во Аспект пресс, 2002.

[28] Засурский Я. Н. и О. М. Здравомысловой. Гласность и журналистика 1985 - 2005. Горбачев-Фонд, 2006.

[29] Корконосенко С. Г. Основы журналистики. Изд-во Аспект пресс, 2009.

[30] Коровин А. Г. Великая трагедия или Причины крушения КПСС и СССР / А. Г. Коровин. - Курган: Б. и., 2003.

[31] Кузнецов И. В. История отечественной журн-стики (1917 - 2000). Изд-во Флинта, 2003.

[32] Кучкина О. Власть и пресса в России. Взгляд изнутри: (цикл лекций о постсоветской журналистике) / О. Кучкина. Изд-во Р. Элина, 2006.

[33] Ленин В. И. Полн. Собр. Соч. Москва: Советская школа Изд. № 5.

[34] Лисичкин В. А. Третья мировая (информационно-психологическая) война / В. А. Лисичкин, Л. А. Шелепин. Алгоритм: Эксмо, 2003.

[35] Лысенко В. Н. 10 лет "Демократической платформе в КПСС" и эволюция партийной системы в России: докл. к заседанию круглого стола на тему "Десять лет, которые потрясли мир. Смена вех?", март 2000 / В. Н. Лысенко. Ин-т соврем. политики, 2000.

[36] Малиа М. Советская трагедия: История социализма в России 1917 - 1991 / М. Малиа; [пер. с англ. А. В. Юрасовского и А. В. Юрасовской]. РОССПЭН, 2002.

[37] Ненашев М. Ф. Газета, читатель, время. Мысль, 1986.

[38] Ненашев М. Ф. Иллюзии свободы: российские СМИ в эпоху перемен (1985 - 2009) / М. Ф. Ненашев. Логос, 2010.

[39] Овсепн. Р. П. История новейшей отечественной журналистики (Февраль 1917 - 90-е гг.). Издательство МГУ. 1999 с. 193.

[40] Освещение вопросов перестройки местными газетами и радио: [сб.]. - Волгоград: Упрполиграфиздат, 1987.

[41] Освещение прессой процессов перестройки в экономике: (обзор период. печати). Б. и., 1987.

[42] Партия и перестройка: дискус. листки "Правды" 1 - 19: К XXVIII съезду КПСС / [сост. А. Ильин, А. Петрушов]. Правда, 1990.

[43] Партия и перестройка: материалы дискус. клуба "Политика" / Моск. высш. парт. шк.; [Сост. С. В. Кулешов и др.]. Таврия, 1990.

[44] Полежаев Л. К. Перестройка, годы, лица.: Портр. и размышления. Закрытый клуб, 1996.

[45] Политические партии России: история и современность: учеб. для ист. и гуманит. фак. вузов / [А. И. Зевелев, Ю. Свириденко, Д. Б. Павлов и др.]; под ред. проф. А. И. Зевелева и др. РОССПЭН, 2000.

[46] Попов В. П. Большая ничья: СССР от Победы до распада. ЭНАС, 2005

[47] Попов Г. Х. О революции 1989 - 1991 годов /Г. Х. Попов. Согласие, 2004.

[48] Прохоров Е. П. Введение в теорию журналистики. Изд-во РИП-холдинг, 2002.

[49] Своими силами: Антология независимой журналистики. - Frankfurt a. Посев, 1989.

[50] Согрин В. В. Политическая история современной России, 1985 - 1994: От Горбачева до Ельцина / В. В. Согрин. - [СПб.]: ИПА; Прогресс-Академия, 1994.

[51] Солганик Г. Я. Лексика газеты. Изд-во Высшая школа, 1981.

[52] Средства массовой информации - инструмент перестройки / под

ред. Г. Н. Волкова; Акад. обществ. наук при ЦК КПСС, каф. средств массовой информ. 1990.

[53] Средства массовой информации и судебная власть в России: (Пробл. взаимодействия) / Фонд защиты гласности; авт. - засл. деятель науки РФ, д-р юрид. наук, проф. А. Р. Ратинов и др. 1998.

[54] Цадемах В. Гласность и перестройка - надежда мира? О теологических аспектах и перспективах современной " второй революции" в СССР. ИНИОН, 1989.

[55] Цвик В. Л. Телевизионные новости России. Изд-во Аспект пресс, 2002.

[56] Циткилов П. Я. Роль прессы в процессе перестройки форм хозяйствования в аграрном секторе страны: (80-е годы. На материалах РСФСР и Украины). - Киев: УСХА, 1991.

二 论文

[1] Алтунян А. О единстве, гласности и плюрализме // Знамя. - 2001. - № 2. - С. 170 - 181.

[2] Богомолов Ю. Леонид Парфенов-другое телевидение // Журналист. - 2009. - № 9. - С. 48 - 51.

[3] Болотова Л. Д. Радиовещание в период перестройки (1985 - 1991) // Вестник Московского университета. Сер. 10. Журналистика. - 2007. - № 3. - С. 10 - 22.

[4] Бондарев В. Б. Пресс свободы или свобода прессы? четвертая власть и четвертая революция // Родина. - 2007. - № 7. - С. 14 - 17.

[5] Волгин Е. И. Политическая трансформация КПСС (1990 - 1991 гг.) // Вестник Московского университета. Сер. 12. Политические науки. - 2006. - № 6. - С. 26 - 36.

[6] Денисова И. Н. Инструменты российской публичной политики: взгляд прессы // Вестник Московского университета. Сер. 10. Журналистика. - 2007. - № 2. - С. 109 - 112.

[7] Замятина Т. Свобода прессы: победы и поражения // Эхо планеты. -

2003. - № 41. - С. 14 – 17.

[8] Засурский Я. Н. СМИ и становление в России гражданского общества // Журналист. – 2003. - № 1. - С. 16 – 19.

[9] Кузеванова Л. М. Перестройка: что это было?: К истории идейной борьбы в советской журналистике периода перестройки (1985 – 1991 гг.). -Балашов: МАЖ, 1998. -22 с.

[10] Ненашев М. Независимость СМИ: иллюзии и реальность // Журналист. – 2008. -№ 4. -С. 20 – 23.

[11] Оскоцкий В. Д. Журналистика и власть // Вестник Московского университета. Сер. 10. Журналистика. – 2005. -№ 3. - С. 98 – 106.

[12] Тобольцева Н. М. Отражение перестройки в отечественных СМИ// Вестник Московского университета. Сер. 10. Журналистика. – 2007. - № 2. - С. 101 – 108; № 3. - С. 46 – 61.

[13] Устинкин С. В. Перестройка и гласность: (об источниках формирования современной политической коммуникации власти и общества в России) // Власть. – 2009. - № 10. - С. 24 – 27.

[14] Челышев В. Его партией была пресса // Журналист. – 2006. - № 2. - С. 12 – 15.

[15] Ясин Е. Кто развалил наш прекрасный Союз: [беседа с проф., докт. экон. наук Е. Ясиным / записал А. Венедиктов] // Знание-сила. – 2001. - № 4. - С. 50 – 54.

三 学位论文

[1] Добросклонская Е. Н. Факторы политической пропаганды в современной системе СМИ: социологический анализ: на материале постсоветского медиадискурса: дис. канд. социол. наук: 22.00.04 / Добросклонская Екатерина Николаевна; [Место защиты: Моск. гос. ун-т им. М. В. Ломоносова]. 2009.

[2] Дугин Е. Я. Средства массовой информации как институт прямой демократии в условиях перестройки: социологический анализ: автореф. дис. д-ра социол. наук: 22.00.05 / Дугин Евгений Яковлевич; Акад. обществ. наук при ЦК КПСС. 1990.

[3] Евдокимов В. А. Роль средств массовой информации в политизации социального конфликта: дис. д-ра полит. наук: 10.01.10 / Евдокимов Владимир Анатольевич; [Место защиты: Ур. гос. ун-т им. А. М. Горького]. 2007.

[4] Петухова И. А. Итальянская пресса о М. С. Горбачеве и его политике 1984 – 1991 гг.: дис. канд. ист. наук: 07.00.03 / Петухова Ирина Александровна; [Место защиты: Ярослав. гос. ун-т им. П. Г. Демидова]. 2010.

[5] Славнова Б. А. Политологический анализ особенностей функционирования средств массовой информации в переходном обществе: На опыте России: дис. канд. полит. наук: 23.00.02 / Славнова Бэла Арнольдовна. 2004.

[6] Столярова Г. И. Взаимодействие комитетов КПСС и средств массовой информации: опыт, проблемы (1985 – 1990 гг.): автореф. дис. канд. ист. наук / Столярова Г. И.; Акад.ществ. наук при ЦК КПСС. Каф. истории КПСС. 1990.

中文参考文献

一 著作

[1] 阿法纳西耶夫·维：《〈真理报〉总编辑沉浮录》，贾泽林译，东方出版社1993年版。

[2] 程曼丽：《外国新闻传播史导论》，复旦大学出版社2009年版。

[3] 陈之骅：《勃列日涅夫时期的苏联》，中国社会科学出版社1998年版。

[4] 傅显明、郑超然：《苏联新闻史》，新华出版社1994年版。

[5] 戈尔巴乔夫·米：《改革与新思维》，新华出版社1987年版。

[6] 顾理平：《新闻法学》，中国广播电视出版社2005年版。

[7] 黄苇町：《苏共亡党十年祭》，江西高校出版社2004年版。

[8] 黄正柏：《美苏冷战争霸史》，华中师范大学出版社1997年版。

[9] 何梓华、成美：《新闻理论教程》，高等教育出版社2008年版。

[10] 胡正荣：《新闻理论教程》，中国广播电视出版社2001年版。

[11] 江流、陈之华：《苏联演变的历史思考》，中国社会科学出版社1994年版。

[12] 贾乐蓉：《当代俄罗斯大众传媒研究》，中国广播电视出版社2008年版。

[13] 刘洪潮等：《苏联1985—1991年的演变》，新华出版社1992年版。

[14] 刘克明、金挥：《苏联政治经济体制七十年》，中国社会科学出版社1990年版。

[15] 李良荣：《新闻学概论》，复旦大学出版社2003年版。

[16] 李良荣：《新闻学导论》，高等教育出版社2008年版。

[17] 陆南泉：《苏联经济体制改革史论》（从列宁到普京），人民出版社

2007年版。
[18] 陆南泉：《走近衰亡——苏联勃列日涅夫时期研究》，社会科学文献出版社2012年版。
[19] 李慎明、陈之骅：《居安思危——苏共亡党二十年的思考》，社会科学文献出版社2011年版。
[20] 李玮：《转型时期的俄罗斯大众传媒》，上海外语教育出版社2005年版。
[21] 林文刚：《媒介环境学：思想沿革与多维视野》，北京大学出版社2007年版。
[22] 刘绪贻、杨生茂：《美国通史（第六卷）战后美国史1945—2000》，人民出版社2002年版。
[23] 李振城：《苏联兴亡的沉思》，改革出版社1998年版。
[24] 邱沛篁：《新闻传播手册》，四川大学出版社2004年版。
[25] 宋立芳：《苏联舆论工具在改革中的新变化》，新华社新研所1988年版。
[26] 吴非、胡逢瑛：《转型中的俄罗斯传媒》，南方日报出版社2005年版。
[27] 吴非、胡逢瑛：《俄罗斯传媒体制创新》，南方日报出版社2006年版。
[28] 王立新：《苏共兴亡论》，中共中央党校出版社2007年版。
[29] 新华社新研所：《苏联东欧剧变与新闻媒介》，新华出版社1993年版。
[30] 徐葵主编：《苏联概览》，中国社会科学出版社1989年版。
[31] 余敏主编：《前苏联俄罗斯出版管理研究》，中国书籍出版社2002年版。
[32] 郑超然、程曼丽、王泰玄：《外国新闻传播史》，中国人民大学出版社2000年版。
[33] 赵建国：《传播学概论》，郑州大学出版社2008年版。
[34] 张举玺：《新闻理论基础》，俄罗斯人民友谊大学出版社2004年版。
[35] 张举玺：《中俄现代新闻理论比较》，社会科学文献出版社2011年版。
[36] 张举玺：《实用新闻理论教程》，河南大学出版社2012年版。

[37] 张昆:《中外新闻传播史》,高等教育出版社2008年版。
[38] 周尚文:《新编苏联史》(1917—1985),上海人民出版社1990年版。
[39] 张允若:《外国新闻事业史》,武汉大学出版社2000年版。
[40] 中国社会科学院民族研究所:《苏联民族概况》1985年版(内部印刷)。
[41] 周新城、张旭:《苏联演变的原因与教训》,社会科学文献出版社2008年版。

二 论文

[1] 程曼丽:《转型期俄罗斯新闻业透视》,《国际新闻界》2002年第1期。
[2] 陈仕龙:《苏联公开性的历史和现状》,《唯实》1989年第3期。
[3] 郭传玲:《苏联社会经济发展的新战略》,《国际问题研究》1987年第1期。
[4] 高凤仪:《引人注目的苏联新闻改革》,《新闻通讯》1988年第5期。
[5] 高科:《公开性与苏联社会民主化》,《群言》1989年第7期。
[6] 何崇元:《报刊必须跟上时代——苏联报刊努力扩大公开性》,《新闻战线》1988年第3期。
[7] 黄枬森:《试论多元化》,《中国高等教育》1996年第10期。
[8] 贾乐蓉:《苏联传媒法立法背景考察》,《国际新闻界》2012年第12期。
[9] 靳一:《迷失方向的苏联新闻媒介》,《当代国际政治与社会主义发展学术研讨会论文集》2001年。
[10] 李建中:《第四次科技革命与苏联解体》,《江苏行政学院学报》2001年第1期。
[11] 李培鑫:《试析俄罗斯的多党制》,《青年文学家》2009年第5期。
[12] 刘帅:《新闻自由下的苏联解体》,《中共云南省委党校学报》2010年第6期。
[13] 李淑华:《勃列日涅夫时期书刊检查制度研究》,《俄罗斯学刊》2011年第5期。
[14] 李慎明:《苏联亡党亡国反思:"公开性"与指导思想"多元化"》,

《红旗文稿》2012 年第 5 期。

[15] 孟超：《前苏联后期新闻"公开性"原则实践的得与失》，《新闻传播》2010 年第 5 期。

[16] 邱志华：《苏联新闻改革概况》，《国际观察》1988 年第 4 期。

[17] 邵宁：《论苏联解体前后新闻控制的演变》，《新闻大学》2003 年第 2 期。

[18] 邵培仁：《论媒介生态的五大观念》，《新闻大学》2001 年第 4 期。

[19] 史天经：《普京"可控民主"与俄国新闻媒体》，《青年记者》2006 年第 19 期。

[20] 沈一鸣：《苏联舆论工具在改革中的新变化》，《当代世界社会主义问题》1987 年第 4 期。

[21] 孙振远：《苏联经济发展的回顾与展望》，《世界经济》1990 年第 3 期。

[22] 王立行：《戈尔巴乔夫的公开性及其利弊》，《苏联东欧问题》1989 年第 5 期。

[23] 王延波：《苏联新闻改革失败的启示》，《沧桑》2006 年第 4 期。

[24] 文有仁：《戈尔巴乔夫背离社会主义方向的新闻改革及其恶果》，《当代思潮》1994 年第 4 期。

[25] 魏治国：《苏联人口概况》，《人口学刊》1988 年第 3 期。

[26] 王正泉：《俄罗斯多党政治发展的三个阶段》，《俄罗斯中亚东欧研究》2003 年第 1 期。

[27] 王贞一：《论新闻的"公开性"——苏联解体的舆论伏笔》，《新闻天地》2008 年第 5 期。

[28] 肖怡：《传媒结构与舆论生态》，《当代传播》2006 年第 3 期。

[29] 徐耀魁：《苏联的新闻事业》，《新闻战线》1982 年第 8 期。

[30] 杨晋川：《戈尔巴乔夫的"新思维"与苏联的演变与解体》，《当代思潮》1994 年第 2 期。

[31] 张丹：《〈真理报〉的历史变迁和经验教训》，《新闻与传播研究》2001 年第 3 期。

[32] 张举玺：《论"公开性"对苏共新闻事业的影响》，《新闻爱好者》2012 年第 11 期。

[33] 张举玺：《论舆论多元化对苏联晚期新闻思想的影响》，《新闻爱好

者》2013 年第 9 期。
[34] 张举玺、朱立芳:《再论戈尔巴乔夫新闻公开性改革》,《新闻爱好者》2013 年第 11 期。
[35] 张举玺:《论〈苏联报刊与其他大众传媒法〉特色》,《新闻爱好者》2014 年第 4 期。
[36] 张举玺:《论苏共晚期新闻自由化的特征与实质》,《重庆工商大学学报》2014 年第 3 期。
[37] 张昆:《戈尔巴乔夫的新闻思想》,《中国广播电视学刊》1989 年第 3 期。
[38] 张允若:《对苏联新闻业的历史反思》,《国际新闻界》1997 年第 10 期。
[39] 章平:《俄罗斯多党制的形成与发展》,《国际社会与经济》1996 年第 6 期。
[40] 赵强:《舆论失控:苏联解体的催化剂》,《求是》2010 年第 21 期。
[41] 曾庆香:《对"舆论"定义的商榷》,《新闻与传播研究》2014 年第 4 期。
[42] 朱立芳:《论苏联公开性改革中的报刊失控及影响》,《今传媒》2014 年第 1 期。

三 学位论文

[1] 卿孟军:《从列宁到戈尔巴乔夫——苏共公信力形成与丧失的逻辑》,硕士学位论文,湖南师范大学,2011 年。
[2] 侯丽军:《对苏联"公开性"改革中大众传媒的重新审视》,硕士学位论文,清华大学 2008 年,第 46 页。
[3] 吕瑞林:《苏联重新斯大林化问题研究》,博士学位论文,中共中央党校,2002 年。
[4] 孟庆丰:《媒介技术的演进及其社会影响分析》,硕士学位论文,南京理工大学,2007 年。
[5] 尹慧爽:《戈尔巴乔夫政治改革思想研究》,硕士学位论文,河北大学,2010 年。
[6] 尹中南:《苏联新闻体制形成与演变研究》,硕士学位论文,中国科学技术大学,2011 年。

［7］赵黎明:《苏共垮台的价值观反思》,硕士学位论文,中国青年政治学院,2009年。
［8］朱立芳:《苏联公开性改革报刊失控研究》,硕士学位论文,河南大学,2014年。

后 记

《苏联晚期媒介生态与体制》系在我主持的国家社科基金项目"新闻自由化与苏共亡党关系研究"成果基础上编写的。著作所涉及的研究内容是我在俄罗斯做驻站记者时就一直关注和思考的问题，申报项目前进行了充分论证，基本上理清了研究思路。项目立项后，编制出详细研究提纲，形成了本书的逻辑结构。

项目开题后，臧文茜、张珂、涂钢、马冲宇、许俊峰、于晓利、马晓静、王文科、杨育乔等，我的研究生魏夏君、任峥、李彩凤、朱立芳、史瑞红、吴玥、冯龚、孔丹华、马丽娟、李楠、孙夏夏、郑夏楠、胡淼等先后参加了研究工作。得益于大家的齐心努力与辛勤工作，项目最终研究成果于2014年10月顺利结项。为使研究成果能早日编写成书稿出版，我们在原课题组分工的基础上，成立了编委会。

具体分工如下：

我完成第三章（魏夏君、任峥参加）、第四章第一节、第二节、第三节的编写工作（李彩凤、朱立芳参加），负责书稿全面统筹工作。

臧文茜完成第一章第一节至第三节的编写工作（朱立芳、吴玥参加）。

王文科完成第一章第四节的编写工作（史瑞红参加）。

马晓静完成第一章第五节和结论与启示的编写工作（李彩凤、朱立芳参加）。

张珂完成第二章的编写工作。

马冲宇完成第五章的编写工作（冯龚、孔丹华、马丽娟、李楠参加）。

许俊峰完成第六章第一节、第二节的编写工作（孙夏夏、郑夏楠参加）。

于晓利完成第六章第三节的编写工作（胡淼参加）。

杨育乔完成项目的统编统校工作。

书稿在编撰过程中参考了许多中外专家学者的论著，这些研究成果给予了我们十分宝贵的启迪。同时，得到了俄罗斯人民友谊大学ГАЛИНА ТРОФИМОВА教授和ВИКТОР БАРАБАШ教授的大力帮助；得到了中国社会科学出版社冯斌老师和刘艳责任编辑的宝贵支持。在书稿付梓之际，一并表示诚挚的谢意。

张举玺

2015年8月于郑州大学明园